Ingram Content Group UK Ltd.
Milton Keynes UK
UKHW021422240723
425682UK00018B/1089

9 781945 873317

سفرِ واپسی

پٹنہ سے تعلق رکھنے والے ایک لڑکے کی کہانی،
جس نے امریکہ کا سفر کیا اور اسلام کی روح کو پالیا۔

محمد قمر الزمان

”... دین اسلام کی تعلیمات کو کما حقہ، سمجھانے کے لیے عرصے سے کسی ایسی کتاب کی ضرورت تھی۔ عقل وشعور اور دینی رجحان رکھنے والے افراد ان کی بصیرت اور گہری فکر کو بہت مفید پائیں گے۔“

امام عبداللہ الامین، ڈیٹرائٹ، مشیگن

BOOK POWER PUBLISHING

جملہ حقوق محفوظ ہیں۔

ریاست ہائے متحدہ امریکہ میں طباعت شدہ۔

تنقیدی مضامین اور تبصرہ کتاب میں مختصر حوالہ جات کے سوا اس کتاب کا کوئی بھی حصہ، کسی بھی صورت میں تحریری اجازت کے بغیر استعمال یا شائع نہیں کیا جا سکتا۔

بک پاور پبلشنگ کی کتابیں علمی، تجارتی یا سیلز پروموشن کے لیے خریدی جا سکتی ہیں۔

بک پاور پبلشنگ، ڈیٹرائٹ، مشیگن۔

ISBN: 978-1-945873-31-7

بن یامین، یوسف، مریم اور آپ کے لیے

اس دعا کے ساتھ کہ آپ وہ جوابات پالیں جن کی آپ کو تلاش ہے اور یہ جوابات اللہ کی طرف پلٹنے میں آپ کے مددگار بنیں۔

ہر گزرتے لمحے

میں جیسا تھا، اس پر پشیمان ہوتا ہوں،

ہر حماقت مجھے شرمندہ کرتی ہے، یادیں مجھے بے چین کر دیتی ہیں،

ہر خیال تبدیلی کی خواہش پر منتج ہوتا ہے۔

فہرست

	پیش لفظ	۱۳
	حرفِ اول	۱۴
	تقدیم	۳۶
۱۔	بچپن (۱۹۴۴-۱۹۴۶، پٹنہ)	۳۸
	دعوتِ فکر	۴۱
۲۔	پہلا قدم	۴۲
	دعوتِ فکر	۴۴
۳۔	تھوڑی خوشی تھوڑا غم (پٹنہ: ۱۹۴۴-۱۹۴۷)	۴۵
	دعوتِ فکر	۵۱
۴۔	اپنے خالق کی پہچان	۵۲
	توحید ہماری نظر میں	۵۲
	اللہ کی پہچان بطورِ خالق	۵۳
	توحید کو اس کے صحیح معنوں میں سمجھنا	۵۶
	شرک کیا ہے؟	۶۰
	دعوتِ فکر	۶۴
۵۔	جیسا باپ ویسا بیٹا (پٹنہ، ۱۹۵۰ء —۱۹۶۳ء)	۶۵
	دعوتِ فکر	۶۹
۶۔	آدمؑ کی تخلیق	۷۰
	انسان کی کہانی	۷۰
	انسان زمین پر اللہ کا نائب	۷۳
	توبہ اور اس کی شرائط	۷۶

	انسان بحیثیت اللہ کا نائب، یا خلیفہ	79
	ابلیس: سب سے بڑا سرکش	81
	پہلا دھوکا	82
	ابلیس کے خلاف انتباہ	83
	شیطان کے جال	83
	شیطان کے ہتھکنڈے	85
	تکبر، انسان کی پسندیدہ خصلت	85
	شیطان سے جنگ	86
	اللہ کا ذکر اور اس کی تسبیح	87
	ابتدائی دینی تعلیم	87
	دعوتِ فکر	88
7۔	امریکہ کا سفر: پٹنہ، بمبئی، جنیوا، نیویارک (1964ء)	89
	میں نے سیکھا	96
8۔	عمل سے زندگی بنتی ہے، جنت بھی، جہنم بھی	97
	یہ خاکی اپنی فطرت میں نہ نوری ہے نہ ناری ہے	
	جنت	98
	جہنم یا دوزخ	101
	دائمی مسرت کے بدلے عارضی خوشیوں کا انتخاب	101
	اللہ کی تخلیق: انسان اور اس کی دنیا	103
	دھوکے کا پردہ چاک کریں	104
	صاحبِ فکر شخص	108
	انسان: دل، ذہن اور روح کا مرکب	109
	انسانی جسم	109
	ذہن: فیصلوں اور ارادوں کا مسکن	110
	دلِ مصفیٰ	112
	نفسِ روحانی	113

	۱۱۴	دعوتِ فکر
۹۔	۱۱۵	نئے رنگ اور نئے ڈھنگ (۱۹۶۴ء۔۱۹۶۸ء، نیویارک)
	۱۳۱	دعوتِ فکر
۱۰۔	۱۳۲	پیغام اور پیغام بر
	۱۳۳	نجات کا راستہ
	۱۳۵	پیغام اور پیغام بر
	۱۳۶	پیغام
	۱۳۷	پہلی وحی
	۱۳۸	اللہ تعالیٰ کے احکامات کو سمجھنا
	۱۳۹	قرآن خوشخبری بھی ہے اور تنبیہ بھی
	۱۴۰	جو بوؤ گے وہی کاٹو گے
	۱۴۱	دعوتِ فکر
۱۱۔	۱۴۲	شادی خانہ آبادی (یونائیٹڈ اسٹیٹس، انڈیا، ۱۹۶۹ء۔۱۹۴۸ء)
	۱۵۹	میں نے سیکھا
۱۲۔	۱۶۰	اسلام کے ستون
	۱۶۲	شہادت کیا ہے؟
	۱۶۲	صلوٰۃ کیا ہے؟
	۱۶۳	زکوٰۃ کیا ہے؟
	۱۶۴	صوم کیا ہے؟
	۱۶۴	حج کیا ہے؟
	۱۶۵	ارکان کی اہمیت
	۱۶۶	ایمان کا جائزہ
	۱۶۷	اسلام: کامل اطاعت
	۱۶۸	عبادت کیا ہے؟
	۱۷۰	ارکانِ اسلام اور اخلاقیات کی تربیت
	۱۷۳	اخلاقیات اور عبادت

176		صحیح علم
177		اسلام کے ستونوں کا علم
178		ایمان اور اخلاقیات
180		میں نے سیکھا
180		دعوتِ فکر
182	13-	سب کچھ بکھر گیا (نووی، یونائٹڈ اسٹیٹس، 1979ء-1987ء)
188		میں نے سیکھا
189	14-	دل کی پاکیزگی
189		پاکیزہ دل کیوں سیاہ ہوگیا
190		انسانی فطرت
191		بے لگام خواہشات - بدی کی بنیاد
192		خواہشات کا فریب
193		تمام فطرتی خواہشات بری نہیں ہوتیں
194		خواہشات کا مقصد
194		اچھائی اور بدی دونوں کے لئے خواہش لازم ہے
195		خواہش بھی آزمائش کا حصہ ہے
197		دل اور ذہن: کون خدا کی فرمانبرداری پر اکساتا ہے اور کون نافرمانی پر؟
197		حقیقی علم کے لئے دل کا پاک ہونا ضروری ہے
201		مسلمانوں کے زوال کی وجہ
203		اللہ تعالیٰ پاک دل کو پسند کرتا ہے
205		دل کی پاکی ایمان کی دعوت دیتی ہے
206		محبت اس دل میں ہوتی ہے جس میں نفرت نہیں ہوتی
207		دل کو لاحق خطرات کی پہچان
208		بے خوفی دلوں کو سخت کر دیتی ہے
209		ناپاک دل اور خالی نمازیں
210		دل کو شیطان کے حوالے کرنا

	۲۱۱	جہالت اور اندھی امید
	۲۱۲	قول اور فعل میں تضاد
	۲۱۳	دنیا اور آخرت کی پاکیزگی
	۲۱۵	پاکیزگی ایمان کے لئے ضروری ہے
	۲۱۷	انسان کا کردار اس کے دل کا آئینہ ہے
	۲۱۸	فتنوں بھری دنیا میں پاکیزگی
	۲۲۲	نئی طرزِ زندگی اختیار کرنا
	۲۲۳	دعوتِ فکر
۱۵-	۲۲۷	اشکبار (نووی، یونائیٹڈ اسٹیٹس، ۱۹۸۸ء- ۱۹۹۶ء)
۱۶-	۲۳۵	اسلام کے متعلق غلط فہمیاں
	۲۳۵	باطل خیالات اور غلط عقائد
	۲۳۶	حقیقتِ اسلام کو سمجھنا
	۲۳۷	اسلام کیا ہے؟
	۲۳۸	اسلام کا مطلب ہے رب کی مرضی کے آگے جھک جانا
	۲۳۹	اقوامِ عالم کی بدحالی کے حقیقی اسباب
	۲۴۰	اللہ کی حدوں کو توڑنا
	۲۴۲	جنتی لوگوں کی حقیقت
	۲۴۳	نیک اعمال برے اعمال کو دھو دیتے ہیں، کی حقیقت
	۲۴۴	بڑے اجر کے لئے بڑی نیکیاں تلاش کرنا
	۲۴۵	رسمی عبادات کی پوشیدہ حقیقت
	۲۴۶	سزا اور جزا کی حقیقت
	۲۴۸	اللہ تعالیٰ کی محبت اور انسان کی توبہ کی حقیقت
	۲۵۰	حضرت محمدﷺ کی شفاعت
	۲۵۱	حضرت محمدﷺ کا مشن
	۲۵۲	اللہ تعالیٰ کے فرمان 'قرآن' کی حقیقت
	۲۵۴	جانتے بوجھتے لاعلمی کا انتخاب کرنا

۲۵۵	سیکھنا ایک مشقت طلب عمل ہے
۲۵۷	قرآن کا حفظ کرنا
۲۵۸	حدیث اور سنت کی حقیقت
۲۵۹	صحیح حدیث کی پہچان
۲۶۱	صحیح حدیث کی صحیح توضیح کرنا
۲۶۲	اللہ اور اس کے رسول سے محبت
۲۶۴	امیر آدمی پر فضل اور غریب آدمی پر آزمائش کی حقیقت
۲۶۵	کیا امارت کامیابی کی نشانی ہے؟
۲۶۶	اللہ کی خوشنودی کی علامت
۲۶۷	کیا اسلام صرف امراء اور طاقتور لوگوں کے لئے ہے؟
۲۶۸	''ایمان دل میں ہوتا ہے اور بس یہی اصل چیز ہے'' کی حقیقت
۲۷۰	''اندھا یقین اور غیر متزلزل ایمان'' کی حقیقت
۲۷۲	''سوچیں یا نہ سوچیں'' کی حقیقت
۲۷۲	انسانی جسم تکلیف دہ خیالات سے پرہیز کرتا ہے
۲۷۳	بدلاؤ خود سے شروع ہوتا ہے
۲۷۴	دعوتِ فکر
۲۷۷	۱۷۔ بکھرنے کے بعد سنبھلنا (نووی، یونائیٹڈ اسٹیٹس ۱۹۹۷ء۔۲۰۰۵)
۲۸۳	۱۸۔ العصر: زمانے کی قسم
۲۸۴	انسان خسارے میں کیوں ہے؟ اک ڈوبتا ہوا شخص
۲۸۵	موت اٹل ہے اور زندگی ناقابلِ اعتماد
۲۸۶	انسان کی خواہشات کا اندھا کنواں
۲۸۸	اناپرستی اور ہر شے پر تسلط کی خواہش
۲۸۹	جرم ایک سزا ہے
۲۹۰	لاعلمی نفس کا اندھاپن ہے
۲۹۱	طاقت کے ساتھ ذمہ داری بھی بڑھتی ہے
۲۹۲	بے حسی۔ عارضہ قلب

۲۹۷	انعامات، ایمان اور توقعات
۲۹۹	غلط ترجیحات اور ناکام ہوتا ایمان
۳۰۰	شبہات اور خواہشات
۳۰۲	امن اور انصاف کے قیام کی جنگ
۳۰۴	شریعتِ الٰہی کو فراموش کرنا
۳۰۷	صالحین کا راستہ
۳۰۸	دعوتِ فکر

۱۹۔ خدا کی تلاش (نووی، یونائیٹڈ اسٹیٹس، ۲۰۰۵ء۔۲۰۱۵ء) ۳۱۰

۳۱۵	خود کی تلاش میں اللہ کو تلاش کرنا
۳۱۶	دل کے پردے ہٹا کر اللہ کو تلاش کرنا
۳۱۷	تزکیہ نفس کے ذریعے اللہ کی تلاش
۳۱۸	روحانیت کے ذریعے اللہ کی تلاش
۳۱۹	پرامید طالبِ حق
۳۲۱	جب ہم اس کی طرف لوٹتے ہیں وہ ہماری طرف لوٹتا ہے
۳۲۴	دعوتِ فکر
۳۲۵	مصنف کا مختصر تعارف

پیش لفظ

زیرِنظر کتاب میں امت مسلمہ کی ابتر حالت پر پریشان مصنف اپنی زندگی کی کہانی بیان کررہے ہیں۔ ان کا یہ ماننا ہے کہ اُن کی طرح، جو خود بھی اسلام کی جانب 'سفر واپسی' میں ہیں، ممکن ہے دیگر مسلمان بھی اپنے ایمان کے حوالے سے جدوجہد کررہے ہوں، اور اپنی اصل شناخت کی تلاش میں ہوں۔ایسی صورتحال اکثر پیدائشی مسلمانوں کے ساتھ پیش آتی ہے جنہوں نے از خود اسلام قبول نہیں کیا ہوتا۔

قرآن انسان کو دعوت دیتا ہے کہ وہ خالق اور اس کی مخلوق پر غور و فکر کرے۔ جو لوگ مسلمان ہونے کا دعویٰ کرتے ہیں وہ خدا پر یقین تو رکھتے ہیں مگر ضروری نہیں کہ وہ اپنی مرضی کو خدا کی مرضی کے سامنے جھکاتے ہوں۔ محض کلمہ شہادت زبان سے ادا کردینا اور چند رسمی عبادات کا ادا کرلینا کافی نہیں، اگر اعمال سے اس اقرار اور دعویٔ محبت کا اظہار نہ ہو۔ بدقسمتی سے مسلم امہ کا یہی حال ہے اور اسی لیے وہ اس قدر مسائل کا شکار ہے۔

زندگی اپنی حقیقت صرف اس کھوجنے والی روح کے سامنے عیاں کرتی ہے جو غور و خوض اور عاجزانہ خود سپردگی کے ذریعے اس ازلی اور عظیم حق کو جاننے کی جدوجہد کرتی ہے۔مصنف نے اپنی زندگی کے تجربات اور وہ حالات بیان کیے ہیں جن سے گزرنے کے بعد انہیں دنیا کی حقیقت اور اس کے عارضی ہونے کا ادراک ہوا۔

تیزی سے گزرتے وقت کے راز کو پانے، اور اس سے پہلے کہ دیر ہو جائے حق تک پہنچنے کی اہمیت کو سمجھنے کے بعد مصنف نے اپنے دینی بھائیوں اور بہنوں کو پکارا ہے کہ وہ جاگ جائیں اور ہوش کے ناخن لیں۔ وہ چاہتے ہیں کہ انہیں بے حسی، لاپرواہی اور اطمینان کی کیفیت سے نکال کر ان کے ساتھ وہ ازلی حقائق بانٹیں جن پر انہوں نے غور و فکر کیا اور بالآخر وہ ان کی روح کو جگانے کا موجب بنے۔ بیداریٔ روح کا یہ تجربہ مصنف کے لیے بے حد محرک، مفید اور اطمینان بخش تھا اور وہ دوسروں کو بھی اس کی رغبت دلانا چاہتے ہیں۔

بہت عمدہ انداز میں لکھی گئی فکر انگیز کتاب ہے جسے چھوڑنا مشکل ہو جاتا ہے۔

ڈاکٹر منور حق

امام، امیریکن مسلم ڈائیورسٹی ایسوسی ایشن (AMDA)

حرفِ اول

تمام تعریف اللہ ہی کے لیے ہے جس نے اس یادداشت کو کتابی شکل دینے میں میری مدد فرمائی اور مجھے اس کے دوسرے ایڈیشن پر کام کرنے کا موقع دیا جو اس وقت آپ کے ہاتھ میں موجود ہے۔

اللہ تعالیٰ نے اس دنیا کو ایک خوبصورت ٹھکانے کی شکل دی اور انسانوں کو بطور خلیفہ ادھر بھیج دیا۔ اللہ تعالیٰ نے چاہا کہ انسان وقتِ مقررہ تک یہاں رہیں اور دنیا کی تعمیر کریں۔ اللہ تعالیٰ نے یہ بات بھی واضح طور پر بتائی کہ یہ دورانیہ امتحان کے لیے ہے۔ آخرت میں ہر ذی نفس وہی کاٹے گا جو اس نے اس دنیا میں بویا ہوگا۔ جو یہاں اللہ کی بھیجی ہدایت کی پیروی کرے گا وہ کامیاب ٹھہرے گا اور جو اس کو ٹھکرائے گا اور راہ راست سے ہٹے گا وہ ناکام ہو جائے گا۔

اللہ تعالیٰ نے انسان کو پاکیزہ ترین صورت یعنی حالتِ فطرت پر پیدا کیا تاکہ وہ بطور خلیفہ اپنا کردار بخوبی ادا کر سکے۔ اور اسے محبت، رحم، ہمدردی، ایمان اور نیکی سے لیس کر دیا۔ آغاز میں لوگوں کو یہ امتحان یاد رہا اور وہ رضائے الٰہی کے راستے پر گامزن رہے۔ مگر پھر شیطان نے انہیں بہکا دیا اور اپنی بری چالوں میں پھنسا لیا۔ رفتہ رفتہ دنیا کا امتحان ہونا انسانوں کو بھول گیا۔ توحید کی جگہ شرک، محبت کی جگہ کدورت اور نیکی کی جگہ برائی اور مادیت نے لے لی۔

اللہ تعالیٰ الودود ہے۔ اپنے بندوں سے بہت محبت کرنے والا ہے۔ وہ لوگوں کے پاس پیہم اپنے انبیاء اور رسل بھیجتا رہا تاکہ وہ ان کو اصل مقصد کی یاد دہانی کرائیں اور

فطرت کی جانب ان کی رہنمائی کریں۔انبیاء و رسل کے اس سلسلے کی آخری کڑی حضرت محمد ﷺ ہیں۔

نفرت اور لالچ ہمیں فطرت سے دور کرتے ہیں

اللہ نے پاکیزہ فطرت کی یاددہانی کرانے اور اس کی طرف رہنمائی کرنے کے لیے پے در پے انبیاء کیوں بھیجے؟ اس سوال کی اہمیت کو سمجھنے کے لیے پہلے ہمیں فطرت کی اہمیت کو سمجھنا ہوگا۔ اللہ تعالیٰ نے ہمیں فطرت پر اس لیے پیدا کیا کیونکہ ہماری تخلیق کا مقصد تبھی پورا ہوسکتا ہے اگر ہم اس فطرتِ سلیمہ پر قائم رہیں یا اس پر قائم رہنے کی جدو جہد کرتے رہیں اور اپنے دل اور روح کو تمام رذائل، خصوصا نفرت اور لالچ سے پاک کرنے کی کوشش کرتے رہیں۔

نفرت اور لالچ سے بھرا انسان کسی مخبوط الحواس شخص کی مانند ہوتا ہے جسے کچھ سمجھ نہیں ہوتی کہ کیا اس کے لیے صحیح ہے اور کیا غلط۔ قرآن میں اللہ تعالیٰ نے ایسے لوگوں کو بہرہ ، گونگا اور اندھا کہا ہے۔ اور ہم اپنے کھوکھلے الفاظ اور متضاد اعمال کے ساتھ اس بات کا ثبوت دیتے ہیں کہ ہم بہرے، گونگے اور اندھے ہیں۔

محمد ﷺ کی بعثت کا مقصد اللہ کا پیغام یعنی قرآن پہنچانا اور دنیا میں اللہ کی بادشاہت قائم کرنا تھا تاکہ انسان یہاں امن، سلامتی، عدل و انصاف اور آپس کی ہمدردی کے ساتھ جی سکیں۔ اللہ تعالیٰ ہم سے چاہتا تھا کہ ہم امن اور سلامتی کے ساتھ رہیں مگر اپنی طاقت کی چاہت کی وجہ سے ہم ہمیشہ طاقت اور دولت کے حصول کی کوشش کرتے رہے، ہم نے اپنی فطرت کو مسخ کردیا، اخلاق تباہ کردیئے اور اپنے دلوں کو نفرت اور لالچ سے بھر لیا۔ جب ہم نفرت اور لالچ سے بھر جاتے ہیں تو اور ہی طرح کے انسان بن جاتے ہیں، اللہ کے تخلیق کردہ انسان سے یکسر مختلف۔

انسان اللہ کو مانتا ہے مگر اللہ کی نہیں مانتا

جب محمد ﷺ نے اپنی دعوت کا آغاز کیا تو قریش پہلے سے اللہ کو کائنات کا خالق اور مالک مانتے تھے۔ان کے لیے اللہ کی ذات کو ماننا کوئی مسئلہ نہیں تھا۔اصل مسئلہ اللہ کے آگے مکمل طور پر سر جھکانے کا تھا اوراس بات پر تھا کہ انسان ایک دوسرے کے ساتھ عدل، انصاف اور ہمدردی کا برتاؤ کریں۔

اگر ہم تاریخ انسانی کا جائزہ لیں تو ہمیں پتہ چلتا ہے کہ انسانیت کو شاید ہی کبھی اللہ کی طاقت اور حاکمیت ماننے سے انکار رہا ہے۔ان کا اصل مسئلہ ہمیشہ یہی رہا ہے کہ وہ اپنا اختیار نہیں چھوڑنا چاہتے اور اللہ کے آگے مکمل طور پر سر تسلیم خم نہیں کرنا چاہتے۔

طاقت اور تسلط کی خواہش انسان کو نافرمانی کا مرتکب بناتی ہے

انسان اول روز سے طاقت اور تسلط کے لیے کوشاں ہیں۔اللہ تعالیٰ انسان سے چاہتا ہے کہ وہ اپنے آپ کو اس کے سپرد کردیں اور اس پر بھروسہ کریں مگر انسان اس کو ماننے اور اپنا اختیار چھوڑنے پر تیار نہیں ہوتے۔اللہ تعالیٰ نے انسانوں کو بتا رکھا ہے کہ ان کا دنیوی رزق طے شدہ ہے اور مل کر رہے گا، نہ انہیں اپنے مقدر سے زیادہ ملے گا اور نہ کم۔تاہم انہیں اس کے لیے کوشش کرنی ہوگی۔لیکن جنت حاصل کرنے کے لیے انہیں جدوجہد کرنی ہوگی اور اللہ کو راضی کرنے کے لیے قربانیاں دینی ہوں گی تبھی وہ جنت کے حقدار بن سکیں گے۔ علاوہ ازیں ان کا ٹھکانہ جہنم ہوگا۔

انسان کی تسلط اور طاقت کی طلب اتنی زیادہ ہوتی ہے کہ وہ کوئی بھی موقع ہاتھ سے نہیں جانے دیتا۔اختیار کے استعمال اور اپنا تسلط جمانے کے لیے اس کا بادشاہ یا حاکم ہونا ضروری نہیں۔وہ ہر سطح پر اپنا تسلط جمانے کی کوشش کرتا ہے چاہے چھوٹے بہن بھائیوں پر ہی کیوں نہ ہو۔

انسان کو پاکیزہ فطرت بنایا گیا تا کہ وہ اللہ کا قرب حاصل کر سکے

ایک پاکیزہ دل رکھنے والا شخص اللہ کی حکمت کو سمجھتا ہے۔ وہ اس بات کا شعور رکھتا ہے کہ اگرچہ اللہ نے ہم سے رزق کا وعدہ کیا ہے اور اللہ ہمیشہ اپنا وعدہ پورا کرتا ہے، تاہم وہ ان لوگوں کو اور زیادہ عطا کرتا ہے جو مخلص، محبت کرنے والے، خیال رکھنے والے اور ہمدرد ہوتے ہیں۔ وہ لوگ جو اللہ کے تمام احکامات کو سنجیدگی سے لیتے ہیں اور جانتے ہیں کہ اللہ تعالیٰ انصاف کرنے والا ہے اور روزِ قیامت لوگوں کے درمیان انصاف فرمائے گا۔ انہیں یقین ہوتا ہے کہ جو بھی محنت کرے گا، خالصتاً اللہ کی فرمانبرداری کرے گا، اس کو راضی کرے گا، اور شیطان کی چالوں سے بچے گا وہی دنیا و آخرت میں کامیاب ہوگا۔ وہ جانتے ہیں کہ مادی و ذہنی آسائشیں محض سراب ہیں۔ حقیقت صرف ایک ہے اور وہ یہ اللہ کی فرمانبرداری اور اس کی رضا کے حصول کے لیے ہر کوشش کی جائے: والدین کا ادب، احترام اور ان کا خیال رکھنا اور اس بات پر ایمان رکھنا کہ جو کچھ ہمارے پاس ہے، صحت، ذہانت، کنبہ، ملازمت، گھر، عزت، طاقت یہ سب اللہ کی مِلک ہیں۔ اگر ہم ان میں سے کسی چیز کو قربان کرتے ہیں تو دراصل اصل مالک کو لوٹا رہے ہوتے ہیں۔

روحانیت اور تعلق باللہ کی بدولت، ایک پاکیزہ دل والا انسان ذہنی، جسمانی اور اخلاقی قوت کا مالک ہوتا ہے۔ وہ ہمیشہ شوق سے حکمت کی باتیں سنتا ہے اور یہ سیکھنے میں دلچسپی رکھتا ہے کہ وہ کیسے اللہ کا مزید قرب حاصل کر سکتا ہے۔

پاکیزگی کھونے سے انسان اپنا مقام بھی کھو دیتا ہے

ہم میں سے جو افراد دلوں کی پاکیزگی کھو چکے ہیں ہم دیکھنے میں تو انسان لگتے ہیں مگر حقیقت میں ہمارا اللہ سے کوئی تعلق نہیں ہوتا۔ نہ ہی اس پر بھروسہ اور یقین ہوتا ہے۔ نتیجتاً، ہم سمجھتے ہیں کہ ہماری کامیابی ہماری اپنی کاوشوں پر منحصر ہے اور اسی لیے ہمیں

اپنی ضروریات اور خواہشات کی تکمیل کے لیے جھوٹ، دھوکا دہی اور وعدہ خلافی کا سہارا لینا پڑتا ہے۔ ہماری ذہنی، جسمانی اور اخلاقی حالت کمزور ہو جاتی ہے کیونکہ ہم اللہ کے ساتھ روحانی تعلق کھو چکے ہوتے ہیں جو قوت اور کامیابی کا اصل منبع ہے۔ بدقسمتی سے ہم اس خسارے کا شعور تک نہیں رکھتے۔ خصوصاً ہم میں سے وہ لوگ جو پانچوں ارکانِ سلام یا کسی ایک رکن پر عمل پیرا ہوں، مثلاً نماز۔

ہم جو چاہتے ہیں اللہ دیتا ہے: آخرت یا دنیا - ہماری چاہت پر موقوف ہے

ہم سمجھتے ہیں کہ ہماری ہر کامیابی اللہ کی طرف سے انعام ہے اور وہ ہم سے راضی ہے۔ ہم یہ نہیں سمجھتے کہ مادی نعمتیں اور فوائد اللہ کی رضائے کی نشانی نہیں ہیں۔ یہ تو بس اس رزق کا حصہ ہیں جس کا دنیا کی زندگی کے لیے اللہ نے وعدہ کیا ہے اور یہ رزق تو ملحدین کو بھی دیا جاتا ہے۔ اس کے برعکس وہ اعمال اور ان کے اثرات جو اس دنیا سے جانے کے بعد بھی ہمارے ساتھ رہتے ہیں وہی اصل اجر اور رضائے الٰہی کی نشانی ہوتے ہیں۔ جیسے لوگوں کی مدد کرنا، صرف اللہ کی رضا کے لیے (نہ کہ ذاتی شہرت و نمود کے لیے) دوسروں کو خوش کرنا اور اپنے نفس کو قابو میں رکھنا۔ ہماری کامیابی گناہوں سے دور رہنے کے عزم پر منحصر ہے۔ تاہم، روزِ قیامت ہمیں اپنی کوششوں کے نتائج کی بنیاد پر اللہ کی رحمت نہیں ملے گی بلکہ دیکھا جائے گا کہ ہم نے کتنے اخلاص اور لگن سے کوشش کی ہے۔

جو لوگ دل کی پاکیزگی کھو چکے ہیں وہ ایک محدود دائرے میں رہتے ہیں۔ وہ سمجھتے ہیں کہ انہیں سب کچھ معلوم ہے اور یہ سیکھنے میں دلچسپی نہیں رکھتے کہ اللہ کا قرب کیسے حاصل کرنا ہے۔ وہ سننے سے زیادہ بولنے میں دلچسپی رکھتے ہیں۔ کیونکہ وہ اللہ سے دور ہوتے ہیں اور روحانی قوت سے محروم ہوتے ہیں اس لیے وہ بزدل اور خودغرض ہوتے ہیں اور صحیح فیصلے کرنے کی صلاحیت نہیں رکھتے۔

وہ مطمئن ہوتے ہیں کہ جو کچھ وہ کر رہے ہیں وہ درست ہے اور اللہ ان سے خوش ہے۔ وہ اس بات کو نہیں سمجھتے کہ اللہ ہم سے اس لیے خوش نہیں ہوتا کہ ہم مجرد قرآن پڑھ رہے ہیں، نماز پڑھ رہے ہیں یا دینی بیانات اور کانفرنسوں میں شریک ہو رہے ہیں۔ اللہ ہم سے تب راضی ہوتا ہے جب ہم ان کاموں کے ساتھ ساتھ تشکر میں اس کے آگے جھکتے ہیں، اور اپنا وقت، پیسہ اور آرام قربان کر کے اس کی مخلوق کی خدمت کرتے ہیں۔

دل کی جانچ

یہ جانچنے کے لیے کہ آیا ہمارا دل پاکیزہ ہے یا نہیں ایک آسان سا طریقہ ہے: پاکیزہ دل رکھنے والا شخص گناہوں سے بچنے کی بھرپور کوشش کرتا ہے اور اگر اس سے کوئی گناہ سرزد ہو جائے، چاہے وہ کتنا ہی چھوٹا ہو تو وہ غمگین ہو جاتا ہے، روتا ہے اور اللہ سے معافی طلب کرتا ہے۔ وہ ہر ممکن کوشش کرتا ہے کہ اس گناہ کو دوبارہ نہ کرے۔ اچھے اعمال کرتے وقت اس کا سر فخر اور غرور سے اٹھا ہوا نہیں ہوتا، بلکہ وہ عاجزی کے ساتھ اللہ کا شکر کرتا ہے۔

شیطان: وہ ہمیں بھٹکانے پر تلا ہے

اس گفتگو کو یاد کیجیے جو اللہ تعالیٰ اور شیطان کے مابین ہوئی تھی۔ جب شیطان نے قیامت تک کے لیے اللہ سے مہلت طلب کی تھی۔ وہ اس بات کو ثابت کرنا چاہتا تھا کہ انسان اللہ کے عطا کردہ مقام کا اہل نہیں۔ اس نے انسانیت کو بھٹکانے کو وعدہ کیا تھا اور آج وہ اپنے مشن کو پورا کرنے میں پوری طرح جتا ہوا ہے۔

جو لوگ اپنے لیے جنت کو یقینی سمجھتے ہیں انہیں چاہیے کہ شیطان کی دھمکی کو ہلکا نہ لیں۔ وہ یہاں اسی لیے لگا ہوا کہ انسان کو نیچا ثابت کرے۔ ہم اس کی دھمکی کو اتنا ہلکا کیوں لیتے ہیں، حالانکہ یہ دھمکی قرآن میں موجود ہے اور شیطان نے قسم کھا رکھی ہے کہ وہ ہمیں جنت میں نہیں پہنچنے دے گا۔ ہمیں چاہیے کہ شیطان کے منصوبے کو اچھی طرح سمجھیں اور

اس کی چالوں میں گرفتار ہونے سے بچیں۔

اگر ہم غور وفکر کریں اور اللہ کی عطا کردہ صلاحیتوں کو بروئے کار لائیں تو ہم پر یہ بات روزِ روشن کی طرح واضح ہو جائے گی کہ اگرچہ شیطان بہت علم والا تھا، آدمؑ کے لیے اس کی نفرت اور بحثیت نائب ان کے مقام کی لالچ نے اس کو کہیں کا نہیں چھوڑا۔ یہ نفرت اور لالچ ہی تھی جس کی بنیاد پر اس نے اللہ کی نافرمانی کی۔ حالانکہ وہ اس نافرمانی کے نتائج سے باخبر تھا۔ چنانچہ، عین ممکن ہے شیطان ہماری انہی کمزوریوں کو استعمال کرے گا اور ہمیں دنیا، نام، شہرت اور خود نمائی کی خواہشات کے ذریعے بہکائے گا۔ اگر ہم اس کے ہتھے چڑھ جائیں تو پھر تباہی کے راستے پر چل پڑتے ہیں۔ ہم اللہ تعالیٰ کے تخلیق کردہ انسان سے مختلف انسان بن جاتے ہیں۔ ہم بہرے، گونگے اور اندھے ہو جاتے ہیں۔ ہم نہ کسی نصیحت پر کان دھرتے ہیں اور نہ ہی کوئی اچھی بات پڑھنا پسند کرتے ہیں۔

امت کی زبوں حالی

اللہ تعالیٰ نے محمد ﷺ کو اہم ترین کام، یعنی انسانیت کی پاکیزگی اور ان کے نفس، دل اور اذہان کی تطہیر کے لیے مبعوث فرمایا تھا۔ (القرآن ۲:۱۵۱)

آج، محمد ﷺ کو اس دنیا سے رحلت فرمائے چودہ صدیاں بیت چکی ہیں۔ ان کے پیروکار دنیا کی دوسری بڑی قوم ہیں جن کی تعداد 1.8 بلین افراد تک پہنچ چکی ہے۔ تاہم، یہ امت جو کبھی قوت، کامیابی اور شان وشوکت کی عکاس تھی اب دنیا میں کوئی قابل قدر مقام نہیں رکھتی۔ اس کی اجتماعی حیثیت کپاچینو کے اوپر آجانے والی جھاگ سے زیادہ کچھ نہیں۔

مسلمانوں کی اس حالت زار پر غور کر کے میرا دل دکھتا تھا۔ میں سوچتا تھا کہ ایسا کیوں ہو رہا ہے؟ ہم مسلمانوں نے کون سی غلطی کی ہے؟ ہم سے تو نصرت اور عظمت کا وعدہ

تھا، پھر وہ ہم سے کیوں روٹھ گئی؟

میں دینی ادب کا جتنا مطالعہ کرتا گیا مجھے ان غلطیوں کا ادراک ہوتا گیا۔ مجھے احساس ہوا کہ مسلمان، بشمول میرے، دین سے دور ہو گئے ہیں۔ ہم محض اسلام کے سایے اور ڈھانچے کا سہارا لیے ہوئے ہیں جس میں چند رسوم و عبادات کے علاوہ کچھ بھی نہیں۔ جبکہ اسلام کی اصل روح، وہ سر تسلیم خم کر دینے اور قربانی دینے کا جذبہ عنقا ہے۔ ہم اپنے جسم اور مال کی صفائی پر تو پھر بھی دھیان دے دیتے ہیں مگر اپنے اعمال کی بنیاد، یعنی اپنے دل اور روح کی پاکیزگی پر توجہ نہیں دیتے۔

مسلمان - یہود و نصاریٰ کے نقش قدم پر

حضرت محمد ﷺ کی پیشین گوئی روز روشن کی طرح عیاں ہو چکی ہے۔ ہم اپنے سے پہلے گزری قوموں یعنی یہود و نصاریٰ کے نقش قدم پر پوری طرح چل رہے ہیں۔ عمل سے فرار حاصل کرنے کی خاطر عیسائیوں نے یہ عقیدہ گھڑ لیا تھا کہ اگر ہم عیسیٰ علیہ السلام پر ایمان رکھیں تو ہمیں کوئی گناہ نقصان نہیں دے گا۔ اسی طرح مسلمانوں کے درمیان بھی شفاعت کے عقیدے کو اتنا بڑھا چڑھا کر پھیلا دیا گیا کہ عام مسلمانوں کی اکثریت کم و بیش یہی ایمان رکھتی ہے: ہم محمد ﷺ کے ماننے والے ہیں اور وہ ہماری شفاعت کر دیں گے چاہے ہم جتنے مرضی گناہگار ہوں۔

اس کا نتیجہ یہ نکلا کہ مسلمان تکبر، نفرت، بے ایمانی اور بدعنوانی کا شکار ہو گئے۔ عمل کے بوجھ سے آزاد ہو کر ہم با آسانی برائیوں کے مرتکب ہونے لگے۔ یہ عقیدہ کہ محمد ﷺ کی ہماری ہر صورت شفاعت کر دیں گے قرآن کی تعلیمات سے متصادم ہے۔ چنانچہ، ہم قرآن کی تعلیمات سے دور ہو گئے ہیں۔ شفاعت پر انحصار کرنے کے بجائے اسلام ہم سے باوقار کردار کا تقاضہ کرتا ہے اور اس کردار کو حاصل کرنے کے لیے ہمیں تمام برائیوں کو

چھوڑنا ہوگا۔

مزید براں یہ کہ علماء اور اہل دین حضرات کی صورتحال نے ہمارے اس مسئلے میں صرف اضافہ ہی کیا ہے۔ سب کے اپنے اپنے منصوبے اور تنظیمیں ہیں جن کی ترقی اور دیکھ بھال کی انہیں فکر لاحق رہتی ہے۔ وہ مسلمانوں کی شناخت کو از سر نو تعمیر کرنے میں کوئی کردار ادا نہیں کرتے۔ انہیں زیادہ دلچسپی نام و نمود حاصل کرنے میں ہے اور یہ انہیں 'مقبول موضوعات' مثلاً انبیاء کی سیرت، صحابہ کی زندگی اور اسلامی تاریخ پر بات کرنے سے مل جاتی ہے۔ اکثر علماء صرف اسلام کے 'نرم و آسان' پہلوؤں پر گفتگو کرتے ہیں جن کو عوام ہاتھوں ہاتھ لیتی ہے۔ وہ بات کریں گے تو انعامات اور نیکیوں کی بات کریں گے، قرآن کی آیات کو سیاق و سباق سے ہٹ کر پیش کریں گے اور ایسی من گھڑت اور ضعیف احادیث کا سہارا لیں گے جن میں محض خوشخبریاں سنائی گئی ہوں۔ اکثر علماء تنبیہ اور نہی عن المنکر سے کنارہ کش رہتے ہیں اور مسلمانوں کو زندگی کی آزمائشوں اور فتنوں کے حوالے سے صحیح تعلیم نہیں دیتے۔ کیونکہ اگر برائیوں سے روکیں گے تو گویا زمانے سے ٹکر لینے والی بات ہوگی، اور ایسا کرنے کی ہمت ماسوائے چند کے کسی کو نہیں ہوتی۔

نیز موجودہ معاشی نظام کو پڑھنے اور اس پر تحقیق کرنے سے میں اس نتیجے پر پہنچا ہوں کہ کاغذی نوٹ کے آنے سے آسائشات اور زندگی کی سہولیات تک رسائی آسان ہوگئی ہے۔ ورچوئل کرنسی کے ذریعے ورلڈ بینک اور آئی ایم ایف جیسی معاشی قوتوں نے دولت کی فراوانی کا ایک سراب دکھایا ہے جو اپنے ساتھ مادیت کی نئی لہر لے کر آیا ہے۔ مسلمان اور غیر مسلم، الغرض دنیا کے سب لوگ مال و دولت اور مادی آسائشوں کے حصول کی دوڑ میں مگن ہیں۔ آخرت کہیں پیچھے رہ گئی ہے۔ اور اس دوڑ نے فطرت کو بگاڑ کر رکھ دیا ہے۔

کامیابی اللہ کی طرف واپسی میں ہے

حل کیا ہے؟ میں سمجھتا ہوں کہ حل اللہ کی طرف واپسی میں ہے۔ اپنے اصل یعنی فطرت، محبت، ترحم اور نیکی کی طرف پلٹنے میں ہے۔ ظاہر ہے ہم کمزور اور خطا کار ہیں اور کبھی بھی کامل طور پر برائیوں سے مبرا نہیں ہو سکتے۔ تاہم، یہ بات زیادہ اہمیت نہیں رکھتی۔ اللہ تعالیٰ ہم سے مغفرت اور رحمت کا وعدہ کرتا ہے اور توبہ کرنے والوں کو محبوب جانتا ہے۔ وہ ہمیں ہمارے اعمال کے نتائج کی بنیاد پر نہیں نوازتا بلکہ وہ ہمارے اخلاص اور کوششوں پر اجر دیتا ہے۔ جب تک ہم 'محوسفر' ہیں اور کوشش کرتے رہیں ہم کامیاب رہیں گے۔

آگے بڑھنے سے پہلے، میں اپنے قارئین کو اس بات کی یاددہانی کروانا چاہتا ہوں کہ گو کہ یہ سچ ہے کہ اللہ تعالیٰ مغفرت اور رحمت کا وعدہ کرتا ہے اور توبہ کرنے والوں کو محبوب جانتا ہے، ہمیں یہ یاد رکھنا چاہیئے کہ یہ وعدہ صرف ان کے لیے ہے جو ایمان رکھتے ہیں، دلوں میں خوف آخرت کو جگہ دیتے ہیں اور گناہوں سے باز رہنے کی کوشش کرتے ہیں۔ نیز، **جب تک مندرجہ ذیل چار مراحل سے نہ گزریں، توبہ قبول نہیں ہوتی:**

۱۔ اپنی غلطی کو تسلیم کرنا

۲۔ اللہ سے بخشش کا سوال کرنا

۳۔ مصمم ارادہ کرنا کہ دوبارہ اس گناہ کے مرتکب نہیں ہوں گے اور

۴۔ امتحان سے گزرنا اور اس گناہ کا اعادہ نہ کرنا۔

جنت کے لیے صرف ایمان کافی نہیں، فرمانبرداری اور عمل بھی مطلوب ہے

نفرت اور لالچ شیطانی اوصاف ہیں اور ہمیں شیطان سے ملاتے ہیں۔ جبکہ نیک اعمال فرشتوں کا وصف ہیں اور وہ ہمیں اللہ سے ملاتے ہیں۔ ہم اچھی طرح جانتے ہیں کہ ہم بیک وقت اللہ اور شیطان دونوں سے تعلق نہیں رکھ سکتے۔ لہٰذا، اگر ہم نفرت اور لالچ سے بھرے ہوں تو ہم اللہ کو راضی کرنے والے نیک اعمال نہیں کر پائیں گے۔ اور اگر اللہ ہم

سے راضی نہ ہو تو جنت کا ملنا مشکل ہے۔

ہم یہ بھی جانتے ہیں کہ اللہ تعالیٰ نے ہر نیکی پر جزا دینے کا وعدہ کیا ہے چاہے وہ چھوٹی کیوں نہ ہو۔ بدقسمتی سے ہم اس وعدے کا غلط مطلب لے لیتے ہیں اور سمجھتے ہیں کہ اللہ تعالیٰ نے ہماری نیکیوں کے بدلے جنت کا وعدہ کیا ہے اور ہم اس کی باقی نعمتیں اور انعامات بھول جاتے ہیں جو اس نے رزق، خاندان، بچوں، گھر، آنکھ، کان، کان وغیرہ کی صورت میں ہم پر کیے ہیں۔ کیا ہمیں معلوم ہے کہ ان سب نعمتوں کا حقدار بننے کے لیے کتنی نیکیاں درکار ہیں؟ **اور کیا ہمیں معلوم ہے کہ جنت کو پانے کے لیے کتنی نیکیاں درکار ہیں؟** اگر ہم سچے دل سے غور کریں تو جان لیں گے کہ ہم کبھی بھی اتنی نیکیاں نہیں کر سکتے کہ جنت کے مستحق بن سکیں۔

اگر ایسا ہے تو کیا ہم کبھی جنت نہیں پا سکتے؟ نہیں، یہ بات درست نہیں۔ جنت ان سب لوگوں کے لیے ہے جو اللہ پر اور روز آخرت پر ایمان رکھتے ہیں (اس کی اطاعت کرتے ہیں)، نیک اعمال کرتے ہیں اور اپنا آپ اللہ کے سپرد کر دیتے ہیں۔ لہٰذا جنت پانے کے لیے نفرت اور لالچ سے چھٹکارا حاصل کرنا، بالفاظ دیگر شیطانی اوصاف سے چھٹکارا پانا ضروری ہے۔

عبادت: خالق اور مخلوق سے محبت

کیا ہم جانتے ہیں کہ انسان کی تخلیق اللہ کی محبت کی نشانی ہے؟ اللہ نے اپنی محبت کے اظہار کے لیے انسانوں کو بنایا۔ اسی لیے اللہ تعالیٰ نے انسان کو اپنی صورت پر تخلیق کیا، اسے اس قدر خوبصورت بنایا اور عمدہ جسم عطا کیا۔ یہ اس کی محبت تھی کہ اس نے قسم قسم کی چیزیں بنائیں، گندم، چاول، اناج، پھل، سبزیاں، جانور، پرندے اور مچھلیاں۔ اور انسان کو زبان دی کہ وہ ان سب کو چکھ کر ان سے لطف اندوز ہو سکے۔ یہ اس کی محبت تھی کہ اس نے

انسان کو اپنا نائب بنایا اور اس کے لیے جنت بنائی۔ انسان بھی اس سے محبت کرتا ہے اور اس کے لیے اپنا سب کچھ حتیٰ کہ جان تک قربان کرنے کے لیے تیار رہتا ہے۔

یہ اس کی انسان سے محبت تھی کہ اس نے اس کے لئے پوری کائنات بنائی کہ وہ اس سے لطف اندوز ہو مگر یہاں ہمیشہ رہنے کی تمنا نہ کرے۔ اللہ تعالیٰ نے ہمیں اس لیے زمین پر بھیجا کہ ہم نظم و ضبط سیکھ لیں، ایک دوسرے سے محبت کریں اور ایک عارضی مدت کے لیے امن اور سلامتی کے ساتھ رہیں۔ اس کے بعد ہمیں واپس جانا ہوگا اور اپنے اصل کی طرف لوٹنا ہوگا۔ انسان کو پاکیزہ فطرت پر پیدا کیا گیا ہے اور اس سے یہ توقع کی جاتی ہے کہ وہ اسی پاکیزہ اور معصوم حالت کی طرف لوٹ جائے۔

مگر صرف متجسس ذہن رکھنے والے ہی محبت کی قدر کر سکتے ہیں۔ جب وہ کسی کو ذہنی یا جسمانی تکلیف میں دیکھتے ہیں یا خود کسی پریشانی مثلاً بیماری، طلاق، ملازمت کے چھوٹ جانے یا بچوں کی اموات سے گزرتے ہیں تو ان کے دل رو پڑتے ہیں۔ ان کا ذہن خود بخود سوچنے اور سوال کرنے لگ جاتا ہے ”میں اس قدر مصائب کا شکار کیوں ہوں؟ کیا میں نے کوئی غلطی کی ہے؟“

اگر جواب ہاں میں ہو تو وہ مزید غور کرتے ہیں کہ کیا مجھے سزا مل رہی ہے؟ میں نے کیا غلطی کی ہے؟ کیا مجھے پتہ تھا کہ میں غلط فیصلہ کرر ہا ہوں؟ اگر ہاں، تو میں اسے ٹھیک کرنے کے لیے کیا کر سکتا ہوں؟ کیا میں اس لیے صحیح فیصلہ کرنے میں ناکام رہا ہوں کیونکہ مجھے کچھ ایسا معلوم نہیں جو مجھے معلوم ہونا چاہیے تھا؟

اللہ تعالیٰ نے انسان کو عقل، شعور اور منطق کے ساتھ پیدا کیا ہے تاکہ وہ ان سوالوں پر غور کرے اور جاننے کی کوشش کرے کہ وہ کون ہے، اس کو کس نے پیدا کیا ہے، اس کو کیوں پیدا کیا گیا اور اس کا خالق اس سے کیا چاہتا ہے۔ انسان کو چاہئے کہ جب تک

ان سوالات کے تسلی بخش جوابات نہ مل جائیں وہ غور وفکر کرتا رہے۔

دیگر جانداروں کے برعکس انسان لاچار اور کمزور پیدا ہوتا ہے اور جب تک کوئی اسے نہ سکھائے از خود چل بھی نہیں سکتا۔ اس کی زندگی میں سب سے پہلے استاد اس کے والدین ہوتے ہیں اور اس کے بعد بہن بھائی، رشتہ دار، پڑوسی، برادری، اساتذہ، خطیب اور بالآخر علماء اس کو بہت کچھ سکھاتے ہیں۔ اساتذہ کی اس کڑی میں ہم دیکھ سکتے ہیں کہ والدین اپنے بچوں کو فطرت پر قائم رکھنے میں اور انہیں نفرت اور لالچ سے پاک رکھنے میں بہت اہم کردار ادا کرتے ہیں۔ مگر آج جو بچے ہیں کل وہ والدین ہوں گے۔ لہٰذا، اصل ذمہ داری اسلام کے علماء کے کاندھوں پر آتی ہے کہ وہ والدین اور پوری امت کو قرآن وسنت کی تعلیمات سکھائیں کیونکہ وہ باعلم اور تربیت یافتہ ہوتے ہیں۔

آج سے ۱۴۰۰ سال قبل محمد ﷺ تشریف لائے۔ انہوں نے ہمیں پاک کیا، ہمارے کردار کو سنوارا اور ہمیں اللہ کا اطاعت گزار بننا سکھایا۔ آپ ﷺ کے بعد آپ کے خلفاء راشدین بھی انہی تعلیمات پر کاربند رہے۔

محبت اپنے ساتھ خوشی، کامیابی، ترقی اور خوشحالی لے کر آتی ہے جبکہ نفرت ہر شے کو تباہ وبرباد کر دیتی ہے۔ جب انسان خود اپنی محبت میں مبتلا ہو جاتا ہے تو وہ خود غرض اور لالچی بن جاتا ہے۔ وہ کسی دوسرے کو کامیابی اور خوشی ملتے نہیں دیکھ سکتا۔ اس کا دل نفرت سے بھرنا شروع ہو جاتا ہے اور وہ صرف اپنی ذات سے محبت کرتا ہے۔ حتیٰ کہ وہ اپنے خالق سے بھی محبت نہیں کرتا۔ وہ کبھی بھی مطمئن نہیں ہوتا، چاہے اس کو کتنا مل جائے، اسے ہمیشہ مزید کی طلب رہتی ہے۔ زیادہ مال، زیادہ طاقت، زیادہ اختیار اور زیادہ شہرت۔ یہاں تک کہ وہ برباد ہو جاتا ہے۔

لوگوں کو اس تباہی سے بچانے کے لیے محمد ﷺ انہیں اپنی ذات کے بجائے اپنے

خالق اور اس کی مخلوق کی محبت سکھانے آئے۔ محبت اور ہمدردی دنیا و آخرت دونوں میں کامیابی دلاتے ہیں۔ مگر افسوس کہ خلفاء راشدین کے بعد لالچ نے انسانوں کو آلیا۔ حضرت حسینؓ نے دیکھا کہ محمدﷺ کی تعلیمات (نفرت اور لالچ سے چھٹکارا حاصل کرنا) خطرے میں ہیں۔ اسلامی تعلیمات کو زندہ رکھنے کے لیے نہ صرف انہوں نے اپنی جان قربان کر دی بلکہ ماسوائے ایک کے اپنے پورے اہل و عیال کو بھی قربان کر دیا۔

عبادت کا مطلب خالق اور مخلوق کی محبت ہے۔ اس خالق نے انسانیت کو محبت سے بھرپور پیدا کیا۔ یہی محبت تھی جس نے مسلمانوں کو سات صدیوں تک دنیا کی کامیاب ترین قوم بنایا۔ نہ صرف انہوں نے دنیا پر حکومت کی بلکہ وہ سائنس، فنون، طب اور فلکیات جیسے علوم میں بھی پیش پیش رہے۔ انہوں نے بہت سی اہم ایجادات اور انکشافات کیے جو آج تک انسانیت کو فائدہ دے رہے ہیں۔

یہ اللہ کی رحمت اور ہمارے نبیﷺ کی تعلیمات تھیں کہ اگرچہ ہمارے علماء نے ہمیں دلوں کی پاکیزگی سکھانی چھوڑ دی، ہم پھر بھی دنیا کے سب سے زیادہ محبت کرنے والے اور خیال رکھنے والے لوگ رہے، اور ترقی کرتے رہے۔ مگر بالآخر ہمارے دشمنوں نے ہمارے جذبات سے کھیلنا سیکھ لیا اور ہمارے دلوں کو شیعہ سنی اختلاف اور نفرت سے بھر دیا۔

خلفاء راشدین کے بعد ہمارے دل لالچ سے بھر چکے تھے۔ پھر جب نفرت نے بھی ہمارے دلوں کو آگھیرا تو ہمارا زوال شروع ہو گیا۔ اب ہم ایک ایسے مقام پر ہیں کہ پوری دنیا ہم سے نفرت کرتی ہے۔ حتیٰ کہ مسلمان بھی دوسرے مسلمانوں سے نفرت کرتے ہیں کیونکہ ہم اللہ کو بھول چکے ہیں اور سمجھتے ہیں کہ ہمیں مکمل اختیار حاصل ہے۔ ہم ابھی تک اسی لیے باقی ہیں کیونکہ اللہ نے ہمارے دلوں میں اولاد کی محبت ڈال رکھی ہے۔ یہی محبت

ہے جوان کی تربیت اور نشونما میں مدد دیتی ہے۔

ہم اب تک یہ سمجھ چکے ہیں کہ نفرت اور لالچ ہمیں تباہ کر دیتے ہیں۔ جبکہ محبت، امن اور ہم آہنگی ہماری بقا اور ترقی کا باعث بنتے ہیں۔ آئیے اب اپنے کردار کی پستی کی وجوہات پر غور کرتے ہیں۔

مسلمانوں کے کردار کی پستی کے اسباب

اس موضوع پر بہت سے بیانات اور وڈیوز گردش کرتی رہتی ہیں کہ کس طرح مسلمانوں کا کردار پست ہو چکا ہے۔ مسلمان علماء بھی یہ کہتے نظر آتے ہیں کہ مسلمانوں کا کردار غیر مسلموں سے بھی بدتر ہو چکا ہے۔ غیر مسلم زیادہ دیانتدار، نظم وضبط کے پابند، وقت کے پابند اور محنتی ہیں۔ اس کے برعکس مسلمانوں کی دینی، سماجی اور اخلاقی حالت قابل افسوس ہے۔

یہ تو سب کہہ رہے ہیں کہ ہمارے کردار خراب ہو چکے ہیں مگر اس کے اسباب کوئی نہیں بتاتا۔ وہ ہمیں اچھائی کا بھی بتاتے ہیں مگر اس کی طرف جانے والے راستے کے بارے میں کچھ نہیں کہتے۔ میں سمجھتا ہوں ہمارے ایمان کی خرابی کا اصل سبب یہی ہے کہ ہم علماء اور خطیب حضرات سے یہ تو سنتے ہیں کہ اللہ مغفرت اور رحمت کا وعدہ کرتا ہے اور توبہ کرنے والوں سے محبت کرتا ہے، مگر ہم ان سے یہ کم سنتے ہیں کہ **اللہ کی رحمت صرف ان لوگوں کے لیے ہے جو ایمان والے ہیں**۔ اور توبہ اس کی ہوتی ہے جو اوپر بتائے گئے چار مراحل طے کرے۔

علاوہ ازیں، کیا ہم کسی ایسے شخص سے محبت، ہمدردی اور طاعت الٰہی کی امید رکھ سکتے ہیں جس کا دل نفرت اور لالچ سے بھرا ہو؟ ہرگز نہیں۔ یہاں تک کہ اس کا دل پاک ہو جائے اور اسے شیطانی خواہشات پر قابو رکھنا نہ آجائے۔

ہمیں یہ بھی باور کرایا جاتا ہے کہ اللہ کی عطا کردہ نعمتیں ہماری نیکیوں کا صلہ ہیں اور ہمیں اس لیے بھی ملی ہیں کیونکہ ہم رسول اللہ ﷺ کے امتی ہیں۔ ہمیں گمان ہونے لگتا ہے کہ اللہ ہم سے راضی ہے اور ہمارے لیے جنت پکی ہے۔ یوں جب ہمارے شعور کو جنت کی ضمانت مل جائے تو ہمارا لاشعور مطمئن ہو جاتا ہے اور ہم گناہوں سے بچنے کی کوشش بھی چھوڑ دیتے ہیں۔ شیطان ہم سے یہی چاہتا ہے اور وہ کامیاب ہو جاتا ہے۔

بدقسمتی سے ہم میں سے اکثر یہ عقیدہ بھی رکھتے ہیں کہ اللہ نے ان سب لوگوں سے جنت اور مغفرت کا وعدہ کیا ہے جو اچھے کام کرتے ہیں اور پانچوں اراکین اسلام پر عمل پیرا ہوتے ہیں۔ اس کے علاوہ ہمارا ایک اور غلط عقیدہ یہ ہے کہ برائیاں مثلاً نفرت، لالچ، انا اور تکبر ہماری جبلت میں ہیں اس لیے ہم ان سے جھٹکارا حاصل نہیں کر سکتے۔ چنانچہ، ہمارے ذہن میں یہ بات بیٹھی ہوتی ہے کہ ہمیں گناہوں سے دور رہنے کی کوشش کا حکم دیا گیا ہے، مگر نفرت، لالچ، انا، تکبر اور دیگر 'فطری' خرابیوں کو دور کرنا ضروری نہیں ہے۔

یقیناً دنیا کی تن آسانیوں اور رنگا رنگ روشنیوں میں گم ہو کر ہمارا کردار اور اللہ کی اطاعت کا جذبہ کمزور پڑ گیا تھا مگر ہمارے علماء و خطباء نے اس سلسلے میں ہمیں قرآن و سنت کی تعلیمات سکھانے کی کوئی سنجیدہ کوشش نہیں کی۔ انہوں نے صرف مراسم عبودیت پر زور دیا اور روحانیت کو نظر انداز کر دیا۔ اس بات کے جواز کے طور پر انہوں نے ہمیں قائل کیا کہ ہمارا ایمان اس وقت تک مکمل نہیں ہوتا جب تک کہ ہم حدیث پر ایمان نہ رکھیں، اور پھر انہوں نے ضعیف اور من گھڑت احادیث سنانی شروع کر دیں۔ بات یہیں تک نہیں رکی بلکہ انہوں نے ہمیں مزید گمراہ کرنے کے لیے قرآن کے غلط تراجم اور تفاسیر استعمال کیے۔

مجھے لگتا ہے کہ انہوں نے قرآن و سنت کی تعلیمات کو اپنی من مانی کا جواز بنانے کے لیے ایک منظّم کوشش کی اور یوں ایک خوشحال اور ترقی یافتہ قوم دینی، اخلاقی اور سماجی لحاظ

سے کمزور ہوگئی۔ ایک ایسی قوم بن گئی جو خود اپنے پاؤں پر کھڑے ہونے کے قابل نہیں رہی اور دوسروں کے رحم وکرم پر ہے۔ بالفاظ دیگر انہوں نے جانے انجانے میں دین کو بگاڑنے اور ہمیں تباہی کے دہانے تک پہنچانے میں دشمنان اسلام کی مدد کی۔

یہاں یہ بات قابل غور ہے کہ اسلام کبھی بھی ختم نہیں ہوگا، لیکن اگر ہم اللہ کو بھول جائیں تو وہ ہمارے بدلے دوسرے لوگوں کو لے آئے گا۔ یہ اللہ کا وعدہ ہے اور آج بعینہٖ یہی ہو رہا ہے۔ لوگ جوق در جوق اسلام میں داخل ہو رہے ہیں اور ہندو پنڈت، پادری اور غیر مسلم علماء اسلام کو فروغ دیتے نظر آ رہے ہیں۔

ہم دیکھتے ہیں کہ روزمرہ زندگی میں غیر مسلموں کا کردار، مثلاً کاروبار میں دیانتداری، وفائے عہد، سچائی، اخلاص، اور پابندی، ہم سے بہتر ہے۔ کیا ہم نے کبھی سوچا کہ ایسا کیوں ہے؟ ہمیں اچھا کردار اپنانے کے لیے کیا کرنا ہوگا؟ کیا نفرت اور لالچ سے بھرا انسان اچھے کردار کا مالک ہوسکتا ہے؟ کیا وہ قابل اعتبار ہوگا؟ ہاں وہ قابل اعتبار ہوسکتا ہے مگر صرف اس حد تک جب تک اس کا مفاد محفوظ رہے، ورنہ نہیں۔

اب سوچیے کہ جو شخص ہمیشہ اپنے مفاد کو مقدم رکھتا ہے (وہ مفاد دولت، طاقت، اختیار، خودنمائی، انا، تکبر یا محض کاہلی اور پرآسائش زندگی ہوسکتا ہے) کیا وہ کبھی ہمارے مفاد کے بارے میں سوچے گا؟ اور اگر اسے ہمارے مفاد کا خیال نہیں تو کیا وہ ہمیں جنت کے لیے جدوجہد کرنا سکھائے گا؟ میرا نہیں خیال۔ جب تک یہ دنیا نفرت اور لالچ سے بھری رہے گی یہ نام نہاد علماء پوری کوشش کریں گے کہ دل کی پاکیزگی سے متعلقہ تعلیمات کو کمتر جانیں اور انہیں پیش نہ کریں۔ آج ایسا ہی ہو رہا ہے۔

جن علماء نے قرآن کا ترجمہ کیا اور جن کی ذمہ داری تھی کہ ہمارے دلوں میں خوف الٰہی پروان چڑھائیں، ہمیں اللہ کی اطاعت، خوچ سپردگی اور اس پر بھروسے کا درس

دیں وہ خود بھی ان صفات سے عاری ہیں۔ وہ ہمیں کیسے سکھائیں گے؟ ہمیں اللہ کا فرمانبردار بندہ بننا سکھانے کے لیے پہلے خود استاد کو نفرت اور لالچ سے چھٹکارا حاصل کرنا ہوگا۔ وگرنہ ہمیں خود قرآنی تعلیمات کو سنجیدگی سے لینا ہوگا اور یہ سیکھنے کی پوری کوشش کرنی ہوگی کہ اللہ کا فرمانبردار بندہ کیسے بنا جاسکتا ہے۔ اگر ہم واقعتاً جنت کے مستحق بننا چاہتے ہیں۔

یہاں سوال کیا جاسکتا ہے کہ اگر علماء اور دینی اساتذہ زیادہ کمائی کے لیے کوشاں ہوں تو اس میں کیا مضائقہ ہے؟ کیا اسے لالچ شمار کیا جائے گا؟ اس سوال کا جواب دین کے فہم اور قرآن وسنت کی تعلیمات میں پنہاں ہیں۔ ہم سب جانتے ہیں کہ اللہ تعالیٰ نے ہم سے رزق کا وعدہ کر رکھا ہے اور ہمیں اپنے مقدر سے زیادہ یا کم نہیں ملے گا۔ اگر ہم مسلمان ہیں، اس کے وعدے پر یقین رکھتے ہیں، اس پر بھروسہ کرتے ہیں اور برکت کی دعا کرتے ہیں تو کیا ہماری توجہ اس پر نہیں ہونی چاہئے کہ ہم امت کو تعلیم دیں، انہیں جنت کے حصول میں مدد دیں اور اپنے رزق پر قناعت کریں؟ **اگر ہمارے علماء اور اساتذہ کو اللہ پر بھروسہ نہیں ہے تو ہم اپنی اہم ترین متاع یعنی آخرت کی کامیابی کے لیے ان پر کیسے بھروسہ کرسکتے ہیں؟**

میں جانتا ہوں کہ بہت سے علماء اور دینی اساتذہ ہمیں اچھائی کی تعلیم دیتے ہیں مگر وہ اس تک پہنچنے والے راستے کے بارے میں بات نہیں کرتے۔ ممکن ہے کہ وہ بہت اخلاص کے ساتھ اور بہت محنت کے ساتھ ہمیں سیدھے راستے کی جانب رہنمائی دے رہے ہوں مگر اگر وہ دل کے تزکیہ کی اہمیت کو نہیں پہچانتے اور اپنے دل کا تزکیہ نہیں کرتے تو ان کی تعلیمات اپنا اثر کھودیں گی۔ اسی بات کا ہم مشاہدہ کر رہے ہیں۔ یہ مخلص اساتذہ ہمیں سکھانے کی سرتوڑ کوششیں کر رہے ہیں مگر اس کے باوجود ہمارے کردار ہیں کہ بگڑتے جا رہے ہیں۔ ہم ایسے مقام پر پہنچ چکے ہیں کہ پوری دنیا، حتیٰ کہ مسلمان بھی ہم سے نفرت

کرتے ہیں۔

غیر مسلموں کا کردار ہم سے بہتر اس لیے ہے کیونکہ کہ ہم اپنے اساتذہ کی غلط تعلیمات کا شکار رہیں۔ انہوں نے کبھی ہمارے دلوں کا تزکیہ کرنے کی کوشش نہیں کی۔ یوں انہوں نے ہمیں یہ باور کرایا کہ قرآن ہمیں نیکیاں کرنے کا حکم دیتا ہے اور جنت اور مغفرت کا وعدہ کرتا ہے، مگر برائیوں سے دور رہنا ضروری نہیں۔ یہ بات درست نہیں، لیکن جب تک ہم خود قرآن کو سمجھنے کی کوشش نہیں کریں گے ہمیں اس بات کا ادراک نہیں ہوگا۔ نہ ہم قرآن کو عربی میں پڑھتے ہیں اور نہ ہی اس کی حکمت سمجھنے کی کوشش کرتے ہیں۔ بلکہ ہم قرآن کے تراجم اور تفاسیر پڑھتے ہیں جو ایسے علماء کی لکھی ہوتی ہیں جنہوں نے کبھی اپنے آپ کو نفرت اور لالچ سے بچانے کی کوشش نہیں کی۔ اپنے گرد بڑے بڑے ہجوم دیکھ کر وہ محض تعریف اور خود نمائی کی خواہش کو تقویت دیتے رہے۔ اللہ کی اطاعت سکھانے میں انہیں کوئی دلچسپی نہیں۔ لہٰذا، اللہ کے غضب، عذاب اور عذاب قبر کے بجائے وہ صرف اللہ کی رحمت اور مہربانی کے بارے میں بات کرنا پسند کرتے ہیں۔

ہمیں یہ یقین دلانے کے لیے کہ اللہ غفور الرحیم ہے اور جب تک ہم نیکیاں کرنے کی شعوری کوشش کرتے رہیں اللہ ہمارے سارے گناہ معاف کر دے گا اور ہمیں جنت میں داخل کر دے گا، ہمارے علماء نے بعض قرآنی آیات کے مطلب کو بدل دیا اور امت کو گمراہ کرنے کے لیے ان کی غلط تاویلیں کرنے لگے۔ تقریباً ہر خطبہ میں امام یہ پڑھتا ہے کہ ''جسے اللہ ہدایت دے وہی ہدایت یافتہ ہے اور جسے اللہ گمراہ کر دے اس کو کوئی ہدایت دینے والا نہیں۔'' وہ بہت سی ایسی احادیث کا حوالہ دیتے ہیں جو خوشخبریوں پر مشتمل ہوتی ہیں اور ڈرانے والی باتوں سے پرہیز کرتے ہیں۔ مثلاً وہ صرف رسول اللہ ﷺ کی شفاعت والی احادیث سناتے ہیں، یا یہ حدیث سناتے ہیں کہ اللہ توبہ کرنے والوں کو محبوب جانتا ہے اور

اگر کوئی خطا کار نہ ہوتے تو وہ انہیں ایسے لوگوں سے بدلتا جو خطائیں کرتے اور پھر توبہ کرتے، یا یہ حدیث سناتے ہیں کہ چاہے گناہ زمین کو بھر دیں پھر بھی اللہ انہیں معاف کر دیتا ہے، یا یہ کہ جو بھی مسجد تعمیر کر لے اس کے لیے جنت میں گھر بن جائے گا۔

ان تمام گمراہ کن تعلیمات کے ہوتے ہوئے جو قرآن اور حدیث کا غلط مطلب نکال کر دی جاتی ہیں اس میں کوئی حیرت کی بات نہیں کہ ہمارا کردار غیر مسلموں سے بھی گیا گزرا ہے۔ یہاں ہمیں یاد رکھنا چاہیئے کہ قرآن ہمیں غلط کاموں سے سختی سے روکتا ہے اور دردناک عذاب کی وعیدیں سناتا ہے۔ مگر ہم کبھی خود قرآن پڑھتے ہی نہیں اور صرف اپنے علماء پر انحصار کرتے ہیں۔ ہم یہ سمجھنے لگتے ہیں کہ اللہ نے ہم سے گناہوں کی معافی کا وعدہ کر رکھا ہے لہٰذا اپنا طرزِ زندگی نہیں بدلتے۔ بالفاظ دیگر ہم سمجھتے ہیں کہ ہمارے پاس گناہ کرنے کا اجازت نامہ ہے۔ گویا کوئی کسی ادارے کے سربراہ کا چہیتا ہو اور سمجھتا ہو کہ وہ جو چاہے کر سکتا ہے، اس کا کوئی مواخذہ نہ ہوگا۔

صدیوں تک انہی غلط تعلیمات کے ماحول میں رہنے کی وجہ سے ہمارے کانوں کو حکمت کی باتیں سنائی نہیں دیتیں اور ہم گونگے، بہرے اور اندھے ہو چکے ہیں۔

ہمارے دینی پیشواؤں کا ایک اور ظلم یہ ہے کہ محمد ﷺ محبت اور امن کا درس دینے آئے تھے اور مسلمانوں پر لازم تھا کہ وہ دنیا میں محبت کا پرچار کریں۔ مگر ہم نفرت سے بھرے ہوئے ہیں۔ اس قدر نفرت ہے کہ دنیا نے بھی ہم سے نفرت کرنا شروع کر دی۔ اور ہمارے علماء اور امام ہمیں یہ نہیں سکھا رہے ہے کہ ہمیں اس نفرت کو مٹا کر اسے محبت، افہام و تفہیم اور ہمدردی سے بدلنا ہوگا۔

ہندوستان کی سرکش حکومت مسلمانوں کو ذبح کر رہی ہے۔ لاکھوں مسلمان ان کے ظلم کا شکار بن رہے ہیں۔ مگر مسلمان حکمران ان سرکش حکمرانوں کی حمایت و تکریم کر رہے

ہیں، ان کے ساتھ تجارتی معاہدے کر رہے ہیں اور انہیں ملکی اعزازات سے نواز رہے ہیں۔ یہ تمام فسق وفجور والے اعمال اس لیے قابل قبول ہوتے ہیں کیونکہ ہمارے معاشرے میں لالچ کو قابل قبول سمجھا جاتا ہے اور کسی ملک کی معاشی ترقی لوگوں کی زندگیوں سے زیادہ اہم سمجھی ہے، خصوصا مسلمانوں کی زندگی سے۔

مسلمان نفرت کا شکار ہیں، وہی نفرت جس کو انہوں نے کبھی مٹانے کی کوشش نہیں کی۔ ہم کس بات کے منتظر ہیں؟ اس بات کے کہ نفرت ہمیں تباہ و برباد کر دے؟ والدین کو اس بات کا بہت زیادہ خیال رکھنا چاہیئے کہ بچوں کو بلا واسطہ یا بالواسطہ نفرت نہ سکھائیں۔ جب والدین بچوں کی موجودگی میں کسی سے نفرت کا اظہار کرتے ہیں جو بچے بھی نفرت کرنا سیکھ لیتے ہیں۔

کاش کہ ہمارے دینی اساتذہ اس بات کا ادراک کریں کہ انہوں نے ہمارے ایمان اور کردار کا کیا حال کیا ہے۔ میں امید کرتا ہوں کہ وہ ان غلط فہمیوں کو دور کر لیں گے قبل اس کے کہ ہماری معاشرت کی عمارت زمین بوس ہو جائے۔ میں یہ واضح کرنا چاہتا ہوں کہ مندرجہ بالا گمراہ کن تعلیمات قرآن وسنت کی نہیں بلکہ ان لوگوں کی تعلیمات ہیں جو خواہشاتِ نفس کو اپنا معبود بنائے ہوئے ہیں۔ یہ کتاب تمام انسانیت کو اور خصوصا مسلمانوں کو قائل کرنے کی ایک کوشش ہے کہ وہ قرآن وسنت کی اصل تعلیمات کی طرف لوٹ آئیں اور شیطان کے پھندوں میں نہ پڑیں۔ اللہ میرا حامی و ناصر ہو۔ امین۔

میں چاہتا تھا کہ اس کتاب کے ذریعے مسلمانوں کو اسلام کی روح سمجھنے میں مدد ملے، انہیں معلوم ہو کہ ایمان دراصل دل اور روح کے تزکیہ کا نام ہے اور انہیں ان کی 'واپسی' میں معاونت دوں۔ جب میں نے اس کتاب کو پہلی مرتبہ چھپوایا مجھے امید تھی کہ یہ میری طرح کے بہت سے دوسرے لوگوں کے لیے دین کی طرف پلٹ آنے کا ذریعہ بنے گی۔ مگر

جلد ہی مجھے احساس ہوا کہ اکثر لوگ اس کتاب کی گہرائی کو نہیں پا سکے۔

اس نئے ایڈیشن میں میں نے ہر باب کے آخر میں فکر کو دعوت دیتے چند سوالات شامل کرنے کا ارادہ کیا تا کہ قارئین اس کتاب کو 'واپسی' کے سفر میں معاون و مددگار کی حیثیت سے استعمال کر سکیں۔ ان سوالات کی مدد سے ہم اسلام کی روح کو جان سکیں گے، اس بات کا تعین کر سکیں گے کہ ہم کہاں کھڑے ہیں اور یہ جان سکیں گے کہ ہمیں کس سمت میں اور کس طرح قدم بڑھانے ہیں۔ جائزاتی سوالات اپنی کارکردگی کو جانچنے میں مدد دیتے ہیں اور جانچ ہمیشہ بہتری لے کر آتی ہے۔ یہی میرا ہدف ہے کہ ہم سب بحیثیت فرد اور بحیثیت امت بہتر بن جائیں۔ میں امید کرتا ہوں کہ آپ میری اس کاوش کو موثر پائیں گے۔ ان شاء اللہ۔

آخر میں، میں یہ بات دہرانا چاہتا ہوں کہ جب تک ہم نفرت اور لالچ سے چھٹکارا حاصل نہیں کرتے کوئی بھی نیکی فائدہ مند ثابت نہ ہوگی۔ میں سمجھتا ہوں کہ اگر ہمارے دل نفرت اور لالچ سے بھرے ہوں تو نیکیاں بھی صرف خودنمائی کا ذریعہ بن جاتی ہیں اور عنداللہ قابل قبول نہیں رہتیں۔۔۔

محمد قمر الزمان

تقدیم

یہ کہانی ہے حقیقت کی جانب ایک شخص کے سفر کی ۔ یہ کتاب محمد قمرالزمان کے ان واقعات وتجربات کو بیان کرتی ہے جنہوں نے ان کے کردار کو تراشا اور آج ایک اچھا مسلمان بننے میں مدد دی۔ جس دن میں ان سے ملا، مجھے معلوم ہوگیا کہ ان میں کچھ مختلف ہے۔ ان پر وہ راز افشا ہیں جو دوسرے نہیں جانتے ۔ یقیناً یہی وجہ ہے کہ انہوں نے کمال نظم وضبط اور استقامت کے ساتھ زندگی گزاری ہے۔ یہ وہ خوبیاں ہیں جو کسی بھی منزل مقصود میں کامیابی کی ضامن ہوتی ہیں۔ مصنف نے اپنی جدوجہد اور اس کے نتائج کو بیان کیا ہے اور ساتھ ہی ہمیں زندگی کے اہم اصولوں کی طرف متوجہ کیا ہے۔ ہم میں اکثریت اپنی روزمرہ زندگی میں اس قدر مصروف ہیں کہ تھوڑا وقت نکال کر سوچنا بھی محال لگتا ہے۔ بعض لوگ وقت نکال کر صوم و صلوٰت تو ادا کر لیتے ہیں لیکن ان فرائض کی تکمیل کے بعد کیا ہم نے کبھی رک کر سوچا کہ یہ ہماری زندگی میں کیا کردار ادا کرتے ہیں؟

تدبر وتفکر بھی ایک طرح کی عبادت ہے۔ محمد ﷺ غار حرا میں کئی کئی گھنٹے اور کئی کئی دن غور وفکر میں گزارتے تھے۔ نبوت سے قبل آپ ﷺ کی زندگی کا کافی عرصہ اسی میں گزرا۔ اللہ تعالیٰ نے ہم میں سے ہر ایک کو عقل کے ساتھ تخلیق کیا ہے تاکہ ہم اپنے آپ کو ان خزانوں کا اہل بنا سکیں جو ہمارے منتظر ہیں۔ ہمارے چاروں طرف ایسی نشانیاں موجود ہیں جو ہمیں اپنی طرف متوجہ کرتی ہیں اور تدبر کی دعوت دیتی ہیں تاکہ ہم اس زندگی کی حقیقت جان سکیں۔

یہ کتاب کسی خفیہ راز کا دعویٰ نہیں کرتی۔ ایسی بہت سی کتابیں موجود ہیں جو ہمیں بطور مسلمان اپنے فرائض کو بخوبی ادا کرنے کی تعلیم اور رہنمائی فراہم کرتی ہیں مگر یہ کتاب ایک قدم آگے بڑھ کر عملی ترغیب پر زور دیتی ہے۔ اللہ تعالیٰ نے ہمیں جو احکامات بجا لینے کا حکم دیا ہے ان کے پیچھے بڑی واضح وجوہات موجود ہیں۔ ہم فکر وتدبر کے ذریعے اپنی عبادات اور اپنی غفلت کے اثرات ونتائج کو سمجھ سکتے ہیں۔ جب ہمیں کسی کام کا فائدہ معلوم ہو جائے تو اس کام کی تکرار کے امکانات بڑھ جائیں گے۔ تدبر ہمیں فہم کی جانب لے کر جاتا ہے اور فہم عمل کی جانب۔ اور یہی اسلام ہے۔ اگر علم کو صحیح تناظر مل جائے تو یہ بہت حوصلہ افزا بن جاتا ہے اور پھر یہی علم رہنمائی اور تبدیلی کا سبب بنتا ہے۔

'سفرِ واپسی' مصنف کے تجربات کے ذریعے اپنے قارئین سے کلام کرتی ہے۔ اس

کتاب کو ایک کہانی کی شکل میں رقم کیا گیا ہے۔ ہر باب کے ساتھ ایک حصہ اسلام کے بارے میں تحریر کیا گیا ہے۔ کتاب کی آسان زبان اور خیالات کا حقیقی زندگی سے تعلق اسے اس موضوع پر موجود دیگر کتب سے ممتاز کرتا ہے۔ سوانح حیات اکثر ایسے عالمگیر عناصر بیان کرتی ہیں جن سے قارئین اپنی زندگی میں مماثلت تلاش کر سکتے ہیں۔ مصنف نے اپنے روحانی سفر کی کہانی کو بیان کرنے کی جو عاجزانہ کوشش کی ہے یہ کوئی معمولی بات نہیں اور نہ ہی اسے غیر اہم سمجھنا چاہیے۔

ایک دوسرے کی نقل کرنا انسانی فطرت کا حصہ ہے اور بالخصوص کسی مثالی شخصیت کی تقلید۔ ہم اپنے دینی بہن بھائیوں کی روداد یں بیان کر کے سیدھے راستے کی جانب ایک دوسرے کی حوصلہ افزائی کرتے ہیں۔ خصوصاً جب رہنمائی کے ان دعووں کو تقویت دینے کے لیے اللہ سبحان وتعالیٰ کے کلام اور رسول ﷺ کی زندگی کی مثالوں کو بھی بیان کیا گیا ہو جیسا کہ مصنف نے اس کتاب میں کیا ہے۔ وہ توحید اور اللہ کی وحدانیت کے بارے میں وہ کچھ لکھتے ہیں جو انہوں نے اپنی زندگی کے واقعات سے سیکھا۔ ہم میں بعض لوگوں کی تربیت اور پرورش ایسے ماحول میں ہوئی ہے جس سے ہمیں یہ سمجھنے کی سعادت حاصل ہے کہ اللہ کے سوا کوئی اور خدا نہیں۔ اور پھر کچھ خاص خوش نصیب ایسے بھی ہیں جن کا ایمان اس قدر پختہ ہے کہ اس میں شک کا گزر تک نہیں ہوتا کیونکہ وہ ایسے مراحل سے گزر چکے ہیں جن کی مدد سے انہوں نے جان لیا ہے کہ اس یقین کے بغیر یہ دنیا بے معنی ہے۔ اللہ ﷻ کی وحدانیت کے بیان کے بعد قمر الزماں ہمیں اس جانب متوجہ کرتے ہیں کہ ہم اسلام کے پانچ ستونوں کے ذریعے اپنے اخلاص کا عملی مظاہرہ کریں۔ ہم زبان سے لَا اِلٰـهَ اِلَّا اللّٰهُ کہہ تو سکتے ہیں مگر ہمیں اپنے عمل سے ثابت کرنا چاہیے کہ یہ ہمارے اندر زندہ ہے۔ بعد ازاں وہ دل کے تزکیے کی اہمیت پر بات کرتے ہیں۔ یہ دل ہی تو ہے جو اخلاص اور ایمان کا سرچشمہ ہے اور اسی دل کی حالت پر ہمیں روز جزا اللہ ﷻ کے حضور جانچا جائے گا۔ جب دل پاکیزہ ہو تو اللہ ﷻ کا قرب محسوس کیا جا سکتا ہے اور پھر انسان اپنے خالق کو جان سکتا ہے۔ یہ حکمت کے ان بہت سے نگینوں میں سے ایک ہے جو اس ایک شخص کی کہانی کے تناظر میں بیان کیے گئے ہیں جس نے زندگی کی مشکلات میں غوطہ زن ہونے کے بعد بہت سے اسباق سیکھے اور انہیں اپنی زندگی میں لاگو کیا۔ ان کی دیانت اور بخوشی اپنی زندگی کے لمحوں کو دوسروں کو ساتھ بانٹنے کی خواہش اس بات کا ثبوت ہے کہ وہ پر خلوص طریقے سے دوسروں کو یہ سمجھانا چاہتے ہیں کہ مصیبتیں اکثر چھپی ہوئی رحمتیں ہوتی ہیں۔

حافظ نفیس احمد اصلاحی

ایم فل (سیرتِ رسول ﷺ): بی۔اے (شرعی قانون) اسلامی یونیورسٹی مدینہ، کے۔ایس۔اے۔ امام آف توحید سنٹر آف نووی۔ مچیگن ، یو۔ایس۔اے

۱

بچپن

(۱۹۴۴۔۱۹۴۶، پٹنہ)

اللّٰہ اکبر اللّٰہ اکبر
اللّٰہ اکبر اللّٰہ اکبر
اشھد ان لا الہ الااللّٰہ
اشھد ان لا الہ الاا للّٰہ
اشھدانّ محمدارسول اللّٰہ
اشھد انّ محمد ا ر سول اللّٰہ
حیّ علی الصّلوہ
حیّ علی الصّلوہ
حیّ علی الفلاح
حیّ علی الفلاح
الصلوٰۃ خیرمّن الّنوم
الصلوٰۃ خیرمّن الّنوم
اللّٰہ اکبر اللّٰہ اکبر
لا الہ الّا اللّٰہ

اللہ سب سے بڑا ہے اللہ سب سے بڑا ہے
میں گواہی دیتا ہوں کہ اللہ کے سوا کوئی معبود نہیں
میں گواہی دیتا ہوں کہ اللہ کے سوا کوئی معبود نہیں
میں گواہی دیتا ہوں کہ بیشک محمد ﷺ اللہ کے رسول ہیں
میں گواہی دیتا ہوں کہ بیشک محمد ﷺ اللہ کے رسول ہیں

آؤ نماز کی طرف آؤ نماز کی طرف
آؤ کامیابی کی طرف آؤ کامیابی کی طرف
نماز نیند سے بہتر ہے نماز نیند سے بہتر ہے
اللہ سب سے بڑا ہے اللہ سب سے بڑا ہے
اللہ کے سوا کوئی معبود نہیں

مؤذن کی پکار صبح کی دھند میں شامل ہو کر ہر سُو پھیل رہی تھی۔ مجھے نیچے گلیوں میں اللہ کے پرہیزگار بندوں کے قدموں کی آوازیں سنائی دے رہی تھیں۔ وہ اس چھوٹی مگر صاف ستھری مسجد کی جانب بڑھ رہے تھے جو ہمارے گھر سے چند قدم کے فاصلے پر کھڑی تھی۔ مجھے دادی کی آواز بھی سنائی دے رہی تھی۔ وہ میری بہنوں کو پکار رہی تھیں اور ساتھ ہی کراہ رہی تھیں۔ ان کا ناتواں جسم حاکم اعلیٰ کے دربار میں علی الصبح حاضری پر احتجاج کر رہا تھا۔ میں نے بستر میں لیٹے لیٹے انگڑائی لی، کھڑکی سے باہر اندھیرے آسمان کو دیکھا اور کروٹ لے کر دوبارہ چند گھنٹوں کے لیے سو گیا۔

سورج کے نکلتے ہی میرا کمرہ دھوپ میں نہا جاتا تھا۔ کوئی بہت شاندار کمرہ نہیں تھا، عام سا کمرہ تھا جس میں میرے بستر اور ایک پرانی ٹوٹی ہوئی کرسی کے سوا کچھ نہ تھا۔ کمرے میں موجود کھڑکی مجھے سب سے زیادہ پسند تھی کیونکہ وہ گنگا کے رخ پر تھی، اگرچہ وہ نظر نہیں آتا تھا۔ ہمارا گھر ایک گندی اور گنجان آباد گلی میں واقع تھا۔ وہ ایسی تھی گویا پیل دوچ کھیلنے کے لیے کسی نے چاک سے ٹیڑھے میڑھے ڈبے بنائے ہوں جن میں لوگ اور ان کی چیزیں بکھری پڑی ہوں۔ جب بھی میں کھڑکی کے سامنے کھڑے ہو کر نیچے کی جانب دیکھتا، ایک ایسی دنیا نظر آتی کہ جی چاہتا فوراً اس جگہ کو چھوڑ کر رمضان پور چلا جاؤں جہاں ابّا کی وسیع زمینیں تھیں۔ لیکن جب اوپر نظر پڑتی پٹنہ چھوڑنے کا خیال فی الفور دل سے نکل جاتا۔

ہماری دو منزلہ بلڈنگ کے عین سامنے ایک شاندار مکان تھا۔ تاہم اس مکان سے زیادہ دلچسپی مجھے اس میں رہنے والی نوعمر ہندو لڑکی میں تھی۔ ہر صبح وہ اپنی پوجا کی تھالی لیے باہر بالکنی میں آتی، وہاں دیئے جلاتی اور یہ جانتے ہوئے کہ میں اپنی کھڑکی سے اسے

دیکھ رہا ہوں، کچھ ایسی حرکت کرتی جو میں آج تک نہیں سمجھ سکا۔ وہ تھالی اٹھا کر میری طرف دیکھتی اور اپنی تھالی گول دائرے میں گھماتی۔ اس حرکت پر میں مسکراتا اور وہ بھی مسکراتی ہوئی اندر چلی جاتی اور پھر ہم اپنے اپنے اسکول کے لیے تیار ہونے چلے جاتے۔

اسکول میرے لیے سب سے ناپسندیدہ جگہ تھی۔ کمزور اور کم عمر ہونے کی وجہ سے میں اپنے ہم جماعتوں کے لیے آسان ہدف بن چکا تھا۔ اکثر میری چیزیں چوری اور کتابیں غائب ہو جاتیں اور اساتذہ الگ ناراض رہتے۔

میں نے فیصلہ کر لیا تھا کہ آج مکتب میں میرا آخری دن ہوگا۔ میری برداشت جواب دے چکی تھی۔ گھر سے نکلنے سے پہلے میں نے بڑے بھیا کو اپنے فیصلے سے آگاہ کر دیا۔ ان کو میری بات سن کر حیرت نہیں ہوئی کیونکہ لڑکوں کا ستانا کوئی انوکھی بات نہ تھی۔ مگر پھر بھی میرا جی خوش کرنے کے لیے انہوں مجھے رات کھانے کے بعد میری پسندیدہ باقر خانی دلانے کا وعدہ کیا۔ بھیا کی باتوں نے میرا غصہ قدرے کم کر دیا تھا۔ مگر میرا ارادہ اپنی جگہ قائم تھا۔ مکتب سے واپسی پر میں اپنے ذہن میں ابّا سے اس موضوع پر بات کرنے کی ترکیبیں سوچتا رہا۔

میری ذہانت میری جسمانی کمزوری کا ازالہ کر دیا کرتی تھی۔ مجھے معلوم تھا کہ ابّا آسانی سے قائل نہیں ہونگے البتہ وہ میری ضد کے آگے بالآخر مان جائیں گے۔ ابّا بہار نیشنل کالج (بی این کالج) میں پروفیسر تھے اور فارسی اور اردو پڑھاتے تھے۔ وہ ایک اصول پسند انسان تھے۔ وہ چھ بیٹیوں اور تین بیٹوں کے باپ تھے اور اپنے بچوں کے معاملے میں بہت حساس تھے۔ ان سب کی اور خاص طور سے میری حفاظت کا بہت خیال رکھتے تھے۔

بچپن میں مجھے اندھیرا ہو جانے کے بعد گھر سے باہر رہنے کی اجازت نہیں تھی۔ اکیلے جا کر فلمیں دیکھنے پر بھی پابندی تھی اور باہر گلی میں کھیلنے کی اجازت بھی شاذونادر ہی کبھی ملتی۔ اس رات جب سب کھانے کے لیے دسترخوان پر بیٹھے، میں نے گھر والوں کے سامنے اپنے فیصلے کا اعلان کر دیا اور ان کے ردعمل کا انتظار کرنے لگا۔ لیکن کسی نے بھی کچھ

نہیں کہا، محض نظروں کا تبادلہ کیا گیا۔

دوسرے دن میں نے سرے سے مکتب جانے سے انکار کر دیا۔ نہ جانے میرے لہجے سے ابّا نے کچھ محسوس کیا یا پھر میرے ارادے کی پختگی بھانپ کر انہوں نے مزید مجھ سے کوئی سوال نہ کیا، نہ ہی مجھ سے کوئی وجہ دریافت کی۔ اور یہیں پر بات ختم ہو گئی۔ چند روز بعد مجھے ایک دوسرے اسکول میں چوتھی جماعت میں داخل کروا دیا گیا۔ تب ابّا نے میری تعلیم کی ذمہ داری خود اپنے ہاتھوں میں لے لی۔ وہ روز شام کو مجھے دالان میں بلاتے اور پڑھائی میں میری مدد کرتے۔ ہم ہر قسم کی کتابوں کا مطالعہ کرتے۔ اقوام عالم کی تاریخ اور دنیا کا جغرافیہ پڑھتے۔ مگر قرآن ہم نے کبھی نہ اٹھایا۔ ایسا لگتا تھا کہ مکتب کے ساتھ ساتھ میری قرآنی تعلیم بھی وقت سے پہلے اختتام پذیر ہو گئی تھی۔

دعوت فکر:

- ہماری کردار سازی کس چیز سے ہوتی ہے؟ مکتب یا قرآنی تعلیم سے، یا چھوٹی عمر میں اخلاق حسنہ کی تعلیم سے؟ یا دونوں سے؟
- بچوں کو خالص اسلامی اقدار کی تعلیم دینا کتنا اہم ہے؟
- آپ کے خیال میں اگر ہم اسلامی اقدار سکھانے پر توجہ نہ دیں تو کیا صرف مکتب اور قرآنی تعلیم بچے کی کردار سازی کے لیے کافی ہو گی؟
- آپ کے خیال میں ایسا بچہ جسے صرف قرآنی تعلیم دی گئی ہو مگر اسلامی کردار کی تعلیم نہ دی گئی ہو دنیا میں کامیاب ہو سکے گا؟
- کسی بچے کے لیے دنیا میں کامیابی حاصل کرنے کے لیے کیا چیز ضروری ہے؟

۲

پہلا قدم

''جو تمہیں حاصل ہے، وہ تمہارے لیے ہی مقدر تھا اور جو تمہیں نہیں ملا وہ تمہارا کبھی تھا ہی نہیں''

حضرت محمد ﷺ کی حدیث سے ماخوذ (جامع ترمذی، جلد دوئم، حدیث نمبر ۴۱۶)

ساٹھ سال قبل، جو چیز مجھے حاصل نہیں تھی، وہ ان الفاظ کا مطلب تھا جو آج بھی دن میں پانچ وقت میرے کانوں میں گونجتے ہیں۔ آج مجھے یقین ہے کہ یہ الفاظ میرے لیے تھے اور ان کے معنی کو پانا میرے مقدر میں لکھا تھا۔ میں نیند اور بیداری کی کشمکش میں تھا جب مؤذن ایک اللہ پر اپنے ایمان کا اعلان کر رہا تھا۔ اس نے اعلان کیا کہ محمد ﷺ اس کے رسول ہیں، اور لوگوں کو نماز اور فلاح کی طرف بلایا۔ اس نے التجا کی کہ نماز نیند سے بہتر ہے مگر میں سوتا رہا۔

مجھے نہیں یاد کہ میں کب جاگا اور کب ایمان کو تھاما، البتہ مجھے اپنی جدوجہد یاد ہے۔ مجھے ان جوابات کی شدت طلب یاد ہے جو کئی سالوں تک دن رات میرے پیچھے لگے رہتے تھے۔ آغاز میں جب میں اللہ کی طرف راغب ہوا تو جو سب سے پہلا عمل میں نے کیا وہ نماز فجر کی ادائیگی تھی، وہ نماز جو طلوع شمس سے قبل ادا کی جاتی ہے۔ بعد میں مجھے معلوم ہوا کہ مسلمانوں پر عائد کیا گیا سب سے پہلا فریضہ پنج وقتہ نماز ہی ہے۔ یہ نہ صرف اسلام کی بنیاد ہے بلکہ اللہ کی وحدانیت کے اقرار کے بعد دین کا سب سے اہم ستون ہے۔

۱۹۸۵ء سے لے کر ۱۹۸۸ء تک کے عرصے میں میں بحیثیت مسلمان اپنی شناخت دریافت کر رہا تھا۔ مجھے کس چیز نے مسلمان بنایا؟ قسمت نے، اتفاق نے یا مقدر نے؟ آپ جو چاہے سمجھ لیں۔ میں خوش قسمت تھا کہ میں نے ایک مسلمان گھرانے میں آنکھ کھولی تھی۔ غرض زمانے کے لحاظ سے میں مسلمان تھا۔ خواہ میں ایک اچھا مسلمان تھا یا برا، میری ابتدائی زندگی میں یہ بات کوئی خاص معنی نہ رکھتی تھی۔ بہت سے دوسرے لوگوں کی طرح میں بھی ایک لاعلم احمق کی مانند زندگی گزار رہا تھا یہاں تک کہ مجھے جھنجوڑ کر بیدار کر دیا

گیا۔ کہتے ہیں کہ 'لاعلمی باعث راحت ہے' اور 'تمہیں وہ چیز نقصان نہیں پہنچاتی جس کا تمہیں علم نہ ہو' مگر یہ سب غلط فہمیاں ہیں۔ میری لاعلمی میرے لیے اذیت سے کم نہ تھی۔ اور جس چیز سے میں لاعلم تھا وہ میری دنیا اور آخرت تباہ کر رہی تھی۔

جب میں نے فجر کی نماز ادا کرنا شروع کی تو میں صلوٰۃ کے متعلق اسلامی احکامات سے بے خبر تھا۔ اس لیے فجر کی نماز میرے دن کی پہلی اور واحد نماز ہوتی تھی۔ کافی مدت تک میں نے آگے قدم اٹھانے کی کوشش بھی نہیں کی۔ یہاں تک کہ میں نے اسلامی کتابوں کا مطالعہ شروع کیا اور قرآن کی چھوٹی سورتیں حفظ کرنے لگا۔ تب ڈرتے ڈرتے میں نے اپنا قدم آگے بڑھایا۔ کئی سالوں پہلے کہیں میں نے یہ سنا تھا کہ اگر اللہ کا کوئی بندہ اس کی طرف ایک قدم بڑھاتا ہے تو اللہ اپنے اس بندے کی طرف دس قدم بڑھاتا ہے۔ میں وہ بندہ تھا جو اپنے رب کے ان دس قدموں کا منتظر تھا۔

اس انتظار کے دوران میں اسلام کے متعلق پڑھتا رہا اور غور وفکر کرتا رہا۔ جب میں نے نماز پر تحقیق کی تو مجھ پر اس کی اہمیت آشکارا ہوئی۔ اس سے پہلے مجھے یہ معلوم نہ تھا کہ ایک با ایمان مسلمان اور کافر کے درمیان، ایک مسلمان اور منافق کے درمیان فرق کرنے والی چیز نماز ہی ہے۔ میں ایک مسلمان تھا کیونکہ میں مسلمان پیدا ہوا تھا۔ تو کیا میری غفلت نے مجھے منافق بنا دیا؟

میں مسلمانوں پر فرض کی گئی ہر عبادت کے بارے میں سوالات کرنے لگا یہاں تک کہ نماز کے بارے میں بھی۔ میں ایک سوچنے سمجھنے والا مسلمان تھا۔ میرے طریقہ تعلیم نے مجھے سوال کرنے اور ان کے جوابات ڈھونڈ کر ان پر عمل کرنا سکھایا تھا۔ مجھے معلوم تھا کہ دنیا کے ہر کونے میں مسلمان موجود ہیں اور مجھے یہ بھی معلوم تھا کہ ان میں سے اکثر اپنے مذہب پر عمل کرتے ہیں اور پانچ وقت کی نماز روزانہ ادا کرتے ہیں۔ لیکن کیا وجہ ہے کہ انہیں کامیابی نہیں ملتی؟ وہ مسلمان دنیا کے سب سے زیادہ قابل افسوس لوگ تھے۔ چاہے وہ مشرق میں ہوں یا مغرب میں، ان کے حالات قابل رحم تھے۔ مجھے کچھ سمجھ نہیں آ رہا تھا۔ خدا کی اس مخلوق نے:

ا۔ اللہ کی وحدانیت اور اس پر ایمان کا دعویٰ کیا تھا۔

۲۔ محمد ﷺ کو اللہ جل جلالہ کا پیغمبر اور رسول مان لیا تھا۔
۳۔ اور اللہ کی عبادت کے ذریعے وہ اپنی اس عقیدت کا اظہار کرتے تھے۔

پھر کیوں ان کی قسمت میں اتنی پریشانی اور مصائب لکھے تھے؟ کیوں اللہ اپنے بندوں کو اس اذیت سے نہیں نکال رہا تھا؟ اللہ جل جلالہ کیسا رب ہے؟ میرا ذہن بار بار اس طرح کے سوالات کی بوچھاڑ کرتا رہا۔

بعض اوقات میں شبہات میں مبتلا ہو جاتا اور سمجھتا کہ اللہ نے مجھے چھوڑ دیا ہے۔ اور بعض ایسے بھی لمحات گزرے جب میرے وجود کا ہر ذرہ اللہ سے جڑ جانا چاہتا تھا۔ میرا دل اور روح ایسی چیز کی تلاش میں تھے جو مجھے مضبوطی عطا کرے اور میں ایک بے وقعت پتے کی مانند ہوا کے تھپیڑوں سے اِدھر اُدھر نہ لڑھکتا پھروں۔ میں دل و جان سے چاہتا تھا کہ میرا اللہ میری طرف اپنی نظر کرم کر دے اور اس کو حاصل کرنے کے لیے میرے پاس ایک ہی راستہ تھا۔ میں نے دل لگا کر قرآن پڑھنا شروع کر دیا۔ میں نے فجر کی نماز خشوع و خضوع کے ساتھ پابندی سے ادا کرنی شروع کر دی اور کسی معجزہ کا انتظار کرنے لگا۔

دعوت فکر:

- کیا آپ اپنی دینی کارکردگی سے مطمئن ہیں اور سمجھتے ہیں کہ اللہ تعالیٰ آپ سے راضی ہیں؟ کیا آپ نے کبھی اپنی کارکردگی کو جانچا اور یہ سوچا کہ ہوسکتا ہے اللہ تعالیٰ راضی نہ ہوں؟ کیا آپ 'سوچنے' والے مسلمان ہیں؟
- کیا آپ اپنے دینی علم سے مطمئن ہیں؟ اگر ہاں، تو لکھئے کہ اللہ نے ہمیں کس مقصد کے لیے پیدا کیا ہے۔ یہ آپ کے لیے ایک خوبصورت یاددہانی کا کام دے گا۔ اگر نہیں، تو آپ کے ذہن میں اسلام کے حوالے سے جتنے سوالات ہیں انہیں تحریر کیجئے۔
- ایک ایک کر کے اپنے تمام سوالات کے جوابات حاصل کرنے کی کوشش کیجئے۔ جب تک آپ اپنے جوابات سے مطمئن نہیں ہو جاتے غور و فکر کرتے رہیں۔ ہوسکتا ہے ایسا کرنے میں آپ کو کئی سال لگ جائیں مگر کوئی بات نہیں۔ اس طرح آپ اللہ سے قریب اور قریب تر ہوتے جائیں گے۔

۳

تھوڑی خوشی تھوڑا غم

(پٹنہ:۱۹۴۴۔۱۹۴۷)

اور وہ تمہارے ساتھ ہے خواہ تم لوگ کہیں بھی ہو۔ (القرآن ۵۷:۴)

یہ ۱۹۴۴ء کی بات ہے جب شادی کی تیاریاں عروج پر تھیں۔ بڑے بھیا کی شادی ہمارے چچا کی بیٹی سے ہو رہی تھی اور ہم سب لوگ رمضان پور انکی دلہن لینے جا رہے تھے۔ ہر ایک کا جوش محسوس کیا جاسکتا تھا اور خوشی سب کے چہروں سے عیاں تھی۔ ابّا نے کالج سے چھٹی لے رکھی تھی اور زیادہ تر وقت گھر پر گزارتے تھے۔ میں ان کی گود میں بیٹھ کر ساری گہما گہمی دیکھتا تھا۔ مجھے تمام باتوں کی سمجھ تو نہ تھی مگر جب بھی کوئی پھلجھڑی یا پٹاخوں کا ذکر کرتا تو جوش کی ایک لہر میرے اندر بھی دوڑ جاتی۔ دادی مستقل یہی رونا روتی رہتیں کہ وقت کم ہے اور کام زیادہ۔ ایسا لگتا تھا کہ کوئی کام وقت پر پورا نہیں ہوگا۔ میری آپا اور اماں دوپٹوں پر گوٹا کناری نہ لگا پائیں گی۔ ابّا سنار سے ہاتھ کا پنجا، جھومر اور نتھ وقت پر نہ لاسکیں گے۔ اور میری پھوپھی جن کو ہم بوا کہتے تھے نانی جان کے لیے، وقت پر اپنی خاص مٹھائی، بیسن کے لڈو، تیار نہ کرسکیں گی۔

شادی میں چند دن باقی تھے۔ دادی کی پریشانی اتنی بڑھ گئی کہ انہیں چپ ہی لگ گئی۔ پھر میں نے انکی آواز تب سنی جب ہم رمضان پور سے کچھ دور تھے اور انہوں نے ایک لمبی سکون کی سانس بھری۔

شادی کے دن میری زندگی کے خوشگوار ترین دن تھے۔ شادی کی رونقیں کئی دن تک چلتی رہیں۔ میں چار سال کا تھا اور خوشی سے پھولا نا سماتا تھا۔ روزانہ رات کو سب چھوٹی بڑی عورتیں دلہا دلہن کے گرد بیٹھ کر شادی کے گیت گاتیں۔ بڑے بوڑھے دعائیں دیتے اور چھوٹے ان کو چھیڑنے سے باز نہ آتے۔ میں جا جا کر سب سے کہتا تھا کہ دلہن تو میری ہے۔

نکاح اور ولیمے کے بعد مہمانوں نے اپنے گھروں اور گاؤں کو لوٹنا شروع کر دیا۔

اور سارا شور وغل ایک دم سے تھم گیا۔ ہم بھی اپنی دلہن لے کر پٹنہ چلے آئے اور زندگی پھر سے پرانے طرز پر لوٹ آئی۔ اس کے بعد دو سال تک میں رمضان پور نہیں گیا۔

یہ ۱۹۴۶ء کی گرمیوں کے دن تھے اور آموں کی بہار تھی۔ پورے ہندوستان میں حالات کشیدہ تھے۔ نفرت کا بیج جو فرنگیوں نے بویا تھا وہ ہندو مسلم فسادات کی شکل میں اپنا پھل دے رہا تھا۔ مزاجوں میں گرمی تھی اور خون سفید ہو چکا تھا۔ ہندو اور مسلمان جو صدیوں سے اکھٹے رہ رہے تھے اب اسی فضا میں مل کر سانس لینے کو تیار نہ تھے۔ حالات دن بدن بگڑ رہے تھے۔ میں نے محسوس کیا کہ جب بھی میں کسی گفتگو کے دوران کمرے میں داخل ہوتا تو سب خاموش ہو جاتے۔ ابّا جو بہار کی مسلم لیگی جماعت کے صدر تھے میری موجودگی میں سیاست پر گفتگو سے گریز کرتے۔ مگر میں ذہین بچہ تھا اور بعض باتیں میری سمجھ میں آجاتی تھیں۔ مجھے معلوم تھا کہ ہندوستان جل رہا ہے اور اس کے ساتھ بہت سے معصوم لوگ بھی مر رہے ہیں۔

دیکھتے دیکھتے ہندو مظالم اور مسلمانوں کی انتقامی کاروائیاں روز کا معمول بن گئیں اور فریقین کے درمیان نفرتیں اور فاصلے بڑھتے چلے گئے۔ گھر میں سب لوگ ایک انجانے خوف کی کیفیت میں رہتے تھے۔ خوشیاں اوجھل ہوگئیں اور اندھیروں نے ہمارے گھر کو اپنی آغوش میں لے لیا۔ جب میں نے سنا کہ بڑے بھیا عیدالاضحیٰ منانے رمضان پور اپنے سسرال جا رہے ہیں تو میں نے بھی ان کے ساتھ جانے کی ٹھان لی۔

بھیا میرے لیے میرے ابا کی طرح تھے۔ وہ بھی پروفیسر تھے اور فارسی پڑھاتے تھے۔ گو کہ میں عمر میں ان سے چودہ سال چھوٹا تھا مگر اس سے قطع نظر میں ان کے ساتھ ساتھ رہتا۔ ان کی موجودگی میں مجھے تحفظ اور سکون کا احساس ہوتا۔ اور ابّا کی کمی محسوس نہ ہوتی۔ میں نے سوچا کہ بھیا کے ساتھ رمضان پور چلا جاتا ہوں۔ پٹنہ کی اداس فضا سے فرار کا اس سے اچھا موقع کیا ہوگا۔ مگر میری یہ خوش فہمی جلد ہی غلط ثابت ہوگئی۔

ہمیں رمضان پور آئے ہوئے چند گھنٹے ہی گزرے تھے اور میں بڑے بھیا کے ساتھ باہر چہل قدمی کر رہا تھا کہ ہمیں سامنے سے ایک آدمی اپنی طرف دیوانہ وار بھاگتا ہوا دکھائی دیا۔ وہ ہمارے پاس پہنچتے ہی بیہوش ہو گیا مگر جلد ہی ہوش میں آگیا۔ اس نے ہم سے کہا کہ فوراً کسی محفوظ جگہ پناہ لیں کیونکہ اب انجام قریب ہے۔ مجھے اس کا پیغام سمجھ نہ

آیا مگر بڑے بھیا سمجھ گئے۔ وہ اس شخص کو بمشکل سہارا دے کر قریب ترین گھر میں لے گئے۔ وہاں ایک مجمع پہلے سے موجود تھا۔ وہاں ہمیں مطلع کیا گیا کہ اطراف کے تمام دیہاتوں کے ہندو اکھٹے ہو کر رمضان پور کے مسلمانوں پر حملے کی تیاری کر رہے ہیں۔ یہ پہلا موقع تھا جب مجھے اپنے بڑوں کی آنکھوں میں واضح خوف دکھائی دیا۔

۱۹۴۶ء کے اس دور میں، رمضان پور ایک چھوٹا سا گاؤں ہوا کرتا تھا جو شمالی ہندوستان کے صوبہ بہار میں واقع تھا۔ اس گاؤں میں مسلمانوں کی اکثریت تھی اور سو کے لگ بھگ مرد، عورتیں اور بچے ادھر رہتے تھے۔ نوکر اور گھر کے ملازم زیادہ تر ہندو ہوا کرتے تھے۔ چونکہ وہاں ماضی میں کبھی ہندو مسلم فساد نہیں ہوئے تھے اس لیے وہاں کے مکینوں نے کبھی اپنے تحفظ کا سوچا اور نہ ہی تدبیر کی۔ پورے گاؤں میں فقط ایک بندوق تھی اور اس کے علاوہ کوئی ہتھیار موجود نہ تھا۔ نہتے گاؤں والے چاروں طرف سے گھرے بے یار و مددگار تھے۔ نہ بھاگ سکتے تھے، نہ چھپ سکتے تھے اور نہ ہی اتنا وقت تھا کہ گاؤں خالی کر سکتے۔

فی الفور تمام حالات کا بغور جائزہ لیا گیا۔ دور دور تک رمضان پور کے علاوہ کوئی مسلم آبادی نہیں تھی۔ اردگرد کے تمام ہندو قصبوں کو ملا کر ہندوؤں کی تعداد چھتیس ہزار (۳۶۰۰) یا اس سے زیادہ مسلح جوانوں کے لگ بھگ تھی۔ ہماری بربادی صاف نظر آ رہی تھی کیونکہ ہمارے پاس اپنے بچاؤ کا کوئی راستہ نہ تھا۔ خون کی ہولی کا پورا انتظام ہو چلا تھا۔

خطرہ سر پہ منڈلاتا دیکھ کر گھر کے بڑوں نے کسی دوسرے گھر منتقل ہونے کا فیصلہ کیا۔ ہم اپنی حفاظت اور پناہ کے لئے بار بار اپنی جگہ تبدیل کرتے رہے۔ جلد ہی لوگوں کا ایک ہجوم اکھٹا ہو گیا۔ بڑے، بوڑھے، جوان، مرد، عورتیں، بچے سب گرتے پڑتے رمضان پور کی گلیوں میں نکل آئے کہ کسی مضبوط اور محفوظ گھر میں پناہ لے سکیں۔

موت ہمارے سروں پر منڈلا رہی تھی اور خوف نے سب کو متحرک کر دیا تھا۔ ہم سڑک پر ہی تھے جب ہمیں ہندو بلوائیوں کا شور سنائی دیا۔ لوگوں میں دہشت پھیل گئی اور قدم تیز ہو گئے۔ اس بھگدڑ میں کچھ لوگ پیچھے رہ گئے۔ میں نے مڑ کر دادی کا ہاتھ پکڑنا چاہا مگر ان کو اپنے ساتھ نہ پایا۔ میں نے رک کر ان کو ڈھونڈنے کی کوشش کی تو بھیا سے بھی بچھڑ گیا۔ میں بدحواس ہو کر دونوں کی تلاش میں لگ گیا۔ جلد ہی مجھے دادی نظر آ گئیں جو بیس

فٹ کے فاصلے پر ایک کنارے پر بیٹھی تھیں۔ وہ بے حد تھک چکی تھیں اور ان کی ٹانگ میں شدید درد ہو رہا تھا۔ میں نے لپک کر ان کا ہاتھ پکڑا اور ان کو اٹھانے کی کوشش کرنے لگا۔ میں ان کو پیچھے چھوڑنے کا سوچ بھی نہیں سکتا تھا۔ ہم دوبارہ چلنے لگے مگر ہماری رفتار قدرے سست تھی۔ جس گلی سے ہم گزر رہے تھے اچانک سنسان اور پُر خطر لگنے لگی۔ میں سہما ہوا تھا اور دائیں بائیں نظر دوڑا رہا تھا کہ کہیں بھیا مل جائیں۔ جن لوگوں نے ہمارے باپ دادا کی خدمت کی، جو ہمارے خاندانی ملازم تھے، اور جو اپنے اہل وعیال کی کفالت کے لئے ہمارے اوپر انحصار کرتے تھے آج وہی لوگ ہمارے خون کے پیاسے تھے۔

چند لمحوں میں چیخ پکار کی آوازیں گونجنے لگیں اور بھوکے بھیڑیوں کی طرح بلوائیوں نے مسلمانوں پر حملہ کر دیا۔ جو سڑک کچھ دیر پہلے سنسان دکھائی دے رہی تھی ایک دم میدان جنگ بن گئی۔ رمضان پور کے مسلمان میری نظروں کے سامنے قتل ہو رہے تھے۔ میرے رشتے داروں کی لاشیں میرے دائیں بائیں گر رہی تھی جبکہ میں دادی کو سہارا دیئے ساکت کھڑا تھا۔ کچھ دیر بعد ہم وہاں اکیلے کھڑے تھے اور ہمارے چاروں طرف لاشوں کا انبار لگا تھا۔

ہمیں وہاں سے نکل جانا چاہئے تھا۔ دادی کی ہمت جواب دے چکی تھی۔ میں ان کو گھسیٹنے کی کوشش کرنے لگا۔ اتنے میں ایک اور ہجوم آتا دکھائی دیا اور ہم اس میں گم ہو گئے۔ یہ ہمارے ہی لوگ تھے اور انہوں نے جلدی سے ہمیں میرے چچا کے گھر پہنچا دیا۔ اندر ہم قدرے محفوظ تھے، البتہ پتھر کی دیو قامت دیواروں کے اس پار خطرہ اپنی جگہ قائم تھا۔

میرا چھ سالہ ذہن جواب تک خوف سے نا آشنا تھا جلد ہی ڈر محسوس کرنے لگا۔ جب میں نے سنا کہ بڑے بھیا باہر ہیں اور تلوار کے زور پر ہندوؤں کو دیوار پر چڑھنے سے روک رہے ہیں تو میری حالت غیر ہو گئی۔ میں بڑے بھیا کو کھونا نہیں چاہتا تھا۔ پھر ایک زبردست شور سنائی دیا اور معلوم ہوا کہ حملہ آور اندر گھس آئے ہیں۔ باوجود اس کے کہ چچا نے باہر سے ہمیں اندر بند کر دیا تھا، چند ہندو بلوائی اندر گھسنے میں کامیاب ہو گئے۔ ہم ایک پچھلے کمرے میں گھس گئے اور اس کو مضبوطی سے بند کر لیا۔ اب ہمارے پاس فرار کا کوئی راستہ نہ تھا۔ سب لوگ اللہ سے عافیت کی دعائیں مانگنے لگے۔ وہ گڑگڑاتے ہوئے اللہ کو پکار کر مدد مانگ

رہے تھے۔

ہندو بلوائی یکے بعد دیگرے دروازے توڑتے ہوئے ہمارے کمرے کے دروازے تک پہنچ گئے جسے اندر سے بند پا کر انہوں نے دروازے پر حملہ کر دیا۔ چند ہی لمحوں میں دروازہ ٹوٹ چکا تھا۔ اب موت ہمارے سامنے کھڑی تھی۔

میں معجزات پر یقین رکھتا ہوں۔ میرا ایمان ہے کہ موت کا وقت مقرر ہے۔ اگر آپ کی موت کا وقت نہیں آیا تو آپ کو کوئی نہیں مار سکتا۔ اللہ کی ذات آپ کو بچا لے گی اور آپ اتنا جئیں گے جتنا آپ کی تقدیر میں لکھ دیا گیا ہے۔ وہ بھی ایسا ہی لمحہ تھا۔ موت سامنے خون کے پیاسے بلوائیوں کی شکل میں کھڑی تھی لیکن ہمارے مقدر میں نہیں تھی۔ اسے روک لیا گیا اور وہ پلٹ گئی۔

ہم ہیبت زدہ کھڑے موت کو تک رہے تھے کہ اچانک کہیں سے شور بلند ہوا۔ ہندو یکدم ایسے بھاگے جیسے جانور جنگل کی آگ سے فرار ہوتے ہیں۔ اللہ کی مدد آن پہنچی تھی۔ تباہ شدہ دروازے کے باہر برطانوی فوج کا مسلح دستہ ایک مسلمان افسر کی سربراہی میں کھڑا تھا۔ اس افسر کے گھر والے رمضان پور میں رہتے تھے۔ وہ رمضان پور کے قریب سے اپنے دستے کے ساتھ گزر رہا تھا۔ حملے کی خبر سن کر وہ ادھر نکل آیا اور بلوائیوں پر گولیوں کی بارش کر دی۔ اس طرح شکاری خود شکار ہو گئے۔

کچھ ہی گھنٹوں میں ہر چیز معمول پر آ گئی۔ البتہ رمضان پور کی گلیاں ہندوؤں اور مسلمانوں کے خون سے رنگ چکی تھیں۔ میں صرف گھر لوٹنا چاہتا تھا۔ رمضان پور پر حملے کی خبر پٹنہ پہنچ چکی تھی اور گھر والے فکر مند ہو گئے۔ ابّا کے کچھ برطانوی افسروں کے ساتھ اچھے مراسم تھے۔ انہوں نے اپنے اثر و رسوخ سے ایک بڑے ٹرک میں کچھ فوجی جوان لیے اور ہمیں گھر لانے کے لئے رمضان پور کا رخ کیا۔ جب وہ ہمارے پاس پہنچے تو رات ہو چکی تھی اور حملہ آوروں کا دور تک کوئی نام و نشان نہ تھا۔ انہوں نے رات وہیں گزارنے اور صبح سویرے واپس لوٹنے کا فیصلہ کیا۔

رات کے کھانے کے بعد ابا کے ساتھ آنے والے برطانوی افسر نے ان کو اپنی بندوق تھمائی اور بدلہ لینے کے لیے اکسایا۔ ابّا کی آنکھیں سرخ تھیں۔ میں سمجھا کہ ابّا اس

بندوق کو لے لیں گے مگر انہوں نے نفی میں سر ہلا دیا جس پر میں کچھ مطمئن ہو گیا۔ اگلی صبح ابّا نے دادی، بڑے بھیا، چچا اور ان کے گھر والوں کو اور جو کوئی بھی رمضان پور سے جانا چاہتا تھا میرے ساتھ ٹرک پہ سوار کیا اور پٹنہ روانہ ہو گئے۔ میں گھر پہنچا تو خیال آیا کہ ہنوز عید ہے۔

۱۹۴۶ء میں تقسیم ہند کے منصوبے کے اعلان کے ساتھ ہی پورے ہندوستان میں فسادات پھوٹ پڑے۔ مسلمانوں کے لیے ایک الگ ملک پاکستان اور ہندوؤں کے لیے ہندوستان بنانے کی تجویز انتہا پسند ہندوؤں پر گراں گزری۔ جو مسلمان اپنے گھروں کو چھوڑنا نہیں چاہتے تھے مجبوراً حملوں سے بچنے کے لیے سب کچھ پیچھے چھوڑ کر پاکستان جانے کے لیے تیار ہو گئے۔ میرے چچا ڈاکٹر عبدالوحید بھی انہی میں سے ایک تھے۔ وہ گھر بار چھوڑ کر ہجرت کر گئے۔ پہلے وہ کلکتہ اور پھر ڈھاکہ (مشرقی پاکستان) گئے جہاں انہوں نے مستقل سکونت اختیار کر لی۔

مشرقی پاکستان کا وجود تباہی کا سر چشمہ تھا۔ اس کی غیر عملی تقسیم اور مغربی پاکستان سے جدا ہونا اس بات کا ضامن تھا کہ جلد ہی ایک تیسرا ملک بھی وجود میں آ جائے گا۔ ۱۹۷۱ء میں بہاریوں اور بنگالیوں کے مابین فسادات پھوٹ پڑے جس کے نتیجے میں میرے چچا ہلاک ہو گئے اور ان کے گھر والوں کو فرار ہو کر مغربی پاکستان ہجرت کرنی پڑی۔ ان فسادات کے نتیجے میں ۱۷/اپریل ۱۹۷۱ء کو مشرقی پاکستان نے آزادی کا اعلان کر دیا اور بنگلا دیش وجود میں آ گیا۔

ہندو مسلم فسادات نے زندگی کے بارے میں میری رائے تبدیل کر دی۔ میرے لیے یہ تسلیم کرنا مشکل تھا کہ ہمارے ہی ملازم اور ماتحت ہمارے اوپر کتوں کی طرح ٹوٹ پڑے تھے۔ وہ ہماری زمینوں پر قبضہ کر کے ہمیں ہمارے گھروں سے باہر نکال چکے تھے۔ رمضان پور ایک خواب بن چکا تھا اور ہندوستان پردیس۔ اب یہ وہ جگہ نہیں رہی تھی جہاں میرے والد پروان چڑھے تھے۔ نانی اور نانا جان نے بھی شیخ پورہ کو خیر باد کہہ دیا اور ہمیشہ کے لیے ہندوستان چھوڑ کر مغربی پاکستان چلے گئے۔ البتہ ہم پٹنہ میں اپنے گھر لوٹ گئے اور وہ ہماری واحد جائے پناہ بن گیا۔

ہندو مسلم فسادات نے میرے ذہن میں خدا، مذہب اور ایمان کے بارے میں بہت سے سوالات کو جنم دیا۔ کیا ہم واقعی ایک خدا کی مخلوق ہیں؟ اگر ایسا ہی ہے تو ہم ایک دوسرے کے خون کے پیاسے کیوں ہیں؟ ایسا کیا ہے کہ ہم اپنے رشتے ناطے بھول کر ایک دوسرے کے دشمن بن جاتے ہیں؟ کیا دوسرے انسانوں کو تکلیف میں دیکھ کر ہمیں خوشی ملتی ہے؟

یہ طے تھا کہ اب یہ سوالات مرتے دم تک میرا پیچھا کرتے رہیں گے یہاں تک کہ میرا متجسس ذہن ان کے جوابات نہیں پا لیتا۔ دریں اثنا، یا تو میرا ایمان بڑھے گا یا میں اللہ اور اس کے دین میں اعتماد کھو دوں گا۔

دعوت فکر:

- کیا آپ سوچتے ہیں کہ مسلمان پوری دنیا میں مصائب کا شکار کیوں ہیں؟
- آپ کے خیال میں کیا یہ اللہ کا امتحان ہے؟ یا اس کا عذاب؟
- اگر یہ اللہ کا عذاب ہے تو ہم نے ایسا کیا کیا تھا کہ ہم اس عذاب کے مستحق ہوئے؟
- کیا آپ کو کوئی ایسا وقت یاد ہے جب اللہ نے پوری دنیا کی امت مسلمہ کا امتحان لیا تھا؟

۴

اپنے خالق کی پہچان

''اللہ ہر چیز کا پیدا کرنے والا ہے اور وہی ہر چیز پر نگہبان ہے''

(القرآن، ۳۹:۶۲)

توحید - ہماری نظر میں:

برصغیر کے ہندوؤں اور مسلمانوں میں امتیاز کرنے والی چیز توحید تھی۔ یہی وہ جڑ تھی جس سے باقی دوسرے چھوٹے بڑے مذہبی اختلافات نے جنم لیا۔ انسان شروع دن سے ہی اپنے خالق کو ڈھونڈتا رہا ہے۔ میں بھی یہی کر رہا تھا۔ اپنے آقا اور مالک کو تلاش کر رہا تھا۔ وہ کون تھا جس نے یہ تمام کائنات بنائی تھی؟ مجھے علم تھا کہ تمام جاندار اسے جانتے ہیں البتہ مختلف ناموں سے۔ مگر کیا وہ اس ذات کی ہر جگہ موجودگی اور اقتدارِ اعلیٰ کو مانتے ہیں؟ یہ بات غیر واضح تھی۔ کیا وہ اس کو اس کی خوبیوں کے ساتھ پہچانتے ہیں؟ ایسا مشکل ہی تھا۔ اور کیا وہ اس کی عبادت کرتے ہیں؟ یہ ایسا سوال تھا جس کا جواب میرے لیے یہی تھا کہ ''مجھے اس سے کیا سروکار!'' (بعدازاں جب اسلام کے بارے میں میری معلومات بڑھتی گئی اور قرآن اور حضرت محمد ﷺ کے متعلق میرے علم میں اضافہ ہوا تو یہ انفرادی تصور بالکل غلط ثابت ہوا)۔

مجھے غلط مت سمجھئے گا۔ میں کسی پر انگلی نہیں اٹھا رہا۔ مجھ سمیت ہر مسلمان اس بات سے آگاہ ہے کہ اس کائنات کا خالق اللہ تعالیٰ ہے۔ وہ عظیم ہے۔ اس کے سو نام ہیں اور جن کی نسبت سے سو اوصاف ہیں جو اس کی ذات کا خاصہ ہیں۔ ہم بھی اکثر اس کی عبادت کرتے ہیں اور اسی کا حکم مانتے ہیں۔ ہم اسی طرح عبادت کرتے ہیں جس طرح ہم سے تقاضا کیا گیا ہے یا یوں کہہ لیں کہ جس طرح ہم سمجھتے ہیں کہ تقاضہ کیا گیا ہے۔ اور یہ ہمارے لیے توحید پر ہمارے پختہ ایمان کی دلیل ہے۔

اللہ کی پہچان بطور خالق:

جب میں توحید کے متعلق پڑھ رہا تھا، مجھے ایسا محسوس ہوتا تھا کہ میں اس کی روح کو صحیح طور سے سمجھ نہیں پا رہا ہوں۔ مجھے معلوم تھا کہ جواب موجود ہے اور بالکل سامنے موجود ہے مگر میں اس کی نشاندہی نہیں کر پا رہا تھا۔ میں نے اپنے عقیدے سے متعلق حقائق تو درست سمجھ لیے تھے البتہ سب سے اہم منطق اب تک میرے ہاتھ نہیں لگی تھی۔

لڈوِگ وٹجنسٹین (Ludwig Wittgenstein) کے مطابق:

''منطق اپنا ادراک خود ہی کرا دیتی ہے ہمیں صرف یہ دیکھنا ہوتا ہے کہ وہ یہ کام کیسے اور کس طرح کرتی ہے''۔ کائنات کی تخلیق بھی منطق سے خالی نہیں۔ مجھے ادراک ہوا کہ دنیا میں موجود ہر شے پر اسی طرح کی منطق لاگو کی جا سکتی ہے۔

آپ بگ بینگ تھیوری کو لے لیجئے۔ اگر یہ کائنات محض حادثہ سے وجود میں آئی ہے تو سورج، چاند اور یہ دنیا تو بہت عمدہ اتفاق ہیں۔ ہم جیسے انسان بھی بڑی زبردست مخلوق ہیں جو اتفاق سے وجود میں آ گئی۔ ہماری بقا کے لیے کرۂ ارض کا سازگار ماحول بھی ایک اور انتہائی اہم اور صحیح وقت پر ہونے والا حادثہ تھا۔ یہ سب کچھ بہت کمال کا معلوم ہوتا ہے نا؟ یعنی جب کبھی ہمیں کسی چیز کی ضرورت محسوس ہو ہم مزید ایسے حسین حادثات مانگ لیں۔ مگر کس سے مانگیں؟ قدرت سے؟ نہیں۔ خدا کے انکاری لوگوں کی باکمال دنیا میں، چیزیں خود بخود ہی عمدہ طریقے سے انجام پاتی رہتی ہیں۔

میں خوش تھا کہ میں مسلمان ہوں۔ مجھے کم از کم اس قسم کی فضولیات میں پڑنے کی ضرورت نہ تھی۔ خالق کے بغیر تخلیق کا تصور بھی کیسے ممکن ہے۔ یہ نہ پچھلے زمانے میں ممکن تھا اور نہ ہی آج کے نئے صنعتی اور ترقی یافتہ دور میں ممکن ہے۔

ایک عملی انسان ہونے کی حیثیت سے میں اپنا وقت 'اگر مگر' میں برباد کرنے کا قائل نہیں ہوں۔ اور نہ ہی 'کیا ہونا چاہیے تھا اور کیا نہیں' کی بات کرتا ہوں۔ میں ہمیشہ اعداد و شمار اور حقائق کو اہمیت دیتا ہوں۔ دنیا کے متعلق میرا اپنا نظریہ یہ ہے۔ مجھے لگتا ہے کہ دنیا ایک بڑے کمپیوٹر کی طرح ہے، ہم جو بھی اس کمپیوٹر میں داخل کرتے ہیں (input) یہ اپنے طے

شدہ پروگرام کے تحت ہمیں نتائج (output) فراہم کرتی ہے۔ نہ ہم انسان ان نتائج کو بدل سکتے ہیں اور نہ ہی کمپیوٹر بدل سکتا ہے۔

میرا عقیدہ اس اعلیٰ وارفع قانون ساز اور اس کے عالمی قوانین کے گرد گھومتا ہے۔ یہ دنیا مادی اور فطری اصولوں کے تحت بنائی گئی ہے اور ہر عمل کا ردعمل اس وقت تک نہیں بدل سکتا جب تک کہ کوئی ماوراہستی یا طاقت اس پر اثر انداز نہ ہو جیسے کہ کوئی معجزہ۔ سائنسدان کہتے ہیں کہ ہماری زمین ایک مقررہ اور تیز رفتار سے اپنے محور پر گھوم رہی ہے اور اس کے ساتھ ساتھ سورج کے گرد مدار میں بھی گردش کر رہی ہے۔ وہ یہ بھی کہتے ہیں کہ اگر ہماری زمین اپنے مقرر کردہ محور یا مدار سے ذرا سا بھی تجاوز کرے گی تو بہت بڑی تباہی وقوع پذیر ہوگی۔ یہ بات انسان کو اس ہستی کے بارے میں سوچنے پر مجبور کر دیتی ہے جو زمین کو اس کے محور اور مدار میں رکھے ہوئے ہے۔

زمین پر زندگی کا وجود ایک اور سوالیہ نشان ہے۔ اس زمین پر فقط انسان واحد جیتی جاگتی ہستی نہیں بلکہ ہمارے ساتھ یہ زمین ۸ء۷ ملین مختلف اقسامِ حیات کا مسکن ہے۔ منطقی سوال یہ ہے کہ جاندار زندہ کیسے رہتے ہیں؟ اور کون سی ہستی ان کو رزق دیتی ہے؟ رزق بھی اتفاقی طور پر تو موجود نہیں ہو سکتا کہ جس کو ضرورت ہو وہ ڈھونڈ لے اور حاصل کر لے۔ دنیا کی بڑھتی ہوئی آبادی کے بارے میں کیا خیال ہے؟ ہم مستقل یہ سنتے ہیں کہ دنیا کی اناج پیدا کرنے کی سکت اس بڑھتی ہوئی آبادی کی ضروریات کے مقابلے میں کم ہے۔ مگر حقیقت یہ ہے کہ اناج اور مختلف قسم کی خوردنی اشیاء کی پیداوار بھی مسلسل بڑھ رہی ہے، شاید اس تسلی بخش انداز سے نہیں جو ہمارے ماہرین ماحولیات کو مطمئن کر سکے مگر بہرحال ایک تسلسل سے بڑھ رہی ہے۔

اس دنیا میں ہمارا وجود اتفاقی نہیں کیونکہ یہ ہو ہی نہیں سکتا۔ ہمارے پاس بہت پیچیدہ قسم کی مشینیں اور ٹیکنالوجی ہے جو آج کے دور میں ہماری بقا میں مدد دیتی ہیں لیکن آپ نے کبھی یہ سوچا کہ یہ ٹیکنالوجی کیسے بنی؟ یہ سب بنانے کے لیے ہمیں غیر معمولی ذہنی صلاحیت کس نے عطا کی؟ وہ ذہنی صلاحیت جس نے یہ سب ممکن بنایا۔ انسانی جسم پر ایک

سرسری نگاہ، اس کے دماغ کی باریک نسوں کا اعصابی نظام، پٹھے اور عضلات، اس کا ڈھانچہ اور اعضاء، یہ سب ایک عظیم خالق کی موجودگی کی دلیل کے لیے کافی ہیں۔

کیا آپ کے خیال میں انسان کی ذہنی صلاحیت اور عقل اس کی ضروریات سے مطابقت رکھتی ہے؟ میں نہیں سمجھتا۔ فرض کریں کہ آپ کو کسی چیز کی ضرورت ہے اور آپ کے پاس ایک خالی ڈبہ ہے۔ کیا آپ اس ڈبے سے کوئی بھی چیز نکال سکتے ہیں صرف اس بنیاد پر کہ آپ کو اس کی ضرورت ہے؟ نہیں، ہماری منطق یہ تسلیم نہیں کرتی۔ اگر آپ کچھ نکالنے میں کامیاب ہو بھی جائیں تو ہم اسے جادو کہیں گے۔ یہ بہت انوکھی اور حیرت انگیز بات ہوگی۔ اس لیے جب تک کہ کوئی ماورا طاقت اثر انداز نہ ہو آپ ایک خالی ٹوپی سے خرگوش نہیں نکال سکتے اور نہ ہی اپنی ضروریات ایک خالی ڈبے سے پوری کر سکتے ہیں اور نہ اپنے ذہن سے انوکھے خیالات سوچ سکتے ہیں۔

دوسرا پہلو جسے ہم اکثر نظر انداز کر دیتے ہیں وہ قوانین قدرت کا ہے: اسباب اور نتائج کا قانون، اور حرکات اور ردعمل کا قانون فقط دو مثالیں ہیں۔ اگر یہ قانون نہ ہوتے تو ہماری دنیا اتنی آسانی سے نہ چل پاتی اور ہم اس جگہ موجود نہ ہوتے جہاں آج ہیں۔ یہ قوانین انسان کے بنائے ہوئے نہیں ہیں: آگ لکڑی کو جلائے گی، انسان منفی درجہ حرارت میں منجمد ہو جائے گا، پانی ملنے پر بیج سے پودے نکلیں گے اور مکھیاں غذائی پودوں کی زیرگی میں مدد دیں گی۔

ڈی این اے (DNA) پچھلی صدی کی سب سے اہم دریافت ہے۔ اس کے خلیات میں زندگی اور حیاتیاتی خلیوں کی تعمیر اور ڈیزائن کی تمام معلومات نقش ہوتی ہیں۔ اگر ڈیزائن اور اس کے محفوظ ہونے کا ثبوت موجود ہے تو منطق کہتی ہے کہ وہ صانع بھی موجود ہوگا جس نے یہ معلومات محفوظ کی۔ میں ایک انجینئر ہوں اور ایک انجینئر کی طرح سوچنے پر مجبور ہوں۔ میں نے دنیا کی بناوٹ اور اس کے چلنے کے اصول پڑھے ہیں اور اس نتیجے پر پہنچا ہوں کہ یہ بے نقص ہے۔ ہم انجینئر پہلے سوچتے ہیں پھر نمونہ تیار کرتے ہیں، پھر اس چیز کو تیار کرتے ہیں، اس کو آزماتے ہیں اور پھر اس کی نگرانی کرتے ہیں۔ سائنس اور

انجینئرنگ کے اصولوں کو اپناتے ہوئے ہم نئے نمونے اور خاکے پیش کرتے ہیں۔ البتہ ہم انسان جیسی ہستی بنانے سے عاجز ہیں اور ہم جو بھی چیز ایجاد کرتے ہیں وہ کسی اتفاقی حادثے کا نتیجہ نہیں ہوتی۔

حقیقت یہ ہے کہ ہم انسان اپنے معاملات زندگی میں کافی حد تک سمجھدار ہوتے ہیں اور باتوں کو اخذ کرنا جانتے ہیں لیکن جب اپنے خالق کو پہچاننے کا معاملہ آتا ہے تو ہم کند ذہن اور غیر معقول بن جاتے ہیں۔

میں ایک اللہ پر یقین رکھتا تھا مگر میرے دل کو تسلی کی ضرورت تھی۔ میں جہاں دیکھتا اور جو بھی پڑھتا مجھے ایسا لگتا جیسے اللہ میری رہنمائی کر رہا ہے اور آہستہ آہستہ میری آنکھوں کو بصیرت عطا کر رہا ہے کہ میں اردگرد پھیلی نشانیوں کو دیکھ سکوں۔ جب مجھے احساس ہوا کہ میں کیا کر رہا ہوں تو میں پہلی دفعہ بہت شرمندہ ہوا۔ میں تصدیق کی تلاش میں تھا۔

اللہ نے قرآن میں فرمایا ہے کہ انسان اللہ سے نشانیاں مانگتا ہے جبکہ اس کی سچائی ان تمام رازوں سے آشکارا ہے جو اس نے انسان پر ودیعت کیے ہیں۔ میں نے قرآن اٹھا کر دیکھا تو اسے اللہ کی نشانیوں، حقائق اور تصدیق سے بھرا ہوا پایا۔ میں نے وہ آیات پڑھیں جن میں اللہ نے، جو سب سے زیادہ رحم کرنے والا ہے، انسان کو دعوت دی ہے کہ وہ اس کے مقابلے میں اس کے جیسی طاقت پیش کر کے دکھائے۔ کیا انسان سورج کو مغرب سے طلوع کر سکتا ہے؟ اگر مکھی انسان سے کچھ لے اڑے کیا وہ اسے واپس چھین سکتا ہے؟ کیا انسان مردوں کو زندہ کر سکتا ہے؟ وہ اپنی مخلوق کو سوچنے کی دعوت دیتا ہے تاکہ وہ اس کی نشانیوں کو پہچان سکے اور پھر اس کی اطاعت میں جھک جائے جو اس کا واحد اور سچا رب ہے۔ جتنا زیادہ میں پڑھتا گیا اور غور کرتا گیا اتنا زیادہ میرا یقین پختہ ہوتا گیا اور مجھے اپنا وجود اپنی نظروں میں حقیر سا لگنے لگا۔

توحید کو اس کے صحیح معنوں میں سمجھنا:

لَااِلٰهَ اِلَّااللّٰهُ مُحَمَّدُالرَّسُولُ اللّٰه۔

اللہ کے سوا کوئی عبادت کے لائق نہیں اور محمد ﷺ اللہ کے رسول ہیں۔

توحید کا مطلب ہے اللہ کی وحدانیت کا اقرار کرنا۔ یہ آسان معلوم ہوتا ہے کیونکہ

ہمیں یہ سکھایا گیا ہے کہ محض زبان سے کلمۂ شہادت ادا کرنا اس تقاضے کو پورا کر دیتا ہے۔ میں بھی یہی سمجھتا تھا۔ میں اپنے آپ کو مسلمان مانتا تھا۔ اس کی پہلی اور اہم وجہ یہ تھی کہ میرے والد مسلمان تھے اور دوسری وجہ یہ تھی کہ میں نے یہ کلمہ کئی دفعہ پڑھا تھا۔

میں یہ الفاظ بچپن سے دہراتا آ رہا تھا مگر ایک دفعہ بھی ان الفاظ کے معنی پر توجہ نہیں دی تھی۔ بڑے ہو کر بھی توحید کے بارے میں میری سوچ بچوں والی ہی تھی۔ میرا خدا ایک ہے اور اس کا نام اللہ ہے۔ ہر صبح جب میں اٹھتا تو اس کلمے کو دہرا کر اپنا ایمان تازہ کر لیتا اور پھر اس دعوے کے تقاضوں سے بالکل بے خبر، دھڑلے سے سارا دن اپنی من مانی کرتا پھرتا۔

مگر اپنے مطالعے کے دوران میں نے یہ سیکھا کہ توحید محض زبان سے اللہ کی وحدانیت کے اقرار کو نہیں کہتے۔ توحید تو ہمارے تمام اعمال میں ظاہر ہونی چاہئے۔ ہمارا ہر کام بلاواسطہ یا بالواسطہ اللہ ہی کی خوشنودی کے لیے ہونا چاہیے کیونکہ وہی ہمارا حاکم ہے۔

توحید یہ ہے کہ ہم زبان و عمل دونوں سے اس بات کا اقرار و اظہار کریں کہ:

اللہ ایک ہے، اس کی حکومت میں اور اس کے کاموں میں اس کا کوئی شریک نہیں۔

اللہ ایک ہے، اس کی ذات میں اور اس کی صفات میں اس کا کوئی مثل نہیں۔

اللہ ایک ہے، اس کی خدائی میں اور اس کی اطاعت میں اس کا کوئی حریف نہیں۔

جب میں نے توحید کو اس روشنی میں دیکھا تو میری الجھن دور ہوگئی۔ یہ تین پہلو نہ صرف ایک دوسرے کی تائید کر رہے تھے بلکہ ایک دوسرے کے لیے لازم و ملزوم تھے۔ آپ ایک پر یقین کر کے دوسرے کو رد نہیں کر سکتے۔ اسی طرح آپ ایک پر عمل کرتے ہوئے دوسرے کو بھول نہیں سکتے۔ اور یہی توحید کی اصل روح ہے۔ مجھے احساس ہوا کہ میں کلمہ گو تو ہوں مگر اس کلمے کے تقاضوں کو پورا کرنے سے کوسوں دور ہوں۔ توحید کا دعویٰ اور اس کے تقاضوں پر عمل کرنے کا مطلب ہے کہ اللہ کے حکم کے آگے کسی بھی چیز کو فوقیت نہ دینا: نہ نوکری، نہ سماجی زندگی، نہ خاندان اور نہ ہی دوست۔ میرے لیے اس کا تقاضا یہ تھا کہ میں اپنے ایمان اور یقین کو اس قدر مضبوط کر لوں کہ کلمہ پڑھنے کے ساتھ ساتھ اپنی روزمرہ زندگی

میں اس پر شعور کے ساتھ عمل کروں۔ جب انسان اللہ کی وحدانیت پر اپنے یقین کا اقرار کرتا ہے تو وہ یہ تسلیم کرتا ہے کہ:

☆ اللہ ہمیشہ سے ہے۔

☆ جب سب ختم ہو جائے گا وہ تب بھی ہمیشہ رہے گا۔

☆ وہی پیدا کرتا ہے اور رزق دیتا ہے اور اس کام کے لیے اسے کسی کی مدد درکار نہیں۔

☆ اللہ اس کائنات اور اس میں موجود ہر شے کا اکیلا پالنے والا ہے۔ اس کا کوئی حریف نہیں۔

نیز، ہر بری اور اچھی چیز اس نے ہماری تقدیر میں لکھ دی ہے اور یہ ہمارے لیے اس کی طرف سے امتحان ہے۔ چنانچہ خوش قسمتی یا بدقسمتی کو کسی بھی اور چیز سے جوڑنے کا مطلب توحید کو چیلنج کرنا ہوگا۔

میں نے دیکھا کہ بعض واقعات میں اسباب اور نتائج کا ضابطہ (cause and effect) با آسانی پہچانا جا سکتا ہے، لیکن بعض دیگر معاملات میری سمجھ اور عقل سے بالاتر رہے۔ کبھی نیک عمل کا نتیجہ اچھا نکلتا۔ مگر کبھی کسی نیک اور اچھے انسان پر اتنی مصیبتیں اور پریشانیاں آتیں کہ جنہیں دیکھ کر میرے ذہن میں اللہ اور اس کی رحمت کے بارے میں کئی سوال اٹھتے۔

''اور اللہ جانتا ہے، تم نہیں جانتے'' (القرآن، ۲:۲۱۶)

یہ آیت مجھے اپنے مقام کی یاد دلاتی تو میں اس عظمت والے خدا کے آگے اپنا سر جھکا دیتا۔ مجھے ابھی بہت کچھ سیکھنا تھا۔ بھلا میری عقل اور علم کس طرح اس کائنات کے خالق کی برابری کر سکتا تھا؟ اللہ تعالیٰ میری گستاخی معاف کرے۔ آمین۔

توحید کی گواہی اور اس پر عمل کرنے کا مطلب یہ بھی ہے کہ ہمیں یقین ہو کہ صرف اللہ تعالیٰ ہی عطا کرنے والا ہے اور وہی ہماری ضروریات پوری کر سکتا ہے۔ اپنی ضروریات اور مشکلات کے حل کے لیے دوسروں سے امید رکھنا اور ان پر انحصار کرنا شرک کے زمرہ میں آتا

ہے۔ سچ تو یہ ہے کہ اللہ ہی وہ روزی رساں ہے جو مختلف ذرائع سے عطا کرتا ہے۔ اکثر اوقات اس حقیقت کا غلط مطلب لیا جاتا ہے۔

"آپ کہہ دیجیے! کہ تم اس (اللہ) کا انکار کرتے ہو اور تم اس کے ساتھ شریک مقرر کرتے ہو جس نے دو دن میں زمین پیدا کر دی۔ سارے جہانوں کا پروردگار وہی ہے۔ اور اس نے زمین میں اس کے اوپر سے پہاڑ گاڑ دیے اور اس میں برکت رکھ دی اور اس میں (رہنے والوں کی) غذاؤں کی تجویز بھی اسی میں کر دی (صرف) چار دن میں ضرورت مندوں کے لیے یکساں طور پر" (القرآن، ۴۱:۹۔۱۰)۔

"اور نگہبانی کی یہ تدبیر اللہ غالب و دانا کی ہے" (القرآن، ۴۱:۱۲)

اللہ جو تمام کائنات کا رب ہے، اس نے اس دنیا کو پیدا کیا اور اس میں اپنی مخلوق کی ضروریات کے لیے نعمتیں میسر کیں۔ اس آیت نے واضح طور پر اللہ کو ہمارا رازق قرار دیا ہے۔ جو کچھ بھی ہمیں اپنی بقا کے لیے چاہئے اور جس رزق کی ہمیں ضرورت ہے وہ ہمارے لیے اللہ اور صرف اللہ ہی فراہم کرتا ہے۔

توحید ذات باری تعالیٰ کی وحدت کے اقرار کا نام ہے۔ جب ہم اللہ کی صفات بیان کرتے ہیں تو قرآن اور رسول اللہ ﷺ کے بیان وحدیث سے ہرگز تجاوز نہیں کر سکتے۔ اللہ کو ان ناموں کے علاوہ کسی اور نام سے نہیں پکارا جا سکتا جو اس نے اپنے لیے پسند کیے ہیں یا رسول اللہ ﷺ کی حدیث سے ثابت ہیں۔ اللہ کی ذات ان صفات سے پاک ہے جو انسانوں کے لیے بیان ہوتی ہیں۔ مثال کے طور پر عیسائی اکثر خدا کو روح سے تشبیہ دیتے ہیں۔ حالانکہ روح اللہ کی ایک تخلیق ہے اور اللہ نے قرآن میں اپنے لیے کبھی روح کا لفظ استعمال نہیں کیا۔

توحید پر عمل کا تیسرا پہلو یہ ہے کہ بلا شرکت غیر اللہ کی خدائی کو تسلیم کیا جائے اور عبادت کا حق اسی کو دیا جائے۔ اگر انسان پہلے دو پہلوؤں پر عمل پیرا ہو مگر وہ اس کی عبادت میں دوسروں کو شریک کرے تو گویا وہ توحید کے تقاضوں پر عمل نہیں کر رہا۔ ایسے میں ایک مسلمان کلمہ پڑھنے کے باوجود منکر اور مشرک کے زمرہ میں آجائے گا۔

عبادت توحید کا بہت اہم جز ہے۔ صرف اللہ ہی انسان کی دعاؤں کو قبول کرتا ہے اور اس کی آرزوؤں کو پورا کر سکتا ہے۔ البتہ کچھ انسان اپنی دعاؤں کو اللہ تک پہنچانے کے لیے سہارے تلاش کرتے ہیں۔ حقیقت یہ ہے کہ عبادت اور دعا صرف اور صرف اللہ ہی سے کرنی چاہیے۔ اس میں کسی مردہ انسان، کسی ولی اللہ یا رسول کو شریک کرنا اللہ اور اس کے رسولوں کی نظر میں انتہائی نا پسندیدہ عمل ہے۔ چاہے عذر کچھ بھی ہو اللہ کے سوا کسی اور کی عبادت کرنا، اللہ کا قرب حاصل کرنے کی غرض سے فرشتوں، روحوں اور جنوں کو پکارنا یا پھر اس کی بارگاہ میں اپنی دعاؤں کو پہنچانے کے لیے اولیاء کو پکارنا بہت بڑا شرک ہے اور اللہ کو یہ عمل انتہائی نا پسند ہے۔ افسوس کہ بہت سے مسلمان اپنے مقاصد کے حصول کے لیے پیروں اور تعویذوں کا سہارا لیتے ہیں۔ اور بعض ایسے بھی ہیں جو اللہ سے مانگنے کے بجائے اپنی خواہشات کی تکمیل کے لیے کالے جادو، ستاروں کے علم اور نجومیوں کا رخ کرتے ہیں۔ یوں ایک مسلمان توحید کی راہ سے دور بھٹک جاتا ہے اور شرک کا ارتکاب کر بیٹھتا ہے۔

شرک کیا ہے؟

مختصر اور آسان الفاظ میں توحید کا الٹ شرک ہے۔ جس لمحہ انسان توحید کی نفی کرتا ہے وہ شرک کا نا قابل معافی گناہ کر بیٹھتا ہے۔ اللہ کے ساتھ اس کی خدائی میں کسی کو شامل کرنا شرک ہے۔

جب کبھی شرک کی بات کی جاتی ہے کہ یہ نا قابل معافی اور سب سے بڑا جرم ہے تو ہم سے اکثر شکر کرتے ہیں کہ ہم اس جرم سے بہت دور ہیں۔ ہم آہستگی سے اپنا شانہ تھپتھپاتے ہیں اور سکھ کا سانس لیتے ہیں۔ مگر حقیقت یہ ہے کہ ہم میں سے بہت سے لوگ اس جرم کے مرتکب ہو رہے ہوتے ہیں مگر ہمیں اپنی غلطیاں نظر نہیں آتیں۔

اللہ کی نظر میں سب سے بڑا گناہ شرک ہے۔ توحید کی طرح اس کو بھی مندرجہ ذیل اقسام میں تقسیم کیا جا سکتا ہے:

☆ اللہ کی ذات میں شرک

☆ شرک بذریعہ

☆ انسانی خصوصیات کو اللہ سے ملانے کا شرک۔

☆ کسی اور ہستی کو اللہ کی صفات سے ملانے کا شرک۔

☆ شرک بذریعہ بت پرستی

میں سمجھتا ہوں کہ ہمارے لیے ان تمام اقسام کا جاننا ضروری ہے تاکہ ہمیں معلوم ہو کہ ہم کیا کر رہے ہیں اور کن سرکشیوں کا ہم دانستہ و نادانستہ ارتکاب کر بیٹھتے ہیں۔ ذیل میں ان تمام اقسام کو مختصراً بیان کیا گیا ہے۔

اللہ کی ذات میں شرک:

اس سے مراد اللہ کے مقام کو کسی دوسری ہستی کے ساتھ ملانا ہے۔ جیسے ملائکہ، اولیاء یا روحوں کو ایسی حیثیت دینا جو صرف اللہ کے لیے مخصوص ہے۔ اس کا محض یہ مطلب نہیں کہ اللہ کے ساتھ دیگر خداؤں کو ماننا جو اس جیسی طاقت رکھتے ہوں۔ آجکل بہت سے لوگ کم علمی اور صحیح اسلامی تعلیم نہ ہونے کی وجہ سے اس قسم کے شرک کے مرتکب ہوتے ہیں۔ اللہ تعالیٰ کو خالق حقیقی نہ ماننا بھی شرک کے اس زمرہ میں آئے گا۔

شرک بذریعہ نفی:

اس سے مراد اللہ کے وجود کا انکار کرنا ہے۔ الحاد اور وحدت الوجود شرک کے اسی زمرہ میں آتے ہیں۔ بعض مسلمان صوفیوں کا یہ کہنا کہ اللہ سب ہے اور سب اللہ ہے، اللہ کے علیحدہ وجود کی نفی ہے اور یہ بھی ایک قسم کا شرک ہے۔

انسانی خصوصیات کو اللہ سے ملانے کا شرک:

اس سے مراد یہ ہے کہ انسان یا کسی دوسری مخلوق کی کسی خاصیت کو اللہ سے تشبیہ دی جائے۔ مثلاً یہ سوچنا کہ اللہ ایک روح ہے یا اس کا کوئی بیٹا ہے، اس شرک کے زمرہ میں آتا ہے۔

کسی اور ہستی کو اللہ کی صفات سے ملانے کا شرک:

اس سے مراد کسی انسان یا چیز کو اللہ کے مقام تک لے جانا ہے۔اس کو اللہ کے جیسے القاب اور خوبیوں والا سمجھنا۔علاوہ ازیں جب اللہ کی کسی تخلیق کو خدائے مجسم سمجھا جائے تو یہ بھی شرک کے اس زمرہ میں آئے گا۔

شرک بذریعہ بت پرستی:

اس سے مراد مخلوق کی محبت کو اللہ کی محبت پر فوقیت دینا ہے۔ یہ شرک کی ایک بڑی قسم ہے۔جب انسان مدد اور اجر کے لیے بتوں کی طرف رخ کرے تو انسان کی ساری نیکیاں برباد ہو جاتی ہیں۔آجکل کے دور میں ہم بیشک کفار مکہ کی طرح بتوں کو نہیں پوجتے مگر دولت اور ہوس کے غلام بن کر اپنے نفس کی پوجا کرتے ہیں اور بہت سے کاموں میں اللہ کے احکامات کو نظر انداز کر کے اپنی خواہشات کی پیروی کرتے ہیں۔

عبادت محبت ہے اور محبت کا تقاضا ہے کہ انسان مکمل طور پر اللہ کی رضا کے آگے جھک جائے۔ جب کسی دوسرے انسان، چیز یا کام کی محبت اللہ کی محبت سے بڑھ جائے تو اس کا مطلب ہے کہ ہم اللہ کی نہیں بلکہ اس چیز کی عبادت کرتے ہیں۔ یہ عمل بھی شرک کے زمرہ میں آتا ہے۔اللہ نے قرآن میں فرمایا:

> **”کیا آپ نے اسے دیکھا جو اپنی خواہش نفس کو اپنا معبود بنائے ہوئے ہے۔“ (القرآن، ۲۵:۴۳)**

تبدیلی آسان نہیں ہوتی خاص طور پر جب انسان مطمئن زندگی گزار رہا ہو۔مگر اس کے باوجود ہر آن تبدیلیاں رونما ہوتی رہتی ہیں۔اس دنیا میں تخلیق کے ساتھ بہت سی تبدیلیاں آئی ہیں مگر بعض چیزیں ایسی بھی ہیں جو تبدیل نہیں ہوئیں۔مثال کے طور پر انسان اب بھی اپنے نفس اور خواہشات کے ساتھ طاقت کی جنگ لڑ رہا ہے۔فرق صرف اتنا ہے کہ آجکل اپنے نفس کے آگے ہار مان لینا اور اپنی خواہشات کی پیروی کرنا معاشرے میں مروج ہو گیا ہے اور اس کو صحیح سمجھا جانے لگا ہے۔

اسلام کی ابتداء میں مکہ کے لوگ بھی ایسی ہی جنگ لڑ رہے تھے۔ وہ اپنے نفس

سے ہار گئے اور بتوں کی پوجا کو ترک کرنے سے انکار کر دیا۔ انہوں نے اپنے آباؤ اجداد کی روایات کو قائم رکھنے کو توحید پر فوقیت دی۔ معاشرے کے امراء وشرفا کے لیے دولت اور حیثیت کو چھوڑنا سب سے مشکل کام ہوتا ہے۔ مکہ کے قریش بھی اسی وجہ سے اپنے نفس کے غلام بن گئے تھے۔ انہوں نے اللہ کے رسولﷺ کی نصیحتوں کو نظر انداز کیا، اللہ کی خاطر اپنے آپ کو بدلنے پر رضامند نہ ہوئے اور یوں شرک کے مرتکب ہو گئے۔

آج ہم اپنے تراشے ہوئے معبودوں کو پوجتے ہیں اور مادی دنیا کے حصول کی دوڑ میں گم ہو چکے ہیں۔ ہمارے لیے ہماری دعوتیں، محافل اور کاروباری سرگرمیاں مؤذن کی پکار سے زیادہ اہمیت کی حامل ہیں۔ ہماری زکوٰۃ و صدقات بھی ریا اور نمود کا ذریعہ بن چکی ہیں۔ کیا ہم اب بھی یہ کہہ سکتے ہیں کہ ہمارا ایمان زندہ ہے؟ کیا ہم اب بھی یہ سمجھتے ہیں کہ ہمارا توحید پر یقین غیر متزلزل ہے اور ہماری زندگی شرک سے پاک ہے؟

میں اپنے حوالے سے جس نتیجے پر پہنچا اس نے مجھے مایوس کر دیا۔ یک دم میری حالت لاچار لگنے لگی اور میری سمجھ میں نہ آیا کہ کس طرح حالات کو بدلوں۔ میں اتنے گہرے گڑھے میں گر چکا تھا کہ اس میں سے نکلنا ناممکن لگ رہا تھا۔ میں انکشاف کے راستے پر گامزن تھا مگر اب تک اسلام کے چند حقائق ہی سیکھ سکا تھا۔ شرک کے بارے میں پڑھ کر میں ہل گیا۔ میں کمزور تھا، اپنے نفس کا غلام تھا۔ میں کیسے اللہ کی رضا حاصل کر سکتا تھا! آگے موجود بڑے بڑے مراحل دیکھ کر میں بار ہا اپنے وجود کے بارے میں وسوسوں اور سوالات کا شکار ہو جاتا۔ میں سوچتا تھا کہ اگر نفس ہی میرا سب سے بڑا دشمن ہے اور مجھے اپنے خالق کے قریب ہونے کے لیے اس کو قابو کرنا ہے تو یقیناً اس کو قابو کرنے کا کوئی طریقہ بھی ہوگا جو ابھی مجھے تلاش کرنا ہے۔

میں نے یہ بات بھی سمجھ لی کہ اللہ نے ہمیں عقل اسی لیے دی ہے کہ ہم اپنے اندر حکمت و دانائی کو پروان چڑھائیں۔ اور حکمت یہی ہے کہ ہم اپنے خالق کو جانیں، اپنے آپ کو جانیں، اور یہ جانیں کہ اس نے ہمیں کیوں پیدا کیا اور وہ ہم سے کیا چاہتا ہے۔

دعوتِ فکر:

- کیا آپ اس بات پر ایمان رکھتے ہیں کہ اللہ تعالیٰ عادل اور منصف ہیں اور وہ قیامت کے دن ساری انسانیت کے ساتھ عدل کریں گے؟ یا آپ کے خیال میں وہ صرف مسلمانوں کی طرفداری کریں گے؟
- آپ کے خیال میں کیا اللہ تعالیٰ روزِ قیامت ہم پر اس لیے مہربان ہوں گے کہ ہمارے نام مسلمانوں والے ہیں یا اس لیے کہ ہم متقی و فرمانبردار ہیں؟
- اللہ تعالیٰ نے ہمیں اتنے سارے شناختی پہلوؤں کے ساتھ کیوں پیدا کیا ہے، مثلاً ڈی این اے، بال، دانت، ناخن، انگلیوں کے نشانات وغیرہ؟
- آپ ہمارے خالق کو کس طرح دیکھتے ہیں؟ آپ کے خیال میں اس نے ہمیں کیوں پیدا کیا؟
- آپ کے خیال میں کیا ہم صرف اس لیے مسلمان ہیں کہ ہم مسلمان گھرانوں میں پیدا ہوئے تھے اور کلمہ شہادت پڑھتے ہیں یا ہمیں کچھ اور بھی کرنے کی ضرورت ہے؟ اگر ہاں تو کیا؟
- یہ جان لینے کے بعد کہ خواہشاتِ نفس کی اطاعت دراصل ایک قسم کا شرک ہے، کیا آپ سمجھتے ہیں کہ ہم واقعی توحید کے ماننے والے ہیں؟

۵

جیسا باپ ویسا بیٹا

(پٹنہ، ۱۹۵۰ء — ۱۹۶۳ء)

اللہ لوگوں کی حالت نہیں بدلتا جب تک وہ خود اپنی اصلاح کی کوشش نہیں کرتے۔

(القرآن ۱۱:۱۳)

نانا اور نانی جان چند مہینوں کے لئے شیخ پورہ واپس آ گئے۔ میں بھی کچھ ہفتوں کے لیے ان کے پاس چلا گیا۔ یہ خوبصورت گرمیوں کے دن تھے۔ درخت پھلوں سے لدے ہوئے تھے اور تالاب میں مچھلیاں بھری پڑی تھیں۔ میرے دن مینڈکوں کے پیچھے بھاگتے، کوئل کی نقل اتارتے اور میناؤں کو پکڑتے گزر رہے تھے۔ یوں دن کا پتہ نہیں لگتا تھا مگر میرے لیے رات گزارنی بہت دشوار ہوتی تھی۔ نانا اور نانی جان تقسیم کے دوران اپنی اکثر دولت کھو چکے تھے۔ ان کا پرانا آبائی گھر تباہ ہو چکا تھا اور یہ نیا گھر مجھے عدم تحفظ کا احساس دلاتا تھا۔ رات کو میں باہر کھلے آسمان تلے چارپائی پر سوتا تھا۔ آدھی رات اندھیرے میں گونجنے والی عجیب وغریب آوازیں سنتے گزر جاتی اور باقی آدھی رات میں آسمان پر تنی تاروں کی چادر کو تکنے میں گزار دیتا جس سے مجھے کچھ تشفی ہوتی۔ یوں میں صبح کی روشنی کا انتظار کرتا رہتا اور پھر سورج کی روشنی نظر آتے ہی اطمینان سے اپنی آنکھیں موند کر سو جاتا۔

ایک ایسی ہی لمبی رات کے بعد جب میں صبح اٹھا تو سورج میرے سر پہ چمک رہا تھا اور ابا میرے سرہانے چارپائی پر بیٹھے ہوئے تھے۔ وہ کچھ دیر پہلے آئے تھے اور چند دن ٹھہرنے کا ارادہ رکھتے تھے۔ میں ان کی آمد سے بہت خوش تھا۔ ان کی موجودگی نے میرے سارے اندیشے دور کر دیے تھے۔ میں جب نہا کر لوٹا تو انہیں اپنی چارپائی پر لیٹا ہوا پایا۔ وہ کسی گہری سوچ میں تھے۔ میرے پوچھنے پر کہ وہ شیخ پورہ میں کتنے دن قیام کرینگے وہ چونک کر بیٹھ گئے اور مجھے غور سے دیکھنے لگے۔ مجھے معلوم نہ تھا کہ نانی جان میرے پیچھے کھڑی ہیں۔ ابا سمجھے یہ سوال میں نے ان کی طرف سے کیا ہے جس کی وجہ سے ان کا ارادہ بدل گیا اور وہ اسی دن لوٹ گئے۔

ابا ایک راست باز اور اصول پسند انسان تھے جو اپنا بوجھ خود اٹھانے کے عادی تھے۔ وہ اکثر کسر نفسی سے کام لیتے اور نانا یا نانی جان پر بلاضرورت بوجھ نہیں بننا چاہتے

تھے۔ وہ کبھی ضرورت سے زیادہ رکتے اور نہ کسی کا احسان لیتے۔ میں نے ان کی غلط فہمی دور کرنی چاہی مگر پھر بھی میں ان کو مزید رکنے کے لیے قائل نہ کر سکا۔

میں بھی اپنے ابا کا بیٹا تھا اور ان کی بہت سی عادات میرے اندر بھی تھیں۔ وہ مجھ پر جان چھڑکتے تھے اور میں اس لاڈ پیار کا عادی ہو چکا تھا۔ جب بھی میں بیمار ہوتا، وہ میرا بستر اپنے ساتھ لگوا دیتے اور ساری رات جاگ کر گزارتے۔ جب اماں کی حالت نازک ہو گئی اور وہ بستر مرگ پر چلی گئیں تو ابا کو میری اور بھی فکر ہونے لگی۔ باورچی خانے کے ایک حادثے میں اماں بری طرح جھلس گئی تھیں اور شدید تکلیف میں اللہ کو پیاری ہو گئیں۔ ان کے جانے کے بعد میں ابا سے اور قریب ہو گیا۔

پروفیسر ہونے کے ساتھ ساتھ ابا ایک زمیندار بھی تھے۔ ہماری کئی ایکڑ زمینیں تھیں اور ان سب کی دیکھ بھال کے لئے بہت سے نوکر اور باورچی تھے۔ ہمارا کھانا زیادہ تر ہماری زمینوں سے ہی آتا تھا جہاں لیچی، آم اور کیلوں کے کئی باغات تھے۔ ہماری جاگیر بڑی شاندار تھی اور مہمان نوازی دور دور تک مشہور تھی۔ ہمارے رشتے دار اپنے بچے ہمارے ہاں بھیج دیتے تھے جو اپنی پڑھائی کی تکمیل تک ہمارے ہاں رہائش اختیار کرتے۔ میں اپنے ان رشتے داروں کا کافی احترام کرتا تھا جو صرف کتابوں اور اسناد میں دلچسپی رکھتے تھے مگر ہم میں کوئی چیز مشترک نہ تھی۔

میں ایک پختہ ارادے رکھنے والا، مقابلے کے لیے ہر دم تیار، کھلنڈرا اور مہم جو لڑکا تھا۔ میں خطرناک شیروں اور ہاتھیوں کا شکار کر کے وقت گزارنا چاہتا تھا مگر مجھے صرف ہرن، بطخ اور مچھلی کے شکار کی اجازت تھی۔ میں فٹبال، پولو اور بائیک ریس میں دلچسپی رکھتا تھا مگر مجھے صرف گھر پر شطرنج کھیلنے کی اجازت تھی۔ بعض اوقات ابا کا رویہ بہت سخت محسوس ہوتا مگر پھر اپنی خواہشات حماقتیں لگنے لگتیں۔

میرا خیال ہے میں بعض اوقات یہ انوکھے کام صرف دوسروں کو غلط ثابت کرنے کے لیے کرنا چاہتا تھا۔ میں شیر کا شکار اسلیئے کرنا چاہتا تھا کہ اپنے ہم جماعت لڑکوں کو دکھا سکوں کہ میں دبلا پتلا ہونے کے باوجود بھی بہادر ہوں۔ کتابوں میں عدم دلچسپی کے باوجود میں نے خوب محنت کر کے اچھے نمبر حاصل کیے تا کہ بھیا کو اپنی قابلیت دکھا سکوں۔ میں نے پردیس جا کر اعلیٰ تعلیم حاصل کرنے کا ارادہ بھی کر لیا کیونکہ میں ابّا کو دکھانا چاہتا تھا کہ میں اکیلا رہ سکتا ہوں۔

مضبوط نظر آنے کے لیے میں نے باڈی بلڈنگ اور دوڑ لگانی شروع کر دی جس کا یہ فائدہ ہوا کہ لوگ میرا مذاق اڑانے سے گریز کرنے لگے۔ میں اب لڑکپن میں داخل ہو چکا تھا اور ابا کی سختی ہمارے بیچ رنجش پیدا کرنے لگی۔ چنانچہ میں اکثر ان سے اپنی باتیں چھپانے لگا۔ جب ابا نے مجھے بائیک دلانے سے انکار کر دیا تو میں نے ان سے چھپ کر ایک بائیک کرائے پر حاصل کر لی۔ میں ہر جگہ اس پر جانے لگا سوائے ان جگھوں کے جہاں ابا کے مل جانے کا ڈر ہوتا۔ ایک مرتبہ بائیک چلاتے ہوئے ایک حادثے میں میں معمولی سا زخمی ہو گیا مگر ابا کو بتانے کی جرأت نہ ہوئی۔ البتہ ان کو خبر ہو چکی تھی کیونکہ جب میں دوبارہ بائیک چلانے کے قابل ہوا تو انہوں نے مجھے میری پہلی بائیک خرید کر دی۔

ہندوستان میں، میں شہزادوں کی سی زندگی گزار رہا تھا۔ میں بے فکر، بے خوف اور کھلنڈرا تھا۔ میرے پاس عیش کرنے کے لیے دولت تھی اور دنیا کے غم سے بے نیاز تھا۔ مکتب کے بعد میں اپنے دوستوں کے ساتھ ایک چھوٹے سے ریستوران، سوڈا فاؤنٹین، میں اپنا وقت بتاتا جو شہر کے وسط میں واقع تھا۔ ریستوران کا مالک ہمارے لیے ہمیشہ ایک میز مخصوص رکھتا تھا اور اپنے ویٹر رام پیارے لال کو ہماری خدمت پر لگا دیتا۔ جب تک ہم وہاں بیٹھے رہتے وہ ہماری خاطر مدارت کے لیے چوکنا کھڑا رہتا۔

۱۹۵۵ میں میں نے اپنے اسکول کی تعلیم مکمل کر لی اور بہار نیشنل کالج، پٹنہ میں، انٹر میڈیٹ سائنس میں داخلہ لے لیا۔ کالج کے دن زبردست تھے۔ میں ہر دلعزیز ہوا کرتا تھا اور ہمہ وقت دوستوں میں گھرا رہتا۔ وہ دن میری زندگی کے بہترین دن تھے۔ میرے لیے سب کچھ نیا اور سنسنی خیز تھا۔ محفلیں لگانا، فلمیں دیکھنا اور ریستوران میں کھانا ہمارا روز کا معمول ہو چکا تھا۔ کتابیں اور پڑھائی پیچھے رہ گئی تھی جس کا نتیجہ یہ ہوا کہ میں امتحانات میں بری طرح فیل ہو گیا۔ اور مجھے انٹر میڈیٹ سائنس مکمل کرنے میں دو کے بجائے تین سال لگ گئے۔ اس کے بعد میں نے سائنس میں بیچلر کرنے کا ارادہ کیا اور پٹنہ یونیورسٹی میں داخلہ لے لیا۔ یونیورسٹی نے مجھے کیریئر چننے اور ابا کے سائے سے نکلنے میں بہت مدد دی۔ میری ترجیحات بننے لگیں، میری اپنی رائے اور سوچ وجود میں آنے لگی اور میں نے اپنا راستہ خود چننے کا فیصلہ کیا۔

ان سب باتوں کے باوجود میں جانتا تھا کہ میں اب بھی اپنے ابا کا بیٹا ہوں اور ہمیشہ رہوں گا۔ ہماری شخصیات میں کافی مماثلت تھی اور بہت سی عادات مشترک تھیں۔ میں

پروفیسر تو نہیں تھا مگر سیاست میں ان کی طرح دلچسپی رکھتا تھا۔ میں ابھی باپ تو نہیں بنا تھا مگر ذمہ داری کا احساس رکھتا تھا۔ میں بھی اصول پسند، ضدی اور ابا کی طرح اپنی بنیادوں پر فخر کرنے والا شخص تھا۔ شاہ خرچ ضرور تھا مگر بیوقوف نہیں۔ دوست بھی بے تکلف میرے ساتھ عیش کرتے البتہ کسی کو ناجائز فائدہ اٹھانے کی اجازت نہ تھی۔ یہ عادت بھی مجھے ابا سے ملی تھی۔ انہوں نے مجھے سونے کے چمچے سے کھلایا مگر میری ہر حرکت پر شیر کی سی نظر رکھی۔

مجھے چھوٹی عمر میں یہ باور ہو گیا تھا کہ چاہے میں کتنا ہی دولت مند ہو جاؤں کچھ چیزیں مجھے اپنی محنت سے حاصل کرنی ہیں۔ میں پٹنہ یونیورسٹی کی سیاست میں کافی سرگرم تھا اور اسٹوڈنٹ یونین انتخابات کے لیے نامزد ہوا تھا۔ میرا خیال تھا کہ آسانی سے جیت جاؤں گا، اس بات سے بے خبر کہ سیاست ایک گندا دھندا ہے۔ مخالف جماعت نے میرے حمایتیوں کو مذہب کے نام پر بہکانا شروع کر دیا جس کے باعث حالات کشیدہ ہو گئے۔

پٹنہ میں کل دو عدد موٹر بائیک ہوا کرتی تھیں جن میں سے ایک میرے پاس تھی۔ میں کسی کے تابع ہوتا نہ ہی بے عزتی برداشت کرتا جس کی وجہ سے اکثر جھگڑوں میں الجھ جاتا۔ میرے بہت سے دشمن ہو گئے تھے۔ ایک دوپہر میں اپنی بائیک پر سوار کہیں جا رہا تھا کہ مجھے یونیورسٹی کے چند غنڈوں نے گھیر لیا۔ وہ ایک عرصے سے میرے پیچھے پڑے تھے اور آج ان کا خوش قسمت دن تھا۔

میں اکیلا ان سب کا مقابلہ نہیں کر سکتا تھا اس لئے جان بچا کر بھاگا مگر انہوں نے میرے گرد گھیرا تنگ کر دیا۔ یہاں تک کہ میرے پاس فرار کا ایک ہی راستہ بچا کہ میں بیس فٹ اونچے ٹیلے سے چھلانگ لگا دوں۔ ٹیلے سے چھلانگ مار کر میری ہڈیوں کا ٹوٹنا لازم تھا مگر میرا غرور سالم رہتا۔ میں نیچے کود گیا۔ پھر گھر کی طرف دوڑ لگا دی۔ میرے دشمن حیرت سے اپنی قسمت کو کوسنے لگے۔ آج بھی اس واقعہ کے بارے میں سوچتا ہوں تو ہنسی آ جاتی ہے۔ وہ بہت خطرناک کام تھا جس سے میری ہڈیاں بھی ٹوٹیں اور چوٹیں بھی آئیں۔ ہانپتا کانپتا گھر پہنچا تو بھیا اور ابا کو منتظر پایا اور بات چھپانے کے لیے دوسری کہانی گھڑ کر سنا دی۔ مجھے نہیں لگتا کہ انہوں نے میری بات کا یقین کیا ہو گا مگر میری حالت دیکھ کر مزید سوالات نہ کیے۔ میرے دوست مجھ سے ملنے گھر آ جایا کرتے تھے۔ اس سانحہ کے بعد میں اور زیادہ بے باک ہو گیا جس کا نتیجہ بڑے جھگڑوں اور بڑے دشمنوں کی صورت میں ملا۔ میں بہت سی مختلف جماعتوں کا ہدف بن گیا۔ کچھ نے تو میرا کام تمام کرنے کے لیے کرائے کے غنڈے بھی حاصل کر لئے

تھے۔ میں نے بھی بدلہ لیا اور میرے دوست بھی ساتھ مل گئے اور یوں ہم نے ایک بار میں ہی ان مخالفین سے معاملہ نمٹالیا۔ اس کے بعد کسی نے مجھے دوبارہ تنگ نہیں کیا۔

امتحانات قریب آنے پر سیاست سے دھیان ہٹا تو میں نے اپنے حالات کا بغور جائزہ لیا۔ میری حالت قابل رحم تھی۔ میرے نمبر اتنے اچھے نہ تھے کہ مجھے اچھی نوکری ملتی۔ یوں مجھے اس عیاشی بھری زندگی سے بھی ہاتھ دھونے پڑتے۔ اس مسئلے کا حل نکالنا ضروری تھا اور وہ واحد حل امریکہ کی شکل میں موجود تھا۔ امریکہ، مواقع کی دنیا۔

یہی میرا منصوبہ تھا۔ امریکہ جا کر انجینئرنگ کی تعلیم حاصل کروں اور اس کی تکمیل کے بعد واپس ہندوستان آکر سب کو چونکا دوں۔

زندگی میں آنے والی رکاوٹوں کو عبور کرتے ہوئے میں نے چند اہم اسباق سیکھے:

- جتنا بڑا آپ کا ہدف ہوگا، آپ کی کامیابی اتنی ہی بڑی ہوگی۔
- زندگی جہدِ مسلسل کا نام ہے، چیلنج کو قبول کریں اور اللہ سے اس کی مدد طلب کریں۔
- ایسے دوست بنائیں جو آپ کی اقدار اور آپ کے خوابوں کا احترام کرتے ہوں۔
- کبھی کسی کی مدد سے انکار نہ کریں۔ اپنی بہتری ثابت کرنے کے لیے نہیں بلکہ خالق کا شکر ادا کرنے کے لیے جس نے آپ کو اس مقام پر پہنچایا ہے کہ آپ دوسروں کی مدد کے قابل ہیں۔

دعوت فکر:

- کیا آپ کو اپنی زندگی کے کوئی ایسے واقعات یاد ہیں جنہوں نے آپ کو یہ سوچنے پر مجبور کیا ہو کہ اللہ کون ہے، اس نے کیوں آپ کو پیدا کیا اور وہ آپ سے کیا چاہتا ہے؟ وہ کون سے واقعات تھے؟
- کیا آپ کو اپنے ہر لمحے میں اللہ کا ہاتھ آپ کا خیال رکھتا دکھائی دیتا ہے؟
- کیا آپ کو کبھی احساس ہوا کہ اللہ تعالیٰ کس طرح زندگی کے واقعات کے ذریعے آپ کو صراطِ مستقیم کی جانب لے جا رہے ہیں؟

۶

آدمؑ کی تخلیق

''کیا تم یہ گمان کیے ہوئے ہو کہ ہم نے تمہیں یوں ہی بیکار پیدا کیا ہے اور یہ کہ تم ہماری طرف لوٹائے ہی نہ جاؤ گے۔'' (القرآن، ۲۳:۱۱۵)

میں نے ہمت ہار دی۔ ایک یا دو بار نہیں، کئی بار۔ میں اپنے آپ کو 'نو مسلم' گردانتا تھا، جو پہلے پہل ایک اتفاقی مسلمان تھا مگر عمر گزرنے کے ساتھ ساتھ اس نے شعوری طور پر اسلام کا انتخاب کرلیا۔ اکثر میرے سوالات اور ان پر تحقیق مجھے ایمان کے کنارے پر لے جاتی۔ ایسے مواقع بھی آئے جب مجھے آنکھیں بند کر کے چھلانگ لگانی پڑی، اس امید کے ساتھ کہ میں اور میرا ایمان سلامت رہیں گے۔ ایسا بھی کئی بار ہوا کہ مجھے روشنی کی کرن نظر آتی اور میں آہستہ آہستہ شعور کی منزلیں چڑھنے لگتا۔

مجھے نہیں معلوم مجھے کس چیز نے اللہ کی جانب دھکیلا جبکہ میرا دل شبہات سے گھرا ہوا تھا اور ذہن سوالوں میں اُلجھا ہوا تھا۔ ایسا لگتا تھا جیسے میرا وجود ایک جانی پہچانی راہ پر گامزن ہے۔ میں ایسے راستے پر تھا جس پر سے میں پہلے بھی گذر چکا تھا اور مجھے معلوم تھا کہ وہ کس منزل کی طرف جاتا ہے۔ جب کبھی میری روح گناہوں سے بوجھل ہو جاتی میرا دل غم کی اتھاہ گہرائیوں میں ڈوب جاتا، اور تب میں اللہ سے سوال کرتا کہ اس نے مجھے کیوں پیدا کیا۔

انسان کی کہانی:

''اور جب تیرے رب نے فرشتوں سے کہا میں زمین میں ایک خلیفہ بنانے والا ہوں، تو انہوں نے کہا کہ ایسے شخص کو کیوں پیدا کرتا ہے جو زمین میں فساد کرے اور خون بہائے؟ ہم تیری تسبیح اور پاکیزگی بیان کرنے والے ہیں۔ اللہ تعالیٰ نے فرمایا جو میں جانتا ہوں تم نہیں جانتے'' (القرآن، ۲:۳۰)

فرشتے اور جنات، انسان کی تخلیق سے بہت پہلے موجود تھے۔ جب اللہ تعالیٰ نے انسان کی تخلیق کا ارادہ کیا تو اس نے مٹی سے انسان کی تخلیق کی اور اس کے اندر جان ڈال دی۔ کہتے ہیں کہ انسان سے پہلے جنات اس دنیا میں موجود تھے۔ مگر انہوں نے اس

دنیا میں اتنا فساد پھیلایا اور خون بہایا کہ اللہ تعالیٰ نے اپنے فرشتوں کو بھیج کر ان کو ختم کر دیا۔ دو ہزار سال بعد، جب انسان کی تخلیق ہوئی تو فرشتوں کو تشویش ہوئی کہ پھر سے ایسی مخلوق نہ آ جائے جو دنیا میں اس تباہی مچائے۔

فرشتوں کو علم تھا کہ انسان کو خواہش اور نفس کے ساتھ تخلیق کیا گیا ہے اور اس کو اپنی بقا کے لیے جدوجہد کرنی ہوگی۔ انہیں یہ بھی علم تھا کہ اگر ان کی خواہشات نفس حد سے بڑھ گئیں تو وہ زمین کو ہوس، شرارت اور ظلم سے بھر دیں گے۔ جس کے نتیجے میں خوب بربادی اور خون ریزی ہوگی۔ اس تباہی کے خوف سے انہوں نے اللہ سے پوچھا کہ وہ زمین پر ایسی مخلوق کو کیوں بھیجنا چاہتا ہے جو شرارت اور فساد پھیلائے گی؟

اللہ تعالیٰ نے جواب دیا کہ ''جو میں جانتا ہوں تم نہیں جانتے''۔ اگرچہ انسان کو اپنی بقا کے لیے خواہشات اور جدوجہد کی قوت عطا کی گئی تھی مگر ساتھ ہی اللہ تعالیٰ نے اسے ان دونوں پر قابو رکھنے کی طاقت بھی دی تھی۔

انسان کو عقل، منطق، سوجھ بوجھ اور اللہ تعالیٰ کا خلیفہ بننے کی صلاحیت سے نوازا گیا۔ فرشتے اس بات سے بے خبر تھے کہ انسان کے لیے دنیا ایک عارضی جگہ ہے جہاں اس کی آزمائش ہوگی اور دیکھا جائے گا کہ وہ خدا کی بنائی ہوئی جنت کا حقدار ہے یا نہیں۔ اگر انسان دنیا کی فتنہ پرور رنگینیوں کے فریب سے بچ کر اپنے دل کو پاک رکھے تو ایک دن وہ کامیاب ہو کر جنت میں لوٹے گا۔

جب مشکلات حد سے بڑھ جاتی ہیں تو ہم میں سے بیشتر لوگ یہی سوال کرتے ہیں کہ ''اللہ تو نے ہم کو کیوں پیدا کیا؟'' اور اللہ یہی جواب دیتا ہے کہ وہ جانتا ہے جو ہم نہیں جانتے۔

آدمؑ جو دنیا کے پہلے انسان تھے مٹی سے تخلیق کیے گئے تھے، فرشتے نور سے اور جنات آگ سے۔ آدمؑ کے اندر روح پھونکنے کے بعد اللہ تعالیٰ نے سب کو حکم دیا کہ وہ آدمؑ کو سجدہ کریں۔ یہ سجدہ تعظیم کی نشانی تھا، عبادت کی نہیں۔ تمام فرشتے اللہ کے حکم پر جھک گئے مگر ابلیس نے انکار کر دیا۔ ابلیس نے کہا کہ وہ اس مٹی کے بنے انسان سے ہر لحاظ سے اعلیٰ و برتر ہے اور تکبر نے اسے اللہ کے حکم کی تعمیل سے باز رکھا۔ یوں وہ جنت سے ہمیشہ کے لیے خارج کر دیا گیا، مردود اور دھتکارا ہوا۔ البتہ جانے سے قبل اس نے خدا سے قیامت تک کی

مہلت مانگ لی اور خدا نے اسے یہ مہلت دے دی۔ توبہ کرنے کے بجائے اس نے خدا سے اس کے بنائے ہوئے انسانوں کو بھٹکانے کا وعدہ کیا۔ ابلیس نے کہا کہ وہ انسان پر اوپر سے اور نیچے سے، بائیں سے اور دائیں سے حملہ کرے گا اور اس وقت تک باز نہ آئے گا جب تک کہ وہ انسان کو خدا کا ناشکرا نہ بنا دے۔ اور بہت سوں کو وہ گمراہ کردے گا۔ اللہ تعالیٰ نے فرمایا:

''یہاں سے ذلیل وخوار ہو کر نکل جا جو شخص ان میں سے تیرا کہنا مانے گا میں ضرور تم سب سے جہنم کو بھردوں گا'' (القرآن، ۷:۱۸)

یہ تھی ہماری شروعات۔ جس مجسم شر نے اللہ کے حکم کو چیلنج کیا وہ ہمارا سب سے بڑا دشمن بن گیا۔ اس کے بعد جو ہوا وہ مقدر میں لکھا جاچکا تھا۔

اللہ تعالیٰ نے، جو ہر چیز کا جاننے والا ہے، آدم کو تمام چیزوں کے نام سکھا دیے۔ سمجھ بوجھ اور فہم عطا کیا۔ اس کے ساتھ ساتھ ان کو علم کا شوق دیا گیا اور اس علم کو اپنی نسلوں کو سکھانے کی خواہش عطا کی گئی اور اسی چیز میں اللہ تعالیٰ نے ان کی عظمت لکھ دی۔ حضرت محمد ﷺ نے فرمایا کہ اللہ تعالیٰ نے آدمؑ کو تخلیق کرنے کے بعد ان کی پشت سے ان کی اولاد یعنی تمام انسانوں کی ارواح نکالیں جن کو قیامت تک پیدا ہونا ہے۔ پھر تمام اولاد آدمؑ کو ایک جگہ جمع کیا اور ان سب سے عہد لیا۔ اللہ تعالیٰ نے پوچھا:

''کیا میں تمہارا رب نہیں ہوں؟''

سب نے جواب دیا:

''کیوں نہیں! ہم سب گواہ بنتے ہیں'' (القرآن، ۷:۱۷۲۔۱۷۳)

ہم اپنے رب کے سامنے کھڑے ہوئے تھے، ہم نے اللہ تعالیٰ کو اپنا رب مانا تھا، ہم نے عہد کیا تھا کہ ہم نہیں بھولیں گے۔ اللہ تعالیٰ نے جو رحمٰن اور رحیم ہے، ہم سے یہ عہد اس لیے لیا تھا تاکہ توحید ہماری روح پر نقش ہو جائے اور ہم قیامت کے دن اپنے خالق سے اپنی لاعلمی کا شکوہ نہ کریں۔

ہماری دنیا میں پیدائش سے بہت پہلے ہماری ارواح پر یہ سچائی نقش کردی گئی تھی۔ اس لیے اگر میں اللہ تعالیٰ کی طرف کشش محسوس کررہا تھا تو میرا وجود محض اپنی فطرت کی پکار پر لبیک رہا تھا۔

فطرت انسان کی اصل ساخت اور طبیعت ہوتی ہے۔ یہ انسانی فطرت ہے جو اللہ کو اپنا رب اور پوری کائنات کا مالک مانتی ہے۔ جب ایک بچہ پیدا ہوتا ہے، چاہے اس کے ماں باپ مسلمان، عیسائی، ہندو، بدھ یا ملحد ہوں، وہ بچہ یہ جانتا ہے کہ اس کا حقیقی رب اللہ ہے۔ اس کی روح کو خدا سے کیا ہوا عہد بہت اچھی طرح یاد ہوتا ہے۔ البتہ وقت کے ساتھ اس کے ماں باپ کا اثر اور ارد گرد کا ماحول اسے مختلف عقائد کی طرف راغب کر دیتے ہیں۔ اس عمر میں بچہ کمزور ہوتا ہے اور منفی دباؤ کا نہ تو مقابلہ کر سکتا ہے اور نہ ہی اپنا الگ راستہ چن سکتا ہے۔ ایک ایسا وقت آتا ہے جب وہ بچہ بھول جاتا ہے مگر اس کی روح نہیں بھولتی۔ اور جیسے جیسے وہ بچہ بلوغت کا سفر طے کر کے ایک مضبوط اور قابل شخص بنتا ہے اللہ تعالیٰ اس کے لیے سچ اور جھوٹ کے تمام حقائق واضح کر دیتا ہے۔ یہ مواقع ہر انسان کی زندگی میں رونما ہوتے ہیں چاہے اس کا تعلق کسی بھی مذہب یا فرقے سے ہو، جو اس کو اللہ کی طرف رجوع کرنے کا حوصلہ دیتے ہیں۔ یوں انسان کی اس آزمائش کا آغاز ہوتا ہے جس کا ہم سب سے وعدہ کیا گیا ہے۔

انسان زمین پر اللہ کا نائب:

انسان کی تخلیق اور زمین پر اس کا اترنا اللہ کی تدبیر کا حصہ تھا۔ انسان کو بالکل الگ طرز پر بنایا گیا ہے۔ وہ ملائکہ کے جیسا نہیں ہے کیونکہ اللہ تعالیٰ نے اسے عقل اور شعور سے نوازا ہے، تا کہ وہ سمجھ اور پہچان سکے اور سچ اور جھوٹ میں فرق کر سکے۔

انسان کے اندر آگے بڑھنے کا جذبہ رکھا گیا ہے۔ اس کو صلاحیت سے نوازا گیا ہے اور اس کا امتحان اللہ کی خوشنودی کے لیے جدوجہد کرنا ہے۔ پھر اس جدوجہد میں وہ جو کچھ پائے یا گنوائے، اس کا اللہ کی اطاعت میں جھک جانا ہی اس کا حاصل ہے۔ فرشتوں کے ساتھ ابلیس بھی اللہ کی عبادت کیا کرتا تھا۔ ابلیس نے اللہ کی اطاعت سے انکار کیا، اور آدمؑ نے بھی اسی طرح ممنوعہ پھل کھا کر غلطی کا ارتکاب کیا۔ لیکن دونوں کے درمیان بنیادی فرق توبہ اور ندامت کا تھا۔

آدمؑ نادم اور شرمندہ تھے، ابلیس مغرور اور اپنی غلطی پر ڈٹا ہوا تھا۔ آدمؑ کو معاف کر دیا گیا اور ابلیس کو ہمیشہ کے لیے مردود اور ملعون قرار دیا گیا۔ اکثر لوگ سمجھتے ہیں کہ جنت سے نکال کر اور دنیا میں بھیج کر آدمؑ کو بھی سزا دی گئی۔ مگر حقیقت یہ ہے کہ جب اللہ تعالیٰ نے

انسان کی تخلیق کا فیصلہ کیا اس نے فرشتوں سے فرمایا:

''میں زمین پر ایک خلیفہ بنانے والا ہوں''

اللہ تعالیٰ نے 'جنت' کا ذکر نہیں کیا، اس نے 'زمین' کا نام لیا۔ آدمؑ کسی مجرم کی طرح زمین پر نہیں اتارے گئے تھے بلکہ ایک خلیفہ اور اللہ کے مقرر نائب بنا کر زمین پر بھیجے گئے تھے جن کا کام اللہ کی حکمرانی کو زمین پر قائم رکھنا تھا۔

وہ ذات جو ہر چیز کا علم رکھتی ہے، اسے معلوم تھا کہ کیا ہونے والا ہے۔ ابلیس کا بہکاوا ایک سبق تھا جو آدمؑ اور حواؑ کو زمین پر اتارنے سے قبل دیا گیا تھا۔ اس کا مقصد صرف یہ تھا کہ: ''ابلیس اور اس کے چیلوں سے بچا جائے جو تم کو اللہ کی فرمانبرداری سے روکیں گے اور جنت سے دور کر دیں گے۔''

انسان کو اپنی مرضی پر چلنے کی آزادی دی گئی، مگر اس کی تقدیر اس زمین پر اترنے سے بہت پہلے لکھی جا چکی تھی جو لوحِ محفوظ میں متعین ہے۔ اس لوحِ محفوظ میں اللہ تعالیٰ کے برحق فیصلے اور قیامت تک آنے والے تمام مرد و زن کی زندگیوں کے طے شدہ اور حتمی واقعات لکھے ہوئے ہیں۔

تقدیر پر یقین ہمارے ایمان کا اہم حصہ ہے۔ لیکن اس کا یہ مطلب ہرگز نہیں کہ انسان کے مقدر میں گناہ کرنا لکھا ہے اور اس کی کوششیں اور اختیار بے سود ہے۔ ہمارے پاس انتخاب اور اختیار کی پوری آزادی ہے اور جو ہمارے ساتھ ہوتا ہے وہ ہمارے انتخاب کا نتیجہ ہے۔ ہمارے گناہ بھی ہماری اس اختیاری آزادی کا نتیجہ ہوتے ہیں۔ یہی آزاد قوت ارادی ہے جس کو شیطان ہدف بناتا ہے اور ہمارے ایمان کو کمزور کرتا ہے۔

اللہ نے انسان کو اپنی قسمت بدلنے کی آزادی دے رکھی ہے۔ وہ جانتا ہے کہ کیا ہوگا مگر وہ انسان پر مسلط نہیں کرتا۔ اس نے ہمیں بتا دیا کہ ہمارا مقام کیا ہے اور اس اللہ کا رتبہ کیا ہے۔ پھر اس نے ہمیں قوت ارادی اور اختیاری آزادی دے کر زمین پر بھیج دیا۔

یہ سچ ہے کہ ہماری قسمت میں کامیابی اور ناکامی لکھی جا چکی ہے۔ یہ بھی سچ ہے کہ اللہ تعالیٰ جانتا ہے کہ ہم میں سے کون اس کی جنت میں داخل ہوگا اور کون جہنم میں۔ مگر یہ بات بھی سچ ہے کہ اللہ نے، جو فیض رساں ہے، ایک چھوٹی سی گنجائش اپنے نیک بندوں کے لیے چھوڑ رکھی ہے اور وہ یہ کہ انسان دعاؤں سے تقدیر کو بدل سکتے ہیں، اگر اللہ چاہے۔

حال اور مستقبل کے بارے میں اللہ کا علم کامل اور بے نقص ہے۔ وہ 'کن' کہتا ہے اور ہمارے کام ہو جاتے ہیں۔ ہمیں یہ نہیں بھولنا چاہئے کہ وہ الرحمٰن ہے (سب سے زیادہ رحم کرنے والا)، وہ المجیب ہے (دعاؤں کو سننے والا)، وہ العفو ہے (معاف کرنے والا) اور وہ الباسط ہے (تکلیف کو دور کرنے والا)۔

اللہ نے انسان کو عقل عطا کی اور اس کے مطابق عمل کرنا سکھایا۔ اگر انسان کو سوچنے کی آزادی نہ ہوتی تو اللہ تعالیٰ اس کو ذہن عطا نہ کرتا۔ اگر انسان کو چلنے کا اختیار نہ ہوتا تو آج اس کی دو ٹانگیں نہ ہوتیں۔ اگر انسان کو جنت میں داخل کرنا مقصود نہ ہوتا تو ہماری ہدایت کے لیے پیغمبر نہ بھیجے جاتے۔ اللہ تعالیٰ فرماتا ہے:

"مجھ سے دعا کرو میں تمہاری دعاؤں کو قبول کروں گا۔" (القرآن: ۴۰، ۶۰)

اگر انسان اپنی تقدیر بدلنے سے قاصر ہوتا تو اللہ تعالیٰ ہمیں دعا کرنے کا نہ کہتا۔ دعا کی طاقت انسان کی تقدیر بدل سکتی ہے۔ اللہ تعالیٰ جو حاکم ہے، جس نے لوح محفوظ لکھی اور محفوظ کی ہے، اگر وہ چاہے تو ہماری تقدیر کو بھی بدل سکتا ہے۔ اللہ تعالیٰ جو دعاؤں کا سننے والا ہے، ہماری دعاؤں کو قبول کر سکتا ہے۔ اللہ تعالیٰ جو معاف کرنے والا ہے، ہمارے گناہوں کو معاف کر سکتا ہے۔ اور اللہ تعالیٰ جو نجات دینے والا ہے، ہمیں بری تقدیر سے بچا سکتا ہے۔ ان سب چیزوں کے لیے انسان کو اللہ تعالیٰ کی کبریائی اور ہر چیز پر اس کی طاقت کو تسلیم کرنا چاہئے اور اسی سے رحمت کی بھیک مانگنی چاہیے۔

عبداللہ ابن عمر سے روایت ہے کہ رسول اللہ ﷺ نے فرمایا:

"جس کسی کے لیے بھی دعا کا دروازہ کھل گیا تو سمجھو کہ اس کے لیے اللہ کی رحمت کا دروازہ کھل گیا" (ترمذی)

ایک اور جگہ رسول اللہ ﷺ نے فرمایا:

"دعا بری تقدیر بدل دیتی ہے اور نیک اعمال انسان کی عمر دراز کرتے ہیں۔" (ترمذی)

انسان اللہ تعالیٰ کی اطاعت کے لیے پیدا کیا گیا تھا مگر اس کو اختیاری آزادی عطا کی گئی۔ وہ چاہے تو اطاعت کرے اور چاہے تو نافرمانی کا مرتکب ہو۔ البتہ وہ اپنے اختیارات کے نتائج کا انتخاب نہیں کر سکتا۔

اللہ تعالیٰ کی فرمانبرداری اور اس کے احکامات کے آگے سر تسلیم خم کرنے کے حیرت انگیز نتائج مرتب ہوتے ہیں اور انسان اللہ تعالیٰ کی جنت میں بھی اپنی جگہ بنالیتا ہے۔مگر اللہ کے احکامات سے سرتابی صرف اس کے غضب کو دعوت دیتی ہے اور جہنم کی آگ کو بھڑکاتی ہے۔

اگر ہم اس دنیا کی حقیقت اور اپنی تخلیق کے مقصد کو یاد رکھیں تو صراط مستقیم سے نہیں بھٹک سکتے۔اگر ہمیں اپنے گناہوں کی تلافی مطلوب ہو، اگر ہم توبہ کرلیں اور اللہ کی مغفرت مانگیں تو پھر بھی ہمارے لیے امید کی ایک کرن روشن ہوسکتی ہے، وہی امید جو آدمؑ کے پاس تھی۔اللہ تعالیٰ نے آپؑ کا گناہ معاف کیا اور آپؑ کو اپنا خلیفہ بنادیا اور یہ واضح کردیا کہ اس کی رحمت کا دروازہ ہر توبہ کرنے والے انسان کے لیے کھلا ہے۔

توبہ اور اس کی شرائط:

"سارے انسان خطا کار ہیں، اور خطا کاروں میں سب سے بہتر وہ ہیں جو توبہ کرنے والے ہیں۔" (ترمذی، ۲۴۹۹)

توبہ ہر مسلمان کے ایمان وعمل کا حصہ ہے۔کیونکہ ہر انسان سے غلطیاں ہوتی ہیں اور جانے انجانے گناہ بھی سرزد ہوجاتے ہیں۔اللہ تعالیٰ انسان کی کمزوریوں سے بہت اچھی طرح واقف ہے اس لیے اس نے اپنے بندوں کے لیے توبہ کا دروازہ کھلا رکھا ہے۔

اکثر لوگ یہ سمجھتے ہیں کہ وہ چاہے جتنے گناہ کرلیں، اگر باقاعدگی سے توبہ کرتے رہیں گے، تو یقیناً جنت میں چلے جائیں گے۔یہ گناہ چاہے شراب نوشی ہو، حرام کمائی یا حرام غذا ہو یا اللہ تعالیٰ کے اور اس کے رسول ﷺ کے احکامات سے سرتابی ہو۔

انسان کی ایک اور کمزوری اس کا ہر کام میں آسانیاں تلاش کرنا ہے۔اگر اس کو کوئی یہ کہے کہ شراب نوشی کرنے میں کوئی مضائقہ نہیں اور اگر بعد میں اس فعل کی توبہ کرلی جائے تو گناہ معاف ہوجائے گا، تو انسان اس بات کو فوراً تسلیم کرلے گا۔البتہ اگر اس سے کہا جائے کہ شراب پینے کے بعد توبہ اس وقت قبول ہوگی جب وہ شراب کو دوبارہ ہاتھ نہ لگائے، تو اس کے لئے توبہ کرنا ایک مشکل عمل ہوگا۔

سچ تو یہ ہے کہ توبہ اللہ کی طرف واپسی کا سفر ہے۔جب آپ یہ سفر کرتے ہیں تو آپ اس کے لیے یہ تیاری کرتے ہیں:

☆ گناہ کو ترک کرنا۔

☆ اس فعل سے نفرت کرنا اور اس کے قریب بھی نہ بھٹکنا۔

☆ اپنے گناہ پر شرمندہ ہونا۔

اب اگر آپ محض اللہ سے معافی مانگ لیں اور وقتی طور پر اپنے دل میں ملال محسوس کریں جبکہ آپ کو معلوم ہو کہ آپ اس گناہ کے دوبارہ مرتکب ہونگے، تو آپ صرف اس سفر کی تیاری کرر ہے ہیں مگر اس سفر پر جانے کا ارادہ نہیں رکھتے۔ اور جب تک کہ آپ اس سفر پر نہیں جاتے، آپ اللہ کی مغفرت سے محروم ہی رہتے ہیں۔

انسان کسی وجہ سے ناقص بنایا گیا ہے اور اس کی زندگی میں گناہ بھی کسی وجہ سے شامل ہیں۔ اللہ تعالیٰ کو یہ بات بہت محبوب ہے کہ اس کا بندہ اس سے بار بار رجوع کرے۔ اگر انسان ذرہ برابر بھی اس محبت کو محسوس کر لے جو اللہ تعالیٰ اپنے بندوں سے کرتا ہے، تو وہ اس کی وجہ جان جائے گا۔ یہ اس لیے ہے کہ جب انسان سچے دل سے توبہ کرتا ہے تو اس کے لیے دنیا اپنی کشش کھو دیتی ہے اور وہ اللہ غفور الرحیم کی جانب کھنچا چلا جاتا ہے۔

اللہ تعالیٰ نے گناہ اس لیے تخلیق کیا کہ انسان کو اپنی غلطیوں کا احساس ہو۔ اس نے انسان کے اندر نفس تخلیق کیا۔ یہ نفس روح سے مختلف ہے۔ یہ جسم کے اندر رہتا ہے اور اس مادی جسم کا حصہ ہے۔ البتہ یہ خود مادی نہیں ہوتا۔ نفس اپنے اندر خواہشات، جذبات، رغبت موروثی صفات، تجربات اور ضمیر رکھتا ہے۔ اس لیے جب بھی انسان کوئی غلط قدم اٹھاتا ہے، اس کا نفس اس کو ملامت کرتا ہے۔ اس نفس پر دھیان دینا بہت ضروری ہے۔ جب انسان اس کو نظر انداز کرتا ہے تو اس کی بے حسی نفس کو اندھیروں کی جانب دھکیل دیتی ہے، جہاں وہ اپنی پاکیزگی کھو کر صرف اپنی ذات کو خوش کرنے والا بن جاتا ہے۔ نفس یہ بھانپ لیتا ہے کہ اگر انسان کو اس کا جھنجھوڑنا ناگوار محسوس ہوا تو وہ اس کی تاکید پر عمل پیرا نہیں ہوگا۔ اس لیے وہ انسان کو محض وہ باتیں بتاتا ہے جو وہ سننا پسند کرتا ہے کیونکہ وہ انہیں باتوں پر عمل کرتا ہے۔ اس طرح نفس خود اپنی خدمت کرنے والا کمانڈر بن بیٹھتا ہے۔

اللہ تعالیٰ نے انسان کے اندر ایک خوبصورت شے تخلیق کی تاکہ انسان بار بار اس کی طرف رجوع کرتا رہے۔ مگر انسان نے اس راستے کو بھلا دیا جو اسے اللہ کی طرف لے جاتا ہے۔ اس راستے پر چلنے کے لیے خلوص نیت کی ضرورت ہوتی ہے جو ہر عبادت کی اہم

شرط ہے۔ اس میں سچی توبہ اور گناہوں سے بچنے کا پکا ارادہ مطلوب ہے۔ اگر انسان کا گناہ لاپرواہی ہے، جیسے نماز میں، تو اس کی فوراً اصلاح کرنی ضروری ہے۔ اگر اس کے گناہ کا تعلق براہ راست کسی دوسرے انسان کی حق تلفی سے ہے تو اس کی تلافی کرنا ضروری ہے۔ پہلے اس انسان سے معافی اور پھر اللہ تعالیٰ سے اپنے گناہ پر معافی مانگنی ضروری ہے۔

اگر انسان کی نیت دوبارہ اس گناہ کو کرنے کی ہو یا وہ توبہ کے بعد گناہ کی طرف واپس لوٹ جائے تو ایسے میں اس کی توبہ بے سود اور بے کار ثابت ہوگی۔ البتہ اگر وہ سچے دل سے توبہ کرے مگر نا چاہتے ہوئے بھی غلطی سے وہی گناہ دوبارہ کر بیٹھے، تو ایسے میں اس کے لیے توبہ کا دروازہ ایک بار پھر سے کھل جاتا ہے۔ بشرطیکہ اس کو اپنی کمزوری اور غلطی کا شدید رنج ہو اور فوراً توبہ کر کے اللہ کی جانب رجوع کرلے۔

کہا جاتا ہے کہ ہر چیز کا وقت متعین ہے اور توبہ کا بھی۔ اللہ تعالیٰ نے ہمیں توبہ کے لیے ساری زندگی عطا کی ہے۔ البتہ دو ایسے لمحات ہیں جن میں توبہ قبول نہیں ہوتی چاہے خلوص نیت کے ساتھ کی جائے:

☆ موت کے وقت۔

☆ اس دن جب سورج مغرب سے طلوع ہوگا۔

اللہ تعالیٰ مذاق نہیں کرتا۔ انسان اگر اپنی ساری زندگی اپنے نفس اور خواہشات کی پیروی میں گزار دے اور یہ امید رکھے کہ بڑھاپے میں یا مرنے سے قبل توبہ کرلے گا تو اسے جان لینا چاہیے کہ اس وقت اس کی توبہ ہرگز قبول نہ ہوگی۔

قیامت سے قبل ایک ایسا وقت بھی آئے گا جب سورج مشرق کے بجائے مغرب سے طلوع ہوگا اور توبہ کے دروازے بند کردیے جائیں گے۔ اس وقت مسلمان اور کافر اللہ تعالیٰ کے حضور گر جائیں گے مگر ان کے سجدے انہیں کچھ فائدہ نہ دینگے۔

ایک سچا مسلمان یہ جانتا ہے کہ بلا تاخیر اور سچی توبہ اس کے صغیرہ اور کبیرہ گناہوں کو مٹا دیتی ہے اور اس کے لیے اللہ تعالیٰ کا قرب حاصل کرنے کا ذریعہ بنتی ہے۔ اللہ تعالیٰ سورۃ نساء میں فرماتا ہے:

> **''ان کی توبہ نہیں جو برائیاں کرتے چلے جائیں یہاں تک کہ جب ان میں سے کسی کے پاس موت آجائے تو کہہ دے کہ میں نے اب توبہ کی**

،اوران کی توبہ بھی قبول نہیں جو کفر پر ہی مرجائیں، یہی لوگ ہیں جن کے لیے ہم نے المناک عذاب تیار کر رکھا ہے" (القرآن، ۴:۱۸)

جب آدمؑ نے توبہ کی تو آپؑ نادم، رنجیدہ اور غمگین تھے۔ ابن عساکر سے روایت ہے کہ آدمؑ جنت سے نکالے جانے پر ۶۰ سال تک روتے رہے اور اپنی غلطی پر ۷۰ سال تک روتے رہے۔ اللہ تعالیٰ نے آپؑ کی توبہ قبول کی اور آپؑ کو زمین پر اپنا خلیفہ بنا دیا۔ آپؑ سے غلطی کا ارتکاب ہوا، مگر اس غفور الرحیم ذات نے آپؑ کو معاف کر دیا اور آپؑ کا رتبہ بلند کیا۔

انسان بحیثیت اللہ کا نائب، یا خلیفہ:

ایک نائب ایسا عہدہ دار ہوتا ہے جو دوسرے کے اختیارات استعمال کرنے پر متعین ہوتا ہے اور اپنے اوپر ایک اعلیٰ اقتدار کو جواب دہ ہوتا ہے جس کے احکامات رائج کرنا اس کی اوّلین ذمہ داری ہوتی ہے۔ جب اللہ تعالیٰ انسان کو اپنا خلیفہ کہہ کر مخاطب کرتا ہے تو اس کے لیے تین اصول مرتب ہو جاتے ہیں جن کے تحت انسان کو دنیا میں اپنی زندگی گزارنی چاہئے۔ یہ خطاب انسان کو اس کی حیثیت کے بارے میں تین اہم سوالوں کے جواب بھی دیتا ہے۔

سوال:

۱۔ انسان کون ہے؟

۲۔ اسے کیوں بنایا گیا؟

۳۔ اس کو دنیا میں کس مقصد سے بھیجا گیا؟

جواب:

۱۔ انسان اللہ تعالیٰ کا بنایا گیا نمائندہ یا نائب ہے۔

۲۔ اس کو اللہ تعالیٰ کی اطاعت کے لیے پیدا کیا گیا۔

۳۔ اس کو دنیا میں اللہ تعالیٰ کے احکامات قائم کرنے کے لیے بھیجا گیا۔

اللہ تعالیٰ نے انسان کو دنیا میں اپنا خلیفہ بنا کر بھیجا اور اس کو اپنی حاکمیت سے جوڑ دیا۔ یعنی:

۱۔ انسان خود مختار نہیں ہے۔

۲۔ انسان کو دنیا میں اپنی خواہشات کے تحت جینے کی مکمل آزادی نہیں ہے۔

۳۔ انسان کے پاس یہ حق نہیں کہ وہ اللہ تعالیٰ کے بنائے ہوئے اصولوں میں ردوبدل کرے یا ان کی جگہ دوسرے بنالے۔

اللہ تعالیٰ کے نائب مختار کی حیثیت سے انسان دنیا میں محض اس لیے بھیجا گیا کہ وہ صرف اور صرف اللہ جل جلالہ کی حکومت اور شریعت قائم کرے۔ یہ ذمہ داری نبھانے اور اس کے خلیفہ ہونے کا پورا حق ادا کرنے کے لیے اللہ تعالیٰ نے انسان کو یہ نعمتیں عطا کیں؛ اس کو سوچنے سمجھنے کے لیے ذہن عطا کیا؛ جو باتیں ذہن کو الجھا دیتی ہیں انہیں سلجھانے کے لیے دل عطا کیا؛ اور اس کو اس کے اصل کی یاددہانی کرانے کے لیے روح عطا کی گئی۔

ان سب کے ساتھ انسان کو جذبہ عطا کیا گیا، بے پناہ صلاحیت اور طاقتور ذہن سے نوازا گیا۔ اس کی صراط مستقیم پر رہنمائی کے لیے ایک کامیابی کی ضامن کتاب قرآن مجید عطا کی گئی۔ مزید براں یہ کہ ابتداء وقت سے انسان کی مدد کے لیے ہزاروں پیغمبر بھیجے گئے جو اس کی راہنمائی کرتے رہے اور اللہ تعالیٰ سے کیا ہوا عہد یاد دلاتے رہے۔

انسان کے پاس اشرف المخلوقات ہونے کا اعزاز ہے۔ اس آگاہی کے دور میں انسان آزادی فکر کا علمبردار ہے۔ اس آزاد خیالی کی وجہ سے انسان سمجھتا ہے کہ وہ اپنے علاوہ کسی اور کو جواب دہ نہیں ہے۔ وہ مہذب اقدار و اوصاف کو ترقی یافتہ معاشرے کی پیداوار سمجھتا ہے۔ جبکہ حقیقت میں اسلام نے اس کو مہذب بنایا اور انسانی جان کی قدر کرنا سکھایا۔

انسان ہی وہ واحد مخلوق ہے جس کو اللہ تعالیٰ نے طاقت عطا کی جس سے وہ نئی نئی ایجادات کرتا ہے اور اسی طاقت کے بل بوتے پر بے پناہ تباہی بھی برپا کرسکتا ہے۔ وہ آسمان کی بلندیوں کو چھوسکتا ہے اور اس کی فضاؤں میں داخل ہوسکتا ہے۔ مگر ساتھ ہی وہ اخلاقیات کی پستی میں بھی گرسکتا ہے۔ وہ گناہگار ہو یا کوئی ولی اللہ، اس کے پاس اس کے رب کی عنایت سے طاقت اور صلاحیت دونوں موجود ہیں۔ جب وہ ایک فرمانبردار غلام بن کر ان صلاحیتوں کا استعمال اپنے خالق کے مقرر کردہ اصولوں کو مدنظر رکھتے ہوئے کرتا ہے، حق کا ساتھ دیتا ہے اور باطل کو مٹاتا ہے تو وہ انسانیت کے کام آتا ہے۔ البتہ جب وہ اس طاقت کا ناجائز استعمال کرکے اپنی خواہشات کی پیروی اور دنیا حاصل کرنے میں لگ

جاتا ہے تو وہ گناہ گار بن جاتا ہے۔

ابلیس: سب سے بڑا سرکش:

سب سے بڑا سرکش اور انسان کا زبردست دشمن بننے سے پہلے ابلیس اللہ تعالیٰ کا مقرب تھا۔ بعض روایات میں مشہور ہے کہ ابلیس ملائکہ کا سردار ہوا کرتا تھا۔ اور بعض میں اس کا جنات کی جماعت میں سب سے بڑا عالم اور عبادت گزار ہونے کا تذکرہ ہے۔ کچھ روایات میں یہ بھی مشہور ہے کہ شیطان مردود بننے سے پہلے وہ چار نمایاں ملائکہ میں شامل تھا۔

لفظ 'شیطان' کا مطلب ہے 'اچھائی کا الٹ'۔ اس کی ابتداء اس وقت ہوئی جب اللہ تعالیٰ نے آدمؑ کو مٹی سے تخلیق کیا اور انسانی صورت بنائی۔ پھر چالیس سال تک آدمؑ کا پتلا اللہ تعالیٰ کے دربار میں بے جان کھڑا رہا۔

فرشتوں کی جرات نہ تھی کہ اس کے قریب جاتے مگر ابلیس کو آدمؑ کی تخلیق نے ایک قسم کے خوف میں مبتلا کر دیا تھا۔ جب بھی وہ آدمؑ کے پاس سے گزرتا، وہ تجسس سے آپؑ کو دیکھتا اور کہتا کہ "تجھ کو یقیناً کسی اعلیٰ مقصد کے لیے تخلیق کیا گیا ہے"۔

پھر جب اللہ تعالیٰ نے آدمؑ میں روح پھونکی اور فرشتوں کو حکم دیا کہ سجدہ ریز ہو جائیں تو ابلیس نے انکار کر دیا۔ اس نے کہا کہ وہ آگ سے بنایا گیا ہے جبکہ آدم مٹی سے، اور اس درجے کے لحاظ سے وہ آدم سے بہت بڑا ہے لہٰذا وہ سجدہ نہیں کرے گا۔ اس نے اپنا موازنہ آدمؑ سے کیا اور اپنی عقل کو بالاتر جانا۔ اس نے اپنے آپ کو آدمؑ سے بہتر سمجھا جبکہ حقیقت یہ تھی کہ اس نے تکبر کیا اور آدمؑ سے حسد کیا اور اس چیز نے اسے اللہ کی اطاعت سے روکے رکھا۔ اس کو یہ بات تسلیم نہ تھی کہ مٹی سے بنائی ہوئی مخلوق اس سے اعلیٰ ہو۔ اس نے آدمؑ کا تمسخر اڑایا اور اپنے انکار کا جواز اس فرق کو قرار دیا۔ جبکہ اصل حقیقت اللہ تعالیٰ سے مخفی نہ تھی۔ سزا کے طور پر اللہ تعالیٰ نے اسے اپنی جنت سے نکال دیا۔ جنت سے نکالے جانے پر ابلیس کا غصہ اور حسد مزید بڑھ گیا اور اس نے اللہ تعالیٰ سے قیامت تک کی مہلت مانگ لی۔ اس نے کہا کہ وہ انسان کو بھٹکائے گا اور یہ ثابت کرے گا کہ وہ اس اعزاز کا مستحق نہیں۔

ابلیس نے یہ بھی کہا کہ اللہ نے اسے گمراہ کیا ہے اور یہ کہ وہ 'صراط مستقیم' پر انسان کی تاک میں بیٹھے گا اور اس کے ایمان پر حملہ کرے گا یہاں تک کہ بہتوں کو اللہ کی ناشکری کی روش پر ڈال دے گا۔

> ''اچھا دیکھ لے اسے تو نے مجھ پر بزرگی تو دی ہے لیکن اگر مجھے بھی قیامت تک تو نے ڈھیل دی تو میں اس کی اولاد کو بجز بہت تھوڑے لوگوں کے، اپنے بس میں کرلوں گا'' (القرآن، ۶۲:۱۷)

اللہ تعالیٰ نے ابلیس کو یہ مہلت عطا کر دی۔ اس وقت سے ابلیس انسان کا ابدی اور کھلم کھلا دشمن بن گیا۔ اس نے انسان کو اپنے نکالے جانے کا سبب قرار دیا اور قسم کھائی کہ وہ اس کی دنیا اور آخرت برباد کر دے گا۔

اگر اللہ چاہتا تو اسی وقت شیطان کو ختم کر دیتا لیکن ہمیں پھر وہی سوچ کی آزادی نظر آتی ہے۔ پہلے فرشتوں نے آدمؑ کی تخلیق پر سوال اٹھایا تھا، اب ابلیس انسان کی نااہلی ثابت کرنے پر تلا تھا اور قیامت تک کی مہلت چاہتا تھا۔ اللہ تعالیٰ نے ابلیس کو قیامت تک کی مہلت دے دی لیکن ساتھ ہی یہ وعدہ کیا کہ وہ انسان کو معاف کرتا رہے گا جب تک وہ اس سے مغفرت کا طلب گار رہے۔ اس بات سے یہ واضح ہے کہ اللہ تعالیٰ الرحیم ہے اور چاہتا ہے کہ انسان از خود اس کی فرمانبرداری کرے اور یہی اللہ کا حق ہے۔ بعد ازاں، اللہ تعالیٰ نے آدمؑ اور حواؑ کو جنت اور اس کی نعمتوں میں رہنے کے لیے بھیج دیا۔

پہلا دھوکا:

آدمؑ اور حواؑ کو اللہ کی نافرمانی پر اکسانے سے پہلے ابلیس ایک مخلص دوست کے روپ میں آیا۔ ان کو ایک خاص درخت کے قریب جانے اور اس کا پھل کھانے سے منع کیا گیا تھا۔ جب ابلیس کو اس بات کا علم ہوا تو اس نے اپنے پہلے فریب کا خاکہ تیار کیا۔ اس نے آدمؑ اور حواؑ کو ابدی زندگی کا لالچ دیا اور ان کو اپنی دوستی اور خیر خواہی کا یقین دلایا۔ پھر وہ روز بروز انہیں ممنوعہ شجر کا پھل کھانے پر اکساتا رہا یہاں تک کہ اس کو کھانے کی خواہش ان کے دلوں میں جڑ پکڑ گئی۔ پھر ایک دن ایسا آیا کہ آدمؑ اور حواؑ کو اللہ تعالیٰ کی تنبیہ بھول گئے اور

انہوں نے ممنوعہ پھل کھالیا۔

اللہ تعالیٰ نے ان کو پکارا:

''کیا میں تم دونوں کو اس شجر کے پاس جانے سے منع نہ کر چکا تھا اور نہ یہ کہہ چکا تھا کہ شیطان تمہارا صریح دشمن ہے'' (القرآن، ۷:۲۲)

اس کے بعد اللہ تعالیٰ نے دونوں یعنی انسان اور شیطان کو زمین پر اتار دیا۔ آدمؑ اپنا سبق حاصل کر چکے تھے۔ آپؑ کو معلوم ہو گیا تھا کہ انسان کمزور ہے اور ابلیس اسے بار بار ان کمزوریوں کے ذریعے سے بھٹکائے گا۔ جب آدمؑ زمین پر اترے تو جنت کے مقابلے میں زمین کی زندگی قدرے مختلف تھی۔ اب ان کو محنت مشقت کرنا تھی اور ساتھ ہی ابلیس اور اس کے چیلوں سے اپنا بچاؤ بھی کرنا تھا۔ ابلیس نے آدمؑ کو اکیلا نہ چھوڑا اور مستقل ان کو بھٹکانے کی کوششیں کرتا رہا۔ حتیٰ کہ ایک دن ابلیس نے ان کے بیٹوں میں سے ایک کو دوسرے کے ہاتھوں قتل کرا دیا۔ یہ زمین پر انسان کے ہاتھوں پہلا قتل تھا۔ بھائی نے بھائی کو مار دیا، صرف حسد کی وجہ سے۔

ابلیس کے خلاف انتباہ:

اگر انسان کا مقصدِ حیات زمین پر اللہ کی وحدانیت قائم کرنا ہے تو شیطان کا واحد مقصد انسان کو اس عمل سے باز رکھنا اور بھٹکانا ہے۔ انسان بھول جاتا ہے اور اتنا شاطر نہیں جتنا کہ شیطان ہے جو انسان سے بے پناہ عداوت رکھتا ہے۔ اللہ تعالیٰ نے انسان کی مدد کے لیے اپنے پیغمبر بھیجے جو اس کو شیطان کے خلاف تنبیہ بھی کرتے رہے اور اس کا مقصد بھی یاد دلاتے رہے۔ قرآن میں شیطان کا ۸۸ دفعہ ذکر کیا گیا ہے اور پڑھنے والے کو ۸۸ بار اس سے ہوشیار رہنے کی نصیحت کی گئی ہے۔

شیطان کے جال:

اللہ تعالیٰ نے انسان کے لیے ایک خوبصورت دنیا تخلیق کی۔ اس نے روشنی بنائی تا کہ ہم اندھیروں کو پہچان سکیں۔ اس نے برائی پیدا کی تا کہ ہم اچھائی کی قدر کر سکیں۔ اس نے اس دنیا کو نعمتوں سے بھر دیا اور ہمارے دلوں کو خواہشات سے۔ نتیجہ یہ کہ ہم ہر پُرکشش چیز کی طرف کھنچے چلے جاتے ہیں۔ اس میں کوئی حرج نہیں کیونکہ اللہ تعالیٰ نے ہم کو ایسا ہی

بنایا ہے۔اس کی نعمتوں سے فائدہ اٹھانے میں کوئی مضائقہ نہیں، بڑا اور شاندار گھر اور بڑی گاڑیاں۔مگر ان کے حصول کے لیے جھوٹ، دھوکا دہی، ڈاکے یا کسی کو قتل کرنا صریحاً ناجائز ہے اور گناہ ہے۔انسان کے لیے دنیا کی آسائش اور نعمتیں عارضی ہیں اور اس کا اصل مقصد اس جنت کا حصول ہے جہاں کی زندگی ہمیشہ کی زندگی ہے۔ان سب کو پیچیدہ بنانے والی چیز شیطان کے ہتھکنڈے ہیں جن کے ذریعے وہ ہماری خواہشات کو ہوا دیتا اور بڑھاتا ہے۔

شیطان انسان کے کانوں اور دلوں میں وسوسے ڈالتا ہے۔وہ سوچنے سمجھنے والے ذہنوں کو منطق اور تاویلوں کے جال میں پھنساتا ہے۔انسان سے اس کی عداوت اور اس کی چالوں کو الفاظ میں بیان کرنا بہت مشکل ہے۔لیکن اس کا مقصد سمجھنا انتہائی ضروری ہے۔ شیطان نے اللہ تعالیٰ سے انسان کے بارے میں چار وعدے کیے تھے۔اس نے کہا تھا:

☆ ''میں انسان کو بھٹکاؤں گا''

☆ ''میں انسان کو جھوٹی آرزوؤں اور خواہشات کے جال میں پھنساؤں گا''

☆ ''میں اس کو حکم دوں گا کہ وہ تیری تخلیق میں ردوبدل کرے''

☆ ''میں اس کو حکم دوں گا کہ وہ مویشیوں کے کان چیریں'' (یعنی ان کو اپنے اوپر حلال یا حرام کرلیں)

یہ سیاہ وعدے آج کے دور کی سیاہ حقیقتیں بن چکے ہیں۔ابلیس مستقل کافروں اور خدا کا انکار کرنے والوں کو اپنی فوج میں بھرتی کر رہا ہے۔وہ انسان کو شرک کرنے پر مجبور کرتا ہے۔جو شرک کرتے ہیں وہ اس کے ساتھی بن جاتے ہیں۔البتہ اگر وہ شرک کروانے میں ناکام ہوجائے تو پھر انسان کو بدعت کی طرف دھکیل دیتا ہے۔اس سے ایسے کام کرواتا ہے جو قرآن اور حدیث سے ثابت نہیں ہوتے لیکن وہ انہیں دین سمجھ کر کر رہا ہوتا ہے۔اور اگر وہ اس میں بھی ناکام ہوجائے تو انسان کو کبیرہ گناہوں اور پھر صغیرہ گناہوں پر اکساتا ہے۔

شیطان کبھی ہار نہیں مانتا، وہ جانتا ہے کہ چھوٹے گناہ بھی جمع ہوکر پہاڑ کی مانند بن سکتے ہیں اور انسان کو جہنم میں پہنچا سکتے ہیں۔اگر وہ ایک مومن کو بھٹکانے میں ناکام ہو جائے تو وہ اس کو نیک کاموں سے روکنے کی کوشش کرتا ہے۔وہ اس کے دوستوں، رشتہ داروں اور یہاں تک کہ انجان لوگوں کو بھی اس کے خلاف کردیتا ہے تاکہ اس سے کوئی نیکی

نہ سرزد ہو سکے۔ نیز شیطان برے لوگوں کی نصرت کرتا ہے تا کہ وہ بدی کو پھیلانے میں اس کے مددگار بن سکیں۔

شیطان کے ہتھکنڈے:

شیطان انسان کے لیے اچھائی کے ستر دروازے بھی کھول دیتا ہے، اگر وہ ستر دروازے انسان کو اس ایک نیکی سے روک دیں جو ان سب سے بڑھ کر ہو۔ یا پھر وہ ان اچھائیوں کے ذریعے اسے گناہ کی جانب لے جاتا ہے جو اس کی نیکیوں کو برباد کر دیتا ہے۔ انسان شیطان کی شر انگیزی کا اندازہ نہیں لگا سکتا۔ اس کے حملے مخفی ہوتے ہیں اور وہ انسان کی سوچ اور خواہشات کے ذریعے سے اس پر حاوی ہوتا ہے۔

شیطان انسان کو اپنی چالوں سے دھوکہ دیتا ہے اور اسے اس کی کمزوریوں کے ہاتھ میں کھلونا بنا دیتا ہے۔ وہ انسان کو جھوٹے جذبوں کی لالچ دیتا ہے اور اسے یہ یقین دلاتا ہے کہ مزید کی طلب اور سکون کی تلاش اس کا فطری تقاضہ ہے۔ فحاشی اور بدکاری اس کی سب سے بڑی مثال ہے جو انسان کو وحشی جانور کی مانند بنا دیتی ہے۔

اسلام میں عورت اور مرد کا ملاپ ایک روحانی حیثیت رکھتا ہے۔ آج کل کے دور میں خاص کر مغربی معاشرے میں اگر ایک لڑکی شادی سے قبل اپنی عفت اور پاکدامنی کی حفاظت کرتی ہے تو وہ عجوبہ چیز سمجھی جاتی ہے۔ اس کا تمسخر اڑایا جاتا ہے اور اس کو غیر معمولی سمجھا جاتا ہے۔ یہ انتہائی قابل نفرت بات ہے مگر حقیقت ہے۔ لڑکوں کا معاملہ بھی اس سے کچھ مختلف نہیں۔ پاکدامنی کی حفاظت کرنے والوں کے ساتھ جو قدریں منسلک کی جا رہی ہیں وہ بہت افسوسناک ہیں۔ یہ شیطان کا دوسرا سیاہ وعدہ ہے۔ اسلام انسان کو اللہ تعالیٰ کی اشرف مخلوق بتاتا ہے، مگر شیطان انسان کو اتنا نیچے گرا دیتا ہے جہاں اس کے اور حیوان کے بیچ کا فرق معدوم ہو جاتا ہے۔

تکبر: شیطان کی پسندیدہ خصلت

شیطان کا سب سے کارآمد ہتھکنڈا جھوٹی انا اور تکبر ہے جو وہ مسلمان کے دل و دماغ میں بٹھا کر اسے بھٹکاتا ہے۔ وہی تکبر جس نے ابلیس کو اللہ تعالیٰ کا حکم ماننے سے روکا تھا انسان کی ساری نیکیاں ضائع کرنے کے لیے کافی ہے۔ اس کے برعکس، اللہ کو انسان کی عاجزی اور انکساری بہت محبوب ہے کیونکہ یہ صفت ایک مومن میں اس وقت پیدا ہوتی ہے

جب وہ اپنی حیثیت اور اپنے رب کی عظمت کو پہچان لیتا ہے۔متکبر انسان اپنے آپ کو دوسروں سے بہتر اور اعلیٰ سمجھتا ہے۔وہ اپنی نیکیوں کو بہت نمایاں کر کے پیش کرتا ہے جبکہ گناہوں کو حقیر گردانتا ہے۔لیکن خواہ وہ کچھ بھی کرلے اللہ کے قرب کو نہیں پا سکتا۔

تکبر اور غرور شیطان کے اوصاف ہیں اور اللہ تعالیٰ کو سخت ناپسند ہیں۔شیطان جانتا ہے کہ تکبر ایک مومن کو منکر بنا سکتا ہے لیکن انسان اس بات کو نہیں سمجھتے۔

شیطان سے جنگ:

شیطان نے تو اللہ تعالیٰ کے سامنے انسان سے اپنی دشمنی کا اعلان کر دیا تھا مگر انسان نے ابھی تک ایسا کوئی اعلان نہیں کیا۔اس سلسلے میں ابتدائی دینی تعلیم بہت اہمیت کی حامل ہے کہ بچوں کو شروع دن سے شیطان اور اس کے ہتھکنڈوں کو پہچاننے کی تربیت دی جائے اور اس کی چالوں کا تدارک کرنا سکھایا جائے۔حضرت محمد ﷺ نے فرمایا:

''تم میں سے ہر ایک آدمی کے ساتھ اس کا جن ساتھی مقرر کیا گیا ہے۔''(صحیح مسلم،۷۰۰۳)

یہی وہ جن یا شیطان ہے جو ہمیں سیدھی راہ سے بھٹکاتا ہے۔انسان جانتے ہوئے بھی اکثر بھول جاتا ہے۔البتہ شیطان یہ بات کبھی نہیں بھولتا۔وہ اپنے حملے کے لیے بہترین وقت کا انتظار کرتا ہے۔بعض اوقات انسان کی ایمانی کیفیت اتنی کمزور ہو جاتی ہے کہ وہ شیطان کے وسوسوں کو اپنے دل کی آواز سمجھ بیٹھتا ہے۔

شیطان کو شکست دینے کے لیے سب سے پہلے اسے جاننا ضروری ہے۔اس شیطان کو جانئے جو انسان کے دل سے دماغ اور دماغ سے دل میں گھستا ہے۔اس دشمن کو پہچانئے جو انسان کے جذبات اور کمزوریوں سے فائدہ اٹھاتا ہے۔ایسا دشمن جس نے انسان کو جہنم میں لے جانے کی قسم کھا رکھی ہے۔اس کو جانئے اور اس کے مقاصد کو سمجھئے تاکہ آپ اس کی چالوں کا مقابلہ کر سکیں۔

اگر کوئی انسان کا دشمن ہے تو اس کے دوست بھی موجود ہیں۔اللہ اور اس کے رسولوں نے انسان کو شیطان کے بارے میں خبردار کیا ہے،تاکہ انسان اس کے واروں سے بچنے کی کوشش کرے۔انسان کمزور ہے اور غلطی کر بیٹھتا ہے۔البتہ اللہ تعالیٰ غفور الرحیم اور فیاض ہے۔اس لیے اللہ تعالیٰ انسان کو توبہ کرنے اور نیکیاں کمانے کے بہتیرے مواقع عطا

کرتا ہے۔

اللہ کا ذکر اور اس کی تسبیح:

شیطان کو دور بھگانے کا سب سے بہترین طریقہ اللہ کی یاد ہے۔ روزمرہ زندگی میں مسلمان اللہ کو نماز، عبادت اور نیک اعمال کے ذریعے یاد کرتے ہیں۔

اللہ کا ذکر عبادت ہی کی ایک صورت ہے جو اللہ تعالیٰ کی حمد بیان کرنے، اس کی تسبیح کرنے اور قرآن کی تلاوت کے ذریعے ہوتا ہے۔ نیک عمل سے مراد ہر وہ عمل ہے جو اللہ کی خوشنودی حاصل کرنے کے لیے کیا جائے۔ صدقہ، ماں باپ اور رشتہ داروں سے صلہ رحمی، مسکینوں کی مدد، لوگوں کی تعلیم و تربیت، سلام کرنا، گناہوں سے بچنا، غصے کو پینا اور اللہ تعالیٰ کا شکر ادا کرنا سب اس میں شامل ہیں۔

ایک بار جب کوئی نیکی کے راستے پر چل نکلے تو اسے یہ نہیں بھولنا چاہیے کہ شیطان مسلسل اس کی ٹوہ میں لگا ہوا ہے اور اس کی کوشش ہے کہ اس مسلمان کو سیدھے راستے سے ہٹا دے۔ شیطان کے جالوں سے بچنے کے لیے کارگر طریقہ یہی ہے کہ پیہم اپنی زبان کو اللہ کے ذکر سے تر رکھا جائے۔

ابتدائی دینی تعلیم:

ابتدائی دینی تعلیم بچوں کو شیطان کے خلاف دفاع مضبوط کرنے میں بہت مدد دیتی ہے۔ بچوں کو شروع سے اپنے کردار اور پاکدامنی کی حفاظت کرنا سکھانا چاہیے تاکہ وہ بڑے ہوکر مضبوط اور باکردار مسلمان بنیں۔ دینی تعلیم کے ذریعے وہ شیطانی ہتھکنڈوں کے خطرناک نتائج سے باخبر ہوجاتے ہیں اور انہیں اس سے لڑنے کے طریقے بھی آجاتے ہیں۔ اس کے برعکس، بچوں کی ہر جائز و ناجائز خواہش کو پورا کرنا اور ایسے بچے پروان چڑھانا جو اپنے مقصد زندگی سے غافل ہوں، دوست دشمن کی پہچان نہ رکھتے ہوں، شیطان کے مختلف روپ اور چالیں نہ پہچانتے ہوں اور نہ جانتے ہوں کہ انہیں کس کا ساتھ دینا ہے، یہ ایک انتہائی غیر ذمہ دارانہ فعل ہے۔

اسلام بدی کے خلاف مستقل جہاد اور جدوجہد کا نام ہے۔ یہ ہارنے کے بعد

دوبارہ اٹھ کھڑے ہونے کا نام ہے کیونکہ اگر جنت کے لیے یہ جدوجہد نہ کی گئی تو جنت حاصل بھی نہ ہوگی۔

دعوت فکر:

✿ انسان میں خواہشات کیوں رکھی گئیں؟ خواہشات اور لالچ میں کیا فرق ہے؟

✿ فرشتوں نے کیوں گمان کیا کہ انسان کی خواہشات بے قابو ہو جائیں گی؟ وہ کون سی بات تھی جو اللہ تعالیٰ جانتے تھے مگر فرشتے نہیں جانتے تھے؟

✿ وہ کون سی چیز ہے جو انسان کو اللہ کے حضور کامیاب بنائے گی؟

✿ آدم علیہ السلام کو اللہ تعالیٰ نے کون سے نام سکھائے تھے؟

✿ اللہ تعالیٰ نے آدم علیہ السلام کی نسل سے کون سا عہد لیا تھا؟

✿ فطرت کیا ہے؟ وہ کون سی چیز ہے جو اگر چہ بچہ بھول جاتا ہے مگر روح کو یاد رہتی ہے؟ انسان کی زندگی میں آنے والے مواقع در حقیقت کیا ہوتے ہیں؟

✿ انسان کس لحاظ سے منفرد ہے؟ انسان فرشتوں سے کس طرح مختلف ہے؟

✿ آدم کو کس حیثیت سے دنیا میں بھیجا گیا اور کس وجہ سے بھیجا گیا؟

✿ کیا تقدیر کو بدلا جا سکتا ہے؟ اگر ہاں تو کیسے؟

✿ وہ کیا چیز ہے جو ہمیں نیکوکاروں کے راستے سے دور لے جاتی ہے؟

✿ نفس کیا ہے؟ اور جب ہم کوئی غلط قدم اٹھاتے ہیں تو وہ کیا کرتا ہے؟

✿ ہم فاسق کیسے بنتے ہیں؟

✿ ایک نافرمانی نے شیطان کو جنت سے نکلوا دیا۔ آخر ہم اپنے آپ کو جنت کا حقدار کیسے سمجھ لیتے ہیں جبکہ ہم دن رات اللہ کی نافرمانی کرتے ہیں؟

۷

امریکہ کا سفر: پٹنہ، بمبئی، جنیوا، نیو یارک

(۱۹۶۴ء)

"اور اس نے آپ کو بھٹکا ہو پایا سو آپ کو ہدایت کا راستہ دکھایا۔"

(القرآن: ۷:۹۳)

رام بالیشور بابو کہا کرتے تھے کہ مجھے اپنی جنت کے حصول کے لیے خود جنگ کرنی پڑے گی۔ وہ بڑے بھیا کے قریبی دوست تھے اور منطق اور فلکیات کے پروفیسر تھے۔ وہ ایک جانے مانے جوتشی بھی تھے۔ پہلی محبت اور پہلی اولاد سے لے کر ہر چھوٹے بڑے معاملے میں لوگ ان کے پاس جایا کرتے تھے۔ غالباً ان کو میرے اور ابّا کے درمیان امریکہ جانے کے تنازع کا علم ہو گیا ہو گا کیونکہ ایک دن رام بالیشور بابو مجھ سے ملنے آئے اور کہنے لگے کہ امریکہ میرے ستاروں میں نہیں لکھا۔ زندگی کے اس دور میں یہ بات میں اتنی آسانی سے کیسے مان لیتا۔ کوئی انسان اور کوئی ستارہ میری تقدیر کا مالک نہیں تھا۔ ان کی اس بات نے مجھے اور بھی زیادہ پر عزم کر دیا۔

مجھے پٹنہ میں یو ایس آئی ایل نامی جگہ کے بارے میں پتہ چلا اور میں وہاں معلومات کے لیے پہنچ گیا۔ وہاں جا کر مجھے علم ہوا کہ یو ایس آئی ایل کا مطلب یونائیٹڈ اسٹیٹس انفارمیشن لائبریری ہے۔ یہ جان کر میری خوشی کا ٹھکانہ نہ رہا اور میں اس لمحہ اپنے آپ کو پٹنہ کا انتہائی خوش قسمت شخص محسوس کرنے لگا۔

یو ایس آئی ایل معلومات کا خزانہ نکلا! ایسا معلوم ہوتا تھا کہ کسی بچے کو چاکلیٹ کی دکان میں مفت چاکلیٹ مل رہی ہوں۔ میں نے اپنی جیبیں فارمز اور معلوماتی کتابچوں سے بھر لیں اور جتنے کاغذات ممکن تھے اپنے ساتھ گھر لے آیا۔ اس کے بعد پورا ہفتہ میں نے کاغذات پُر کرنے اور سوالات بھیجنے میں لگا دیا اور لگ بھگ سو امریکی یونیورسٹیوں اور کالجوں کو فارم بھیج دیے۔ اس کے بعد انتظار کی گھڑیاں شروع ہو گئیں۔

ہر روز کالج سے واپسی پر میں ڈاک کا جائزہ لیتا کہ شاید کوئی جوابی ڈاک آئی ہو۔ اکثر پیدل چل کر ڈاک خانے بھی چلا جاتا مگر کوئی ڈاک یا کوئی خط اپنے نام کا نہ پاتا۔ اس طرح انتظار میں کئی ہفتے گزر گئے۔ ابا کو میری درخواستوں کا علم تھا اور وہ بھی میری طرح منتظر تھے۔ جیسے جیسے دن گزرتے رہے ہم اس موضوع پر گفتگو سے گریز کرنے لگے اور ایک دوسرے پر اپنی بے چینی ظاہر نہ ہونے دیتے۔ وہ میری بڑھتی ہوئی گھبراہٹ کو نظر انداز کرنے کی کوشش کرتے جبکہ میں ان کے سامنے بے پرواہ نظر آنے کی ناکام کوشش کرتا۔

یوں ایک مہینہ گزر گیا اور ابا کو میری فکر ستانے لگی۔ مجھ سے بھی مزید دکھاوا نہ ہو سکا۔ اس انتظار نے میرا سارا خون چوس لیا تھا۔ ایک دن میں ناشتے کی میز پر اپنی سوچوں میں گم خاموش بیٹھا تھا کہ دروازے کی گھنٹی بجی اور آواز آئی، ''ڈاکیہ، صاحب جی!'' اور پھر ڈاک کی بارش ہوگئی۔ میں نے ڈاکیے کی پکار پر ابا کو خوشی سے مسکراتے ہوئے دیکھا تو سمجھ گیا کہ ہماری لڑائی ختم ہو چکی ہے اور میں نے اپنا مقدمہ جیت لیا ہے۔

واشنگٹن ڈی سی میں ہاورڈ یونیورسٹی کا انتخاب کرنا میرے لیے آسان تھا۔ ہاورڈ مجھے سب سے زیادہ کریڈٹ دے رہی تھی جو دو سال کی پڑھائی کے مماثل تھے۔ اس کے ساتھ ساتھ، وہ دوسری یونیورسٹیوں کی نسبت کم اخراجات والی یونیورسٹی تھی۔ جب میرا داخلہ پکا ہو گیا تو میں نے کلکتہ، بنگال کے لیے ٹرین کی ٹکٹ خریدی کیونکہ ویزہ، پاسپورٹ، زرمبادلہ کے دفاتر اور ریزرو بینک آف انڈیا وہیں موجود تھے۔ آج نہیں تو کل مجھے یہ سفر کرنا ہی تھا۔ میں نے سوچا جتنا جلد ہو جائے بہتر ہے۔ اس زمانے میں انڈیا اور چین کی فوجوں کے درمیان سرحد پر جنگ ہو رہی تھی اور ہندو مسلم فسادات بھی عام تھے مگر اللہ کے کرم سے میرا سفر عافیت سے گزر گیا اور میں کلکتہ صحیح سلامت پہنچ گیا۔ ایک رکشہ لے کر میں سیدھا ریزرو بینک آف انڈیا پہنچا تا کہ اپنا ویزہ اور اجازت نامہ حاصل کر سکوں۔ مگر وہاں مجھے اندر جانے سے روک دیا گیا۔ اور میں بے یقینی کی کیفیت میں واپس کر دیا گیا۔ دوسرے دن میں نے دوبارہ کوشش کی مگر مجھے پھر دھتکار دیا گیا۔ چین کے ساتھ جنگ میرے کام الجھا رہی تھی۔ البتہ میری مستقل کوشش اور بے حد اصرار پر مجھے بالآخر بینک کے ڈائریکٹر سے ملنے کی

اجازت مل گئی۔ انہوں نے مجھ سے میرے امریکہ جانے کا جواز پوچھا۔ ان کے مطابق انجینئرنگ میں بیچلر کی ڈگریاں انڈیا کے کالجوں میں باآسانی دستیاب تھیں اور میرے پاس اس کے حصول کے لیے واشنگٹن جانے کا کوئی جواز نہ تھا۔ ان کی اس بات سے میں متفق نہ تھا۔ میرے پاس ہاورڈ جانے کا بہت معقول جواز تھا۔ ہاورڈ یونیورسٹی نے مجھے داخلہ دے دیا تھا جبکہ انڈیا کی یونیورسٹی نے مجھے داخلہ دینے سے انکار کر دیا تھا۔

ڈائریکٹر میری بات پر لاجواب ہوگئے۔ اُن کے پاس اب ایک ہی حل تھا۔ میں خوشی سے سرشار پٹنہ لوٹ آیا۔ میرے گھر والوں کو یقین نہیں آرہا تھا۔ ریزرو بینک آف انڈیا سے منظوری نامہ آنے پر یہ بے یقینی تعجب اور احترام میں بدل گئی۔ میرے پاس اب سب کچھ موجود تھا جس کی مجھے ضرورت تھی۔ میں امریکہ جانے کے لیے تیار تھا۔

مجھے بمبئی کی بندرگاہ سے بحری جہاز میں یہ سفر طے کرنا تھا۔ میری روانگی سے ٹھیک ایک ماہ پہلے ابّا پر فالج کا حملہ ہوگیا جس سے ان کا آدھا جسم بے حرکت اور مفلوج ہو گیا۔ ایک دم سے حالات بدل گئے اور میرے ذہن میں جوتشی بابو کی آواز گونجنے لگی۔ کچھ دنوں تک تو میں سفر کو بالکل بھول بھال گیا مگر پھر ابا نے میرے لیے فیصلہ کرنا آسان کر دیا۔ ایک دن میرے ہاتھ میں انہوں نے ایک خالی چیک دبایا اور میری مٹھی بند کر دی۔ ان کا انداز اور آنکھوں کی زبان سب یہی کہہ رہے تھے کہ تم جاؤ اور ضرور جاؤ۔

مجھے معلوم تھا کہ مجھے کیا کرنا ہے۔ میں نے ان کی اجازت قبول کی مگر چیک لوٹا دیا۔ میں امریکہ اپنی مرضی اور طریقے سے جانا چاہتا تھا۔ البتہ ابا ایک تیر سے دو شکار کر رہے تھے۔ وہ مجھے امریکہ جانے کی اجازت دے رہے تھے اور ساتھ ہی میری فکر سے بری الذمہ بھی ہو رہے تھے۔ اس وقت مجھے ان کا مقصد سمجھ نہ آیا اور بعد ازاں میں محزونی خاطر تھا۔

میں ان کا دیا ہوا چیک نہیں لینا چاہتا تھا کیونکہ میں جانتا تھا کہ اُن کی دولت پر میرے علاوہ میرے بہن بھائیوں کا بھی حق ہے۔ یہ بات قابل ستائش تھی مگر مرنے والے کی خواہش کا احترام بھی ملحوظ خاطر رکھنا چاہیے تھا۔ کاش میں دانشمندی سے کام لیتا اور صحیح فیصلہ کرتا۔ بعض اوقات صحیح فیصلے غلط اور غلط فیصلے صحیح ثابت ہوتے ہیں۔ ابا اپنے مالک حقیقی

سے جا ملے اور ہمیں تنہا چھوڑ گئے۔ ان کے ساتھ ہماری ہمت نے بھی ہمارا ساتھ چھوڑ دیا۔ وہ دنیا کے سفر کو خیر باد کہہ کر آخرت کے سفر پر روانہ ہو گئے اور میرا سفر پیچھے رہ گیا۔ پھر مجھے اپنے آپ کو سنبھالنے اور سفر پر آمادہ کرنے میں ایک سال لگ گیا۔ ابا کی جدائی کا زخم بھرنے لگا تھا۔

میں نے اپنے سفر کی تیاری شروع کر دی اور بحری سفر کا انتخاب کیا۔ ابّا کی جدائی کا غم اب بھی تازہ تھا اور مجھے امریکہ ایک خواب سا لگتا تھا۔ میں بے یقینی کی سی کیفیت میں مبتلا تھا اور انجانے خوف اور خدشات مجھے گھیرے ہوئے تھے۔ اس کیفیت سے نکلنے کے لیے اور اپنے آپ کو پوری طرح آمادہ کرنے کے لیے مجھے کچھ وقت درکار تھا اور یہ وقت مجھے بحری سفر میں سہولت کے ساتھ مل رہا تھا۔

سفر کی تیاریوں اور سب کے جوش وخروش کے درمیان مجھے کچھ سوچنے کا موقع نہ مل سکا۔ میرے اعزاز میں ایک شاندار الوداعی تقریب منعقد کی گئی جس میں میرے دوستوں اور رشتہ داروں نے جمع ہو کر مجھے دعاؤں، اشعار اور محبت کے درمیان رخصت کیا۔ میں سب کی بے لوث محبت دیکھ کر جذباتی ہو گیا۔ میں نے دعوت کے اختتام تک بڑے ضبط کے ساتھ اپنے جذبات کو قابو میں رکھا البتہ بمبئی کی ٹرین میں سوار ہوتے ہی صبر کا دامن چھوٹ گیا اور میں ابا، بڑے بھیا اور ہندوستان کو یاد کر کر کے خوب رویا۔

نجانے کیا بات ہے مگر بمبئی شہر میں کچھ ایسا ہے جو آپ کو چوکنا رہنے پر مجبور کرتا تھا۔ اس شہر سے ہمیشہ مجھے لنگور یاد آجاتا ہے؛ کالا، شریر اور فسادی۔ بندرگاہ پہنچ کر میں نے سب چیزوں کا بغور جائزہ لیا اور ایک قلی سے امریکہ جانے والے جہاز کا دریافت کیا۔ اس نے ایک دیوہیکل جہاز کی طرف اشارہ کیا جس کا نام روما تھا۔ یہ ایک مسافر بردار جہاز تھا جس میں ۲۸۷/افراد کے لیے کیبن اور مزید ۶۸۴/افراد کے لیے کمرے تھے۔

جب میں نے اندر جانے کی کوشش کی تو مجھ سے جنیوا، اٹلی کا ویزہ طلب کیا گیا جس پر میں بحث کرنے لگا کہ میں اٹلی نہیں امریکہ جا رہا ہوں۔ مگر اطالوی کپتان نے میری ایک نہ سنی اور کہا کہ اس جہاز کو تین دن کے لیے اٹلی میں رکنا ہے اور میرے پاس اٹلی کا ویزہ

حاصل کرنے کے لیے تقریباً بارہ گھنٹے سے کچھ کم وقت ہے۔اور اگر میں اس جہاز میں سفر کرنا چاہتا ہوں تو مجھے لازماً اٹلی کا ویزہ لینا ہوگا۔

پٹنہ واپس لوٹنے کے ڈر سے میرے اندر پھرتی آگئی اور میں بھاگتا ہوا ایک ٹیلیفون بوتھ تک پہنچا۔اٹلی کے سفارت خانے کا نمبر تلاش کیا اور کال ملائی۔معجزانہ طور پر سفارتی افسر نے فون اٹھالیا اور میں نے ان کو ملاقات پر راضی کرلیا۔جب میں اٹلی کے سفارت خانے پہنچا تو دن ڈھل چکا تھا۔البتہ سفارتی افسر نہایت خوش اخلاق اور معاون تھا اور اس نے میری بھرپور مدد کی۔انہیں میری تین پاسپورٹ سائز کی تصویریں درکار تھیں جو اس وقت میرے پاس موجود نہ تھیں۔اس کے باوجود میرے وعدے پر کہ میں انہیں بذریعہ ڈاک تصویریں بھیج دونگا، انہوں نے مجھے ویزہ دے دیا۔میں خوشی خوشی بندرگاہ کی طرف روانہ ہوگیا اور بعدازاں اپنا وعدہ بھی پورا کیا۔اگلی صبح میں روما پہ سوار تھا۔جہاز مسافروں سے بھرا ہوا تھا جن میں ہر طبقے کے لوگ شامل تھے۔پردیسی بھی اور ہندوستان کے باسی بھی۔یہ جہاز ہر قسم کی آسائشوں اور سہولیات سے آراستہ تھا جس میں کئی ریستوران، سوئمنگ پول، نائٹ کلب، سینما ہال اور ٹینس کورٹ سرفہرست تھے۔کھانا ہر دو گھنٹے میں فراہم کیا جاتا اور ایک اکیلے مسافر کے لیے بہت سا سامانِ دلچسپی موجود تھا۔مجھے کوئی شکایت نہیں تھی مگر ان سب آسائشوں کے باوجود مجھے اپنے اندر ایک خالی پن سا محسوس ہو رہا تھا۔میرا جی تو چاہا تھا کہ میں بمبئی کے ساتھ ساتھ اپنے غم بھی پیچھے چھوڑ دوں مگر ایسا ممکن نہ ہوسکا۔میں نے اپنے فیصلوں کا بوجھ اپنے کاندھوں پر سجائے رکھا اور یہی بوجھ اٹھائے اٹلی پہنچ گیا۔

میں زیادہ تر وقت اپنی کیبن میں گزارتا کیونکہ جہاز کے ہلنے سے میرا جی متلانے لگتا۔اوپر سے ابّا کی جدائی کا غم میرے دل سے نہیں نکلا تھا۔مجھے ڈر تھا کہ کہیں میرا فیصلہ غلط ثابت نہ ہو جائے اور میں ناکام نہ ہو جاؤں۔میرا خیال ہے کہ شاید میں طبیعت کی ناسازی کی وجہ سے اپنے فیصلے پر پچھتا رہا تھا۔اپنی کیبن میں اکیلا، میں زندگی میں پہلی دفعہ تنہائی سے واقف ہوا۔یہاں میری خدمت کے لیے کوئی نوکر موجود نہ تھا۔اور نہ ہی کوئی گھر والا میرے نخرے اٹھانے اور لاڈ پیار کے لیے ساتھ تھا۔میں زندگی میں پہلی بار اتنا تنہا تھا اور

یہ تنہائی مجھے کھا رہی تھی۔

بعض اوقات ہمیں اپنا آپ دریافت کرنے کے لیے نئے راستوں پر نکلنا پڑتا ہے۔ میرے لیے گھر اور خاندان کی بہت اہمیت تھی اور ان سے یہ وقتی دوری بھی میرے لیے بہت کٹھن تھی۔ اپنے بارے میں یہ انکشاف مجھے جلد ہی ہو گیا تھا۔ امریکہ ایک دوسرا ملک تھا اور میرے لیے وہ دوسری دنیا کی مانند تھا۔ وہاں کے لوگ، تہذیب، زبان اور کھانا پینا سب میرے لئے انوکھا ہوگا۔ کیا میں اکیلے اس انجانی دنیا میں رہ پاؤں گا؟ یہ تو وقت ہی بتا سکتا تھا۔

آہستہ آہستہ میں سمندر کا عادی ہو گیا اور بہتر محسوس کرنے لگا۔ ساتھ ہی میرا حوصلہ بھی بڑھا۔ میں نے سوچا کہ مجھے لگے بندھے معمول سے ہٹ کر کچھ نیا کرنا چاہئے۔ لہٰذا میں نے سب سے پہلے ہندوستانی پکوان کھانا چھوڑ دیا جو نہایت بدمزہ اور بیکار تھا۔ اس کے بعد میں نے جہاز کی اوپر اور نیچے والی منزلوں کا دورہ کیا تاکہ دیکھوں میں کیا کیا کر سکتا ہوں۔ مجھے یہ جاننے میں زیادہ وقت نہ لگا کہ میری جیب میں پڑے حقیر سے آٹھ ڈالر مجھے کوئی خاص لوازمات فراہم نہیں کر سکتے۔ ویسے بھی وہ پیسے میں اٹلی کے لیے بچا کر رکھنا چاہتا تھا۔ میں اٹلی کے شہر نیپلز میں تاریخی مقامات کی سیر کرنا چاہتا تھا۔

جب روما جہاز جنیوا میں لنگر بردار ہوا تو میں خشکی پر قدم رکھنے کے لیے بے تاب ہو گیا۔ مگر پھر سے مجبوریاں آڑے آ گئیں۔ میرے پاس نہ تو پیسے تھے نہ کسی سے جان پہچان اور نہ ہی رہنے کا کوئی ٹھکانا۔ میں نے جہاز کے عملے سے بات کرنے کی کوشش کی مگر انہوں نے اطالوی میں جواب دیا جو میری سمجھ سے بالاتر تھی۔ میں نے جہاز کے کپتان سے بات کرنے کا سوچا۔ خوش قسمتی سے وہ انگریزی جانتا تھا سو میں نے اس سے اپنا مدعا بیان کیا۔

کپتان ایک بھاری آواز والا زندہ دل شخص تھا۔ اس نے مجھے ایک حل تجویز کیا۔ اس نے کہا کہ وہ میرے لیے جنیوا میں اپنے دوست کے پاس رہائش کا بندوبست کروا دے گا جو جنیوا میں ایک ہوٹل کا مالک تھا بشرطیکہ میں اس کے لیے شراب کی دو بوتلیں کسٹم سے گزار کے لے جاؤں۔ میں نے کچھ ہچکچاہٹ کے بعد یہ شرط مان لی۔ پھر ہمت کر کے میں جہاز

سے شراب کی بھاری بوتلیں لے کر نکلا۔ مجھے ڈر لگ رہا تھا کہ پکڑا جاؤں گا اور ڈی پورٹ کر دیا جاؤں گا مگر میرا خوف بے معنی ثابت ہوا۔ جیسے ہی میں کسٹم سے نکلا میں نے وہ بوتلیں کپتان کو تھمائیں اور پھر اس کے اطالوی دوست کے ساتھ چل پڑا جو مجھے اپنی گاڑی میں لینے آیا تھا۔ وہ مجھے ایک چھوٹے ہوٹل میں لے گیا اور بہت کم قیمت میں میری رہائش کا بندوبست کر دیا۔

یہ ہوٹل شہر کے مصروف علاقے میں واقع تھا اور سارا وقت مجھے لوگوں کا شور، کچھ انگریزی اور بہت ساری اطالوی سننے کو ملتی۔ مجھے یہ لوگ بہت اچھے لگے۔ بولتے ہوئے یہ اپنے ہاتھ بھی مسلسل ہلاتے رہتے تھے۔ اطالوی اپنی زبان صرف بولتے نہیں تھے بلکہ گاتے تھے اور کیا خوب گاتے تھے۔ دن کا وقت میں سڑکوں پر گزارتا تھا اور کبھی کبھار ہوٹل آجاتا کہ ہوٹل کے مالک سے اطالوی الفاظ کا مطلب جان سکوں۔ وہ بڑے انہماک سے مجھے مطلب سمجھاتا اور اطالوی کے مختصر سبق دیتا رہتا۔

میں نے سیکھا کہ ''مگاری'' کا مطلب ہے ''کاش'' اور ''گرازی'' کے معنی ہیں ''شکریہ''۔ اور نمک اور کالی مرچ کو ''سیلے پیپے'' کہتے ہیں۔ جب میں اس کی بیوی کے کھانوں کی تعریف کرتا وہ ہمیشہ ''می پرینڈی ان گیرو'' کہتا جس کا مطلب میں نے ''ہماری خوشی ہے'' اخذ کیا مگر بعد میں پتا چلا کہ اس کا مطلب ''کیا تم مذاق کر رہے ہو؟'' ہے۔ روزانہ وہ نیک آدمی میرے لئے ٹرے بھر کر کھانا لاتا اور جب تک میں کھانا کھاتا وہ میرے ساتھ میرے کمرے میں بیٹھا رہتا۔ اس وقت میں اطالوی کھانوں کا شوقین نہ تھا اس لیے جب اس نے مجھے اپنی بیوی کے ہاتھ کے ہندوستانی کھانوں کی پیش کش کی تو میں خوشی سے جھوم اٹھا۔ البتہ جب میں نے وہ کھانا کھایا جسے وہ ہندوستانی کہہ رہے تھے تو میرے ہوش ٹھکانے آگئے اور میں نے دوبارہ اطالوی کھانے کی درخواست کی۔

تین دن بعد میں نے اپنے میزبان کا شکریہ ادا کیا اور جنیوا کو خیر باد کہہ کر ایک امریکی جہاز کانسٹیٹیوشن پہ سوار ہو گیا۔ یہ بہت بڑا جہاز تھا جس میں روما سے زیادہ سہولیات اور آسائشیں موجود تھیں۔ ہر مسافر کی اپنی مخصوص کھانے کی ٹیبل ہوا کرتی تھی۔ کیونکہ میں

اکیلا سفر کر رہا تھا اس لیے مجھے اپنی ٹیبل ایک جرمن نژاد امریکی فیملی کے ساتھ بانٹنی پڑی۔ ایک ماں تھی اور اس کے ساتھ اس کے دو پیارے سے بچے تھے۔ ماں کا نام کریسٹینا تھا اور اس نے اپنے آپ کو جرمن بتایا جو اپنے پروفیسر شوہر سے ملنے امریکہ جارہی تھی۔ ہمیں ایک دوسرے سے بات کرنے میں کوئی دقت پیش نہ آئی اور سفر خوشگواری سے گزر گیا۔ بالآخر ہمارا جہاز بخیریت اپنی منزل امریکہ پہنچ گیا۔ میں اب بھی تھوڑا گھبرایا ہوا تھا۔ حالانکہ میں اس وقت تک امریکہ اور اس کی تہذیب کے بارے میں کافی معلومات حاصل کر چکا تھا جو ہندوستان چھوڑتے وقت مجھے نہ تھی۔ میں کریسٹینا کا مشکور تھا جس نے مجھے امریکہ اور اس کی تہذیب کے بارے میں آگاہ کیا۔ ہم نے ایک دوسرے سے اپنے پتوں کا تبادلہ کیا اور الوداع کہہ کر اپنی راہ چل دیئے۔

امریکہ میں قدم رکھتے ہی سب سے پہلے جو چیز میں نے حاصل کی وہ انگریزی کا حرف ''ای'' تھا جو امریکہ کو ''امیریکہ'' بناتا ہے۔ صحیح تلفظ کو دہراتے ہوئے میں کسٹم تک پہنچا۔ نجانے کیوں مجھے کسٹم کے عمل سے ڈر سا لگتا تھا۔ مجھے احساس تھا کہ ایک دفعہ کسٹم سے گزرنے کے بعد اور نیویارک کی بندرگاہ سے نکلنے کے بعد میرے اوسان ٹھیک ہو جائیں گے۔ جب میں کسٹم پہ کھڑا اپنے کاغذات کا انتظار کر رہا تھا تو میں نے اپنی توجہ باہر کی دنیا کی طرف مرکوز کر دی جو مجھے ایک کنکریٹ جنگل کی مانند لگ رہی تھی۔ بڑی بڑی اور آسمان کو چھوتی عمارتوں نے میرے اندر تعجب، حیرت، خوف، اندیشے اور خواب سب کیفیات کو ایک ساتھ جگا دیا۔

میری زندگی کے واقعات میرے معلّم ہیں۔ انہوں نے مجھے سکھایا:

- دوسروں کا احترام کریں۔
- ایماندار اور مخلص بنیں اور اپنے وعدے ہمیشہ پورے کریں۔
- اگر آپ کو اپنے اوپر اعتماد ہے اور اللہ پر توکل ہے تو آپ زندگی کے ہر قدم پر کامیاب رہیں گے، ان شاء اللہ۔

آپ کی زندگی کے واقعات نے آپ کو کیا سکھایا ہے؟

۸

عمل سے زندگی بنتی ہے جنت بھی، جہنم بھی
یہ خاکی اپنی فطرت میں نہ نوری ہے نہ ناری ہے

"اللہ تعالیٰ فرماتا ہے کہ میں نے اپنے نیک بندوں کے لیے ایسی چیزیں تیار کی ہیں جسے نہ کسی آنکھ نے دیکھا ہے، نہ ہی کسی کان نے سنا ہے اور نہ کسی انسان کے دل میں اس کا خیال آیا ہے۔" (ترمذی، ۳۲۹۲)

اہداف اور مقاصد ہماری زندگی کو رواں دواں رکھتے ہیں۔ وہی ہر صبح ہمیں جگا کر بستر سے اٹھاتے ہیں۔ جب دوست احباب اور رشتہ دار دور ہو گئے تو میں نے محبت کے لیے کہیں اور تلاش شروع کر دی۔ یوں میں نے اعلیٰ ترین محبت یعنی اللہ تعالیٰ کی محبت کو پا لیا۔ مگر میں اسے صحیح طرح سمجھ نہ سکا۔ اس نے میرے زخموں کو کسی جادوئی مرہم کی طرح ٹھیک کر دیا اور مجھے آگے بڑھنے کا حوصلہ دیا۔ مجھے معلوم تھا کہ میں بار بار اس کی محبت کی آغوش میں پناہ لے سکتا ہوں اور وہ کبھی میرے لیے اپنے دروازے بند نہیں کرے گا۔ یہی چیز مجھے بار بار قرآن کی طرف پلٹاتی رہی۔ میں کچھ ڈھونڈ رہا تھا مگر مجھے معلوم نہیں تھا کہ میں کیا ڈھونڈ رہا ہوں۔ شاید میں دنیا میں جنت کا متلاشی تھا۔ مگر بعد ازاں مجھے پتہ چلا کہ دنیا میں جنت ملنا ناممکن ہے۔

جنت کے لیے جدوجہد تبھی ممکن ہے جب ایک مومن جنت اور جہنم دونوں کی حقیقت سے واقف ہو۔ اور یہ واقفیت اللہ کی عظمت و معرفت کے نتیجے میں حاصل ہوتی ہے۔ انسان اپنے دائرے میں محدود ہے، جبکہ اللہ کی ذات لامحدود ہے۔ ہماری سوچ اور ذہن ہمیں افق کے کنارے تک لے جا سکتے ہیں مگر کیا ایسی جگہ سے واپس لا سکتے ہیں جس کی کوئی حد نہ ہو؟ کیا ہم صرف ایک روزن سیاہ (Black hole) کی طاقت کو مخالف سمت میں پلٹ سکتے ہیں؟ جبکہ ایسے ۳ء۴ ملین روزن اس کائنات میں موجود ہیں۔

جس نقطہ پر انسان کی سوچ رک جاتی ہے، ذہن توجیہ کرنے سے قاصر ہوتا ہے اور ہماری زبان سے صرف 'ناممکن' کا لفظ نکل پاتا ہے کیونکہ اس سے بہتر اور موثر وضاحت ہمارے پاس موجود نہیں ہوتی، اس وقت ہمیں اللہ تعالیٰ کی طاقت اور عظمت کا اندازہ ہونا شروع ہوتا ہے۔ الفاظ اس کی عظمت کو بیان نہیں کر سکتے اور الفاظ اس کی رحمت یا اس کے غضب کی تعریف کا حق ادا نہیں کر سکتے سوائے ان الفاظ کے جنہیں اس نے خود منتخب کیا ہے۔

جنت اور جہنم انسان کے وجود سے پہلے تخلیق کیے گئے اور دونوں ہی انسان کی سوچ سے بالاتر ہیں۔ انسان کی سوچ کا دائرہ محدود ہے اور اللہ کی ذات اس کی سوچ کے دائرے میں نہیں سما سکتی۔ اگر انسان سمجھتا ہے کہ اللہ تعالیٰ عظیم ہیں تو یقیناً اللہ تعالیٰ اس کے تصور سے بڑھ کر عظیم ہیں۔ لیکن وہ اپنے محدود دائرے میں اس کی عظمت و کبریائی کا ادراک نہیں کر سکتا۔

جنت:

دنیا میں جنت محض ایک خوشنما افسانہ ہے۔ دنیا میں جنت ہو ہی نہیں سکتی۔ جنت یا بہشت اللہ تعالیٰ کی بنائی ہوئی ایسی جگہ کا نام ہے جو اس دنیا اور اس کے قوانین سے ماورا ایک جہاں ہے۔ ادھر نہ کوئی غم ہوگا اور نہ ہی کوئی تکلیف۔ کیا انسان کے لیے جنت اور اس کی وسعتوں کا تصور ممکن ہے؟ بالکل نہیں! البتہ ہم یہ ضرور جانتے ہیں کہ یہ جگہ ان لوگوں کا انعام ہے جو اپنی زندگی میں نفسانی خواہشات، خوف اور مشکلات کے باوجود اللہ سے کیا ہوا عہد یاد رکھتے ہیں اور اس کا پاس رکھتے ہیں۔

قرآن میں جنت کا ذکر ایک ہمیشہ رہنے والی آسودہ جگہ کے طور پر ہے۔ یہ ان مومنوں کے لیے تیار کی گئی ہے جنہوں نے بدی کی نفی کر کے صراط مستقیم پر اپنے قدم جمائے رکھے۔ میووں سے لدے جنت کے باغات دنیا کے وقتی غم اور مشکلات بھلا دینگے۔ ان لوگوں کی ساری خواہشات پوری ہوں گی اور جو مانگیں گے انہیں عطا کیا جائے گا۔ وہ ہمیشہ ہمیشہ امن میں رہیں گے۔

تاہم جنت صرف اللہ کے وفادار بندوں کے لیے مقرر ہے۔ اسی لیے تو محمد ﷺ

نے فرمایا تھا:

''کسی شخص کا عمل اسے جنت میں داخل نہیں کر سکے گا، میرا بھی نہیں، سوائے اس کے کہ اللہ اپنے فضل و رحمت سے مجھے نوازے۔''

(صحیح بخاری، ۵۶۷۳)

اللہ کے رسول ﷺ نے ایسا کیوں فرمایا؟ کیا انسان کی زندگی میں پہلے سے کافی مشکلات نہیں جو اس کو جنت کا مستحق بنا سکیں؟ کیا ایک مسلمان برائی سے بچتے ہوئے نیک اعمال کر کے بھی جنت کا مستحق نہیں؟ کیا آپؐ بھی نہیں؟ وہؐ تو سب انسانوں سے زیادہ اللہ کی جنت کے مستحق نہیں؟

انسان اپنی محدود سوچ اور جلد بازی کی عادت کے باعث غلط نتائج اخذ کر لیتا ہے۔ جنت اللہ تعالیٰ کی رحمت اور فضل کی تجلی ہے۔ یہ اس کی عظمت اور کبریائی کی شان ہے۔ اگر جنت کا کوئی مول ہوتا تو انسان اس کو خریدنے سے قاصر ہوتا۔ انسان جنت کو اپنے بل بوتے پر نہیں حاصل کر سکتا۔ انسان کی زندگی خواہ کتنی ہی مشکل ہو اور اس کی آزمائشیں خواہ کس قدر بڑی ہوں، وہ جنت کی قیمت نہیں ادا کر سکتا۔ اس لیے صرف اور صرف اللہ کی رحمت سے ہی انسان جنت میں داخل ہو سکتا ہے اور اسی کی مرضی اور مہربانی سے وہ جنت کما سکتا ہے۔

اللہ تعالیٰ قرآن میں فرماتا ہے:

''ان ایماندار مردوں اور عورتوں سے اللہ سے ان جنتوں کا وعدہ فرمایا ہے جن کے نیچے نہریں بہتی ہیں جہاں وہ ہمیشہ ہمیشہ رہیں گے اور ان صاف ستھرے پاکیزہ محلات کا جو ان ہیشگی والی جنتوں میں ہیں اور اللہ کی رضا مندی سب سے بڑی چیز ہے یہی زبردست کامیابی ہے'' (القرآن، ۹:۷۲)

آج بیشتر مسلمان سمجھتے ہیں کہ جنت ان کی پہنچ میں ہے۔ بعض سادہ لوح یہ سمجھتے ہیں کہ محض کلمہ طیبہ پڑھنے سے جنت واجب ہو جاتی ہے۔ اور کچھ لوگ تو صرف مسلمان

ہونے پر ہی مطمئن ہو جاتے ہیں۔ وہ یہ نہیں سوچتے کہ زندگی کس طرز پہ گزارنی چاہیے۔

انسان ناکام ہو چکا ہے کیونکہ وہ چند خود ساختہ علماء کی باتوں کو اللہ اور اس کے رسول ﷺ کے فرمان پر فوقیت دیتا ہے۔ بدقسمتی سے ہماری اکثریت وہ میٹھی میٹھی اور زود ہضم باتیں سننا چاہتی ہے جن کا سر پیر ملنا مشکل ہوتا ہے۔ مگر اسلام کے حقیقی تقاضے اور احکامات جاننے میں انہیں کوئی دلچسپی نہیں۔

اللہ تعالیٰ فرماتا ہے:

''کیا لوگوں نے یہ گمان کر رکھا ہے کہ ان کے صرف اس دعوے پر کہ ہم ایمان لائے ہیں، ہم انہیں بغیر آزمائے ہوئے ہی چھوڑ دیں گے'' (القرآن، ۲:۲۹)

انسان کی آزمائش کیسے ہوتی ہے؟ انسان کے ساتھ پیش آنے والے ہر واقعے کے پیچھے کوئی وجہ موجود ہوتی ہے۔ اچھے اور برے دن دونوں امتحان کے لیے ہوتے ہیں۔ زندگی کا ایک مقصد ہے اور کوئی بھی چیز اتفاقی یا حادثاتی طور پر نہیں ہوتی۔ غلط تصورات اور 'جیسے چاہو جیو' جیسے نظریات انسان کو محض تن پرور اور خواہش پرست بنا دیتے ہیں۔ جبکہ باشعور مسلمان پہچان جاتے ہیں کہ یہ سب دھوکا اور شیطان کے ہتھکنڈے ہیں۔ وہ جانتے ہیں کہ اسلام نفس یا انسانی ذات کے بہلاوے کا نام نہیں۔ اسلام اللہ کے آگے مکمل خود سپردگی کا نام ہے۔

انسان کا دوسرے لوگوں سے برتاؤ اور کاروبار زندگی نمٹاتے ہوئے اس کا رویہ روزمرہ امتحان کا حصہ ہیں۔ نیز یہ بھی امتحان ہے کہ وہ اللہ کی مرضی کے آگے جھکتا ہے یا اپنی مرضی کے آگے۔ اس امتحان میں کامیاب ہوئے بغیر ہم اس کی رحمت کے مستحق نہیں ہو سکتے اور ایسے میں جنت کو اپنا حق سمجھ بیٹھنا سراسر حماقت ہے۔

شیطان کافروں کو اکیلا چھوڑ سکتا ہے مگر ایک مومن کو نہیں۔ نتیجتاً، اس دنیا میں سب سے زیادہ مشکلات اور سخت آزمائشیں بھی اللہ کے نیک بندوں کے حصے میں آتی ہیں۔ جو مسلمان ساری زندگی مشکلات اٹھا کر بھی اپنے ایمان کی حفاظت کرتا ہے، وہ اس شخص کے

برابر نہیں ہو سکتا جو مسلمان ہونے کے باوجود اپنے ایمان کو تھوڑے سے فائدے کی خاطر بیچ دیتا ہے۔ ان دونوں کو برابر سمجھنا انتہائی احمقانہ سوچ ہے۔ ہمیں یہ نہیں بھولنا چاہیے کہ اللہ کو کوئی دھوکا نہیں دے سکتا، انسان صرف اپنے آپ کو دھوکا دیتا ہے۔

"بعض لوگ کہتے ہیں کہ ہم اللہ تعالیٰ پر اور قیامت کے دن پر ایمان رکھتے ہیں لیکن درحقیقت وہ ایمان والے نہیں ہیں۔ وہ اللہ تعالیٰ کو اور ایمان والوں کو دھوکا دیتے ہیں لیکن دراصل وہ خود اپنے آپ کو دھوکا دے رہے ہیں مگر سمجھتے نہیں" (القرآن، ۲:۸-۹)

جہنم یا دوزخ:

کیا وہ ہم سے محبت کرتا ہے؟ یا نہیں کرتا؟ ہر اچھی خبر کے ساتھ بری خبر بھی ہوتی ہے۔ اللہ تعالیٰ نے جنت کے بارے میں انسان کو بتا کر اس کو ایک امید عطا کی اور اس کے اندر اچھائی کا جذبہ بیدار کیا۔ مگر اس کے ساتھ ہی جہنم یا دوزخ کو بھی بیان کیا جو کافروں اور منافقوں کے لیے ایک تنبیہ اور اس کے غضب کا اظہار ہے۔ اللہ کی نازل کردہ کتابیں اور اس کے رسول یہ بتاتے چلے آئے ہیں کہ جہنم جنت کا الٹ ہے۔ اگر جنت دائمی خوشی ہے تو جہنم دائمی عذاب۔ یہ جگہ اللہ تعالیٰ نے سرکشوں کے لیے تیار کی ہے جو نہ صرف اس مالک حقیقی کو جھٹلاتے ہیں بلکہ اس کے رسولوں کا بھی انکار کرتے ہیں۔

جنت کی طرح جہنم بھی ایک حقیقت ہے اور اس جگہ کی تکلیف، ہیبت، رسوائی اور سزا اس کے رہنے والوں کے لیے ایک خوفناک سچائی۔ جہنم میں کبھی موت نہیں آئے گی، بس دائمی عذاب ہوگا۔ جب اس کی آگ کافروں اور مشرکوں کو اپنی لپیٹ میں لے گی تو وہ رحم کی بھیک مانگیں گے۔ مگر وہاں ان کا کوئی سننے والا نہ ہوگا۔ کہتے ہیں کہ جہنم کے انیس دربان ہیں اور ہر ایک کے پاس اتنی طاقت ہے کہ اکیلا ساری انسانیت کو قابو میں کر لے۔

دائمی مسرت کے بدلے عارضی خوشیوں کا انتخاب

نئے دور کا مسلمان آرام پسند ہے۔ وہ خطرات سے دور بھاگتا ہے اور محفوظ رہنے

کو ترجیح دیتا ہے۔حتی کہ درد اور تکلیف کا خیال ہی بعض لوگوں کو ان کے گھروں میں محصور رکھتا ہے۔ایسے لوگ پریشان کن گفتگو اور متنازع موضوعات سے پرہیز کرتے ہیں جس میں دین کے کچھ پہلو شامل ہیں۔دوزخ کا ذکر اور خدا کے غضب کا تذکرہ ان کی کتابوں میں تو موجود ہے مگر ان کی زندگیوں میں یہ موضوعات زیر بحث نہیں آتے۔

یہ لوگ جانتے ہیں کہ اللہ کی نافرمانی کا انجام جہنم ہے مگر وہ اس بارے میں نہ سوچتے ہیں اور نہ ہی سننا پسند کرتے ہیں۔ایسے لوگ حقیقت سے کنی کتراتے ہیں اور اپنے دائرہ آرام سے نکلنا پسند نہیں کرتے۔نتیجتاً یہ اسلام سے دور ہو جاتے ہیں اور ہر ایک اپنے من پسند 'اسلام' پر عمل پیرا نظر آتا ہے۔

اسلام کوئی مذاق نہیں البتہ کچھ لوگوں نے اس کا مذاق ضرور بنایا ہوا ہے۔سب سے پہلے ہمیں حقائق کو صحیح طور سے سمجھنا چاہیے۔اسلام یہ نہیں کہ بس ہم اپنے کمفرٹ زون میں رہیں اور جب جس چیز میں آسانی لگے اس پر عمل کر لیں۔اسلام ایک ضابطہ اور قانون ہے، خواہش نہیں۔حقیقی اسلام کے لیے توحید کو مکمل طور پر اپنی زندگیوں میں اپنانا لازمی ہے۔جو پسند آئے وہ لے لینا اور باقی چھوڑ دینا صرف دھوکا دہی، منافقت اور دوغلا پن ہے۔ایک سچا مسلمان دوہرے معیارات نہیں رکھتا۔جو لوگ اپنی ذات کو جھوٹی تسکین دلانے والے من گھڑت پیغامات اور روایات تسلیم کرتے ہیں وہ بھٹکے ہوئے ہیں۔وہ محض اللہ اور اس کی ذات کے بارے میں غلط باتیں پھیلا رہے ہوتے ہیں۔

ہم نعمت اسلام کی قدر نہیں کرتے۔ہم سمجھتے ہیں کہ اسلام کے بارے میں تحقیق کرنا ہمارا نہیں بلکہ علماء کا کام ہے۔اگرچہ یہ بات کسی حد تک ٹھیک ہے لیکن مکمل طور پر ٹھیک نہیں۔ہمارا فرض ہے کہ ہم صرف وہی باتیں قبول کریں جو مسنون اور مستند ہیں اور اس کے لیے ہمیں اسلام کے حوالے سے مناسب علم ہونا ضروری ہے۔اگر ہمیں علم نہ ہو تو ہمیں اس علم کے حصول کی کوشش کرنی ہوگی۔اسلام میں بہانے نہیں چلتے۔اگر عذر قابل قبول ہوں تب بھی سستی ہرگز قابل قبول عذر نہیں ہے، اور لاعلمی تو بالکل بھی نہیں۔

جنت اور جہنم ایک ہی سکے کے دو رخ ہیں۔ایک کے بغیر دوسرا بھی انسان پر اپنا

اثر کھو دیتا ہے۔ ایسا نہیں ہو سکتا کہ ہم ایک کو مانیں اور دوسرے کو نہ مانیں۔ یہ بات یاد رکھیں کہ اپنی آنکھیں میچ کر انسان صرف روشنی کو باہر رکھ سکتا ہے سزا سے نہیں بچ سکتا۔ اندیشوں سے کنارہ کشی اور مشکلات کے خوف سے محتاط زندگی ہمیں شاید سکون کی نیند تو دے سکتی ہے مگر جہنم کی آگ کو ٹھنڈا نہیں کر سکتی۔ جنت کی امید رکھنا مگر حساب کتاب کے بارے میں بے فکر رہنا ہمیں پرُامید رکھ سکتا ہے مگر ایک بہتر مسلمان نہیں بنا سکتا۔

اللہ کی تخلیق: انسان اور اس کی دنیا:

اللہ تعالیٰ کائنات میں موجود ہر ذرے اور ہر ریزے کا تنہا خالق ہے۔ وہی توانائی پیدا کرتا ہے اور اسے ختم کرتا ہے۔ وہی ہے جس نے جنت اور جہنم کو اور انسان اور اس دنیا کو پیدا کیا۔ انسان جو کچھ بناتا ہے، جو کچھ وہ بنائے گا اور جو کچھ وہ بنا چکا ہے سب پہلے سے موجود اشیاء کا مرکب ہے۔

جنت وہ مقام ہے جس کے اوپر اللہ کا عرش ہے۔ انسان کی تخلیق کے بارے میں بہت سے مختلف نظریات ہیں۔ مگر ان سب کا نچوڑ یہی ہے کہ جنت اللہ تعالیٰ کی بہترین تخلیق ہے جو اس نے اپنی بہترین مخلوق کے لیے بنائی ہے۔

اللہ تعالیٰ نے انسان کو بنایا اور اسے جلد باز قرار دیا۔ یہ جلد بازی ایک فطری کمزوری ہے۔ اللہ تعالیٰ نے انسان کو علم کا متلاشی بنایا۔ اس سے معلوم ہوتا ہے کہ اس کے اندر اللہ کے دیئے گئے اولین اسباق سیکھنے کے لیے فطری استعداد موجود تھی۔ البتہ چند اسباق ایسے بھی ہیں جو جنت میں واپسی سے قبل اسے تجربات اور غلطیوں کے ذریعے خود سے سیکھنے ہوں گے۔

اللہ چاہتا تھا کہ انسان خود سے اسے جانے اور اس کے آگے سرِ تسلیم خم کر دے۔ وہ چاہتا تھا کہ انسان اللہ کو اس کی تخلیق میں موجود نشانیوں کے ذریعے پہچانے، ہر شے پر اس کی حاکمیت کو قبول کرے اور یہ جان لے کہ ایک پتا تک اس کی مرضی کے بغیر نہیں ہل سکتا۔ نیز وہ چاہتا تھا کہ آدمؑ اور اولادِ آدمؑ برضا و رغبت یہ مانیں کہ وہی دنیا اور آخرت میں تنہا رازق اور نگہبان ہے۔

لہٰذا، انسان کے لیے ایک ٹریک تیار کیا گیا اور اس پر آغاز اور اختتام کی لکیریں کھینچی گئیں۔ مگر اصل ہدف اختتام تک پہنچنا نہیں تھا، اصل ہدف مسافت تھی۔ وہ ٹریک دنیا اور دنیا کی زندگی ہے جو اللہ کی نشانیوں سے بھری پڑی ہے۔ پھر اس کی حقیقت کو سہولیات، نعمتوں اور دنیاوی آرزوؤں کی رنگین چادر سے ڈھانپ دیا گیا۔ یہ دنیا انسان کے لیے فتنہ بن گئی اور اس کی آزمائش یہ تھی کہ وہ اس میں چلتا رہے مگر اس کو اس بات کی اجازت نہ دے کہ دنیا اسے زندگی کے اصل مقصد سے دور لے جائے۔ زندگی کا مقصد صرف یہ تھا کہ وہ اپنے آپ کو اللہ کی رحمت کا مستحق ثابت کرے اور یہی امتحان تھا۔

جب اللہ تعالیٰ نے آدمؑ کو دنیا میں بھیجنے کا فیصلہ کیا، اس نے کہا:

"تم سب یہاں سے چلے جاؤ، جب کبھی تمہارے پاس میری ہدایت پہنچے تو اس کی تابعداری کرنے والوں پر کوئی خوف و غم نہیں اور جو انکار کر کے ہماری آیتوں کو جھٹلائیں، وہ جہنمی ہیں اور اسی میں رہیں گے۔ (القرآن، ۲:۳۸۔۳۹)

قرآن میں ایک دوسرے مقام پر اللہ تعالیٰ نے ان الفاظ میں دنیا کی حقیقت اور انسان کا عارضی پن واضح کیا ہے:

"ہر جان موت کا مزہ چکھنے والی ہے اور قیامت کے دن تم اپنے بدلے پورے پورے دیے جاؤ گے پس جو شخص آگ سے ہٹا دیا جائے اور جنت میں داخل کر دیا جائے بیشک وہ کامیاب ہو گیا اور دنیا کی زندگی تو صرف دھوکے کی جنس ہے" (القرآن، ۳:۱۸۵)

اللہ تعالیٰ فرماتا ہے:

"روئے زمین پر جو کچھ ہے ہم نے ان سے زمین کی رونق کا باعث بنایا ہے کہ ہم انہیں آزمالیں کہ ان میں سے کون نیک اعمال والا ہے۔" (القرآن، ۱۸:۷)

دھوکے کا پردہ چاک کریں:

مندرجہ بالا آیات میں اسلام کی روح کا نچوڑ پیش کر دیا گیا ہے۔ اللہ تعالیٰ نے اس دنیا کو چھ روز میں بنایا اور اس کو ایک دھوکا قرار دیا۔ یہ دنیا بظاہر ہمیں ایک زندہ جاوید حقیقت معلوم ہوتی ہے، مگر اس کے خالق کا دعویٰ ہے کہ یہ ایک مکر ہے۔ ایسی چیز جس نے سب کو دھوکے میں ڈال رکھا ہے۔ اب سوال یہ ہے کہ کیسے؟ ہمیں اس کے فریب کے بارے میں پہلے ہی مطلع کر دیا گیا ہے۔

اس سوال کا جواب ہمیں دوبارہ اپنے خالق کے پاس لے جاتا ہے جس نے ہمیں اور اس دنیا کو تخلیق کیا اور وہ انسان کی کمزوریوں سے خوب واقف ہے۔ اگر اللہ نے ایک دھوکے کی چیز بنائی ہے تو یقیناً اس میں مکر و فریب کی پوری قوت ہو گی مگر اس کے ساتھ ساتھ اللہ تعالیٰ نے انسان کو اس فریب کو پہچاننے اور اس کو شکست دینے کی صلاحیت سے بھی نوازا ہے۔ یہ صلاحیت دنیا کے سفر کو کامیابی سے طے کرنے میں مدد دیتی ہے۔ اللہ تعالیٰ نے انسان کو اس دنیا میں بے یار و مددگار نہیں چھوڑا بلکہ اس سے تا عمر رزق کا وعدہ بھی فرمایا ہے:

"زمین پر چلنے پھرنے والے جتنے جاندار ہیں سب کی روزیاں اللہ تعالیٰ پر ہیں" (القرآن، ۱۱:۶)

رزق کا مطلب صرف کھانا پینا نہیں، بلکہ وہ تمام ضروریات زندگی ہیں جو اس دنیا میں انسان کی بقا کے لیے ضروری ہیں۔ سانس لینے کے لیے ہوا، چلنے کے لیے زمین اور ہماری تمام جسمانی ضروریات اس میں شامل ہیں۔ پھر اللہ تعالیٰ انسان سے کہتے ہیں کہ وہ اسے پکارے اور اس سے مانگے تا کہ وہ انسان کو مزید نوازے۔ اس کے بدلے میں وہ ذات انسان سے صرف فرمانبرداری اور خالص اطاعت کا تقاضا کرتی ہے۔ اس کے ساتھ اللہ تعالیٰ انسان کی ہدایت کا سامان بھی کرتا ہے تا کہ وہ شیطان سے لڑ سکے اور اس دنیا کے فتنوں سے اپنے آپ کو بچا سکے۔

جو ہوتا ہے وہ نظر نہیں آتا اور جو نظر آتا ہے وہ ہوتا نہیں۔ کئی بار ہم ایسے تجربات سے گزرتے ہیں اور یہ دنیا بھی ایک ایسا ہی تجربہ ہے۔ اللہ تعالیٰ نے دنیا کے لیے بہت سے مختلف الفاظ استعمال کیے ہیں جن میں سے بعض الفاظ کے کئی معنی نکلتے ہیں۔ کئی مقامات پر

دنیا کو 'لَعِب' کہا گیا ہے۔اس کا مطلب ہے کھیل کود، مذاق، تمسخر، تماشا، تفریح اور دل لگی۔ بعض جگہ دنیا کو 'لَھْو' کہا گیا ہے جس کے معنی انحراف، وقت گزاری، کھیل کود اور ایسے کام کے ہیں جس میں مشغول ہو کر کوئی اپنے اصل کام سے غافل ہو جائے۔

جب دنیا کے لیے 'زِینَت' کا لفظ استعمال ہو تو اس کا مطلب خوبصورت بنائی گئی، سجائی گئی، بناوٹ اور ایسی نمائش کے ہوں گے جو پائدار نہیں ہوتی۔اللہ تعالیٰ نے اس کے لیے 'تَفَاخُر' کا لفظ بھی استعمال کیا ہے جس کا مطلب ایسی جگہ ہے جہاں لوگ آپس میں فخر (و غرور) اور مال و اولاد، عہدہ اور منصب میں ایک دوسرے سے آگے بڑھنے کے مقابلے میں لگے رہتے ہیں۔ ایک اور جگہ 'مَتَاعُ الْغُرُوْر' کا لفظ استعمال ہوا ہے جس کا مطلب ایسی جگہ ہے جہاں کی ہر چیز دھوکے میں ڈالنے والی اور فریب دینے والی ہے، جو ایک مقصد کے لیے تو فائدہ مند ہیں مگر دھوکے میں مبتلا کرنے والی بھی ہیں۔دنیا کی تمام نعمتیں آخرت کو سنوارنے کے لیے استعمال کی جا سکتی ہیں مگر ان سے دھوکا کھا کر اور لالچ میں آکر انسان اپنے اصل مقصد سے با آسانی بھٹک بھی سکتا ہے۔

قرآن نے دنیاوی زندگی کے لیے پانچ زبردست تشبیہات کا استعمال کیا ہے۔ ہر تشبیہ کے اندر غور و فکر کرنے والے کے لیے گہرے معنی پوشیدہ ہیں۔اللہ تعالیٰ کہتے ہیں کہ یہ دنیا ایک کھیل ہے۔ جب ہم اس تناظر میں اپنی زندگی کو دیکھیں تو حقیقتاً یہ کھیل ہی معلوم ہوتی ہے۔مثال کے طور پر بیس بال کو لے لیں۔ دنیا گویا بیس بال کا میدان ہے۔ جب بچہ پیدا ہوتا ہے تو کھلاڑی بلا تھامے پہلی بیس پر کھڑا ہو جاتا ہے۔ جب وہ بڑا ہوتا ہے اور زندگی میں فعال ہو جاتا ہے تو وہ گیندیں کھیلنا اور بیسوں کے درمیان دوڑنا شروع کر دیتا ہے، یعنی زندگی جو کچھ اس کی طرف اچھالتی ہے وہ اس پر ردعمل دیتا ہے۔بیسوں کے درمیان دوڑنا گویا زندگی میں آگے بڑھنا ہے۔ضروری نہیں کہ سب کھیل میں بحیثیت کھلاڑی مصروف ہوں۔ بعض لوگ تماشائی ہوتے ہیں۔اصل بات یہ ہے کہ کون اس کھیل میں کتنا مشغول ہے۔ہم دنیا میں اتنے غرق ہو جاتے ہیں کہ دنیا میں آنے کا اصل مقصد بھول جاتے ہیں۔

ہم روزانہ صبح اٹھتے ہیں اور ایک لگے بندھے معمول کے مطابق کام کرتے ہیں۔

اس معمول سے کوئی اعلیٰ مقصد پانے کے لیے نہیں بلکہ صرف بور ہونے کی صورت میں ہٹتے ہیں۔ یوں دنیا تفریح کا مقام بن جاتی ہے۔ایسی جگہ جہاں ہم محض مزے کے لیے وقت گزاری کرتے ہیں۔ ہم اپنی خواہشات اور دنیاوی خوابوں کی پیروی میں کھو جاتے ہیں اور کبھی رک کر اپنی آخری آرام گاہ کے بارے میں نہیں سوچتے۔

ویک اینڈ کا آرام ہمیں مزید پانچ دن کام کے لیے تیار کرتا ہے۔ ہم کمانے اور اس کمائی کو خرچ کرنے کے لیے کام کرتے ہیں۔ پھر دوست احباب سے ملتے ہیں اور اعداد وشمار کا تبادلہ کرتے ہیں۔ یوں دنیا فخر و تفاخر کا مقام بن جاتی ہے۔آپ کا پہننا اوڑھنا اور آپ کی محفلیں یہ تو بتاتی ہیں کہ آپ کا سماجی مقام کیا ہے مگر یہ نہیں بتاتیں کہ آپ کا دوسروں کے ساتھ رویہ کیسا ہے۔ یہاں دنیا ایسے مقابلے کا میدان بن جاتی ہیں جس میں زیادہ سے زیادہ خواہشات کی تکمیل ہمارا ہدف ہوتا ہے۔ ہم سیدھے راستے کو کھو دیتے ہیں اور دنیا اور اس کی مادی چیزوں میں اس قدر محو ہو جاتے ہیں کہ یہ عارضی لذتیں ہمیں دائمی معلوم ہونے لگتی ہیں۔

دنیا کی رنگینوں میں گم ہو کر ہم شیطان کے ہاتھوں میں ناچتے رہتے ہیں صرف اس لیے کہ ہم اس دھوکے کے کھیل کا حصہ بن چکے ہیں۔ ہم بھول جاتے ہیں کہ گھڑی کی سوئیاں مسلسل حرکت میں ہیں۔ جیتنے، حاصل کرنے اور سب سے زیادہ پالینے کی فکر ہمیں اللہ کی دی گئی تنبیہات سے غافل کر دیتی ہے۔ بالآخر، ہم کامیابیوں کے جوش اور خوشی میں اپنے آپ کو کھو دیتے ہیں۔ ہم دنیا جیت کر آخرت ہار دیتے ہیں!

اللہ تعالیٰ نے سورۃ البقرۃ میں ایسے لوگوں کا مقدر ان الفاظ میں بیان کیا ہے:

> **''کافروں کے لیے دنیا کی زندگی خوب زینت دار کی گئی ہے، وہ ایمان والوں سے ہنسی مذاق کرتے ہیں حالانکہ پرہیز گار لوگ قیامت کے دن ان سے اعلیٰ ہونگے ، اللہ تعالیٰ جسے چاہتا ہے بے حساب روزی دیتا ہے'' (القرآن،۲:۲۱۲)**

البتہ یہ ہاران لوگوں کے لیے نہیں جو اللہ اور اس کے رسولوں کی باتوں پر دھیان دیتے ہیں۔ وہ اس دنیا کے دھوکے اور شیطان کی چالوں سے بچ سکتے ہیں۔ ان کو حضرت

محمد ﷺ کا وہ فرمان یاد رہتا ہے کہ مومن کے لیے دنیا ایک قید کی مانند ہے اور ایک منکر حق یا کافر کے لیے یہ دنیا ایک خوبصورت، پرُ آسائش اور کھیل کود کی جگہ ہے۔ بالآخر، وہی مومن کامیاب ٹھہرتے ہیں جو اللہ کے نبی ﷺ کے الفاظ کو اپنا رہنما بناتے ہیں اور انہی سے قوت حاصل کرتے ہیں۔

صاحب فکر شخص:

اللہ تعالیٰ نے آدمؑ کو پیدا کیا اور ان کے دل میں حکمت انڈیلی۔ اللہ نے انسان کو ایک غور وفکر کرنے والی مخلوق بنایا جسے دل، روح اور ضمیر عطا کیا گیا۔ یہ صرف اللہ ہی جانتا ہے کہ انسان کو اختیار کی آزادی کیوں دی گئی۔ کتنا آسان ہوتا اگر انسان بھی فرشتہ صفت ہوتا اور اللہ کی اطاعت اس کی فطرت کا حصہ ہوتی۔ لیکن پھر جتنی بڑی آزمائش اور امتحان ہوگا اتنا ہی بڑا کامیابی کا انعام ہوگا۔

اگر اللہ کا یہ حق ہے کہ اسے کائنات کا تنہا خالق مانا جائے تو بندے کا یہ فرض ہے کہ وہ اپنے رب کی وحدانیت کو تسلیم کرے۔ انسان کو ذہانت، شعور اور سوچنے سمجھنے کی صلاحیتوں سے نوازا گیا۔ اگر اس کے باوجود وہ اللہ کو پہچاننے سے قاصر ہے تو وہ بری طرح ناکام ہو چکا ہے۔

انسان کو یہ تسلیم کرنا پڑے گا کہ اس کے روز وشب اللہ کی رحمت کے طفیل ہی چل رہے ہیں۔ اس کا جاگنا ایک نعمت ہے۔ اس کے دسترخوان پہ پکا ہوا کھانا ایک دوسری نعمت ہے۔ ملنے جلنے، کام کرنے اور زندہ رہنے کی تحریک تیسری، چوتھی اور پانچویں نعمت ہے۔ اگر انسان اپنا دن صرف اللہ کے عطا کردہ انعامات کو گننے میں لگا دے تو اس کے پاس وقت کم پڑ جائے گا، مگر نعمتوں کی گنتی پوری نہ ہو سکے گی۔ اس لیے انسان اللہ کا مستقل مقروض ہے۔ اس کا فرض ہے کہ وہ اللہ کا شکر ادا کرے، اس کو اپنا مالک حقیقی تسلیم کرے اور بغیر کسی پس و پیش کے اس کے احکامات کی پیروی کرے۔

انسان اپنی ادنیٰ ترین حالت میں ایک کمزور مخلوق ہے جو خود غرض اور نکما ہے۔ اور وہی انسان اگر با اقبال ہو تو بہادر، دردمند اور اللہ کی بہترین مخلوق اشرف المخلوقات بن جاتا

ہے۔کوئی دوانسان ایک ہی ترازو میں نہیں تولے جا سکتے۔ ہرانسان کی مختلف جسمانی اور ذہنی صلاحیتیں ہوتی ہیں۔ ہر کوئی مختلف ماحول میں رہتا ہے اور مختلف مسائل کا سامنا کرتا ہے جن کا وہ اپنی منفرد صلاحیتوں کی مدد سے مقابلہ کرتا ہے۔ چونکہ دوانسان ایک جیسے نہیں ہوسکتے اس لیے ان کو ماپنے کے پیمانے بھی ایک سے نہیں ہوسکتے۔

اگر انسان جنت حاصل کرنے میں کامیاب ہوجاتا ہے تو اس کی محنت اور خلوصِ دل سے اللہ کی رضا جوئی اس کامیابی کی اہم وجہ ہوگی۔ تاہم قیامت کے روز اللہ کی رحمت اور کرم نوازی کی بدولت ہی نجات ملے گی۔

انسان: دل، ذہن اور روح کا مرکب

انسانی جسم ایک حیرت کدہ ہے۔اس کے تمام اجزاء، چاہے وہ بڑے سے بڑے اعضاء ہوں یا ننھے ننھے خلیات ہوں، سب مسلسل چوبیس گھنٹے کام میں لگے رہتے ہیں۔ جسم میں زندگی پیدا کرنے کے لئے کئی نظام ایک ساتھ کام کرتے ہیں۔ جسم کو مختلف حصوں میں تقسیم کیا گیا ہے جو مل کر پورا جسم تشکیل دیتے ہیں۔ تاہم ہم دل، ذہن اور روح کو جسم سے یا ایک دوسرے سے الگ نہیں کرسکتے۔ یہ سب ایک دوسرے کے لیے لازم وملزوم ہیں اور انسان کی بقا کے لیے ضروری ہیں۔

انسانی جسم کو مشین کہا جاسکتا ہے لیکن حقیقت میں یہ مشین نہیں ہے۔ اس کو نظام کہنا زیادہ صحیح ہوگا۔ مشین اور انسان دونوں متحرک اشیاء ہیں جنہیں کسی مخصوص کام کے لیے بنایا گیا ہے۔ ان کے درمیان یہی ایک مشترک چیز ہے۔ انسان کو کام کرنے کے ساتھ ساتھ اختیار اور آزادی بھی دی گئی ہے جو مشین کو میسر نہیں ہوتی۔

انسانی جسم

انسانی جسم کی تخلیق اور ایک خون کے لوتھڑے سے اس کا ارتقاء اللہ کے بے شمار معجزات میں سے ہے۔ زندگی کے ابتدائی مراحل پر غور کریں کہ کس طرح انسان کی شکل

وصورت بنتی ہے، اس کو دل اور ذہن دیا جاتا ہے اور پھر اس میں روح پھونکی جاتی ہے جبکہ وہ رحم مادر میں ہی ہوتا ہے۔ یہ سب دیکھ کر انسان حیران رہ جاتا ہے اور بے اختیار اللہ کے آگے جھک جاتا ہے۔

اللہ تعالیٰ نے انسانی جسم کے اندر ایک خودکار نظام رکھا ہے جس کی مدد سے وہ اپنے بعض حصوں کو بنا سکتا ہے، انہیں ٹھیک کرتا ہے اور اپنا دفاع کرتا ہے۔ اعضاء اور بافتوں کے پیچیدہ نظام کو بنانے اور چلانے کے لیے ہر وقت خلیات کے مابین اہم معلومات کا تبادلہ ہوتا رہتا ہے۔ ہر ہر خلیے کی پیچیدہ تخلیق اور کردار محض اتفاقی نہیں۔ کوئی ایک بھی مشین ایسی نہیں ہے جو عمدگی اور فعالیت میں انسانی جسم کا مقابلہ کر سکے۔

نیز، انسان کو فطری علم اور بے شمار صلاحیتوں کے ساتھ پیدا کیا گیا ہے۔ اس کا دل، ذہن اور روح اس کی پہچان ہیں۔ قابل ذکر بات یہ ہے کہ یہی تینوں اس کی دنیا اور آخرت کو بناتے یا بگاڑتے ہیں۔

ذہن: فیصلوں اور ارادوں کا مسکن

اگرچہ ہمارا ذہن حکمت اور علم کا مرکز ہے یہی اکثر شیطان کے فریب کا شکار ہو جاتا ہے۔ اس کا بنیادی کام معلومات کا جائزہ لینا، فیصلے کرنا اور جسم کے باقی اعضاء کے لیے احکامات جاری کرنا ہے۔ جس تیزی کے ساتھ یہ کام کرتا ہے وہ زبردست ہے۔ تاہم بعض فیصلے کئی دہائیوں تک تعطل کا شکار رہتے ہیں۔ اس تساہل کی وجہ بعض مواقع کو فوری اہمیت کے قابل نہ سمجھنا ہے۔

خواہش اور بیرونی دباؤ کے اشارے پر ذہن بلا چوں چراں عمل کرتا ہے اور جسم کے باقی حصوں کو احکامات صادر کر دیتا ہے۔ وہ یہ نہیں دیکھتا کہ یہ دین یا اخلاق کے اعتبار سے صحیح بھی ہے یا نہیں۔ ذہن بس یہ دیکھتا ہے کہ انسان کے نزدیک اس کام کی کیا اہمیت ہے۔ یہ حسابی کتابی ہوتا ہے اور ممکنہ نتائج کی بنیاد پر فیصلے کرتا ہے۔ اگر نتیجہ اچھا معلوم ہو تو اپنے ہدف کو پورا کرنے کے لیے پورا زور لگا دیتا ہے لیکن اگر صورتحال برعکس ہو تو پھر اس حکم

کو یکسر نظر انداز کر دیتا ہے۔ اور اگر ذہن معاملے کو ٹھیک سے نہ سمجھ پائے تو وہ بعض اوقات کام تو کر دیتا ہے لیکن بادل نخواستہ کرتا ہے اور اتنے اچھے طریقے سے نہیں کرتا۔

جب انسان اللہ کا کوئی حکم سنتا ہے، یا قرآن وسنت کی تعلیمات میں سے کچھ پڑھتا ہے تو ذہن فوراً فیصلہ کرتا ہے کہ اس پر عمل کرنا ہے یا نہیں۔ یہ فیصلہ اس فرد کی اقدار اور عقیدے پر مبنی ہوتا ہے۔ ذہن ایک پلڑے میں قرآن وسنت کی تعلیمات کو رکھتا ہے اور پھر اس کا موازنہ ان سب سے کرتا ہے:

۱۔ انسان کے ایمان کی پختگی

۲۔ سہل پسندی کا دائرہ کار (کمفرٹ زون)؛ اور آیا اس کے اندر رہتے ہوئے یہ کام کیا جا سکتا ہے یا نہیں

۳۔ دنیاوی خواہشات؛ یہ کام اس کے دنیاوی اہداف میں مانع تو نہیں ہوگا

انسان اللہ اور اس کے رسول پر جس قدر پختہ ایمان رکھتا ہوگا اسی قدر وہ ان تعلیمات کی طرف مائل ہوگا۔ اور اگر وہ سچا مومن ہوگا تو اسے اپنے کمفرٹ زون سے زیادہ نیکیوں کی فکر ہوگی۔ یا تو وہ اس کمفرٹ زون کو نظر انداز کر دے گا یا اس کا سرے سے کوئی کمفرٹ زون ہوگا ہی نہیں۔ دنیاوی خواہشات ایک مومن کے نزدیک زیادہ اہمیت نہیں رکھتیں چنانچہ وہ ان کو اپنے اور اپنے رب کے درمیان نہیں آنے دیتا۔ لہٰذا ایسی صورت میں ذہن کو ایک مثبت اشارہ ملے گا اور وہ اس عمل کو کر لے گا۔

اس کے برعکس، جس شخص کا ایمان کمزور ہوگا، اس کا کمفرٹ زون اسے غیر ضروری خطرات مول لینے سے روک دے گا۔ نیز اس کی دنیاوی خواہشات اس کے اور اس کے رب کے بلاوے کے درمیان آڑے آجائیں گی۔ ایسی صورت میں ذہن کو متذبذب اشارہ ملے گا اور وہ اس پر عمل نہیں کرے گا۔

ذہن انسان کو منطقی فیصلے کرنے میں مدد دیتا ہے۔ لیکن بعض اوقات یہ محض خواہشات نفس اور دنیوی خوابوں کے حصول کے لیے تدبیریں کرنے والا با کراہیت آلہ بن کر رہ جاتا ہے۔ یہی ذہن ایک ناگزیر اور مفید عضو ہے جو نہ صرف روزمرہ کے کام سرانجام

دینے میں ہماری مدد کرتا ہے بلکہ ہمیں آگے بڑھنے میں مدد بھی دیتا ہے۔

آج اگر انسان چاند پر چھٹیاں منانے کا تصور کرتا ہے تو اس کا سہرا اس کے ذہن کو جاتا ہے، کیونکہ یہ ذہن ہی ہے جس نے اسے سوچنے کی قوت دی اور اس کام کو ممکن بنایا۔ ذہن بہت سی دیگر باتوں کو بھی ممکن بنا سکتا ہے۔ انا، لالچ اور مادیت کا مسکن بھی یہ ذہن ہی ہے۔ یہ شیطان کا آسان ترین ہدف ہے۔ وہ انسان کے خیالات کے ساتھ کھیل کھیلتا ہے یہاں تک کہ وہ انہیں اپنے ڈھب پر لے آتا ہے۔ بدقسمتی سے انسان کے لیے اپنے خیالات اور شیطان کے وسوسوں کے درمیان فرق کرنا مشکل ہوتا ہے۔

دلِ مصفیٰ

دل انسانی جسم کا بہترین حصہ ہے۔ جب بچہ پیدا ہوتا ہے اس کا دل پاک ہوتا ہے اور جب تک وہ راستی پر رہتا ہے اس کا دل بھی پاک رہتا ہے۔ جب اس بچے سے کہا جاتا ہے کہ وہ سیاہ اور سفید اور صحیح اور غلط کے درمیان انتخاب کرے تو اس کا دل ہی ہوتا ہے جو صحیح چیز کے انتخاب میں اس کی رہنمائی کرتا ہے۔ تاہم، جب یہ دل اپنے مالک کو قائل کرنے میں ناکام ہو جائے اور اس کے بجائے ذہن جیت جائے تو بچہ اندھیروں کو چن لیتا ہے۔

ایک پاکیزہ دل ذہن کا سب سے بڑا مخالف ہوتا ہے۔ دل اگر تقویٰ سے لبریز ہو تو ذہن اور اس کی مادی ترغیبات با آسانی نظر انداز کر دی جاتی ہیں۔ لیکن اگر ذہن کے خود غرض ارادوں کو بار بار دل پر فوقیت دی جائے تو یہ کمزور پڑ جاتا ہے اور جسم پر اس کی گرفت ڈھیلی پڑ جاتی ہے۔ یوں جسم شیطان کے نرغے میں چلا جاتا ہے۔ اسے دنیوی خواہشات کے حصول پر مجبور کیا جاتا ہے اور اس راستے پہ چل کر دل سیاہ اور روح برباد ہو جاتی ہے۔

اس کے برعکس، جب ذہن کو ایک پاکیزہ دل کی معیت میں پروان چڑھنے کا موقع ملے تو وہ خود آگہی کے بلند ترین مقام تک پہنچ جاتا ہے جہاں وہ شیطان کی چالوں کو با آسانی پہچان لیتا ہے۔ اور پھر جب خواہشاتِ نفس اور حبِ جاہ و مال سے مقابلہ ہوتا ہے تو

یہ مضبوطی سے قدم جمائے رکھتا ہے اور باطل قوتوں کو پاکیزہ دل اور روح کی مدد سے زیر کر لیتا ہے۔

نفسِ روحانی

ذہن سوچتا اور نتائج اخذ کرتا ہے۔ مثلاً زندگی وجود رکھتی ہے، اور اگر اسے میں نے نہیں بنایا تو یقیناً کسی نے تو بنایا ہوگا۔ لیکن روح مختلف طرز پر کام کرتی ہے۔ وہ اللہ سے عہد کر چکی ہے اور اسے وہ وعدہ یاد ہے۔ اسی لیے وہ اللہ کو ماننے میں پس و پیش نہیں کرتی۔

ذکر اس روح کی غذا کا کام دیتا ہے۔ جتنا زیادہ انسان اللہ کو یاد کرتا ہے اس کی روح اتنی زیادہ صحت مند اور توانا ہوتی ہے اور جب وہ اللہ کے ذکر سے غافل ہو جاتا ہے اس کی روح کمزور ہو جاتی ہے، مرجھا جاتی ہے۔ ایک صحت مند روح کے اندر ضمیر کو جگا کر رکھنے کی طاقت ہوتی ہے، لیکن اگر روح ہی بیمار ہو تو ضمیر بھی مر جاتا ہے اور قیامت تک اس کا نتیجہ بھگتا ہے۔

اخروی زندگی میں کامیابی پانے کے لیے انسان کے لیے ضروری ہے کہ وہ جسم اور اس کے اجزاء کے درمیان تعلق کو سمجھے۔ ان کی صلاحیت اور قوت کو سمجھ کر انسان ان کو ایک دوسرے کے خلاف استعمال کر سکتا ہے۔ یوں اس کی زندگی میں توازن پیدا ہو جاتا ہے اور اخروی کامیابی کی کنجی اس کے ہاتھ آ جاتی ہے۔

میری زندگی نے مجھے سکھایا کہ اگر مجھے جنت کا قطعہ حاصل کرنا ہے تو میں ان خود ساختہ علماء پر بھروسہ نہیں کر سکتا جن کی تعلیمات انتہائی گمراہ کن ہیں۔ مجھے اللہ کا قرب حاصل کرنے کے لیے خود محنت کرنی ہوگی۔

میں جتنا جتنا قرآن کے مطالعے میں بڑھتا گیا، میرے ایمان میں اضافہ ہوتا چلا گیا۔ نماز اور زکوۃ اسلام کی اہم شرائط ہیں لیکن اگر وہ ہمارے کردار کی تعمیر نہ کر سکیں تو قیامت کے دن ان کی کوئی حیثیت نہیں ہوگی۔

دعوت فکر:

❁ کیا آپ جانتے ہیں کہ آپ کا طریقِ زندگی یا لائف اسٹائل آپ کو کس جانب لے جائے گا؟ کیا آپ جنت کے حصول کے لیے کوشاں ہیں؟

❁ کیا آپ یہ مانتے ہیں کہ یہ دنیا ایک کمرہ امتحان ہے اور ہمیں جنت کے حصول کے لیے جدوجہد کرنی ہے؟ یا

❁ آپ یہ سمجھتے ہیں کہ بس اللہ کی رحمت ہمیں جنت میں لے جائے گی اور اس کے کرم اور رحمت سے اس کی رضا مل جائے گی؟

❁ کیا آپ مانتے ہیں کہ ہماری زندگی کا ہر لمحہ امتحان کا لمحہ ہوتا ہے، بشمول اس کے کہ ہم دوسروں سے مثلاً گھر والوں، دوستوں، ہمسایوں، اجنبیوں اور حتیٰ کہ پودوں، پرندوں اور جانوروں سے کس طرح کا برتاؤ کرتے ہیں؟

❁ آپ کے خیال میں اگر جنت اور جہنم ہمیں سیدھے راستے پر رکھنے کے لیے نہیں بنائے گئے تو پھر ان کو کیوں پیدا کیا گیا؟

❁ کیا ہم اپنی سہولت پسندی کو قربان کیے بغیر اللہ کے حقیقی فرمانبردار بن سکتے ہیں؟

❁ جنت کی جدوجہد ایک سنجیدہ امر ہے۔ آپ کے خیال میں کیا ہمیں اس کے لیے ہر ممکن کوشش کرنی چاہیے یا ہمیں محض اپنے دینی مرشدین پر انحصار کرنا چاہیے؟

❁ اسلام کی روح کیا ہے؟

❁ کیا دنیا ایک سراب ہے؟ اگر ہے تو ہم اس سے کس طرح گزریں کہ امتحان میں کامیاب ہو جائیں؟

❁ کیا اللہ نے ہمیں اس لیے کمزور بنایا ہے کہ ہم اس دنیا کی رنگینیوں میں کھو جائیں؟

❁ اللہ تعالیٰ نے ہمیں ایسی کن قابلیتوں سے لیس کیا ہے جن کی مدد سے نہ صرف ہم دنیا کے دھوکے کو پہچان سکتے ہیں بلکہ اس کو زیر کر کے اس سے گزر سکتے ہیں؟

۹

نئے رنگ اور نئے ڈھنگ

(۱۹۶۴ء۔۱۹۶۸ء، نیویارک)

''پہلے کھیل کے اصول سیکھو اور پھر دوسروں سے اچھا کھیلو۔''

(ایلبرٹ آئینسٹائن)

نیویارک کی بندرگاہ سے نکلتے ہوئے میں ایک ناتجربہ کار چڑیا کے بچے کی مانند تھا جسے ابھی اڑنا تو نہیں آتا لیکن وہ پرتجسس ہوتا ہے، نئی منزلوں کو کھوجنے کے لیے بیتاب ہوتا ہے۔ میری نظریں چاروں طرف گھوم رہی تھیں اور میں ہر چیز کا بغور جائزہ لے رہا تھا۔ لوگ، شاندار عمارتیں، گول پتھر کی بنی سڑکیں اور مزید لوگ۔ مجھے ایسا لگا جیسے میں کسی جانے پہچانے چہرے کو ڈھونڈ رہا ہوں۔ میرا دل زور زور سے دھڑک رہا تھا گویا پرانے جسم میں کسی نئے آلے کو فٹ کر دیا گیا ہو۔ میرے چہرے پر مستقل ایک بڑی پرجوش مسکراہٹ سجی تھی جسکی وجہ سے میرا چہرا دکھنے لگا۔

پھر میری نظروں نے ان کو ڈھونڈ لیا۔ غل مچاتے چند لڑکے لڑکیاں جو میرے ہم عمر تھے، پینٹ شرٹ میں ملبوس کچھ پوسٹر لیے کھڑے تھے۔ ان میں سے ایک پوسٹر پر میرا نام چسپاں تھا اور دوسرے پر لکھا تھا، ''بگ ایپل میں خوش آمدید'' جو میری سمجھ میں نہ آیا۔ بہر حال اپنا نام بڑے حروف میں لکھا دیکھ کر میں حوصلہ کر کے ان کی طرف بڑھا اور اپنا تعارف کرایا۔ ان کو میری ٹوٹی پھوٹی انگریزی سمجھنے میں تھوڑا وقت لگا مگر جب سمجھ گئے تو ایک خوشی کا نعرہ لگایا اور مجھے اپنے ساتھ ٹیکسی کی طرف لے گئے۔ میں نے دیکھا کہ میرے علاوہ وہاں چھ غیر ملکی اور بھی تھے البتہ ہندوستان سے تعلق رکھنے والا میں واحد شخص تھا۔ جن لڑکوں نے پوسٹر اُٹھائے ہوئے تھے انہوں نے اپنا تعارف انٹرنیشنل ہاؤس، نیویارک کی استقبالیہ کمیٹی کے ممبران کی حیثیت سے کرایا، جہاں پر کچھ دن کے لیے میری رہائش کا انتظام تھا۔

انٹرنیشنل ہاؤس کی عمارت میں پہنچ کر ہم مرکزی دروازے کی طرف گئے۔ وہاں جان ڈی راکفیلر جونیئر کا قول، ''بھائی چارہ قائم رہے'' جلی حروف میں لکھا ہمیں خوش آمدید

کہہ رہا تھا۔ میرے میزبانوں نے مجھے میرا کمرہ دکھایا اور اس کے بعد مجھے میرے حال پر چھوڑ دیا گیا۔ جس بھائی چارے نے ہمارا بھرپور طریقے سے استقبال کیا تھا، وہ اتنی ہی خاموشی سے غائب ہو گیا۔ میں اپنا بیشتر وقت اپنے کمرے سے ریور سائڈ پارک کے نظارے دیکھتے گزارتا اور کبھی ہمت کر کے عمارت کے وسط میں واقع چوک پر چلا جاتا جو ایک اور پارک، ساکورا کی سمت کھلتا تھا۔ البتہ مجھے اپنے کمرے کی چار دیواری اور اس کی خاموشی زیادہ بھاتی تھی اور مجھے اپنا وقت اس تنہائی میں گزارنا پسند تھا۔

میں جانتا تھا کہ جلد مجھے اڑان بھرنی ہو گی مگر میں ابھی اپنے پر پھیلانے کے لیے تیار نہ تھا۔ امریکہ کا وسیع آسمان اور اس کی غیر محدود وسعت مجھے متفکر کر رہی تھی۔ مجھے ڈر تھا کہ یہ پورے براعظم پہ پھیلا ہوا ملک اپنی بھرپور آزادی کے ساتھ مجھے کہیں نگل نہ جائے۔ واشنگٹن ڈی سی جانے کے لیے مجھے بس پکڑنی تھی۔ پہلے تو ہمت نہیں پڑ رہی تھی مگر ایک دن میں انٹرنیشنل ہاؤس کی عمارت سے نکل پڑا، نہ زیادہ سوچا نہ فکر کی اور یوں مجھے بس اسٹیشن مل گیا۔ میں خود بھی اپنے کیے پر حیران رہ گیا۔ وہاں مجھے معلوم ہوا کہ بس مجھے گرے ہاؤنڈ اسٹیشن تک چھوڑے گی جس کے بعد مجھے اپنا اگلا لائحہ عمل وضع کرنا ہو گا۔

میں نے فی الفور اس مسئلے کے بارے میں ہاورڈ یونیورسٹی کے فارن اسٹوڈنٹ ایڈوائزر کو خط لکھنے کا سوچا۔ میرا خط مختصر اور جامع تھا۔ میں نے لکھا کہ چونکہ میں ایک غیر ملکی ہوں لہٰذا ان کو چاہیے کہ وہ مجھے گرے ہاؤنڈ اسٹیشن سے کوئی سواری فراہم کریں۔

دوسرے دن میں بس میں سوار ہو کر واشنگٹن ڈی سی سے گرے ہاؤنڈ اسٹیشن پہنچ گیا۔ مجھے امید تھی کہ وقت پر پہنچ جاؤں گا تاکہ آنے والی سواری کو میرا زیادہ انتظار نہ کرنا پڑے۔ مگر وہاں مجھے کسی سواری کا نام ونشان نہ ملا۔ یہ بات میرے ذہن سے گزری ہی نہ تھی کہ عین ممکن ہے ہاورڈ میرے لیے کوئی سواری نہ بھیجے۔

میں کافی دیر تک انتظار کرتا رہا اور بالآخر اس نتیجے پر پہنچا کہ میرے لیے کوئی سواری نہیں آنے والی۔ اس وقت سورج میرے سر پہ پوری آب وتاب سے چمک رہا تھا اور شدید گرمی لگ رہی تھی۔ بھوک کے مارے برا حال تھا اور پریشانی الگ ہو رہی تھی۔ اس سے

پہلے کہ میری پریشانی غصے میں بدلتی، ایک گاڑی میرے نزدیک آ کر رکی۔ گاڑی کا ڈرائیور ایک خوش لباس شخص تھا۔ شرٹ پر میچنگ ٹائی نفاست سے بندھی تھی۔ گاڑی کی سائڈ پر "ڈپلومیٹ کیب" کے الفاظ پینٹ سے لکھے ہوئے تھے۔ مجھے ڈپلومیٹ کا مطلب معلوم تھا جس پر میں نے خدا کا شکر ادا کیا اور فوراً اس کی پیشکش قبول کر لی۔

ڈپلومیٹ بہت مہربان اور متحمل شخصیت کا مالک تھا۔ جب وہ میرا سامان لادنے کے لیے اپنی گاڑی سے اترا تو مجھے بھی اپنے ہندوستانی اخلاق یاد آ گئے اور میں نے اس کو اپنا سامان اُٹھانے کی اجازت نہ دی۔ میں نے اصرار کیا کہ وہ واپس گاڑی میں بیٹھ جائے جبکہ میں نے خود اپنا بھاری سامان اُٹھا کر گاڑی میں ڈالا۔ وہ میرے لیے ایک احسان کر رہا تھا اور میں احسان فراموش نہیں دکھنا چاہتا تھا۔

وہ مجھے ہاورڈ یونیورسٹی کے کیمپس لے گیا۔ میں نے اپنی سواری کا خوب لطف اٹھایا۔ میں یہ سوچ کر خوش ہو رہا تھا کہ میرے کام کتنی سہولت اور آسانی کے ساتھ ہو رہے ہیں۔ جب ہم یونیورسٹی کی حدود میں داخل ہوئے تو میں نے گاڑی سے اتر کر اس کا بہت شکریہ ادا کیا اور پھر سے اس کو بیٹھے رہنے اور اپنا سامان خود اتارنے پر اصرار کیا۔ سارا سامان اتارنے کے بعد میں نے مڑ کر اس کو الوداع کہا۔ اس وقت اس ڈپلومیٹ نے مجھ سے اپنا معاوضہ طلب کر لیا اور مجھے چونکا دیا۔ میرے دوبارہ پوچھنے پر اس نے اپنی بات دہرائی جس پر بددلی سے میں نے اس کو اس کا معاوضہ دے دیا۔ مجھے یقین نہیں آ رہا تھا کہ ڈپلومیٹ مجھ سے پیسے لے گا۔

افسوس میں سر ہلاتا ہوا میں مڑ کر قریبی عمارت کی طرف چل پڑا۔ میں فارن اسٹوڈنٹ ایڈوائیزر آفس کی تلاش میں تھا تا کہ اپنا کمرہ معلوم کر سکوں اور چابی لے کر سامان وہاں رکھ دوں۔ چلتے چلتے میں چاروں طرف نظر دوڑا رہا تھا اور ہاورڈ کے وسیع وعریض میدان اور پہاڑی پر بنی شاندار عمارت کو دیکھ رہا تھا کہ اچانک میں ٹھوکر کھا کر گر پڑا۔ میں نے سوچا کچھ دیر بیٹھ کر سانس بحال کر لوں اور وہیں ٹک گیا۔ میں اپنے سوٹ کیس پر بیٹھا اِدھر اُدھر دیکھ رہا تھا کہ مجھے اپنی جانب ایک ہندوستانی چلتا ہوا دکھائی دیا۔ میں حیرت اور

خوشی سے اچھل کر اسے گلے لگانا چاہتا تھا مگر میں نے اپنے آپ کو اس عمل سے بمشکل روکے رکھا۔ اس نے میرے قریب آ کر اپنا تعارف کرایا اور اپنا نام گپتا بتایا۔ وہ طبعیات (فزکس) میں پی ایچ ڈی کا طالب علم تھا۔ اس نے مجھے یونیورسٹی دکھانے کی پیشکش کی جسے میں نے قبول کر لیا۔ گپتا مجھے ایڈمنسٹریشن بلڈنگ میں لے گیا، اس نے مجھے لوئی۔ کے۔ ڈاؤننگ ہال دکھایا جو انجینئرنگ کا اسکول تھا اور پھر اس نے مجھے میرے کمرے میں منتقل ہونے میں بھی مدد دی۔ اس کے بعد وہ چلا گیا۔

اب میرے پر پھیلانے اور پرواز کرنے کا وقت آن پہنچا تھا۔ جوش میں میں نے اپنا سامان کمرے میں چھوڑا اور اپنے نئے مسکن کی سیر کرنے اور کھانا ڈھونڈنے نکل گیا۔ ابھی میں کچھ ہی دور گیا تھا کہ دو انگریز جوان میرے پاس آئے اور مجھ سے ماچس مانگنے لگے۔ میں نے ان کو بتانا چاہا کہ میں سگریٹ نہیں پیتا مگر میری بات ختم ہونے سے پہلے ہی ان میں سے ایک نے مجھے کمر سے پکڑ کر زمین پر پٹخ دیا۔ اب وہ پوری طاقت سے مجھے دبوچے ہوئے تھا جبکہ دوسرا لڑکا میری جیبوں کی تلاشی لے رہا تھا۔

میں چلانے لگا۔ میں چلا چلا کر مدد مانگ رہا تھا مگر کوئی مدد کو نہ آیا۔ وہاں سے لوگ گزر رہے تھے مگر ایسا معلوم ہوتا تھا کہ زمین پر کشتی لڑتے تین نوجوان ان کی نظروں سے اوجھل ہیں۔ مجھے احساس ہوا کہ مجھے خود ہی اپنا ہیرو بننا پڑے گا۔ میں نے پوری طاقت سے اپنا گھٹنا اس لڑکے کے پیٹ پر دے مارا جو میری جیبیں ٹٹول رہا تھا اور جس نے مجھے دبوچا ہوا تھا اسے ہاتھ پر زور سے کاٹا۔ یوں میں ان کی گرفت سے نکل گیا اور اپنے کمرے کی طرف دوڑ لگا دی۔ کمرے میں گھستے ہی میں نے اپنی پچھلی جیب کا جائزہ لیا اور خدا کا شکر ادا کیا۔ میرے سارے پیسے موجود تھے! مجھے ہندوستان سے بینک ڈرافٹ منگوانے کی ضرورت نہیں پڑی اور نہ ہی بھوکا رہنے کی۔

اس رات مجھے سینکے ہوئے توس اور پنیر پر گزارا کرنا پڑا۔ دوسرے دن صبح سویرے مجھے دوسرا تہذیبی جھٹکا لگا۔ میں ایک کمرے میں داخل ہوا تو کیا دیکھا کہ وہ برہنہ مردوں سے بھرا ہوا ہے۔ میں نے تسلی کے لیے دوبارہ دروازے کے باہر لگی تختی کو دیکھا

جس پر واضح لفظوں میں غسل خانہ لکھا تھا اور پھر میں وہاں سے فوراً باہر نکل گیا۔ یہ میرے لیے قطعاً نا قابل قبول بات تھی۔ میں نے جلد ہی کیمپس سے باہر رہنے کی درخواست دائر کر دی اور اپنے کمرے کو چھوڑ دیا۔ مجھے بتایا گیا کہ چونکہ میں کم عمر ہوں اس لیے مجھے کسی کی سرپرستی میں رہنا ہوگا۔ یہاں ایک مرتبہ پھر ڈاکٹر گپتا نے میری مدد کی۔ انہوں نے کہا کہ جب تک مجھے سرپرستی میں رہنے کی ضرورت ہے وہ مجھے اپنا سرپست بنا سکتے ہیں۔ یوں انہوں نے دوبارہ میری منتقلی میں مدد کی۔

میرا سامان اگرچہ بندھا ہوا تھا لیکن مجھے کچھ معلوم نہ تھا کہ اب میرا اگلا ٹھکانہ کیا ہوگا۔ مجھے امید تھی کہ ڈاکٹر گپتا مجھے کسی جگہ کی پیش کش کر دیں گے۔ مگر میں ان کے اوپر بوجھ نہیں بننا چاہتا تھا۔ جیسے ہی ہم کمرے سے باہر نکلنے میرا سامنا ایک ایسے شخص سے ہوا جس کا میں سوچ بھی نہ سکتا تھا۔ ہندوستان چھوڑنے کے بعد اس کا مجھے بالکل خیال نہ آیا تھا۔ وہ میرا جگری دوست خلیل الرحمٰن تھا۔ خلیل کے معنی دوست کے ہیں اور خلیل الرحمٰن کا مطلب رحمٰن کا دوست ہے۔ اپنے نام کی طرح وہ میرے لیے اس مشکل وقت میں نجات دہندہ بن کر آیا تھا اور اس کی آمد کا مطلب تھا کہ ہم دونوں مل کر ایک جگہ کرائے پر لے سکتے تھے۔ اور ہم نے ایسا ہی کیا۔

خلیل اور میں نے ایک ساتھ بی این کالج اور پٹنہ کے انجینئرنگ اسکول سے تعلیم حاصل کی تھی۔ اس کے بعد جب میں نے امریکہ آنے کا فیصلہ کیا تو خلیل کو بھی ساتھ آنے پر آمادہ کرنا چاہا لیکن خلیل کو پردیس جا کر تعلیم حاصل کرنے میں کوئی خاص دلچسپی نہ تھی۔ اس کا کہنا تھا کہ اس کے گھر والے سفر اور پردیس میں تعلیم کے بھاری اخراجات برداشت نہیں کر سکتے۔ میں نے اسے کہا تھا کہ ہم دونوں ایک ہی کشتی کے مسافر ہیں اور اس سے وعدہ کیا کہ ہم مل کر کوئی کام کر لیں گے اور اپنی پڑھائی کے اخراجات خود اٹھا لیں گے۔ میں اسے اور بھی سبز باغ دکھاتا رہا کہ کس طرح امریکہ ان گنت مواقع کی سرزمین ہے جہاں سب خواب شرمندۂ تعبیر ہوتے ہیں اور جہاں جا کر ہمارے جیسے ہندوستان کے باسی لکھپتی بن جاتے ہیں۔ اس کا تذبذب دیکھ کر میں نے اسے احساس دلایا کہ وہ بہت بڑا بیوقوف ہوگا اگر ایسا

موقع اس نے ہاتھ سے جانے دیا۔

میری محنت رائیگاں نہیں گئی تھی۔ خلیل نے میری باتیں سن کر اپنا ارادہ بدل دیا تھا اور اب وہ میرے سامنے ماضی کے کسی آسیب کی مانند کھڑا تھا۔ اس نے مجھے بتایا کہ وہ ہوائی جہاز میں امریکہ آیا ہے اور ایک نیا شادی شدہ مرد ہے۔ مجھے اپنے کانوں پر یقین نہیں آ رہا تھا۔ شادی شدہ اور وہ بھی خلیل! حالانکہ اس میں تعجب کی کوئی بات نہ تھی۔ ہندوستان میں مسلمان والدین جو اپنے بچوں کو پردیسی ممالک میں تعلیم کے لئے بھیجا کرتے تھے اکثر اپنے بیٹوں کا نکاح کر دیتے تاکہ واپسی پر وہ ان کے لیے کوئی گوری بہو اپنے ساتھ تحفہ میں نہ لے آئیں۔ بیٹے کے پردیس جانے سے پہلے اس کا نکاح کر دینا ان کے اس اندیشے کو ختم کر دیتا تھا اور وہ اطمینان سے اسے رخصت کر دیتے۔

میں خوشی سے ہنسنے لگا۔ میں اس بات پر خوش تھا کہ خلیل ادھر آ گیا ہے۔ صرف خوش نہیں بلکہ میں بہت زیادہ خوش تھا۔ ایسا لگ رہا تھا گویا وہ اپنے ساتھ ہندوستان کا ایک ٹکڑا بھی لے آیا ہو۔ البتہ اس کی کہانی سن کر میرے ذہن میں پتنگ اور ڈور کا تصور آنے لگا۔ میرے تصور میں ہندوستانی والدین اپنی چھت پر کھڑے پتنگ اڑا رہے تھے جس کی ڈور کے دوسرے سرے سے ہم بندھے ہوئے تھے جسے وہ اپنی مرضی سے لچک دیتے اور جب چاہتے کھینچ لیتے۔ خلیل نے مجھ سے میرے ہنسنے کی وجہ پوچھی تو میں نے نفی میں سر ہلا دیا اور اس کو گرمجوشی سے گلے لگا لیا۔

ہم اپنے نئے گھر میں منتقل ہو گئے اور ہر نئی چیز کے تجربے سے محظوظ ہونے لگے۔ ہم میں ایک نئے شادی شدہ جوڑے کے جیسی ہم آہنگی تھی اور ہم اتنے ہی خوش تھے۔ خلیل بہت اچھا کھانا پکاتا تھا اس لیے میں نے کھانے کی ذمہ داری اسے سونپ دی اور خود صفائی کا کام سنبھال لیا۔ ہم دونوں کی جوڑی لاجواب تھی۔ اکٹھے رہنے سے ہمارے لیے بہت آسانیاں ہو گئی تھیں اور ہمارے وقت اور پیسے کی بھی بچت تھی۔ نئے اسکول اور نئی نویلی دلہن کی وجہ سے میرا دوست کتابوں اور خطوط میں مصروف رہتا تھا۔ جبکہ میں اکثر تنہا اور فارغ ہوتا اور دوسرے ہندوستانیوں کی تلاش میں باہر نکل جاتا۔

ہم دونوں کو نوکری کی ضرورت تھی۔ کچھ لوگوں سے پوچھنے کے بعد مجھے معلوم ہوا کہ واشنگٹن پوسٹ میں ہندوستانیوں کو پارٹ ٹائم نوکری مل رہی ہے۔ ہم دونوں نے درخواست دے دی اور فوراً ہی ہمیں سواڈالر فی گھنٹہ کے حساب سے نوکری پر رکھ لیا گیا۔ وہاں ہماری ملاقات دو اور مسلمان لڑکوں، عظیم الرحمٰن خان اور عبدالنبی میمن سے ہوئی جن کا تعلق پاکستان سے تھا۔

پردیس میں کسی ہم زبان کا مل جانا ایک ناقابل بیان خوشی اپنے ساتھ لے کر آتا ہے۔ یہ احساس آپ کے وجود کی توثیق کرتا ہے۔ آپ کا دل چاہتا ہے کہ آپ اس شخص سے باتیں کرتے رہیں، ہنستے رہیں اور جتنی دیر ممکن ہو اس کے ساتھ رہیں۔ اگر مجبوراً ساتھ چھوڑنا پڑے تو آپ دوسرے دن کا انتظار اس امید سے کرتے ہیں کہ دوبارہ اس سے ملاقات ہوگی اور ایک بار پھر آپ کے وجود کی توثیق ہوگی۔ شروع شروع میں امریکہ میں کسی ہندوستانی یا پاکستانی سے ملنا شاذ و نادر ہی ہوتا تھا کہ جس سے میں اپنی زبان میں بات کرسکوں۔ نہ رک کر قواعد وضوابط کا خیال کرنا پڑے اور نہ ہی بات کو دہرانا پڑے۔ مگر جب کبھی یہ مواقع آتے تو ویسا ہی مزہ آتا جو پہاڑی سے نیچے کی جانب بغیر پیڈل گھمائے سائیکل چلاتے ہوئے آتا ہے۔

عظیم اور میمن نے ہمیں واشنگٹن ڈی سی کی مسجد دکھائی جو امریکہ کی پہلی اور شاید اس دیار میں واحد مسجد تھی۔ ہم نماز کے لیے اکثر وہاں جانے لگے۔ وہ مسجد نہ صرف عبادت کی جگہ تھی بلکہ اطراف میں رہنے والے تمام مسلمانوں کے لیے ملاقات اور میل جول کا مرکز بھی تھی۔ میں نے بہت سے نئے دوست بنالیے۔ چھ مہینے بعد ایک رات جب میں مسجد میں عشاء کی نماز ادا کرنے کے لیے گیا تو مجھے وہاں کا ماحول بہت پُر رونق لگا جیسے کوئی تہوار ہو۔ پھر مجھے معلوم ہوا کہ بالٹیمور اور واشنگٹن کے مسلمان طلباء نے مسلم اسٹوڈنٹ ایسوسی ایشن (ایم ایس اے) کے نام سے مسلمان طلباء کی ایک انجمن بنانے کا فیصلہ کیا ہے۔

اس اعلان کے چند ہی منٹ بعد اس انجمن میں تیس ممبران شامل ہو چکے تھے۔ میں بھی ماحول کے جوش وخروش میں گم ہوگیا۔ میں لوگوں میں گھل مل جانے والا شخص تھا اور

ہر اس چیز میں دلچسپی رکھتا تھا جس کا تعلق سیاست اور انتخابات سے ہو۔ جب میرے دوستوں نے مجھے دیکھا تو اصرار کیا کہ میں پبلک ریلیشن آفس کے لیے انتخاب لڑوں جو میں لڑنا بھی چاہتا تھا۔ مجھے یہ بھی معلوم تھا کہ اکثریت میری حمایت کرے گی اور میں آسانی سے جیت جاؤں گا۔ سو میں نے اپنا نام نامزد کروا دیا۔

میں ایک ووٹ سے ہار گیا۔ اس سے مجھے دو چیزیں سیکھنے کو ملیں۔ پہلی یہ کہ سیاست ایک گندہ کھیل ہے اور دوسری یہ کہ ہارنا، کامیابی کے زینے کی پہلی سیڑھی ہے۔ وہ زعیم تھا، ایک پاکستانی۔ جو میرے مقابلے میں جیتا تھا۔ میرے ہارنے کی وجہ ہندوستان اور پاکستان کی پرانی دشمنی تھی جہاں دوسرے کی جیت ناقابل برداشت ہوتی تھی اور اتنی آسانی سے ہار نہ مانی جاتی۔ بس یہی زعیم نے بھی کیا تھا۔ ایک رقعہ آگے بڑھا دیا جس میں پاکستانی بھائیوں سے گزارش تھی کہ ایک ہندوستانی کو ووٹ نہ دیا جائے۔ اس کی اس حرکت کے باوجود مجھے بہت سے پاکستانیوں نے ووٹ دیے تھے۔ اگر ایسا نہ ہوا ہوتا تو میرا ووٹوں کا ڈبہ خالی نکلتا۔ مجھے اپنی ہار سے نہ صرف ایک دھچکا لگا بلکہ تکلیف بھی ہوئی۔ زعیم نے اپنی حرکت کو نہ صرف تسلیم کیا بلکہ اس پر فخر کرتے ہوئے اسے 'خالص سیاست' کا نام دیا۔ اگر مجھ جیسا ہندوستانی جس کے چاروں طرف پاکستانی تھے ایسا انتخاب لڑتا تو اس کا ہارنا لازم تھا۔ اس دن جب میں مسجد سے گھر کی طرف نکلا تو سوچ رہا تھا کہ مسلمان اسلام کے جھنڈے تلے کیوں متفق ہو کر کام نہیں کر پاتے جبکہ اسلام نے ساری سرحدیں ختم کر دی تھیں۔ ہم نے پھر کیوں ایک دوسرے کو قومیت کے نام پر تقسیم کر رکھا تھا؟ میں سوچ رہا تھا کہ کیا کبھی مجھے اس جیسی دوسری تنظیموں میں اپنی صلاحیت منوانے کا موقع مل سکے گا یا مجھے ایک ہندوستانی مسلمان کہہ کر پرے ہٹا دیا جائے گا؟

خلیل اور میں روزانہ دوپہر اور رات کے کھانے میں مچھلی اور سبزی کھاتے تھے مگر تین سال تک اسی کھانے پر گزارا کرنا مشکل تھا۔ عموماً جو کھانا ہمیں ملتا تھا وہ پھیکا امریکی کھانا ہوتا تھا۔ گو کہ مجھے سینکی ہوئی پنیر اور انڈے کا خاگینہ اچھا لگتا تھا مگر میری زبان چٹ پٹے اور مرچوں والے ہندوستانی کھانوں کے ذائقے اور خوشبو کو ترس رہی تھی۔ ہمیں حرام اور حلال کا

مسئلہ بھی درپیش تھا اور ہم کیا کھا سکتے ہیں اور کیا نہیں کی مشکل کا حل جلد نکالنا تھا۔ ایک دن خلیل مجھے زبردستی سودا سلف کی خریداری کے لیے لے گیا۔ اس دن ہم نے ہلدی، پسا ہوا زیرہ، لہسن، لونگ اور گرم مصالحوں کی تلاش میں واشنگٹن کا بڑا حصہ دیکھا مگر کوئی کامیابی نہ ہوئی۔ جب دوپہر ہوگئی تو میں بے حد تھک کر ہار مان چکا تھا مگر پھر کسی نے ہمیں ایک ہسپانوی پنساری کی دکان کا پتہ بتایا۔ اب یہ بات ناقابل یقین معلوم ہوتی ہے کہ اس دور میں یہاں کوئی ہندوستانی پنساری موجود نہ تھا، صرف ہسپانوی تھے۔ جو بعد ازاں ہندوستانی پنساریوں کا دکانداری میں مقابلہ نہ کر سکے اور اپنے کاروبار بند کرنے پر مجبور ہوگئے۔

کاونٹر کے پیچھے کھڑے ہسپانوی کا انداز لیا دیا سا تھا حالانکہ اس دکان کے ۷۰ فیصد گاہک ہندوستانی تھے۔ ہمیں اندر آتا دیکھ کر وہ منہ ہی منہ میں کچھ ہسپانوی میں بڑبڑانے لگا۔ میں اس کے پاس گیا اور ''ہیلو'' کہا۔ میں پندرہ منٹ تک اسے سمجھانے کی کوشش کرتا رہا کہ ہمیں کیا چاہیے۔ اتنی دیر میں خلیل ہندوستانی اشیاء سے بھری ایک ٹوکری لیے ہمارے پاس آ گیا۔ اس نے ہسپانوی پنساری کو پیسے دیے جس نے بہترین انگریزی میں اپنے پیسوں کا مطالبہ کیا تھا۔ اب بڑبڑانے کی باری میری تھی۔ میں نے اپنی انگریزی بند کی اور اردو میں اس کو برا بھلا کہتا ہوا باہر کی جانب چل پڑا۔

اس رات ہم نے بادشاہوں کی طرح کھانا کھایا۔ پیاز والے پکوڑے، تلی ہوئی سبزی، مچھلی کی بریانی، دہی کا رائتہ اور گھر کا بنا ہوا گاجر کا حلوہ۔ البتہ باقی چھ دن تک خلیل نے میری کوئی فرمائش پوری نہ کی۔ جب میں نے اسے چپاتی، بادامی قورمہ اور گلاب جامن بنانے کے لیے کہا تو وہ میرے غیر معمولی مطالبات سن کر نفی میں سر ہلانے لگا اور مجھے ایسے دیکھنے لگا جیسے اس کو میری دماغی حالت پہ شک ہو۔ بالآخر میں نے اس کا پیچھا چھوڑ دیا۔

چھ مہینے بعد میں نے امریکہ میں پہلی دفعہ حلال گوشت کھایا۔ یہ ۱۹۶۴ کا سال تھا اور دسمبر کا مہینہ تھا۔ اس بار توقع سے زیادہ سردی اور بارش ہوئی تھی۔ ہم ہندوستانیوں کو بارش بہت پسند ہوتی ہے اس لیے مجھے بارش میں واشنگٹن والوں کے اترے ہوئے چہرے دیکھ کر بڑا تعجب ہوا۔ ہر کوئی بارش سے بچنے کے لیے کسی سائبان کی تلاش میں تھا۔ شاذونادر ہی کوئی

فرد باہر نکلتا اور اگر نکلتا تو غصے میں بھرا بارش کو کوستا رہتا۔ یہ سب دیکھ کر مجھے ہندوستان کی بارش یاد آ گئی۔

ہندوستان میں بارش کی آمد کی خبر گیلی مٹی کی خوشبو سے ہو جاتی تھی۔ پھر بچوں کا شور اور کھلکھلاتی ہنسی جو بارش میں بھیگتے، غل مچاتے گھروں سے باہر نکل جاتے تھے۔ ہمارے لیے بارش اداس، بے رونق اور پھیکی زندگی کو گھروں سے نکال کر پر جوش، توانا اور پر مسرت بنا دیتی تھی۔ بارش کے خاص گیت اور خاص پکوان ہوا کرتے تھے۔ میٹھی انر سے کی گولیاں تلی جاتیں تھیں اور گلگلے بڑے شوق سے کھائے جاتے تھے جو بارش کے پانی اور میدے سے بنتے تھے۔

واشنگٹن میں ایک دو مرتبہ میں دورانِ بارش باہر نکلا ہوا تھا کہ میرے کانوں میں بچوں کے گانے کی آواز پڑی۔ جب میں نے ان کے گیت کے الفاظ سنے تو مجھے اپنے کانوں پر یقین نہ آیا۔ وہ بارش کو واپس چلے جانے کا کہہ رہے تھے اور یہ گیت گا رہے تھے:

''بارش بارش، اسپین جاؤ، ہمیں اپنی شکل کبھی نہ دکھاؤ!''

اس وقت میرے گلے میں کچھ اٹک سا گیا اور میری آنکھیں نم ہو گئیں۔ میرے ذہن میں پٹنہ کی یادیں تازہ ہو گئیں۔ جہاں بچے بارش میں یہ گیت گاتے تھے،

''اللہ میاں بارش دے، سو برس کی بارش دے!''

امریکہ میں ۱۹۶۴ کی عید رمضان پور کی ۱۹۴۶ کی عید کی بالکل الٹ تھی۔ میں نے بہت کوشش کی کہ رمضان پور جیسی عید امریکہ میں مناؤں مگر بعض چیزیں میرے بس سے باہر تھیں۔ عید مسلمانوں کے لیے خوشیوں کا تہوار ہوتا ہے اور میں چاہتا تھا کہ میں اپنے طریقے سے اس عید کو مناؤں، اس بات سے قطع نظر کہ امریکی تہذیب میں کیا ہوتا ہے۔

عید کی صبح میں سویرے اٹھا اور نہا کر اپنی شیروانی اور تنگ پاجامہ زیب تن کر لیا جو ہم رمضان پور میں عید پر پہنا کرتے تھے۔ پھر اپنے سر پر ایک ٹوپی رکھی اور مسجد کے لیے نکل گیا۔ امریکیوں کے لیے میں اک چلتا پھرتا عجوبہ تھا جو سڑک پر رک رک کر میرا جائزہ لے رہے تھے۔ مگر میں ان کی سوچ سے بے فکر عید کی خوشی میں اور اپنی تہذیب پر فخر کرتا ہوا اپنے

مسلمان بھائیوں سے عید ملنے چلا جا رہا تھا۔ البتہ جب میں مسجد پہنچا تو مجھے دیکھ کر تعجب ہوا کہ وہاں بہت کم لوگ تھے اور ان میں سے اکثر چہرے میرے لیے اجنبی تھے۔ بہر حال میں نے کچھ نئے دوست بنائے اور پہلے سے زیادہ پر مسرت محسوس کرتا ہوا گھر لوٹا۔

عید کی رات ہماری پوری (ایم ایس اے) مسلم اسٹوڈنٹ ایسوسی ایشن کو ایک دوسری ایسوسی ایشن نے عشائیے پر مدعو کیا تھا۔ یہ ایسوسی ایشن واشنگٹن میں مقیم تمام مسلمان سفارتکاروں کی بیگمات نے بنائی تھی۔ یہ ان کی طرف سے ایک شاندار دعوت تھی جو انہوں نے واشنگٹن کے مسلمان طلباء کے لیے منعقد کی تھی۔ بہترین، مزیدار اور حلال کھانے وافر مقدار میں خوبصورتی سے سجی ٹیبل پر میز بان کی فیاضی اور فراخدلی کا ثبوت دے رہے تھے۔ ہم نے جی بھر کر کھایا اور بعد ازاں ہمیں کھانا گھر لے جانے کے لیے بھی پیش کیا گیا جس پر کسی نے انکار نہ کیا۔

تین سال بعد ۱۹۶۷ میں مجھے انتخابات لڑنے کا پھر سے موقع ملا۔ یہ انتخاب ہاورڈ یونیورسٹی کی ہندوستانی ایسوسی ایشن کے صدر کے لیے تھا۔ میں پچھلے انتخابات میں اپنی شکست کو نہیں بھولا تھا۔ اس دفعہ بھی میں اقلیت کا حصہ تھا۔ خلیل اور میں فقط دو ہندوستانی مسلمان تھے جبکہ اکثریت ہندوستانی ہندوؤں اور سکھوں کی تھی۔ اس بار بھی فرقہ بندی اور اختلاف کی فضا قائم تھی اور میرے دین اور قومیت کو نشانہ بنایا جا رہا تھا۔ لیکن اس کے باوجود میرے ہندو دوستوں نے میرا ساتھ نہ چھوڑا اور میں نمایاں ووٹوں سے بہ آسانی جیت گیا اور ایسوسی ایشن کا صدر منتخب ہو گیا۔

ہاورڈ کی ہندوستانی ایسوسی ایشن دوسری تنظیموں کے مقابلے میں کافی بڑی اور منظّم تنظیم تھی جس کے دو سو سے زائد ممبران تھے۔ اس وجہ سے میری ذمہ داری بھی کوئی معمولی نہ تھی۔ لہٰذا میں نے بھر پور طریقے سے اس تنظیم کے لیے کام کیا اور سارا سال تقاریب، عشائیے اور تقاریر منظّم کراتے ہوئے گزر گیا۔ میں نے صدر کی حیثیت سے ایک کام اور کیا۔ میں نے ایک اور ایسوسی ایشن بنائی جو ایک چھتری کی مانند واشنگٹن کی تمام دوسری ایسوسی ایشنز کو اپنے ذریعے رابطے میں رکھتی تھی۔ اس کے ساتھ ساتھ میں نے اس

بات کی یقین دہانی کی کہ میری ایسوسی ایشن، جس کا میں صدر تھا، واشنگٹن میں ہونے والی تمام مسلم سرگرمیوں کا حصہ بنے۔ میں اپنے پیچھے ایک میراث چھوڑ کر جانا چاہتا تھا اور اس منزل مقصود کو پانے کے لیے دن رات محنت کرتا رہا۔

اسی سال ہندوستان نے ہاورڈ کو مہاتما گاندھی کا ایک مجسمہ ہدیہ کیا۔ میں نے سنا کہ بے بی نندہ مجسمہ ہمارے ڈین کے حوالے کرنے امریکہ آئیں گی۔ بے بی نندہ ایک مشہور ہندوستانی اداکارہ تھی اور میری پسندیدہ بھی۔ ہندوستانی طلباء کی پوری جمعیت میں ایک گھما گھمی تھی۔ ان کے اعزاز میں ایک تقریب بھی منعقد کی گئی تھی۔ جب اس تقریب کی میزبانی کے لیے مجھے پیش کش کی گئی تو میرے لیے اپنی خوش نصیبی پر یقین کرنا مشکل ہو گیا۔ بعدازاں مجھے ان کی تفریح اور ان کے ساتھ واشنگٹن میں مختلف جگہوں کے دورے کرنے کی ذمہ داری بھی سونپ دی گئی۔ میرے لیے یہ بڑا اعزاز اور خوشگوار تجربہ تھا جبکہ بے بی نندہ کو ہندوستان میں خوب شہرت اور پذیرائی ملی۔

میری محنت رنگ لائی اور ایک سال کے اندر ہی مجھے واشنگٹن کی ہندوستانی کمیونیٹی کے سربراہ کی حیثیت سے شناخت اور پذیرائی ملنا شروع ہو گئی۔ ۱۹۶۸ء میں ایک اور نمایاں ہندوستانی شخصیت کی نیویارک آمد ہوئی۔ اس دفعہ کوئی اداکارہ نہیں، بلکہ ہندوستان کی وزیراعظم اندرا گاندھی بذات خود تشریف لا رہی تھیں۔

جب اندرا گاندھی امریکہ آئیں تو دو ہندوستانی سربراہان کو ان سے ملاقات کے لیے مدعو کیا گیا جن میں سے ایک میں تھا۔ ہندوستانی سفارت خانے نے تمام انتظامات کیے ہوئے تھے اور میں ہندوستانی سفیر کے ساتھ ان کی گاڑی میں بیٹھ کر نیویارک گیا۔ وہاں مجھے شہرت کے تیس منٹ نصیب ہوئے اور میں نے وزیراعظم سے امریکہ میں مقیم ہندوستانی طلباء کے حالات اور مشکلات کے بارے میں تبادلۂ خیال کیا۔ وزیراعظم سے ہونے والی اس گفتگو نے مجھے اپنی ایسوسی ایشن کے صدر کے کردار کو زیادہ سنجیدگی سے لینے پر مجبور کیا۔

میری اکثر ہندوستانیوں سے ملاقات ہوتی رہتی تھی مگر پھر مجھ پر یہ انکشاف ہوا کہ

وہاں ہندوستان سے تعلق رکھنے والے صرف دو مسلمان ہیں جن میں سے ایک میں ہوں۔ البتہ میں بہت سے دوسرے مسلمانوں کو جانتا تھا جن کا تعلق پاکستان اور دوسرے مسلم ممالک سے تھا۔ وہ سب بلند ارادوں والے، حوصلہ منداور اچھے لوگ تھے۔ مگر اپنی شناخت کی بقا کے لیے ان کے پاس کوئی لائحہ عمل تھا نہ ہی صحیح راہنمائی تھی۔ میں نے فیصلہ کیا کہ ان سب کو اکھٹا کر کے ان کی تربیت کروں گا۔ مجھے احساس ہوا کہ ایک مسلم ایسوسی ایشن کی اشد ضرورت ہے جو صرف مسلم کمیونٹی کے لیے کام کرے۔ اس بارے میں میں نے اپنے دوستوں سے مشورہ کیا اور جب ان کی طرف سے میری حوصلہ افزائی کی گئی تو میں نے یونیورسٹی کے افسران سے بات کی۔ اس کے کچھ ہی دن میں ہماری مسلم اسٹوڈنٹ ایسوسی ایشن قائم ہوگئی۔ اس انجمن کا مقصد مسلم اور غیر مسلم طلباء کو اسلام کے بارے میں تعلیم دینا اور رمضان اور عید کی تقاریب کا انعقاد تھا۔

واشنگٹن کی زندگی ہندوستان کی زندگی سے یکسر مختلف تھی۔ ایک جگہ میں شہزادوں کی طرح رہا کرتا تھا مگر دوسری جگہ مفلس بن گیا۔ جب تک میری پڑھائی جاری رہی، میں اپنا روزمرہ کا خرچہ خود اٹھاتا تھا۔ جب اخبار کی تقسیم میرے لئے مشکل ہوگئی تو میں نے دوسری نوکری ڈھونڈنی شروع کر دی۔ مجھے یہ نئی نوکری ایک ڈرائیو۔ ان ریستوان میں ملی جو الیگزینڈریا، ورجینیا میں واقع تھا۔ بظاہر یہ میری پہلی نوکری سے بہتر نوکری تھی مگر میری رہائش گاہ سے دور تھی اور بس سے وہاں پہنچنے میں ایک گھنٹہ لگ جاتا تھا۔

کلاس ختم ہونے کے بعد میں اسکول سے سیدھا کام پر چلا جاتا اور رات کو دو بجے واپس آتا۔ اکثر اوقات وہاں کا مالک مجھے دیر تک روک لیتا اور صفائی کرواتا جس کے باعث میری بس چھوٹ جاتی۔ پھر میں فٹ پاتھ پر بیٹھ کر دوسری بس کا انتظار کرتا جو چار گھنٹے بعد آتی تھی۔ جس وقت تک میں گھر پہنچتا میری دوسری کلاس کا ٹائم شروع ہو چکا ہوتا تھا۔ صرف تین دن میں کام کی زیادتی اور نیند پوری نہ ہونے کے باعث میری بری حالت ہو چکی تھی۔ اس کے باوجود میں اپنے آپ کو گھسیٹتا رہا۔

ایک صبح اسکول میں اچھا دن گزارنے کے بعد میں بڑے خوشگوار موڈ میں تھا۔ گھر

آ کر میں نے کام پر جانے کے لیے اپنا یونیفارم پہنا۔ ابھی میں باہر نکلنے ہی والا تھا کہ میری نظر آئینے میں موجود اپنے عکس پر پڑی۔ میں رک گیا اور مڑ کر اس شخص کا بغور جائزہ لینے لگا جو مجھے دیکھ رہا تھا۔ مجھے لگا جیسے سوڈا فاونٹین والا رام پیارے لال میرے سامنے کھڑا ہو۔

وہ یاد، وہ چہرہ اور وہ یونیفارم میرے اعصاب پہ بہت بھاری تھا۔ مجھے رونا آ گیا اور میں نے رام پیارے لال کی آنکھوں سے آنسو رواں دیکھے۔ میں ایک ویٹر نہیں ہوسکتا تھا۔ کوئی اور نوکری سہی مگر ویٹر کی نوکری نہیں۔ اس دن میں نے وہ نوکری چھوڑ دی۔

اس کے بعد مجھے جو نوکری ملی وہ ایمبیسڈر ہوٹل، ڈی سی میں چھوٹے ملازم کی تھی۔ اجرت مناسب تھی اور کام کے اوقات بھی کم تھے۔ مجھے کوئی شکایت نہیں تھی مگر جب انہوں نے مجھے کھانے کے ہال میں اپنا کھانا کھانے سے منع کیا تو مجھے اپنی حیثیت اور رتبہ پھر سے یاد آ گیا اور ماضی کی یاد کسی آسیب کی طرح مجھ پر سوار ہوگئی۔ دوسرے دن مجھے علم ہوا کہ ہوٹل میں ایک کیشیئر کی جگہ خالی ہے۔ میں نے فوراً موقع سے فائدہ اٹھایا اور یہ جانے بغیر کہ مجھے کتنے پیسے ملیں گے یا کتنے گھنٹے کام کرنا ہوگا میں نے اس نوکری کے لیے درخواست دے دی۔ دوپہر تک صورتحال یہ تھی کہ میں ہوٹل کے کھانے کے ہال میں کھانا کھا رہا تھا اور خاتون ویٹریس مجھے کھانا پیش کر رہی تھیں۔ کیشیئر کی حیثیت سے مجھے پہلے سے کم اجرت میں اور زیادہ دیر تک کام کرنا پڑ رہا تھا مگر یک دم مجھے اپنی زندگی خوشگوار معلوم ہونے لگی۔

وہ دن بھی آ گیا جب میں نے اپنی پہلی گاڑی خریدی۔ وہ ایک خوبصورت گاڑی تھی اور مجھے کم قیمت میں مل گئی تھی۔ فورڈ فیلکن اور وہ بھی صرف تین سو ڈالر میں۔ جب میں پہلے دن اسے چلا کر ایمبیسڈر ہوٹل گیا تو اپنی کامیابی پر اتنا فخر محسوس کر رہا تھا کہ میں نے گاڑی عین ہوٹل کے مرکزی دروازے کے سامنے کھڑی کر دی۔ پھر میں کام کے لیے اندر چل پڑا۔ چھ گھنٹے بعد جب میں باہر نکلا تو مجھے اپنی آنکھوں پر یقین نہ آیا۔ میری گاڑی غائب تھی! میں نے اتنا غل مچایا کہ ہوٹل کے دو گارڈوں نے مجھے سنبھالا اور خاموش کرایا۔ پتہ یہ چلا کہ میری گاڑی چوری نہیں ہوئی تھی بلکہ غلط جگہ پارک ہونے کی وجہ سے کھینچ کر لے جائی

گئی تھی۔ میں اسٹیشن گیا اور چالان دے کر گاڑی واپس لی۔

میں وقتاً فوقتاً نوکریاں بدلتا رہتا اور پہلے سے بہتر اور بڑی کی تلاش میں جتا رہتا تھا۔ جب میں حکم ماننے سے اکتا گیا تو کچھ عرصے کے لیے ٹیکسی ڈرائیور بن گیا۔ میں پورے واشنگٹن میں گھومتا اور ہندوستانی سواریوں کو بڑے شوق سے بٹھاتا۔

میری ریستوران کی آخری نوکری ایک چوبیس گھنٹے چلنے والے ہندوستانی ریستوران پر تھی جس کا مالک ایک پاکستانی تھا۔ ایک دن ٹیکسی چلاتے ہوئے میں ایک انوکھی سی عمارت کے قریب پہنچا جس کے اوپر بہترین ہندوستانی پکوان کا اشتہار لگا تھا۔ میں کھانا کھانے اندر چلا گیا اور وہاں میری ملاقات اس کے مالک دوست محمد سے ہوئی۔ ہمارے مزاج اور دل فوراً مل گئے اور چند ہی گھنٹوں میں ہم بھائیوں سے زیادہ قریب ہو گئے۔ یہاں تک کہ وہ اپنے احباب اور رشتے داروں سے میرا تعارف بھائی کی حیثیت سے کرانے لگا۔

۱۹۶۸ کی گرمیوں میں میں اپنی ٹیکسی پورا وقت چلا رہا تھا۔ ایک دن سواریاں کم تھیں تو میں نے سوچا دوست محمد کے ساتھ گرما گرم چائے پی لوں۔ اس کا ریستوران جس علاقے میں تھا وہاں جرائم کی چھوٹی موٹی وارداتیں عام تھیں۔ میں نے سنا تھا کہ اسی لیے کاروبار بھی سست تھا۔ جب میں وہاں پہنچا تو میں نے دوست محمد کو اپنی بندوق اندر رکھتے ہوئے دیکھا۔ تاہم مجھے دیکھتے ہی وہ میرے استقبال کے لیے آگے آیا۔

بعد ازاں چائے اور کباب نوش کرتے ہوئے میں نے اس سے بندوق کے بارے میں پوچھا۔ اس نے بتایا کہ اس پستول کے ذریعے ہی اس علاقے میں ان کی بقا ہے۔ اس کا کام خطرناک تھا اور بندوق اس کی ضرورت تھی۔ پھر اس نے مجھ سے پوچھا کہ کیا میں رات میں اس کا ریستوران چلانے میں دلچسپی رکھتا ہوں۔ میں نے ہامی بھر لی اور کوئی سوال نہ کیا۔ شاید اس لیے کہ میں کچھ سنسنی چاہتا تھا یا شاید اس لیے کہ میں اپنی دانست میں اس پر احسان کر رہا تھا۔ وجہ جو بھی تھی، یہ پہلی دفعہ نہیں ہوا تھا کہ میں اچھی اجرت والی نوکری چھوڑ کر کم اجرت والی کا انتخاب کر رہا تھا۔

ریستوران کا مالک اپنے ساتھ بندوق رکھتا تھا اور چاہتا تھا کہ میں بھی ایسا ہی کروں ۔اس نے مجھے تنبیہ کی کہ وہاں گولیاں چلنا ایک عام بات تھی اور اکثر ایسے واقعات ہو جاتے تھے جب نشے میں دھت لوگ آپس میں لڑ پڑتے ، جھگڑا فساد شروع کر دیتے اور املاک کو نقصان پہنچاتے۔ مجھے ایسے حالات کے لیے ہوشیار اور تیار رہنا تھا۔

رجسٹر کے پیچھے میری تیسری رات تھی جب ایک دلال اپنی طوائفہ کے ساتھ اندر آیا۔ اس کا انداز کچھ ایسا تھا کہ میں چوکنا ہو گیا۔ جب انہوں نے کافی منگوائی تو میں نے سوچا کہ حالات قابو میں ہی رہیں گے مگر ایسا نہیں ہوا۔ دونوں نے بحث کرنا شروع کر دی اور بات یہاں تک پہنچ گئی کہ اس آدمی نے لڑکی کو بری طرح مارنا شروع کر دیا۔ میں اپنے کاؤنٹر سے نکلا اور اس کے پاس جا کر اسے نکل جانے کو کہا۔ مجھے پتہ چل رہا تھا کہ دونوں نشے میں ہیں اور میری بات نہیں سن رہے۔

میں دوبارہ اس کی طرف گیا اور اسے کہا کہ وہ لڑکی کو لے کر فوراً نکل جائے ورنہ میں پولیس کو بلا لوں گا۔ وہی ہوا جس کی میں توقع کر رہا تھا۔ وہ دونوں اٹھ کھڑے ہوئے۔ لیکن جاتے ہوئے اس نے کافی کی کیتلی اٹھا لی اور اپنے ساتھ لے جانے لگا۔ پتہ نہیں میرے اندر کہاں سے اتنی جرت آئی کہ میں اس کے سامنے جا کر کھڑا ہو گیا اور اس سے کیتلی واپس ٹیبل پر رکھنے کو کہا۔

میرا دل پھٹنے کو تھا اور میں اپنے آپ کو کوس رہا تھا کہ میں نے پہلے کیوں نہ اس پر بندوق تانی۔ یہ ایک بری فلم کے کسی سین کا سا منظر تھا۔ نظریں ایک دوسرے پر جمی ہوئی تھیں اور تناؤ اتنا تھا کہ آپ تیز چھری سے اسے کاٹ لیں۔ اس نے کیتلی واپس رکھ دی لیکن اگلے ہی لمحے اس کی بندوق مجھ پر تنی ہوئی تھی۔

میری دنیا جیسے وہیں رک گئی۔ میں سمجھا کہ بس میرا وقت آ گیا۔ اس نے مجھ سے باہر آنے کو کہا۔ اپنے دوست کی املاک کو نقصان سے بچانے کے خیال سے میں نے اثبات میں سر ہلایا اور باہر کی طرف چل پڑا۔ جوانی میں انسان لا اُبالی ہوتا ہے اور بہت سے کام بغیر سوچے سمجھے کر گزرتا ہے۔ میرے ساتھ بھی ایسا ہی ہوا۔ میں اندر رک سکتا تھا، اس کو

باتوں میں الجھا سکتا تھا، مدد بلا سکتا تھا، اپنا دماغ استعمال کر سکتا تھا۔ مگر نہیں، میں اس کے ساتھ باہر چلا گیا۔ پتا نہیں میرے دماغ میں کیا چل رہا تھا۔ شاید میں یہی سوچ رہا تھا کہ میں بزدل نہیں ہوں۔ اگر کوئی مجھے للکارے تو میں ایک مرد کی طرح اس کا مقابلہ کر سکتا ہوں۔ باہر جا کر وہ مڑا اور چلا گیا۔ مگر جب تک اس کی گاڑی نظروں سے اوجھل نہیں ہوئی میں اپنی جگہ ساکت کھڑا رہا۔ اور پھر میرا سر چکرانے لگا۔

دعوت فکر:

ہم دنیا کے حصول کے لیے جدوجہد کرتے رہے ہیں۔ مگر ہمیں رسوائی اور بدبختی کے سوا کچھ حاصل نہیں ہوا۔ کیا جنت کے حصول کی جدوجہد کا بھی یہی نتیجہ نکلے گا؟ اس بارے میں سوچیے۔

۱۰

پیغام اور پیغام بر

’’ہم نے انسان کو پیدا کیا ہے اور اس کے دل میں جو خیالات اٹھتے ہیں ان سے ہم واقف ہیں اور ہم اس کی رگِ جان سے بھی زیادہ اس سے قریب ہیں۔‘‘ (القرآن، ۱۶:۵۰)

جب مجھے اپنی حالت کی ابتری کا احساس ہونے لگا اور میرا نظریۂ زندگی میری آنکھوں کے سامنے چکنا چور ہوتا نظر آیا تو میں جوابات پانے کے لیے بے چین ہو گیا۔ یہ محض سوالات نہیں تھے جن کی مجھے توضیح چاہیے تھی بلکہ اس علم کے حصول کی تڑپ تھی جس کی میں سمجھتا تھا کہ مجھے ضرورت ہے۔ ایک ایسی چیز جو میری ہی تھی مگر میں اب تک اسے نہیں پا سکا تھا۔

وہ مجھے اندر باہر سے جانتا تھا مگر میرے ذہن میں ایمان کا بس ایک دھندلا سا خاکہ ہی تھا۔ میرا رب میری شہہ رگ سے بڑھ کر قریب تھا۔ کبھی کبھار ایسا لگتا جیسے خدا کی ذات فقط میرے ضمیر کے اوپر چھا جانے والا گہرا بادل ہو۔ مگر کبھی کبھار یوں محسوس ہوتا کہ وہ ایک روشن اور چمکدار نور ہے جس کو پانے کا میں شدت سے خواہش مند ہوں۔

اللہ تعالیٰ نہیں بھولتا۔ یہ ہم ہیں جو بھول جاتے ہیں۔ اس نے انسان سے روز اول سے لے کر قیامت تک کے لیے رزق اور ہدایت کا وعدہ فرمایا ہے اور اپنا وعدہ پورا کیا ہے۔ آج ہمارے پاس نہ تو رزق کی کمی ہے اور نہ ہی رہنمائی کی۔ آدمؑ کے دور سے ہی اللہ تعالیٰ نے اپنی وحی، خوابوں، فرشتوں، نشانیوں اور پیغمبروں کے ذریعہ انسان سے رابطہ قائم رکھا۔ وہ مستقل انسان کو اس کے کیے ہوئے عہد، اس کا مقصد اور اس دنیا کی عارضی حیثیت کی یاددہانی کرواتا رہا۔

آدمؑ، ایک لاکھ چوبیس ہزار پیغمبروں میں سب سے پہلے تھے جن کو اللہ تعالیٰ نے انسانیت کی رہنمائی کے لیے منتخب فرمایا۔ ان کے بعد حضرت ادریسؑ، حضرت نوحؑ، حضرت

ہودؑ ، حضرت صالحؑ ، حضرت ابراہیمؑ اور حضرت لوطؑ تشریف لائے اور یہ سلسلہ حضرت عیسیٰؑ تک جاری رہا۔ آخر میں ہمارے پیارے نبی حضرت محمد ﷺ اس دنیا میں اللہ تعالیٰ کے آخری نبی اور رسول کی حیثیت سے تشریف لائے جن کے بعد نہ کوئی اور نبی آیا اور نہ آئے گا۔ اللہ تعالیٰ کے بھیجے گئے تمام پیغمبروں اور ان کی تعلیمات پر ایمان مسلمانوں کے عقیدے کا اہم جز ہے۔

اللہ تعالیٰ کے پیغمبر عام انسان تھے جنہیں غیر معمولی صلاحیتوں سے نوازا گیا تھا۔ اللہ تعالیٰ نے ہر ایک کو توحید کا پیغام پہنچانے کے لیے خاص طور پر چنا۔ یہ پیغمبر مختلف اقوام اور نسلوں سے تعلق رکھتے تھے اور خاص احکامات کے ساتھ اپنی قوموں میں بھیجے گئے تھے تا کہ ان کی اصلاح کر سکیں۔ بعض پیغمبر اللہ کے پیغامات زبانی سناتے تھے اور بعض کو اللہ تعالیٰ نے مکمل صحیفوں کے ساتھ بھیجا جن کو بعد میں کتابی شکل دی گئی۔

اللہ تعالیٰ کی طرف سے آنے والے تمام ادیان اور تمام پیغامات ایک اللہ سے متعارف کراتے، شیطان کے شر سے خبردار کرتے، لوگوں کو اچھائی کا حکم دیتے اور برائی سے منع کرتے۔ پھر جب انسان کسی مذہب میں بگاڑ پیدا کر دیتا تو اللہ تعالیٰ نیا مذہب بھیج دیتے مگر اس کی تعلیمات کا نچوڑ وہی ہوتا۔ ہر نئی قوم کے لیے نیا نام اور نیا پیغمبر ہوتا، یہاں تک کہ انسان اسے بگاڑ دیتے اور اللہ تعالیٰ نئے سرے سے دین کو متعارف کراتے۔ یہ سلسلہ یونہی چلتا رہا۔ سینکڑوں ہزاروں پیغمبر آئے اور آخر میں آخری پیغام آخری نبی محمد ﷺ پر نازل ہوا۔ اس آخری پیغام کی حفاظت کی ذمہ داری اللہ تعالیٰ نے خود اپنے ذمے لے لی اور آج تک یہ پیغام ردوبدل سے پاک اور دنیا بھر کے مسلمانوں کے لیے محترم ہے۔ یہ پیغام قرآن ہے اور جس نبی پر اسے اتارا گیا وہ حضرت محمد ﷺ ہیں۔

نجات کا راستہ:

صحیح مسلم میں حضرت ابوہریرہ سے روایت ہے کہ آپ ﷺ نے فرمایا:

"اللہ کے لیے سو رحمتیں ہیں، ان میں سے ایک حصہ جنات، انسانوں، چوپایوں اور کیڑے مکوڑوں کے لیے نازل کیا گیا ہے جس

کی وجہ سے وہ ایک دوسرے پر شفقت ومہربانی اور رحم کرتے ہیں اور اسی کی وجہ سے وحشی جانور اپنے بچے پر شفقت کرتا ہے اور اللہ نے ننانوے رحمتیں بچا کر رکھی ہیں جن سے قیامت کے دن وہ اپنے بندوں پر رحمت فرمائے گا" (صحیح مسلم، ۶۸۶۹)

اللہ تعالیٰ اپنی مخلوق سے محبت کرتا ہے۔ اس محبت کو سمجھنے کے لیے ہمیں زیادہ دور دیکھنے کی ضرورت نہیں۔ ہماری اپنی زندگیاں اس کی بہترین مثال ہیں۔ تاہم اس کی سب سے بڑی رحمت اس کے وہ چنیدہ رسول تھے جو انسان کو حق کی طرف رہنمائی دینے اور اندھیروں سے روشنیوں کی جانب نکالنے کے لیے بھیجے گئے۔

ہر انسان کے اندر یہ صلاحیت یا طاقت نہیں ہوتی کہ وہ صحیح اور غلط میں تمیز کر سکے، شیطان کے وسوسوں سے اپنے آپ کو بچا سکے یا از خود اللہ کو پہچان سکے۔ اس کی ایک وجہ ہمارے کھوٹے دل اور باطل عقائد ہیں۔ ہمیں بچپن سے ہی ہر چیز کو ناقدانہ انداز میں پرکھنے کی تربیت دی جاتی ہے البتہ موروثی روایات اور رسومات کے بارے میں کسی کو کچھ کہنے کی اجازت نہیں ہوتی۔ وہ پتھر پر لکیر کا درجہ رکھتے ہیں۔

آج کل ہمارے لیے سینٹا کلاز، بھوت پریت، نگہبان فرشتوں اور ایسٹر بنیز پر یقین کرنا کوئی مشکل بات نہیں مگر جب بات شیطان کی ہو تو ہم مسلمانوں کو بھی اس کی حقیقت سینٹا کلاز کے مقابل کم ہی لگتی ہے۔ ہم بیماریوں، حادثات، چوری، ڈکیتی، بے وفائی، زیادتی اور استحصال سے بچنے کی تدابیر تو اختیار کر لیتے ہیں مگر شاید ہی کبھی شیطان سے بچاؤ کی فکر کرتے ہیں۔

تصور کریں اگر اللہ تعالیٰ نے انسان کو بے یار و مددگار چھوڑ دیا ہوتا تو اس دنیا میں تین بڑی مخلوقات ہوتیں: انسان، جنات اور شیاطین۔ پھر ان تینوں کے درمیان طاقت اور اقتدار کی جنگ ہوتی۔ چونکہ شیطان سب سے زیادہ شاطر اور چالاک ہے، وہ انسان اور جنات دونوں پر حاوی ہو جاتا۔ انسان اللہ کی ہدایت کے بغیر بھٹکا ہوا ہوتا۔ وہ اپنی صلاحیت اور طاقت سے بے خبر ہوتا اور جنات کے لیے آسان ہدف بن چکا ہوتا۔

اب آپ اپنی آج کی زندگی کا موازنہ کریں۔ ہم ایک متوازن حالت میں رہ

رہے ہیں۔ اگر یہاں تباہی ہے تو ترقی بھی ہے۔ اگر اس دنیا میں شیطانی قوتوں کے باعث ظلم وستم ہے تو دوسری طرف اللہ کی رحمت کے توسط سے مہربانی اور دردمندی بھی ہے۔ اگر کفر دنیا میں غالب ہے تو دنیا کے ہر کونے میں اللہ کی وحدانیت کا اقرار کرنے والے مسلمان بھی موجود ہیں جو اسلام کے نور کو پھیلانے کے لیے کوشاں ہیں۔

انسان ازخود راہ حق کو تلاش نہیں کر سکتا تھا اس لیے اللہ تعالیٰ نے اس کی مدد کے لیے اپنے رسول بھیجے۔ رسولوں کا انتخاب اور کتابوں اور احکامات کا نزول اللہ کی رحمت کے دونا قابل تردید پہلو ہیں۔ اسی کی بدولت انسان نے دور جہالت سے نکل کر ترقی کے منازل طے کیے۔

قرآن کا ایک حیرت انگیز وصف یہ ہے کہ اس میں نازل کردہ احکامات آج کے دور میں بھی اتنے ہی قابل عمل ہیں جتنے اس وقت تھے جب وہ نازل ہوا تھا۔ انسان کا کوئی ایسا مسئلہ یا معاملہ نہیں جس کا قرآن میں ذکر نہ ہو۔ وہ ہمیں زندگی گزارنے، لوگوں سے میل جول کرنے اور دیگر معاملات زندگی کے بارے میں تعلیم دیتا ہے جو ہمیں بطور فرد اور معاشرہ درپیش ہوتے ہیں۔ ان سب سے بڑھ کر قرآن انسان کو انسان کے بارے میں، اس کے ماضی اور اس کی ابتداء کے بارے میں بتاتا ہے۔ یہ اللہ کی رحمت در رحمت ہے کہ اس نے ہمارے جیسے انسانوں کو ہماری اصلاح کے لیے بھیجا تا کہ وہ ہمیں دکھا سکیں کہ قرآن کے احکامات انسانوں کے لیے قابل عمل ہیں۔ اللہ تعالیٰ فرماتا ہے:

> ''اور ہم نے آپ ﷺ کو تمام جہان والوں کے لیے رحمت ہی بنا کر بھیجا ہے۔'' (القرآن، ۲۱:۱۰۷)

رسولوں کو راہ نجات دکھادی گئی اور ان سے کہا گیا کہ وہ دیگر انسانوں کو بھی اسی راہ کی طرف بلائیں۔ اگر یہ ہدایت ہمیں نہ ملتی تو پوری کی پوری انسانیت برباد ہو جاتی اور جہنم اس کا مقدر ہوتی۔ یہ دنیا تاریکی میں ڈوبی ہوتی اور جنگل کا قانون رائج ہوتا، جہاں طاقتور کمزور پر ہمیشہ حاوی رہتا۔

پیغام اور پیغمبر:

وہ رسول جنہوں نے تمام آسمانی کتابوں اور پچھلے رسولوں کی تصدیق کی، جو توحید

کا تحفہ لیے اللہ تعالیٰ کی رحمت بن کر تشریف لائے، نہ صرف انسانوں کے لیے بلکہ جنات اور ان تمام مخلوقات کے لیے بھی جنہیں اللہ نے اس زمین میں پیدا کیا ہے، وہ ہستی حضرت محمد ﷺ تھے۔

ہمارے جسم کی کیمسٹری اور ہمارے دل، روح اور ذہن کو اللہ سے بہتر بھلا کون جان سکتا ہے۔ اس لیے اگر وہ انسان کو اس کی کمزوریاں بتاتا ہے، مثلاً یہ کہ وہ بھلکڑ اور ناشکرا ہے تو ہمیں چاہیے کہ ان باتوں پر غور کریں اور اپنی اصلاح کریں۔ کیونکہ یہ قرآن کے پیغام اور اسلام کو سمجھنے کے لیے ضروری ہے۔

قرآن دراصل انسان کو ہی بیان کرتا ہے، اور وہی اس کا مرکز گفتگو ہے۔ وہ انسان کے حوالے سے مندرجہ ذیل موضوعات پر بات کرتا ہے:

☆ انسان کا اپنے خالق، اللہ کے ساتھ تعلق۔

☆ انسان کا دنیا کے ساتھ تعلق۔

☆ انسان کا اپنی ذات، اپنے گھر والوں،، دوستوں، پڑوسیوں اور دشمنوں سے تعلق۔

قرآن ہر رشتے کے حوالے سے خطاب کرتا ہے اور انسان کو ہر تعلق کو صحیح طریقے سے نبھانے کا درس دیتا ہے۔ وہ انسان کو اس کی ترجیحات سکھاتا ہے اور بتاتا ہے کہ سب سے پہلے اللہ تعالیٰ کو فوقیت دینی ہے۔ پھر اس کے گھر والوں، رشتے داروں اور آخر میں اس دنیا کا درجہ آتا ہے جس میں وہ رہتا ہے۔ قرآن کا بنیادی موضوع یہ ہے کہ انسان اللہ کو اپنا خالق اور مالک مانے اور اس کے بتائے گئے نیک اعمال کرے۔

پیغام

قرآن حضرت محمد ﷺ کا معجزہ ہے۔ اس کے لفظی معنی 'پڑھنے' کے ہیں۔ گو کہ یہ اس ہستی پر نازل ہوا جو ساری عمر نہ پڑھ سکتے تھے اور نہ ہی لکھ سکتے تھے۔ اس کے باوجود قرآن دلوں میں محفوظ کر دیا گیا اور اس طرح قرآن آج تک اپنی اصل حالت میں محفوظ ہے۔ اللہ تعالیٰ کا پیغام حیران کن خصوصیات کا حامل ہے۔ ان میں سے چند مندرجہ ذیل ہیں:

☆ یہ پیغام واضح اور ہر ایک کو با آسانی سمجھ آنے والا ہے۔
☆ یہ انسان کے لیے راہ بقا ہے اور اس کے ذریعے انسان اللہ کی رحمت کی مدد سے کامیابی حاصل کرسکتا ہے۔
☆ اس میں مختلف سورتیں ہیں۔ ان میں سے ہر ایک اپنی جگہ منفرد، کامل، محفوظ، نقص اور تضاد سے پاک ہے۔
☆ اس میں آیات ہیں جو اللہ کی وحدانیت ، اس کی بڑائی اور بے پناہ قوت کی نشانیاں ہیں۔
☆ یہ حق ہے جس پر باطل اثر انداز نہیں ہوسکتا۔
☆ یہ بے مثال ہے اور اس کی نقل ناممکن ہے۔

پہلی وحی:

جب اللہ تعالیٰ کی طرف سے پہلی وحی نازل ہوئی تو آپ ﷺ کی عمر تقریباً چالیس سال کے قریب تھی اور آپ ﷺ اپنا زیادہ تر وقت غور و فکر اور تدبر میں گزارتے تھے۔ یہ ۶۱۰ء کا سال تھا۔ مکہ لوگوں کی لڑائیوں سے خون آلود تھا اور وہاں کے لوگ وحشیوں سے کچھ کم نہ تھے۔ عورتوں کے ساتھ جانوروں کا سا سلوک کیا جاتا جبکہ غلاموں کی حالت اس سے بھی زیادہ گئی گزری تھی ۔ قتل و غارت گری عام تھی۔ حضرت محمد ﷺ نے دیکھا کہ ظلم، ناانصافی، لالچ، غرور اور بد نظمی نے ان کے لوگوں کو گمراہی کے اندھیروں میں دھکیلا ہوا ہے۔ اپنے لوگوں کی پست حالت اور بدحالی دیکھ کر آپ ﷺ بہت غمگین ہو جاتے۔ وہ شہر سے چند میل دور غار حراء میں کنارہ کش ہو جاتے۔ وہاں کئی کئی دن اور کئی کئی راتیں گزارتے، غور و فکر کرتے اور حقیقی رب کو تلاش کرتے۔ ایسی ہی ایک رات تھی جب حضرت جبرئیلؑ تشریف لائے اور آپ ﷺ کو مطلع کیا کہ اللہ تعالیٰ نے آپ ﷺ کو اپنا نبی اور رسول بنایا ہے تاکہ آپ ﷺ اسلام کی شمع کو دوبارہ روشن کریں اور مکہ کو گمراہی کے اندھروں سے باہر نکالیں۔

جبرئیلؑ وحی کے فرشتے ہیں۔ انہوں نے حضرت محمد ﷺ کو کہا کہ ''پڑھ''۔ آپ ﷺ متعجب ہوئے اور فرمایا کہ میں نہیں پڑھ سکتا۔ جبرئیلؑ نے آپ ﷺ کو اتنا زور سے پکڑا کہ آپ ﷺ کو پسینہ آ گیا اور پھر کہا کہ ''پڑھ''۔ حضرت محمد ﷺ نے پھر وہی جواب

دیا۔ جبرئیلؑ نے دوبارہ آپ ﷺ کو پکڑ کر زور سے بھینچا اور پھر کہا ''پڑھ''۔ اس بار رسول اکرم ﷺ نے پوچھا کہ کیا پڑھوں۔ جبرائیلؑ نے ایک مرتبہ پھر آپ ﷺ کو پکڑ کر زور سے دبایا اور پھر جب چھوڑا تو آپ ﷺ کے اندر ذرا بھی سکت باقی نہ تھی۔ پھر جبرائیلؑ نے کہا:

> **''پڑھ اپنے رب کے نام سے جس نے پیدا کیا۔ جس نے انسان کو خون کے لوتھڑے سے پیدا کیا۔ تو پڑھتا رہ تیرا رب بڑے کرم والا ہے۔ جس نے قلم کے ذریعے (علم) سکھایا۔ جس نے انسان کو وہ سکھایا جسے وہ نہیں جانتا تھا۔'' (القرآن، ۹۶:۱۔۵)**

یہ پہلی وحی تھی۔ اور یہی پہلا پیغام تھا جو رسول اکرم ﷺ کو اور آپ ﷺ کی امت کو دیا گیا تھا۔ اللہ تعالیٰ نے خالق، سب کچھ عطا کرنے والے (الاکرم) اور سب کچھ جاننے والے رب کی حیثیت سے اپنا تعارف کرایا۔

اللہ تعالیٰ کے احکامات کو سمجھنا:

قرآن اللہ تعالیٰ کا کلام ہے جو عربی زبان میں نازل ہوا۔ اس میں انسان کے لیے پیغام ہے اور احکامات ہیں جو اس کے لیے مالک حقیقی کی طرف سے بھیجے گئے ہیں۔ یہ پیغامات حضرت محمد ﷺ کے ذریعے ہم تک پہنچائے گئے۔ قرآن نہ صرف ایک مثبت اور سچی کتاب ہے بلکہ یہ سب سے زیادہ اثر کرنے والی، چھپنے والی اور پڑھی جانے والی کتاب ہے۔

یہ کتاب اسلام کی بابت گفتگو کرتی ہے جس کا مطلب ارادی اور اختیاری طور پر اللہ کی اطاعت کرنا ہے۔ قرآن میں اللہ تعالیٰ بیان کرتا ہے کہ انسان کی تخلیق کا مقصد اللہ کی عبادت کرنا ہے۔ تاہم انسان کے پاس فرمانبرداری اور نافرمانی کا اختیار ہے اور وہ بالآخر اپنے اختیار کے حوالے سے اللہ کے آگے جوابدہ ہوگا۔

قرآن اس حقیقت کو بیان کرتا ہے کہ اسلام دراصل زندگی گزارنے کا طریقہ ہے۔ اسلام میں داخل ہونے کے لیے ضروری ہے کہ انسان قصداً تسلیم کرے کہ وہ ایسی زندگی گزارنے کے لیے تیار ہے جس میں اس نے اپنی ذات پر اپنے رب کے احکامات کو فوقیت دینی ہے۔ اس کے اندر موجود پیغام امید بھی دیتا ہے اور انسان کو اللہ کے غضب سے

ڈراتا بھی ہے۔

دنیا میں بھیجے جانے سے قبل انسان سے ہدایت کا وعدہ کیا گیا تھا اور اس کو اللہ تعالیٰ کی اطاعت کا حکم دیا گیا تھا۔ اس کا مشن یہ تھا کہ وہ اپنی ذات میں ترقی کرے۔ اس کے اختیار کو نظم و ضبط کی ضرورت تھی جس کے لیے اللہ تعالیٰ نے احکامات وضع کیے۔ ان احکامات کو تسلیم کرنے اور ان پر عمل کرنے میں انسان کی مدد کرنے کے لیے اللہ تعالیٰ نے اپنا تعارف بطور خالق کرایا جس کا انکار ممکن نہیں۔

قرآن خوشخبری بھی ہے اور تنبیہ بھی:

قرآن انسان کو بار بار اپنی زندگی سدھارنے پر ابھارتا ہے۔ یہ انسانیت کو سچائی اور حق کی دعوت دیتا ہے۔ جو لوگ روز آخرت پر ایمان رکھتے ہیں، ان کے لیے یہ کلام امید کی کرن بن جاتا ہے۔ اس کے برعکس دنیا کی زندگی میں کھوئے ہوئے لوگوں کے لیے یہ ایک تنبیہ اور نصیحت ہے۔

جو لوگ قرآن کا مطلب سمجھ جاتے ہیں یہ ان کے دلوں اور روحوں کو چھو لیتا ہے۔ یہ کتاب محض سرسری طور پر پڑھنے کے لیے نہیں۔ یہ اللہ تعالیٰ کا کلام ہے جو انسان سے مخاطب ہے۔ ہم دنیا کی زبانیں سیکھنے اور سمجھنے میں تو بہت محنت کرتے ہیں مگر جب قرآن کی بات ہوتی ہے تو فقط اس کے الفاظ پڑھنے پر اکتفا کر لیتے ہیں۔ یہ جانے بغیر کہ وہ ہم سے کیا کہہ رہے ہیں۔ ہم بڑے فخر سے کہتے ہیں کہ ہم اللہ پر ایمان لائے ہیں، اس سے اور اس کے نبی ﷺ سے محبت کرتے ہیں اور اس کا بے حد احترام کرتے ہیں۔ لیکن کیا ہمارا یہ کہنا جھوٹ اور منافقت پر مبنی نہیں؟ ہمارا حال تو یہ ہے کہ ہمارے پاس اپنے خالق کے کلام کو سمجھنے کے لیے نہ وقت ہے نہ چاہت۔ پھر کیسا ایمان، کیسی محبت اور کیسی اطاعت۔

اپنے آپ سے پوچھیے: کیا میں واقعی اللہ تعالیٰ کو اپنا خالق مانتا ہوں؟ چار سے پانچ سیکنڈ کے لیے آپ کا ذہن اس امکان پر غور کرے گا، اگلے تین سیکنڈ کے بعد یا تو وہ اس بات کو تسلیم کرلے گا یا پھر اس کا انکار۔ دونوں صورتوں میں آپ کے اندر خطرے کی گھنٹی بجنے لگے گی۔ اگر آپ کا ذہن اس کو تسلیم کرے گا تو آپ کو اپنے رب کے آگے حاضر ہونے کے لیے تیاری کرنے پر اکسائے گا۔ البتہ، اگر آپ کا ذہن انکار کرے گا تو آپ کے اندر بجنے

والی خطرے کی گھنٹی آپ کے ضمیر کو جگا دے گی اور آپ احساسِ ندامت کا شکار ہو جائیں گے۔ خطرے کی گھنٹی کا نہ بجنا بھی کسی خطرے سے خالی نہیں۔ اس کا مطلب ہے کہ آپ شیطان سے بری طرح مات کھا چکے ہیں۔ یہی بات آپ کو جھنجھوڑنے کے لیے کافی ہونی چاہیے! اب آپ کو اپنی زندگی کی باگ دوڑ شیطان کے ہاتھ سے کھینچ کر خود اپنے ہاتھ میں لینی ہوگی۔

یہ ہو ہی نہیں سکتا کہ انسان اللہ کو اپنا خالق تو مانے مگر اس کے بارے میں جاننا نہ چاہے۔ نہ یہ جاننا چاہے کہ خالق نے اس کے لیے کیا پیغامات چھوڑے ہیں اور نہ ہی اس جزا و سزا کو سننے اور سمجھنے میں دلچسپی لے جس کا اس نے اپنے نیک بندوں اور نافرمانوں سے وعدہ کیا ہے۔ ایک مسلمان اس وقت تک سچا مومن اور اسلام کا پیروکار نہیں ہو سکتا جب تک کہ وہ قرآن اور اس کے پیغام کو نہ سمجھے۔

جو بوؤ گے وہی کاٹو گے:

قرآن کا پیغام جذبات سے لبریز ہے۔ یہ پر امن اور پر سکون ہے مگر اس کے ساتھ ساتھ غضبناک اور ڈرانے والا بھی ہے۔ اس میں ماضی اور مستقبل کے قصے ہیں۔ یہ ایسے راز کھولتا ہے جو انسان اللہ کے اذن کے بغیر خود جان ہی نہ سکتا تھا۔ یہ اللہ تعالیٰ کو محبت کرنے والا اور مہربان بتاتا ہے مگر ساتھ ہی غضب والا اور سزا دینے والا بھی بتاتا ہے۔

جب انسان کی تخلیق ہوئی اور اس میں روح پھونکی گئی تو اس کے اندر احساس اور جذبات زندہ ہو گئے۔ وہ جلد بازی اور بھوک کے احساس سے فوراً کھانے کی طرف لپکا۔ انسان کی تخلیق بھی ایک جذبے کا اظہار تھی۔ اللہ تعالیٰ کے عرش پر جنات اور فرشتے بھی موجود تھے جو دن رات اس کی عبادت پر مامور ہیں۔ اس کے باوجود اللہ تعالیٰ نے انسان کو پیدا کیا، اس میں اپنی روح پھونکی اور اس کو اختیار اور اس کے ارادوں کو آزادی عطا کی۔ بعد ازاں انسان کو دنیا عطا کی گئی اور پھر اس کی رہنمائی کے لیے پے در پے پیغمبر بھیجے گئے۔

قرآن دراصل انسان سے اللہ کی محبت کا قصہ ہے۔ ہر تنبیہ، ہر امید، ہر سزا اور ہر انعام اللہ تعالیٰ کی محبت کے اظہار کے سوا کچھ نہیں۔ اگر ایسا نہ ہوتا اور جہنم ہی انسان کا مقدر

کردہ ٹھکانا ہوتی تو ہدایت اور پیغمبروں کو نہ بھیجا جاتا۔ البتہ اگر انسان یہ سمجھتا ہے کہ اللہ تعالیٰ اس کو نہیں آزمائے گا تو وہ بیوقوف ہے۔ اللہ تعالیٰ اپنے تمام اوصاف کے ساتھ منصف بھی ہے۔ ایک مومن اور ایک کافر کبھی بھی ایک جیسا صلہ نہ پائیں گے۔ انسان جو بوئے گا، وہی فصل کاٹے گا اور یہی قرآن کا اساسی پیغام ہے۔

دعوت فکر:

- کیا ایسا ہوسکتا ہے کہ اللہ کا فرمانبردار بندہ قرآن وسنت کی تعلیمات جاننے میں دلچسپی نہ رکھتا ہو؟
- قرآن کا اساسی پیغام کیا ہے؟
- کیا قرآن صرف خوشخبریاں دیتا ہے؟

۱۱

شادی خانہ آبادی

(یونائیٹڈ اسٹیٹس، انڈیا، ۱۹۶۹ء۔۱۹۷۸ء)

''اور ہم نے تمہیں جوڑوں کی شکل میں بنایا'' (القرآن، ۷۸:۸)

ایک شام مسجد میں میری ملاقات ایک مسلمان بہاری لڑکے سے ہوئی۔ اس وقت میرے وہم وگمان میں بھی نہ تھا کہ یہ اتفاقی ملاقات میری زندگی کا رخ بدل دے گی۔ آج جب میں مڑکر دیکھتا ہوں تو مجھے خیال آتا ہے کہ اس وقت رونما ہونے والے کئی چھوٹے اور معمولی واقعات نے میری زندگی کو ایک اہم موڑ پر لاکھڑا کیا تھا۔

بہاری نوجوان نے اپنا نام حسیب بتایا۔ وہ ایک باورچی تھا جو ہندوستانی سفارتخانے میں عاقل احمد صاحب کے لیے کام کرتا تھا جو سفارتخانے کے نائب ایلچی تھے۔ ایک دن حسیب نے مجھے کھانے پر مدعو کیا اور یوں میری ملاقات احمد صاحب سے ہوئی۔ وہ ایک نیک آدمی تھے اور ان کو غالباً میں بھی اچھا لگا تھا۔ چونکہ میری طرح ان کا تعلق بھی ہندوستان سے تھا، ہم نے اپنی ملاقات کے دوران وہاں کے بہت سے پرانے قصے یاد کیے اور اپنے مستقبل کے عزائم پر گفتگو کی۔ انہوں نے مجھے اپنے بھائی جمیل احمد کے بارے میں بتایا اور ان کی امریکہ آمد کے بعد ان سے ملاقات بھی کرائی۔

جمیل احمد ہندوستانی تھے اور یہی تعارف میری اور ان کی دوستی کے لیے کافی تھا۔ وہ رشتے بھی طے کرایا کرتے تھے۔ ان کی ایک بھانجی تھی جس کا نام عائشہ تھا۔ جب وہ میرے پرانے دوست عظیم سے ملے جس کے ساتھ میں نے واشنگٹن پوسٹ میں کام کیا تھا تو وہ انہیں اپنی بھانجی کے لیے بہترین جوڑ معلوم ہوا۔ چنانچہ انہوں نے فی الفور رشتہ دے دیا۔ عظیم رشتے میں دلچسپی رکھتا تھا اور بہت خوش ہوا۔ اس نے عائشہ کی تصویر مانگی اور جب تصویر دیکھی تو اس کے حسن پہ فدا ہوگیا۔ مجھے معلوم تھا کہ عائشہ کی تعلیم، مزاج اور پس منظر جاننے سے قبل ہی وہ یہ رشتہ منظور کر چکا ہے۔ وہ پوری طرح رضامند تھا اور اس کا اظہار اس نے ایک باوقار جنبش اور دھیمی سی ہاں سے کیا۔

عظیم کا نکاح ٹیلیفون پر ہوا۔ اس شادی پر نہ کوئی شادیانے بجے اور نہ ڈھول باجے۔ بس ٹیلیفون ہی کے ذریعے دلہن اور دلہا رشتہ ازدواج میں منسلک ہوئے۔ عظیم کی شادی میں صرف چار لوگ شریک تھے۔ جمیل، خلیل، میں اور دولہا میاں خود۔ جبکہ عائشہ کے ہاں ایک بڑی تقریب منعقد ہوئی تھی جس میں ہندوستانی شادی کے سارے رسم و رواج کا پاس رکھا گیا تھا۔

چند ہی منٹوں میں عظیم کی شادی ہوگئی اور ٹیلیفون اپنی جگہ پر واپس رکھ دیا گیا۔ میرا کنوارا دوست اب ایک شادی شدہ مرد بن گیا تھا۔ ہم نے سوچا کہ اس کے اعزاز میں رات کا کھانا باہر کھایا جائے۔ کھانے کی میز پر بیٹھ کر مجھے رہ رہ کر بڑے بھیا کی شادی یاد آرہی تھی۔ اگر ان کی شادی ایک تین منزلہ کیک کی مانند ہوتی، تو عظیم کی شادی نسبتاً اس کیک پر لگی چھوٹی سی ایک چیری کے جیسی تھی۔

اس سال ۱۹۶۹ء میں بالآخر میری پڑھائی مکمل ہوگئی اور مجھے ڈگری مل گئی۔ اس کے فوراً بعد مجھے انٹرویو کے لیے کیومنز انجینئرنگ کمپنی (Cummins Engineering Co. Indiana, Columbus) سے بلاوا آگیا۔ یہ کمپنی امریکہ کے شہر انڈیانا، کولمبس میں واقع تھی۔ میری راہ میں اب کوئی رکاوٹ نہ تھی اور کیونکہ یہ پیشکش ایک اعلیٰ درجے کی مشہور کمپنی سے تھی میں نے بغیر کسی پس و پیش کے اسے قبول کرلیا اور کولمبس روانہ ہوگیا۔

جب میں انٹرویو کے لیے پہنچا تو مجھے ڈیسک کے پیچھے بیٹھی سیکریٹری نے ایک آفس میں بھیج دیا۔ یہاں کچھ افسران موجود تھے جنہوں نے مجھ سے بس ایک سوال کیا۔ وہ یہ جاننا چاہتے تھے کہ میں مغربی امریکہ کے ایک قدامت پسند قصبے میں جہاں ان کی کمپنی قائم ہے کیسے رہ پاؤں گا جبکہ میں ایک ہندوستانی ہوں اور ہاورڈ یونیورسٹی کا ڈگری یافتہ ہوں جو سیاہ فام لوگوں کی یونیورسٹی ہے۔

میرا جواب یہ تھا: ''پہلے انسان دوسروں سے نفرت کرتے ہیں اور پھر اس نفرت کا جواز ڈھونڈتے ہیں۔ کچھ لوگ ہندوستانی اور امریکی قومیت کو جواز بناتے ہیں اور جب وہ کام نہیں آتی تو گورے اور کالے کا ہتھکنڈا استعمال کرتے ہیں اور اگر یہ بھی کارآمد نہیں ہوتا تو مسلمان اور عیسائی یا کیتھولک اور پروٹیسٹنٹ کے فرق کو جواز بنا لیتے ہیں۔ اور اگر یہ بھی نہ ہو

سکے تو کوئی اور بہانہ ڈھونڈ لیتے ہیں۔ الغرض وہ اپنی نفرت کو درست ثابت کرنے کے لیے وجوہات تلاش کرتے رہتے ہیں۔ البتہ میں اس بات کا قائل ہوں کہ نفرت دوطرفہ ہوتی ہے۔ اگر میں کسی سے نفرت کرتا ہوں تو گویا اس کو دعوت دے رہا ہوں کہ وہ بھی مجھ سے جواباً نفرت کرے۔ مگر میں نفرت کرنے والا انسان نہیں ہوں بلکہ رحم دل، دوست پرور اور دوسروں کا خیال رکھنے والا ہوں۔ اس لیے مجھے یقین ہے کہ کسی کو مجھ سے نفرت کرنے کا کوئی جواز نہیں ملے گا۔"

میرا جواب سن کر مجھے فوراً نوکری کی پیشکش کر دی گئی۔ میں نے بطور ایسوسی ایٹ انجینئر کام شروع کیا اور جلد ہی ترقی کر کے کمپنی کا فل ٹائم انجینئر بن گیا۔ میں کیومنز میں نئی نوکری اور کولمبس میں نئی زندگی میں اتنا مشغول ہو گیا کہ انڈین ایمبیسی اور انڈین مسلم ایسوسی ایشن سے میرا تعلق معدوم ہو گیا۔ نئی نوکری اور نئی جگہ کی ہلچل نے میری تمام تر توانائی، وقت اور توجہ لے لی تھی۔

میں ایک متحمل مزاج اور لوگوں میں گھل مل جانے والا شخص تھا جو آسانی سے ماحول میں ڈھل جانے کا ہنر جانتا تھا۔ لہٰذا مجھے اس نئے ماحول کو اپنانے میں کوئی دقت نہ ہوئی۔ ایک دن سودا سلف سنبھالتے ہوئے مجھے خیال آیا کہ میری زندگی میں دو چیزیں بہت اہم ہیں۔ ایک کھانا اور دوسرے دوست۔ اس وقت میرے پاس حلال کھانا وافر مقدار میں تھا مگر دوستوں کی قلت تھی۔ لہٰذا میں نئے دوستوں کی تلاش میں نکل پڑا۔ میں اپنی مہم میں کامیاب ہو گیا اور مجھے نئے دوست مل گئے لیکن اس بار یہ دوست ہندوستانی نہیں بلکہ خالص امریکن تھے۔

ترقی کے بعد میں اکثر اپنے نئے باس مسٹر پیلک کے ساتھ اٹھتا بیٹھتا تھا۔ وہ نیو یارک کے باسی تھے اور اکثر باتوں میں ہماری رائے ایک سی ہوتی تھی۔ اس طرح ان سے اچھے تعلقات قائم ہو گئے جو کولمبس چھوڑنے کے بعد بھی استوار رہے۔ میں کیومنز میں چار سال رہا اور جب میں نے ۱۹۷۳ء میں نوکری چھوڑی تو میرے لیے ایک شاندار الوداعی تقریب کا اہتمام کیا گیا۔ پانچ سو سے زائد لوگوں نے مجھے رخصت کیا۔ تقریب کے مقام کے باہر میرا نام بجلی کے روشن قمقموں سے جگمگا رہا تھا اور میں پہلی دفعہ امریکہ میں ایک

شہزادے کی طرح محسوس کر رہا تھا۔

۱۹۷۲ء تک میں اسٹوڈنٹ ویزہ پر امریکہ میں مقیم تھا مگر اسی سال گرمیوں میں مجھے میرا گرین کارڈ مل گیا جو میرے کیومنز کے افسران کی مہربانی کی بدولت ممکن ہوا جنہوں نے میری ضمانت دی۔ گرین کارڈ کا مطلب تھا کہ میں بغیر کسی پریشانی اور ویزہ کی پابندی کے ہندوستان جا سکتا تھا اور اسی سہولت سے واپس امریکہ لوٹ سکتا تھا۔

میں نے چھ سال بعد پہلی دفعہ ہندوستان جانے کا ارادہ کیا۔ چھ مہینے جلدی بھی گزرے اور آہستہ بھی۔ کبھی وقت اتنی تیزی سے گزرتا کہ دن اور ہفتوں کا پتہ ہی نہ چلتا اور کبھی اس کی رفتار سست ہو جاتی۔ میں آگے نکل جاتا اور وقت پیچھے رہ جاتا۔ ان سست رو ایام میں میں ہندوستان کے بارے میں سوچتا رہتا۔ شیخ پورہ کے باغات میری نظروں کے سامنے ہوتے تو کبھی خیالوں ہی خیالوں میں رمضان پور کے پکے ہوئے آم کھا رہا ہوتا۔ پٹنہ کی باقر خانی کی خوشبو میرے منہ میں پانی لے آتی۔ مجھے کسی کی کھلکھلاتی ہنسی سنائی دیتی پھر ابّا کی آواز میرے کانوں میں گونجتی۔ اسی طرح یکے بعد دیگرے میں ماضی کے چہروں سے محو گفتگو رہتا یہاں تک کہ مجھے نیند آ جاتی اور پھر خوابوں میں بھی بس ہندوستان ہی نظر آتا۔

دسمبر آ گیا اور میں نے ہندوستان کی سرزمین پر دوبارہ قدم رکھا۔ وہاں کی آب و ہوا نے میرے جسم اور روح کے اندر گویا ایک نئی توانائی بھر دی۔ میں گھر آ گیا تھا، اپنی پرانی زندگی میں لوٹ جانے کے لیے اور شاید یہی میرے لیے بہتر تھا۔

واپس آنے کی خوشی نے کئی دن تک مجھے حالات اور لوگوں پر زیادہ غور کرنے کی مہلت نہیں دی۔ میں کئی دن تک اپنے خوابوں کے ہندوستان میں محو رہا۔ بعد ازاں جب یہ خمار اترا تو حقیقت کچھ اور نظر آئی جو میرے خوابوں سے قدرے مختلف تھی۔ اور مجھے بری لگنے لگی۔ ہندوستان بدل گیا تھا۔ اس کے لوگ بدل گئے تھے۔ اپنے خمار آلود چشموں کے بغیر مجھے ہندوستان کی تہذیب بھی انجانی سی لگ رہی تھی۔ ایسا لگتا تھا کہ ان چھ سالوں میں بدعنوانی ہر جگہ کسی وبا کی طرح پھیل گئی ہے۔ کوئی کام بغیر رشوت دیئے پورا نہیں کیا جا سکتا تھا۔ لوگوں میں مروت اور لحاظ ختم ہو چکا تھا۔ سب سے زیادہ دکھ مجھے یہ دیکھ کر ہوا کہ بڑوں کا ادب اور دوسرے انسانوں کا لحاظ تقریباً ناپید ہو چکا تھا۔ یہ وہ ہندوستان نہیں تھا جسے میں

۱۹۶۴ میں چھوڑ کر گیا تھا۔ مجھے احساس ہوا کہ میں اپنے ہی ملک میں پردیسی بن چکا ہوں اور اپنے اس گھر کی یاد میں بھٹک رہا ہوں جو یہاں موجود ہی نہیں۔ میں ایسے ہندوستان میں نہیں رہ سکتا تھا۔ مجھے واپس جانا تھا۔

شہناز سلطانہ میری سب سے چھوٹی بہن تھی۔ جب میں امریکہ جا رہا تھا، وہ اسکول جانے والی ایک چھوٹی بچی ہوا کرتی تھی۔ ابا کے انتقال کے بعد گو کہ وہ رشتے داروں کے درمیان رہ رہی تھی مگر مجھے شہناز کی بہت فکر لگی رہتی تھی۔ ان چھ سالوں میں وہ بڑی ہوچکی تھی۔ گو کہ وہ اب بھی چھوٹی تھی لیکن ہندوستانی لحاظ سے وہ اب جوان اور شادی کے لائق تھی۔ میں نے اس کے لیے ایک اچھا لڑکا ڈھونڈنا شروع کر دیا۔ اس طرح کوئی اس کا خیال رکھنے والا ہوگا اور مجھے اس کی طرف سے اطمینان ہو جائے گا۔ ویسے بھی ابّا کے انتقال کے بعد میری ذمہ داری تھی کہ میں شہناز کا خیال رکھوں اور بخیر و عافیت اس کا گھر آباد کروں۔

میری کوشش رنگ لے آئی۔ ڈاکٹر اسلم ہر لحاظ سے اس رشتے کے لیے موزوں تھے۔ وہ سمجھدار، پڑھے لکھے اور اچھے خاندان سے تعلق رکھتے تھے۔ ابتدائی تکلفات کے بعد رشتہ پکا ہو گیا اور شادی کی تیاری شروع ہو گئی۔ میرے پاس وقت کم تھا۔ اب جبکہ میں امریکہ واپس جانے کا ارادہ کر چکا تھا، مجھے اپنی نوکری اور جلد واپس جانے کا سوچنا تھا قبل اس کے کہ مجھے نوکری سے فارغ کر دیا جائے۔ میں نے کیومنز کو ایک خط لکھا جس میں ان سے مزید کچھ دنوں کی چھٹی مانگ لی۔ ہندوستانی شادیاں مغربی شادیوں کی نسبت بہت مہنگی ہوتی ہیں کیونکہ یہ کئی دنوں تک چلتی رہتی ہیں جبکہ مغرب میں شادی کی ایک ہی تقریب ہوتی ہے جو اسی دن مکمل ہو جاتی ہے۔ میں نے شادی کے اخراجات کا ایک محتاط تخمینہ لگا رکھا تھا۔ تاہم یہ رقم اس رقم کے مقابلے میں کچھ بھی نہیں تھی جو مجھے اصل میں خرچ کرنی پڑی۔ شہناز کی شادی کی تقریبات کے اختتام پر میرے پاس نہ تو نقد رقم بچی تھی اور نہ ہی کوئی وراثت کا پیسہ۔ البتہ یہ تسلی ضرور تھی کہ میں نے صحیح مصرف کے لیے اپنے پیسے خرچ کیے ہیں۔ میری بہن کی شادی ایک اچھے لڑکے سے ہوگئی تھی اور وہ خوش تھی۔ ایک بھائی اس سے زیادہ چاہ بھی کیا سکتا ہے؟

شہناز کی شادی کی تیاریوں کے دوران مجھے کافی لوگوں نے شادی کے لیے

رشتے بھیجے۔ میں کسی بھی ہندوستانی لڑکی کے رشتے کے لیے ایک زبردست لڑکا تھا۔اور کیوں نہ ہوتا۔ میری جگہ کوئی بھی ہوتا تو اس کو بھی اتنی اہمیت ملتی۔ میں پڑھا لکھا تھا، اچھی نوکری تھی اور میرے پاس گرین کارڈ تھا۔سب سے بڑھ کر یہ کہ میرے والدین حیات نہ تھے جس کا مطلب تھا کہ میری بیگم سسرال میں بے فکر اور آزادانہ زندگی گزار سکے گی۔

ہمارے ایک دور کے رشتے دار جو پٹنہ ہائی کورٹ میں ملازم تھے اپنی سولہ سال کی بیٹی کا رشتہ میرے لیے لے کر آئے۔ کوثر آسیہ جہاں جوان اور خوبصورت تھی مگر مجھے اس رشتے میں کوئی دلچسپی نہ تھی کیونکہ وہ میرے لیے ایک نوعمر لڑکی تھی جو میرے لحاظ سے بہت چھوٹی تھی۔ البتہ مجھے یہ معلوم نہ تھا کہ قسمت نے اسے میرے لیے چن لیا ہے۔ میرے لاکھ انکار کے باوجود اسی کو میری بیوی بننا تھا۔

بہن کی شادی کی رونقیں ختم ہوئیں تو میں نے امریکہ واپسی کا ارادہ کیا۔ میرے لیے دوبارہ ہندوستان چھوڑنے کے تجربے کو بیان کرنا مشکل ہے۔ ہاں یہ کہہ سکتا ہوں کہ ان چند دنوں میں میں اپنے آپ کو اتنا بڑا محسوس کر رہا تھا جتنا پچھلے چھ سالوں میں نہ کیا تھا۔ میں خوش اسلوبی سے شہناز کی ذمہ داری سے سبکدوش ہو گیا تھا اور اب مجھے واپس جانا تھا۔ ہندوستان اب میرا گھر نہیں تھا۔ امریکہ میرا گھر ہو گا یا نہیں یہ مجھے معلوم نہ تھا۔ مگر میں یہ جانتا تھا کہ میں وہاں رہنا چاہتا ہوں، شادی کے بعد بھی اور بال بچوں کے ساتھ۔ مجھے معلوم تھا کہ میں ہندوستان آتا جاتا رہوں گا مگر میرے لیے اب وہ گھر کا درجہ نہیں رکھتا تھا۔

میں امریکہ واپس آ گیا۔ اب وہی مجھے گھر لگتا تھا یا کم از کم گھر جیسا لگتا تھا۔ سب سے پہلے جس چیز نے میرا استقبال کیا وہ لندن سے کسی مقبول عالم صاحب کی طرف سے موصول ہونے والا خط تھا۔ مقبول عالم صاحب کوثر آسیہ جہاں کے بھائی تھے اور اپنے خط میں انہوں نے مجھے ایک بار پھر اپنے والدین کی طرف سے اپنی بہن کے رشتے کی پیش کش کی تھی اور درخواست کی تھی کہ میں ان کی یہ پیشکش قبول کر لوں اور کوثر آسیہ جہاں سے شادی کر لوں۔ اس بار بھی میرا جواب انکار میں تھا۔ وہ ایک سولہ سال کی لڑکی تھی اور میں اکتیس سال کا مرد تھا۔ پچھلے تین دن میں نہ تو میری عمر میں کوئی خاص کمی ہوئی تھی اور نہ وہ بڑی ہوئی تھی۔ وہ لڑکی امریکی طرزِ زندگی کو نہیں اپنا سکتی تھی نہ ہی وہ امریکہ میں رہ پاتی۔ میں یہی امید کر سکتا تھا کہ اس

کے والدین کو اس کے لیے کوئی مناسب عمر کا معقول لڑکا مل جائے اور وہ اس کی شادی کر دیں۔ کوثر آسیہ جہاں میرے لیے نہیں تھی۔ میں نے اس کے بھائی کو جوابی خط ارسال کیا جس میں اپنی طرف سے انکار اور اس کی وجہ اور اپنے اندیشے بیان کر دیے۔ اور پھر اس کے بارے میں بھول گیا۔

کیومنز کام کرنے کے لیے ایک اچھی کمپنی تھی مگر مجھے یہ شہر جس میں میری رہائش تھی اچھا نہیں لگتا تھا۔ یہ ایک چھوٹا سا قصبہ تھا جہاں میرے جیسے اکیلے نوجوان کے لیے کوئی خاص دلچسپی کا سامان نہ تھا۔ میں اکثر اپنے ہندوستانی دوستوں کو بھی یاد کیا کرتا تھا۔ اس لیے جب مجھے میری لینڈ کے ہیگرس ٹاؤن میں میک ٹرک (Hagerstown, Maryland) کمپنی (Mack Truck Co.) سے نئی نوکری کی پیش کش ہوئی تو میں نے فوراً قبول کر لی۔ اور پروجیکٹ انجینئر کی حیثیت سے کام کرنے کے لیے ہامی بھر لی۔ یوں مزید تین سال گزر گئے۔ اب میرے پاس نہ صرف اچھی نوکری تھی بلکہ ایک اچھا گھر بھی تھا۔ البتہ میں اکثر اکیلا محسوس کرتا تھا۔ میں شادی اور بچوں کے بارے میں سنجیدگی سے غور کرنے لگا۔ میں نے ہندوستان جا کر اپنے لیے مناسب رشتہ تلاش کرنے کا ارادہ کیا۔ بسا اوقات مجھے کوثر آسیہ جہاں کا خیال آتا مگر میں اس خیال کو فوراً جھٹک دیتا اور بے یقینی سے اپنا سر نفی میں ہلا دیتا۔ شادی فقط دو جانوں کا ملاپ نہیں بلکہ دو روحوں کا بندھن ہے۔ مجھے بتایا گیا تھا کہ رشتے زمین سے پہلے آسمان پر بنتے ہیں اور اللہ تعالیٰ نے ہم سب کو جوڑیوں میں بنایا ہے۔ میرے لیے بھی جو مقدر تھی وہ میرا انتظار کر رہی تھی۔ مجھے جلد اس کو تلاش کرنا تھا قبل اس کے کہ میں بوڑھا ہو جاؤں۔

دسمبر پھر سے آ گیا اور کرسمس کی چھٹیاں بھی۔ مجھے ایک بار پھر ہندوستان جانے کا موقع مل گیا۔ اس بار میں اپنی دلہن لینے جا رہا تھا۔ ہندوستان پہنچ کر بغیر وقت ضائع کیے میں نے اپنے لیے مناسب رشتے کی تلاش شروع کر دی اور اس نیک مقصد کے لیے جس جس سے مدد لے سکتا تھا لے لی۔ تب جا کر کچھ بات بنتی نظر آئی۔ رسمی پوچھ گچھ کے بعد ملاقاتیں ہوئیں اور تصاویر کے تبادلے ہوئے مگر میرا دل کسی پر مطمئن نہ ہوا۔ میں سمجھا کہ شاید اس کی وجہ میری اونچی توقعات ہیں جو میں نے اپنی ہونے والی شریک حیات سے وابستہ کی ہوئی

ہیں۔ میں اس بات سے بے خبر تھا کہ میری قسمت میں کوثر آسیہ جہاں لکھی جا چکی ہیں۔ میں کسی شاہکار حسینہ کی تلاش میں نہیں تھا، ہاں لیکن مجھے اچھی شکل وصورت چاہیے تھی۔ میں مال و دولت نہیں دیکھ رہا تھا، مگر مجھے معقول اور اچھا خاندان چاہیے تھا۔ میں اونچی ڈگریوں کا طلب گار بھی نہیں تھا۔ بس مجھے ایک اچھی عادات و اخلاق والی، خوش آئند شخصیت کی مالک اور سونے جیسا دل رکھنے والی بیوی درکار تھی۔ میں خلوص کی تلاش میں تھا۔ ایک ایسا انسان جو اس رشتے کو ہر طرح سے نبھائے۔ ہر اچھے برے وقت میں میرا ساتھ دے اور مجھ سے بے لوث محبت کرے۔

کئی دن گزر گئے اور کوئی بات نہ بنی۔ کوئی رشتہ میری توقعات پر پورا نہ اترا اور میں نے یہ معاملہ مقدر پر چھوڑ دیا کہ جو قسمت میں لکھا ہوگا وہی ہوگا۔ ایک دفعہ پھر کوثر آسیہ جہاں میری توجہ میں لائی گئی۔ گو کہ میں نے اس کی ایک جھلک ہی دیکھی تھی اور میرا اس سے گفتگو کرنے کا کبھی اتفاق نہ ہوا تھا لیکن یوں لگتا تھا جیسے میں اسے کافی عرصے سے جانتا ہوں۔ وہ میری زندگی کے پچھلے کچھ سالوں میں ایک غیر مرئی کردار کی حیثیت سے موجود رہی تھی۔

کوثر سے شادی کا فیصلہ نہ آسان تھا اور نہ بے پرواہی میں کیا۔ میں نے بالآخر یہ بات قبول کر لی تھی کہ وہی میرے مقدر میں ہے۔ اور اس حقیقت کو تسلیم کرنے کے بعد میں نے یہ عہد کیا کہ میں اس کو ایک خوش وخرم زندگی دینے کی پوری کوشش کروں گا۔ ۱۲ جنوری، ۱۹۷۴ میں کوثر آسیہ جہاں میری زندگی میں شامل ہوگئی اور میری قانونی بیوی بن گئی۔ یہ میرے لیے میرے مقدر کا تحفہ تھا جو مجھے میری سالگرہ پر ملا۔ میرے پاس حسب معمول وقت کم تھا۔ ان چند دنوں میں مجھے اپنی بیوی کو جاننا تھا، اس کا پاسپورٹ بنوانا تھا اور ویزے کا بندوبست کرنا تھا تاکہ اسے اپنے ساتھ امریکہ لے جاسکوں۔ ہم دونوں اس مقصد سے کلکتہ چلے گئے۔ وہ دن ہماری زندگی کے سب سے خوبصورت دن تھے اور ہم نے بہت خوشگوار لمحے ایک ساتھ گزارے۔ اس کے بعد مجھے امریکہ لوٹنا تھا۔ میری بیوی کا ویزہ اس وقت تک موصول نہیں ہوا تھا۔ دو مہینے بعد کوثر بھی امریکہ آگئی اور ہم نے میری لینڈ کے شہر ہیگرس ٹاؤن میں اپنے نئے گھر میں ایک نئی زندگی کا آغاز کیا۔

جب کوثر ہیگرس ٹاؤن کے اپارٹمنٹ میں پہنچی تو وہ مجھے چھوٹی اور نازک سی لگی گویا کوئی کانچ کی گڑیا ہو اور میں نے اسے پیار سے 'تنیا' کہنا شروع کر دیا۔ وہ میری تنیا تھی، میری ساتھی اور میری ہم سفر۔ اس کے ساتھ زندگی گزارنے کے احساس نے مجھے خوشی سے سرشار کر دیا۔

تاہم اپنے نئے گھر میں پہلے دن کا آغاز زیادہ اچھے انداز سے نہ ہو سکا۔ پہلے تو بہت خوشگوار وقت گزر رہا تھا مگر پھر کوثر نے مجھے ان قرضوں کے بارے میں بتایا جو اس کے گھر والے میرے نام پر لیتے رہے تھے۔ اس کے مطابق ان لمبے چوڑے قرضوں کو اتارنا میری ذمہ داری تھی۔ یہ سب سن کر میں ششدر رہ گیا۔ کیا بے تکی بات تھی! کیا یہ کوئی مذاق تھا؟ تین وجوہات کی بنا پر مجھے اس بات پر بے حد غصہ آیا اور ہمارے رشتے میں کبھی نہ ختم ہونے والی دراڑ پڑ گئی۔ پہلی وجہ یہ تھی کہ میں لمحہ بھر کے لیے بھی ان قرضوں کی ذمہ داری قبول کرنے کو تیار نہ تھا جو میری اجازت اور مجھے مطلع کیے بغیر میرے نام سے لیے گئے تھے۔ دوسری وجہ یہ تھی کہ مجھے اس بات سے شدید صدمہ ہوا تھا کہ میری بیوی کو میرے ساتھ کی گئی یہ ناانصافی نظر نہیں آ رہی تھی اور وہ مستقل اپنے والدین کی اس حرکت کا دفاع کر رہی تھی۔ تیسری وجہ یہ تھی کہ میں اتنا امیر نہ تھا جتنا لوگوں نے سمجھ رکھا تھا۔ میں اپنی بہن کی اور پھر اپنی شادی پر بہت سا پیسہ خرچ کر چکا تھا اور اب جبکہ میرے پاس کوئی جمع پونجی نہیں بچی تھی مجھ سے بلا تاخیر قرضے اتارنے کا تقاضہ کیا جا رہا تھا۔

اس سارے معاملے میں میں کدھر کھڑا تھا؟ میرا طرفدار کون تھا؟ کیا مجھ سے ناجائز فائدہ اٹھایا جا رہا تھا؟ یہ سوالات بہت عرصے تک میرا پیچھا کرتے رہے۔ میں نے بچپن میں دیکھا تھا کہ ہندوستان میں داماد کی بڑی حیثیت ہوتی ہے۔ اس کی خوب آؤ بھگت ہوتی ہے اور اسے عزت دی جاتی ہے۔ میرے نانا اور نانی میرے ابا کی بہت عزت کرتے تھے۔ وہ ہمیشہ ان کو اپنے پاس سے بہترین چیز پیش کرتے تھے اور کبھی بھی ان کے حقوق میں کوتاہی نہیں کرتے تھے۔ میرے ابا کافی امیر تھے اور میری امی کے والدین کی آمدن کم تھی۔ مگر کبھی انہوں نے میرے ابّا کی دولت سے کوئی حصہ لینے کی کوشش نہیں کی۔

میں گھنٹوں غصے میں سلگتا رہا اور میرا غصہ جائز بھی تھا مگر پھر میں نے قرض اتارنے

کی ہامی بھرلی۔اس کی وجہ صرف ایک تھی وہ یہ کہ کوثراب میری ذمہ داری تھی اوراس کی خوشی کا خیال مجھے ہی رکھنا تھا۔ میں نہیں جانتا تھا کہ میں اس مالی بحران سے کیسے نمٹوں گا۔ میں نے اللہ پرتوکل کیااوراپنے دن کومزید برباد کرنے کے بجائے اس بات کورفع دفع کردیا۔

کوثرایک معمہ تھی۔ایک نوعمرلڑکی جس سے میں متاثر ہوئے بغیرنہ رہ سکا۔نازک اندام اورچھوٹی ہونے کے باوجوداس کےاندردس گھوڑوں جیسی طاقت تھی۔وہ ہرفن مولاتھی، بہترین کھانا بنانے کے ساتھ ساتھ وہ بہت سگھڑتھی اورایک باوفا بیٹی بھی تھی۔وہ لکھنے، پینٹ کرنے اور سینے پرونے کی شوقین تھی۔ ہرروزاس کی کوئی نئی خوبی مجھ پر منکشف ہوتی اور میرا دل مچل جاتا۔

ایک دن میرے پرانے دوست مرادخان اوران کی بیگم شوکت ہمارے گھرناشتے پرآئے۔کوثرابھی نئی نویلی دلہن تھی مگراس نے بہت پرتپاک انداز میں مہمانوں کاخیرمقدم کیا اور بہت اچھے طریقے سے ان سے ملی۔ اس نے ان کو چائے کے ساتھ 'پاؤروٹی' پیش کی۔اس کی اس سادگی پرمیرے دوست کی بیگم زور سے ہنس پڑی۔ اس لمحہ ہم دونوں کو احساس ہواکہ کوثرکوابھی بہت کچھ سیکھنا ہے۔پاؤروٹی ہندوستان میں ٹوسٹ کو کہتے ہیں مگر ہمارے امریکی طرز کے اس گھر میں یہ لفظ اتنا عجیب اور مضحکہ خیزلگاکہ شوکت اپنی ہنسی نہ روک پائی۔ پاؤروٹی ہمارے بیچ ایک مذاق بن گیااور جب بھی کوثر مجھے ٹوسٹ بنا کردیتی میں اسے پاؤروٹی کہہ کرچھیڑنے لگ جاتا۔

اپنی بیوی کومصروف رکھنے کے لیے میں اسے اپنے ساتھ ملنے ملانے لے جاتا۔ میرے بہت سے دوست تھے جوقریب کے شہروں میں رہتے تھے۔ میں ہفتے کی چھٹی پر اسے گھمانے لے جاتا۔ اورکبھی ہمارے دوست ہم سے ملنے آجاتے۔کوثر بہت اچھی میزبان تھی۔اس کے ہاتھ میں ذائقہ تھااورلوگ اس کے کھانوں کی تعریف کرتے نہ تھکتے تھے۔وہ شیرمال، نان اورمیری پسندیدہ باقرخانی بہت عمدہ بناتی تھی۔ چندسولوگوں کی دعوت کرنااس کے لیے گویابائیں ہاتھ کاکھیل تھا۔

کوثرہرلمحہ مجھےاپنی صلاحیت سے حیران کردیتی۔ایک کمسن لڑکی نے میرے گھرکو اپنے دم سے چھوٹاسا ہندوستان بناڈالا تھا۔اوراب وہ میرے دل پرقابض ہورہی تھی۔ وہ

شرمیلی مگر خوداعتماد تھی۔ بہت سے لوگوں کو وہ ڈرپوک سی لڑکی لگتی تھی مگر میں اس کو دوسروں سے بہتر جانتا تھا۔اس کے اندر ایک بہادر روح تھی جو موقع آنے پر باہر آجاتی۔ جب بھی میں بڑے سیاسی رہنماؤں کے ساتھ تصاویر بنواتے ہوئے جھجک محسوس کرتا وہ مجھے آگے بڑھاتی اور قائل کرتی رہتی یہاں تک کہ میں مان جاتا۔

میری کمپنی میک ٹرک گرمیوں کی تعطیلات کے لیے بند ہوگئی اور تمام ملازمین کو دو ہفتے کی چھٹی دے دی گئی۔ میں نے سوچا کیوں نہ کوثر کو امریکہ کی صحیح معنوں میں سیر کرانے لے جاؤں۔ پہلے دن ہمارا پہلا پڑاؤ ایک خوبصورت سا جزیرہ تھا۔ پورا دن گاڑی میں سفر کرنے کے بعد ہم دونوں کسی اچھے سے ہوٹل میں ٹھہر کر کچھ آرام کرنا چاہتے تھے۔ بدقسمتی سے وہاں صرف ایک ہی ہوٹل تھا اور اس کا کوئی کمرہ خالی نہ تھا۔ہم پھنس گئے تھے۔تھکن کے مارے مزید آگے جانے کی طاقت نہ تھی اور واپسی کا سفر بھی ناممکن تھا۔ہم نے رات گاڑی میں ہی گزارنے کا فیصلہ کیا۔ یہ مصیبت کیا کم تھی کہ مجھے آدھے سر کا درد بھی شروع ہوگیا اور ساتھ ساتھ الٹیاں آنے لگیں۔میری حالت وقت گزرنے کے ساتھ بگڑتی جارہی تھی۔میری تنیا نے میرے منہ میں ایک ٹائلینول کی گولی رکھی جو وہ ہمیشہ ایسے موقع کے لیے اپنے پرس میں رکھا کرتی تھی۔ پھر مجھے اپنی بانہوں میں لے کر دلاسا دینے لگی یہاں تک کہ میں سو گیا۔

جب میں صبح تازہ دم اٹھا تو مجھے احساس ہوا کہ کوثر ساری رات میری فکر میں جاگتی رہی ہے۔ یہ وہ لمحہ تھا جب مجھے اس سے محبت ہوگئی۔ مجھے اس کی یہ ادا بہت پسند آئی، مگر ساتھ ہی مجھے اس بات کا افسوس تھا کہ میں نے اس کی سیر کا پہلا دن خراب کر دیا ہے۔ میں نے خود سے عہد کیا کہ باقی کے دن اس کے لیے یادگار بنانے کی پوری کوشش کروں گا۔

ان دو ہفتوں میں ہم نے امریکہ کی تقریباً ۴۰۰۰ میل کی مسافت طے کی۔ہم نے پہاڑوں اور آبشاروں کی سیر کی، ان پر کئی سورج غروب ہوتے دیکھے اور آسمان کے بدلتے رنگ دیکھے۔ ہم نے انوکھے ریستوران کھوجے اور ان کے نت نئے پکوان چکھے۔کوثر کے ساتھ کھانے کا الگ ہی مزہ تھا۔ میں اس لطف سے پہلے ناآشنا تھا۔

گھر واپسی پر میں نے کوثر کو اپنا پینٹنگ، سلائی اور لکھنے کا شوق جاری رکھنے کو کہا۔

اوراس مقصد سے اس کو ایک کالج میں داخلہ دلا دیا۔ ہر صبح میں کام پر جاتا اور کوثر اسکول چلی جاتی۔ شام کو گھر آ کر ہم اپنے دن کی روداد ایک دوسرے کو سناتے اور ایک دوسرے کی صحبت میں تسکین پاتے۔ ہفتے کی چھٹی ہم دوستوں سے ملنے اور امریکہ گھومنے میں صرف کر دیتے۔ کبھی ہم لمبی چہل قدمی پر نکل جاتے، کبھی گھڑ سواری کرتے اور کبھی کشتی چلانے بھی چلے جاتے۔

ہر شادی شدہ جوڑے کی طرح کبھی ہمارے دن اچھے گزرتے اور کبھی برے۔ ہمارے درمیان بھی چھوٹے اور بڑے جھگڑے ہوتے رہتے تھے۔ مگر میری بیوی مجھے کبھی غصے میں یا بھوکا نہیں سونے دیتی تھی۔ مجھے ایسا لگتا تھا کہ وہ مجھ کو مجھ سے بہتر جان گئی ہے۔ وہ میرے چاہے جانے کی ضرورت کو اچھی طرح جان گئی تھی۔ میں اکثر مشاہدہ کرتا کہ وہ میرے نخرے اٹھاتی حالانکہ بعض اوقات میرا رویہ نامعقول اور سخت ہوتا تھا۔ اکثر اوقات کسی بڑے جھگڑے کے بعد میں کھانے سے انکار کر دیتا اور وہ مجھے اس وقت تک مناتی رہتی جب تک کہ میں کھانا نہ کھالیتا۔ اس طرح میری انا کو ایک تسلی سی مل جاتی۔ اور مجھے اس بات کا یقین ہو جاتا کہ کوثر واقعی مجھ سے محبت کرتی ہے اور اس کو میری فکر ہے جس کے باعث وہ مجھے خالی پیٹ سونے نہیں دیتی۔ اس کو دیکھ کر مجھے ابّا کی یاد آجاتی جو میرے اسی طرح لاڈ اٹھایا کرتے تھے۔

ہماری دل لگی اور عشق کے دن جلد ڈھل گئے۔ میں بچوں کے لیے تیار تھا مگر وہ نہیں۔ ایک بار پھر مجھے بے وفائی اور مایوسی کا احساس ہوا۔ کیا میری شادی کا مقصد یہی نہ تھا کہ میں اپنی فیملی کا آغاز کروں؟ کوثر کو یہ نظر کیوں نہ آیا کہ میں چونتیس سال کا ہو چکا تھا اور مزید انتظار کرنا نہیں چاہتا تھا؟ میں اپنے رنج میں اتنا گم ہو گیا کہ میں نے کوثر کو سمجھنے کی کوشش نہ کی۔ وہ کم سن تھی اور غالباً ماں بننے سے ڈرتی تھی۔ ممکن ہے وہ اس وقت ذہنی طور پر تیار نہ ہو۔ اور اسے کسی ہمدرد کی ضرورت ہو جو اس کی راہنمائی کرے اور اسے سمجھنے کی کوشش کرے۔ اس کا حوصلہ بڑھائے اور محبت اور نرمی سے اس کو راضی کرے۔

ہم دونوں اپنی دنیا میں جی رہے تھے اور ہم دونوں کو اپنے خول سے نکل کر ایک دوسرے کے نظریات کو سننے اور سمجھنے کی ضرورت تھی۔ یہی شادی شدہ زندگی کا اصل عنصر

ہے۔مگر وہ کم عمر تھی اور میں غصے کا تیز۔حالات بہت پیچیدہ اور قابو سے باہر ہوتے معلوم ہو رہے تھے۔ہم ایک دوسرے پر الزام تراشی کرنے لگے جس کے باعث ہم دونوں کو تکلیف ہوتی۔

آج جب میں نئے شادی شدہ جوڑوں کو دیکھتا ہوں تو میرا دل چاہتا ہے کہ انہیں بتاؤں کہ اچھی ازدواجی زندگی کا راز یہ ہے ایک دوسرے سے بڑی توقعات رکھنے کے بجائے بردبار رویہ اپنایا جائے۔شادی رسہ کشی کے کھیل کی مانند ہے۔اس کا اصول یہ ہے کہ جب سامنے والا فریق شدید غصے اور غم میں بھرا ہو تو دوسرا رسی کو ڈھیلا چھوڑ دے۔اس کے علاوہ دوسرے اوقات میں آپ جتنا چاہیں پوری قوت سے رسی کو کھینچ سکتے ہیں اور امید کر سکتے ہیں کہ دوسرا آپ کو جیتنے دے گا اور آپ کی کوتاہیوں کو نظرانداز کر دے گا۔اگر آپ محبت اور سمجھداری سے کام لیں تو ایک اچھی شادی کو قائم رکھ سکتے ہیں۔

کوثر اور میری بات چیت بند ہوگئی۔میں صبح جلدی اٹھ کر کام پر نکل جاتا۔وہ گھر میں اپنے آپ کو کام کاج میں مصروف کر لیتی۔میرے پاس بات کرنے کے لیے میرے دوست موجود تھے اور اس کے پاس اس کے والدین۔وہ اپنے گھر والوں کو خط لکھتی اور مجھ سے یہ بات مخفی رکھتی۔ایک دو دفعہ میں نے اسے اپنے والدین کے خطوط چھپاتے ہوئے دیکھا جس کی وجہ سے میرے غصے میں مزید اضافہ ہوگیا۔چاہے ہمارے درمیان کچھ بھی ہو میں نے کون سا اس کو اپنے والدین سے بات کرنے سے روکنا تھا؟

جب مجھ سے مزید برداشت نہ ہو سکا تو میں نے حالات کو سدھارنے کا فیصلہ کیا۔ہم ایک ہی چھت تلے اس طرح نہیں رہ سکتے تھے۔ہم دونوں کو ایک دوست کی ضرورت تھی اور یہ سرد جنگ ہماری شادی کو توڑ رہی تھی۔میں غصہ کرتا اور پھر جیسے ہی میرا غصہ ٹھنڈا ہوتا میں اس کو منانے کی کوشش کرتا اور اس کو اس کے غلط رویے پر غور کرنے کو کہتا۔میں اسے خوش کرنے کی کوشش کرتا۔اس کے باوجود میری ہر کوشش ناکام ہوتی اور نتیجہ الٹ ہو جاتا۔

اتنے عرصے میں میری لینڈ میں دنیا کے مختلف حصوں سے کئی مسلم خاندان آکر بس چکے تھے۔اور ۱۹۶۴ء کے مقابلے میں وہاں کی آبادی میں بھی خاصا اضافہ ہو چکا تھا۔

کوثر نے کچھ ہندوستانی خاندانوں سے میل جول شروع کر دیا اور نئی دوستیاں بنالیں۔ اگر چہ میری لینڈ میں ہندوستانیوں کی تعداد کچھ زیادہ نہیں تھی مگر یہاں ان کی ایک ایسوسی ایشن موجود تھی۔ جب میں نے اس کا انتظام سنبھالا تو یہ ایسوسی ایشن بالکل ختم ہونے کے قریب تھی۔ میں نے اس میں نئی سماجی، ثقافتی اور تعلیمی سرگرمیوں کا انعقاد کر کے اسے دوبارہ زندہ کیا۔

ایسوسی ایشن کی باگ ڈور نے مجھے کافی عرصے تک مصروف رکھا۔ میں دوسرے لوگوں کی زندگیوں اور ان کے مسائل میں اتنا گھر گیا تھا کہ اپنی پریشانیاں کچھ عرصے کے لیے بھول گیا۔ ایسوسی ایشن میں اکیلا مسلمان ہونے کے باوجود میں اس کے کام بغیر کسی تعصب کے لوگوں میں بانٹ دیتا اور ان کی زندگی میں تھوڑی سی خوشیاں لانے کے لیے اپنی طرف سے پوری کوشش کرتا۔ ایک دن کچھ ممبران نے میری کاوشوں کا شکریہ ادا کرنے کے لیے مسلم تہواروں کو بھی منانے کی پیش کش کی جو میں نے بلا جھجک قبول کر لی۔

بہت جلد ایسوسی ایشن میں ممبران کی تعداد پہلے سے دگنی ہو گئی اور تقاریب بھی بڑھ گئیں۔ اب ہم ہندو اور مسلم تہوار منا رہے تھے اور خوب لطف اندوز ہو رہے تھے۔ ہندوستانی ایسوسی ایشن کے ساتھ ساتھ میری شہرت بھی بڑھتی گئی۔ یہاں تک کہ جب میں نے ہیگرس ٹاؤن چھوڑا، میں ہندوستانی برادری میں ایک نمایاں مقام حاصل کر چکا تھا۔

مارچ ۱۹۷۹ میں میں نے مشیگن کے شہر ڈیٹرائٹ میں (Perkins Engines Co. Detroit, Michigan) پرکنز انجنز کمپنی میں بحیثیت چیف انجینئر نوکری شروع کر دی۔ پرکنز ایک برطانوی ادارہ تھا۔ مجھے پورے شمالی امریکہ کے کام کا سربراہ بنا دیا گیا۔ یہ ایک پرکشش نوکری تھی۔ البتہ جب میں نے کام شروع کیا تو مجھے اندازہ ہوا کہ میں نے ایک ڈوبتے ہوئے جہاز کی کمان سنبھالی ہے۔ اس ادارے کی صدر کمپنی نقصان میں جا رہی تھی اور مجھے بہت سے اخراجات روکنے پڑے اور اپنے ماتحتوں کو تاویلیں دینی پڑیں۔ میں پرکنز کے ساتھ دو سال تک رہا۔ بعد ازاں میں اسے چھوڑ کر کرائسلر کارپوریشن (Chrysler Corporation) سے منسلک ہو گیا۔ یہ بھی ایک غلط فیصلہ تھا اور میں نے یہ کمپنی بھی فقط نو مہینے میں چھوڑ دی۔ پھر یو ایس آرمی ٹینک آٹوموٹو کمانڈ کمپنی (TACOM

(U.S. Army Tank Automotive Command Company -) میں نوکری کر لی جو مشیگن کے شہر وارن میں قائم تھی۔

پیشے کے لحاظ سے میری زندگی ترقی بھی کر رہی تھی اور آگے بھی بڑھ رہی تھی جبکہ میری ازدواجی زندگی ایک ہی موڑ پر اٹک گئی تھی۔ اگر تھوڑا چلنے بھی لگتی تو بہتر سے بدتر کی طرف چلتی۔ کوثر نے اعتراف کیا کہ اسے بچے اس لیے نہیں چاہئیں کیونکہ وہ اپنی امی کے بغیر انہیں نہیں پال سکتی۔ میں نے اس کو دلاسا دیا کہ میں ہر لمحہ اس کی مدد کے لیے تیار ہوں مگر پھر بھی اسے راضی نہ کر سکا۔ بعد میں مجھے اس کی ماں کی طرف سے آئے ہوئے کچھ خطوط ملے جس سے مجھے اپنی بیوی کے حوالے سے بہت سی باتیں سمجھ آئیں۔

کوثر اور اس کے گھر والے ایک مشکل زندگی گزار رہے تھے۔ ان کی والدہ نے کوثر اور اس کے بہن بھائیوں کے دل میں یہ بات بٹھائی ہوئی تھی کہ ان سب کو ایک دوسرے کا خیال رکھنا ہے اور ایک دوسرے کی آرام دہ زندگی کو یقینی بنانے کے لیے ہر صورت مدد کرنی ہے۔ میری بیوی فقط اپنی ماں کی توقعات پر پورا اترنے کی کوشش کر رہی تھی۔ یہ جانے بغیر کہ اس دوران وہ اپنے گھر کو آگ لگا رہی ہے۔

میں اس کے گھر والوں کی مدد کے خلاف نہ تھا۔ مگر کوثر کی ترجیحات ٹھیک نہیں تھیں۔ اس کے شوہر کی حیثیت سے میں اس کی اور اس کے گھر والوں کی مدد کرنے کی پوری کوشش کر رہا تھا۔ مگر وہ نہ تو احسان مند ہوتی اور نہ میرے فیصلوں کی حمایت کرتی۔ جب اس کے بھائی مقبول عالم نے مجھے خط لکھ کر درخواست کی کہ میں اسے سپانسر کروں تو میں نے بغیر کسی تردد کے ہامی بھر لی۔ اس کے بعد جلد ہی وہ ہیگرس ٹاؤن ہمارے پاس آ گئے۔ البتہ اس وقت میں ڈیٹرائٹ جانے کی تیاری کر رہا تھا۔ بڑے بھیا بھی اس دوران اپنے بیٹے ابو ظفر کے ساتھ ہمارے پاس آ گئے تھے۔ ہم نے اپنے مہمانوں کی رہائش کا ہیگرس ٹاؤن والے گھر میں انتظام کیا اور خود ہفتے کی چھٹی پر ہیگرس ٹاؤن جہاز سے آ جاتے۔

جو ہونا ہوتا ہے ہو کر رہتا ہے۔ کاش میں یہ بات پہلے سمجھ جاتا۔ کوثر حاملہ ہو گئی مگر ہم ان چند ہفتوں میں ایک دوسرے سے دور ہو گئے تھے۔ اس نے یہ بات مجھ سے پوشیدہ رکھی۔ اس کو ایک دوست کی ضرورت تھی اور وہ اکثر باہر جانے لگی۔ اس کی کسی سہیلی نے اس

سے اصرار کیا کہ وہ یہ خبر اپنے ہونے والے بچے کے باپ کو ضرور بتائے۔ جب مجھے یہ خبر ملی تو میری خوشی کی کوئی انتہا نہ تھی۔ میں نے کوثر پر اپنی محبت اور شفقت نچھاور کر دی۔ میں اس کو خریداری کے لیے لے جاتا اور اس کے کھانے پینے کا خیال رکھتا۔ میری بیوی دن بدن نکھرتی جا رہی تھی۔ اور دن گزرنے کے ساتھ ساتھ میری خوشی بھی بڑھتی جا رہی تھی۔ میں اپنی اولاد کو اپنے ہاتھوں میں لینے کے لیے بیقرار تھا اور مجھے اس کی کوئی پرواہ نہ تھی کہ میرے ہاں بیٹا ہوتا ہے یا بیٹی۔ مجھے صرف اپنی اولاد چاہیے تھی اور اب میری آرزو پوری ہوتی نظر آ رہی تھی۔

کوثر اور میں نے مشیگن کے شہر نووی میں اپنا گھر بنانے کے لیے ایک جگہ پسند کی۔ ۱۹۷۰ کے دسمبر میں ہم اپنے نئے گھر میں آباد ہونے کے لیے تیار تھے۔ بڑے بھیا ہندوستان لوٹ چکے تھے مگر اپنے بیٹے ظفر کو میرے پاس چھوڑ گئے تھے۔ وہ چاہتے تھے کہ میں کسی اچھے کالج میں اس کا داخلہ کرا دوں۔ میں نے اس کے لیے اسکول کرافٹ کمیونیٹی کالج (Schoolcraft Community College, Northville) کا انتخاب کیا جو نارتھ ول کے علاقے میں قائم تھا۔ ہر صبح میں کام پر جاتے ہوئے اسے چھوڑ دیتا اور شام کو گھر واپسی پر لے لیا کرتا تھا۔

بچے کی پیدائش سے چند ماہ قبل، ڈاکٹر نے ہمیں بتایا کہ ہمارے ہاں بیٹا ہوگا۔ اس کے بعد تو بس میں خوابوں کی دنیا میں کھویا رہتا۔ کبھی میں ڈلوری والے کمرے میں کھڑا انتظار کر رہا ہوتا یہاں تک کہ مجھے ایک نوزائیدہ بچے کی رونے کی آواز سنائی دیتی اور میں بھاگ کر اسے اپنے ہاتھوں میں لیتا اور اس کے کان میں اذان دیتا۔ کبھی میں اپنے بیٹے کو ایک چھوٹے بچے کی عمر کا دیکھتا کہ میں اسے اپنے کاندھے پر سواری کرا رہا ہوں اور پارکوں میں لے جا رہا ہوں۔ اور کبھی میں اس کو اسکول جاتا دیکھتا اور دیکھتا کہ میں ہوم ورک میں اس کی مدد کر رہا ہوں۔ میں نے اس کے لڑکپن کو بھی تصور کیا کہ جب اس کے پاس اپنے بوڑھے باپ کے لیے وقت نہیں ہوگا۔ ایسی راتیں بھی گزریں جب خواب میں میں نے اپنے بیٹے کو ایک خوبرو نوجوان کی شکل میں دیکھا جو یونیورسٹی سے فارغ ہو کر بالآخر شادی کے بندھن میں بندھ رہا تھا۔ اور ایسی راتیں بھی گزریں جب میں اپنے آپ کو اپنے پوتے پوتیوں میں گھرا دیکھتا اور نیند میں مسکرا دیتا۔

۱۲ جوالائی ۱۹۸۰ء میں وین، مشیگن کے اینا پولس ہسپتال (Annapolis Hospital, Wayne Michigan) میں مجھے اپنے بیٹے کے رونے کی آواز سنائی دی۔ میں فوراً اس کی طرف لپکا تا کہ اسے اپنی بانہوں میں لے لوں اور اس کے کانوں میں اذان دوں۔ ہم نے اس کا نام بن یامین رکھا۔ میں باپ بن گیا تھا اور بے انتہا خوش تھا۔ مجھے سمجھ نہیں آ رہا تھا کہ اپنی بیوی کا شکریہ کیسے ادا کروں۔ اگر میں اس کے لیے تارے توڑ سکتا تو سب سے روشن ستارہ توڑ لاتا۔ اس دن میرا یہی دل چاہ رہا تھا۔ تاہم میں نے اپنی محبت اور شکریے کے اظہار کے طور پر کوثر کو ایک خوبصورت گلابی موتیوں کا ہار خرید کر تحفے میں دیا۔

مجھے دوبارہ محبت ہوگئی تھی۔ مگر اس دفعہ اپنے بن یامین سے۔ وہ میری دنیا تھا۔ کام سے لوٹنے پر میں سارا وقت اس کے ساتھ گزارتا۔ اس سے کھیلتا اور اسے پیار کرتا۔ میں اس کے ننھے ننھے ہاتھوں اور پیروں کو اپنے ہاتھوں میں لیتا اور ان کی خوبصورت بناوٹ کو حیرت سے دیکھتا رہتا۔ کوثر اور میں اکثر باہر جاتے اور واپسی پر اپنے بیٹے کے لیے کوئی چیز ضرور لاتے تھے۔ یہ صاف ظاہر تھا کہ اب ہماری توجہ ہماری ضروریات سے ہٹ کر ہمارے بیٹے کی ضروریات پر مرکوز ہو چکی تھی۔

بن یامین ایک تندرست بچہ تھا جسے باہر جانا اور کھیلنا پسند تھا۔ اس کی ایک سالگرہ پر میں نے اس کو سرپرائز دیا اور بغیر بتائے اس کے لیے اپنے گھر کے پچھلے حصے میں کھیلنے کی جگہ بنائی۔ جب بن یامین سو رہا ہوتا یا اپنی ماں کے ساتھ کہیں باہر ہوتا تو میں خاموشی سے باہر گرمی میں دیر تک کام کرتا۔ گڑھے کھودتا اور مٹی ہٹاتا۔ میں نے ایک جھولا لگایا، ایک سلائڈ لگائی اور لٹکنے کے لیے ڈنڈے لگائے۔ اس نئے کھیل کے میدان کو دیکھ کر اس کے چہرے پر جو خوشی اور جوش میں نے دیکھا وہ میرے لیے انمول تھا۔

دو سال بعد یوسف، ہمارے دوسرے بیٹے نے، ۲۸ فروری ۱۹۸۲ء کو دنیا میں آنکھیں کھولیں۔ اب دوبارہ جشن منانے، خواب دیکھنے اور بچے کا کمرہ سجانے کا وقت تھا۔ کوثر سے میرا تعلق بہت سی بڑی تبدیلیوں سے گزر رہا تھا۔ بن یامین اور یوسف کی آمد نے ہماری خاصی توانائی نچوڑ لی تھی۔ راتوں کو جاگنے، ہارمون کی تبدیلیوں اور آپس کی بات چیت کے فقدان نے ہماری دوریاں بڑھا دی تھیں۔ ہم چھوٹی چھوٹی باتوں پر جھگڑنے لگے۔ جیسے

جیسے ہمارے بچے بڑے ہو رہے تھے ہماری زندگی کا فلسفہ بھی ان کے ساتھ تبدیل ہو رہا تھا اور ہم ایک دوسرے سے دور ہوتے جا رہے تھے۔

جب یوسف کچھ مہینوں کا ہوا تو کوثر نے دونوں بچوں کو اپنے والدین سے ملوانے کے لیے ہندوستان جانے کا ارادہ کیا۔ اس کا یہ دورہ آٹھ مہینے طویل ہو گیا۔ اس وقت میں نے اپنے بچوں کو بہت یاد کیا۔ مجھے ایسا لگا جیسے کوثر نے جان بوجھ کر مجھے اندھیروں میں دھکیل دیا ہے اور میری زندگی کی روشنی چھین لی ہے۔ ہمارے بیچ غلط فہمیاں بڑھتی گئیں اور نہ ختم ہونے والے اختلافات نے جنم لے لیا۔

یوسف کی پہلی سالگرہ کے بعد کوثر واپس آ گئی اور اپنے ساتھ اپنی چھوٹی بہن تنی کو بھی لے آئی۔ اس کے بعد کوثر کے بھائی اور والدین بھی امریکہ آ گئے اور جلد ہمارے گھر میں کوثر کی بڑی بہن اور اور اس کے گھر والے بھی آ کر رہنے لگے۔

میں نے کوثر کے سب گھر والوں کو سپانسر کیا۔ اور سب ہمارے ساتھ کافی عرصے مقیم رہے۔ میرے سب سے بڑے بہنوئی ہمارے قریب ہی رہتے تھے اور وہ اپنے والدین کے ساتھ وقتاً فوقتاً مدد کر دیا کرتے تھے۔ جب کوثر کی بہن نے، جو اپنے ڈاکٹر شوہر کے ساتھ واپس اپنے گھر انگلینڈ جا رہی تھی، کوثر کو بچوں کے ساتھ انگلینڈ آنے کی اور ان کے ساتھ لمبے عرصے تک رہنے کی دعوت دی تب مجھے احساس ہوا کہ ہمارے نجی تعلقات کی کہانیاں دوسروں تک پہنچ چکی ہیں اور لوگ میری نجی زندگی میں دخل اندازی کر رہے ہیں۔ مجھے یہ بھی اندازہ ہوا کہ کوثر اپنے گھر والوں سے بہت زیادہ متاثر ہے۔

کوئی دو از دواجی رشتے ایک سے نہیں ہوتے۔ کوئی بھی ہماری ذاتی شادی شدہ زندگی کو ہم سے بہتر نہیں جان سکتا تھا۔ جب کوثر اپنے گھر والوں کی حمایت چاہتی تو وہ صرف اپنی طرف کی کہانی سناتی تھی۔ میں اسے قصوروار نہیں ٹھہراتا۔ وہ چھوٹی تھی اور شاید اس کی برداشت جواب دے چکی تھی۔ اس کو رہنمائی کی ضرورت تھی اور اس کے گھر والوں نے اس کو ایک راہ دکھا دی۔ اس نے دوبارہ مجھے چھوڑ کر اپنی بہن کے پاس انگلینڈ جانے کو ترجیح دی۔

میں نے سیکھا!

اب تک میں اپنی زندگی کا اہم ترین سبق سیکھ چکا تھا۔قرآن میں اللہ کی دی ہوئی نصیحت کو نظر انداز مت کرو۔ شیطان سے ہوشیار رہو، وہ تمہارا دشمن ہے اور موقع ملتے ہی تمہیں تباہ کر دے گا۔وہ تمہیں، تمہارے اہل خانہ اور تمہاری برادری تک کو تباہ کر سکتا ہے۔ لہٰذا اس کے خلاف جہاد کا اعلان کرو اور اس سے چھٹکارا حاصل کرو۔

میں نے سیکھا کہ جب میں شیطان کی گرفت میں ہوتا ہوں تو بصیرت کھو دیتا ہوں۔ مجھے کچھ سجھائی نہیں دیتا۔میں اس کے لگائے پھندوں میں گر جاتا ہوں اور میرا کیا ہر فیصلہ غلط ثابت ہوتا ہے۔

۱۲

اسلام کے ستون

''تمہارے لیے تمہارا دین ہے اور میرے لیے میرا دین ہے۔''

(القرآن، ۶:۱۰۹)

میرا پاس دین تو تھا مگر مسئلہ یہ تھا کہ مجھے اس کا فہم نہیں تھا۔ میں نے راتوں کو جاگنے کا سلسلہ جاری رکھا اور جتنا اس دین کو سمجھ سکتا تھا سمجھنے کی کوشش کرتا رہا۔ میں مختلف اماموں سے ملتا اور علماء کے بیانات سنتا۔ سوالات پوچھتا اور جوابات کھوجتا۔ جو کوئی بھی اسلام، مسلمانوں اور ان کی دین سے دوری کے حوالے سے بات کرنے پر آمادہ نظر آتا میں اس سے گفتگو کرتا۔ چنانچہ جو کچھ علم میں نے اس دوران جمع کیا اس نے نہ صرف مجھے یہ کتابچہ ترتیب دینے میں مدد دی بلکہ مجھے اس قابل بنایا کہ میں اسلام کو ایک نئے تناظر میں دیکھ سکوں۔

آج کے دور میں مسلمان معاشرے بیرونی قوتوں کی جانب سے زبردست دباؤ کا شکار ہیں کیونکہ ان کی بنیادیں کمزور اور کھوکھلی ہو چکی ہیں اور وہ اسلام کی شاندار عمارت کو سہارا دینے کے قابل نہیں رہے۔ اس کی ایک وجہ ہماری لاعلمی بھی ہے۔ ہم جانتے ہی نہیں کہ ہماری عمارت کی بنیاد کیا ہے۔ ہم اسلام کے پانچ ستونوں کا اچھی طرح علم رکھتے ہیں اور انہیں انگلیوں پر گنتے بھی رہتے ہیں لیکن اس کے باوجود ہمارے دین کی عمارتیں خستہ حال اور ٹوٹی پھوٹی ہیں۔ اور وہ ہمارے دین کی مسخ شدہ اور گمراہ کن تصویر پیش کرتی ہیں۔

ہر عمارت کے لیے ستون نہایت اہمیت کے حامل ہوتے ہیں۔ جو نہ صرف اس عمارت کو سہارا دیتے ہیں بلکہ اس کی بناوٹ کو بھی مکمل کرتے ہیں۔ اسلام کے پانچ ستونوں کی مثال بھی اسی طرح ہے۔ مسلمان بچپن سے ان پانچ ستونوں کے بارے میں سنتے اور پڑھتے رہتے ہیں کہ یہ اسلام کے بنیادی ارکان ہیں، لیکن ان کی اہمیت درمیان میں کہیں کھو جاتی ہے۔

اگر اسلام ایک عمارت ہے تو اس کا وجود ان ستونوں کی مضبوطی پر قائم ہے: کلمہ توحید کی شہادت دینا، نماز، زکوٰۃ، روزہ اور حج۔

شہادت کیا ہے؟

شہادت اس بات کے اقرار کا نام ہے کہ اللہ ایک ہے اور محمد ﷺ اس کے بندے اور رسول ہیں۔ جب ایک شخص زبانی یہ کلمہ پڑھتا ہے تو اسے مسلمان تسلیم کیا جاتا ہے۔ تاہم یہ بات بہت اہم ہے کہ شہادت کس طرح دی جارہی ہے۔ کیا محض اپنے ہونٹوں کو جنبش دے کر چند الفاظ ادا کرنے ہیں؟ یا یہ کہ اقرار کرنے والے کا ایمان بھی پختہ ہے اور اس کا دل اور روح اللہ سے تعلق استوار کر چکے ہیں؟

شہادت کو اسلام کی بنیاد کہا جاتا ہے اور کسی وجہ سے کہا جاتا ہے۔ جب انسان اپنے دل و جان سے یہ کلمہ پڑتا ہے تو گویا وہ اللہ تعالیٰ کی اطاعت اور محمد ﷺ کی تعلیمات کی پیروی کرنے کا عہد کرتا ہے۔ پھر ساری زندگی اس کی شخصیت، کردار اور عمل میں اس عہد کی جھلک نمایاں ہوتی ہے۔ مسلمانوں کو یہ علم ہونا چاہیے کہ اللہ تعالیٰ کے آگے محض زبانی اقرار کی کوئی حیثیت نہیں جب تک کہ یہ اقرار عمل سے ظاہر نہ ہو۔

سورۃ الحجرات کی آیت نمبر ۱۴ میں اللہ تعالیٰ نے حضرت محمد ﷺ سے کہا کہ جب عرب کے بدو یہ کہیں کہ 'ہم ایمان لائے ہیں' تو آپ ان کی اصلاح کریں۔ اللہ تعالیٰ نے بیان کیا کہ ابھی ایمان ان کے دلوں میں داخل نہیں ہوا، ہاں وہ مطیع ہو گئے ہیں۔ وہ صحیح معنوں میں مومن اسی وقت کہلائیں گے جب ایمان ان کے دلوں میں داخل ہوگا۔ انسان اس وقت تک مومن نہیں ہوسکتا جب تک کہ اس کا کردار اس کے ایمان کی عکاسی نہ کرے اور اس کا دل اللہ سے جڑا ہوا نہ ہو۔

صلوٰۃ کیا ہے؟

صلوٰۃ وہ عبادت ہے جو انسان پر دن کے پانچ اوقات میں ادا کرنا فرض ہے۔ اللہ تعالیٰ نے نماز اپنے بندوں پر فرض کی ہے جو اس کو آسمانوں، زمین اور قیامت کے دن کا رب مانتے ہیں۔ دوران نماز اللہ کے بندے اس کے حضور عاجزی سے کھڑے ہوتے ہیں

اوراس سے ہدایت مانگتے ہیں۔

ایک غیر مسلم کو نماز کا طریقہ شاید کوئی رسمی عمل معلوم ہوتا ہو جس میں مختلف جسمانی حرکات وسکنات ہیں۔لیکن اس میں وہ سب کچھ پوشیدہ ہے جو محض آنکھوں سے نظر نہیں آتا۔اللہ تعالیٰ اس وقت تک کسی عبادت کو قبول نہیں کرتا جب تک کہ وہ خشوع وخضوع کے ساتھ دل اور دماغ کی توجہ سے اللہ کی رضا کے لیے ادا نہ ہو۔مسلمان نماز میں اللہ کے آگے کھڑا ہو کر اس سے دعا کرتا ہے۔جب وہ رکوع میں جھکتا ہے اور سجدہ کرتے ہوئے اپنا ماتھا زمین پر ٹیکتا ہے تو دراصل وہ اللہ کی عظمت وکبریائی کا اعتراف کر رہا ہوتا ہے۔یہ عمل اس اعتراف کا اظہار ہے کہ انسان اللہ کو ہر چیز کا، پوری کائنات کا اور روز جزا کا مالک تسلیم کر چکا ہے۔البتہ اگر انسان نماز پڑھنے کے بعد بھی اپنے نفس اور شیطانی خواہشات کی پیروی میں لگا رہے تو اس کا یہ عمل ایک بے روح رسمی کاروائی بن کر رہ جاتا ہے اور نماز کا اصل مقصد کھو جاتا ہے۔

زکوٰۃ کیا ہے؟

زکوٰۃ اسلام کے پانچ ستونوں میں سے ایک ہے اور اللہ تعالیٰ سے روحانی تعلق استوار کرنے کا ایک اور ذریعہ ہے۔جب مسلمان زکوٰۃ دیتے ہیں تو ان کے دل اللہ تعالیٰ اوراس کے بندوں کی محبت سے بھر جاتے ہیں۔وہ زیادہ دینے کی کوشش کرتے ہیں تاکہ اللہ کی خوشنودی حاصل کرسکیں اور ضرورت مندوں کے کام آسکیں۔البتہ جو لوگ اس کو محض مجبوری اور بوجھ سمجھ کر پورا کرتے ہیں اور یہ نہیں سمجھتے کہ یہ بندوں کے ذریعے اللہ سے تعلق بنانے کا ذریعہ ہے، وہ اس پر عمل کے باوجود بھی زیادہ فائدہ نہیں اٹھا پاتے۔وہ اپنے مسلمان ضرورت مند بھائیوں کا درد محسوس نہیں کر پاتے اور نہ ہی ان کی مدد کا شوق رکھتے ہیں۔

اکثر انسان اپنی ضروریات کو اس قدر اہمیت دیتا ہے کہ اسے ان کے علاوہ کچھ نہیں سوجھتا۔وہ صرف اپنی ہوس، انا اور حرص کو پورا کرنے میں لگا رہتا ہے۔یہ زکوٰۃ ہی ہے جس کے ذریعے انسان اپنی بے جا خواہشات کو قابو میں رکھنا سیکھتا ہے اور دوسرے ضرورت مند لوگوں کے بارے میں سوچنے پر مجبور ہوتا ہے۔جو لوگ اپنی خواہشات کی فکر میں لگے

رہتے ہیں، ان کے لیے زکوٰۃ ایک بھاری بوجھ کی مانند ہوتی ہے کیونکہ انہیں اپنا مال دوسروں کو دینا پڑتا ہے۔ بعض لوگ تو اس حد تک چلے جاتے ہیں کہ سرے سے زکوٰۃ دیتے ہی نہیں۔ وہ یہ بھول جاتے ہیں کہ زکوٰۃ ان کے لیے اتنی ہی فائدہ مند ہے جتنی ان کے ضرورت مند بھائی کے لیے۔ نتیجتاً وہ اپنا مال صرف اپنی ذات پر خرچ کرتے ہیں اور اپنے ضمیر کو تاویلیں دے کر ٹالتے رہتے ہیں۔ وہ ضمیر کو یہ کہہ کر بہلاتے ہیں کہ اللہ نے اسلام کو آسان بنایا ہے، اللہ بہت مہربان اور محبت کرنے والا ہے، وہ ان کے گناہ اور کوتاہیاں بخش دے گا۔ اور سب سے بڑھ کر یہ کہ 'میں اتنا ہی عمل کر سکتا ہوں جس قدر اللہ مجھے توفیق دے گا'۔ الغرض ان تاویلات کی فہرست طویل ہے۔

صوم کیا ہے؟

انسان کی روح اور جسم دونوں کو زندہ رہنے کے لیے غذائیت کی ضرورت ہوتی ہے۔ ہمارا جسم مادی ہے اس لیے اس کی غذا بھی مادی ہے۔ البتہ روح آسمان سے آئی ہے اور اس کی غذا بھی آسمان سے آتی ہے۔ جس طرح ایک جسم کھائے پیئے بغیر زندہ نہیں رہ سکتا اسی طرح روح بھی اللہ کے ذکر کے بغیر زندہ نہیں رہ سکتی۔

روزہ روح اور جسم کو پروان چڑھانے کا ایک ذریعہ ہے۔ یہ مومن کو اللہ تعالیٰ سے اپنا رابطہ مضبوط بنانے کا بہترین موقع فراہم کرتا ہے۔ اسی مقصد کے تحت اللہ تعالیٰ نے مسلمانوں پر رمضان کے روزے فرض کیے تاکہ ان کی روح تازہ دم اور قوی رہے۔ اگر مسلمان روزہ نہ رکھے تو اس کی روح کمزور ہو جاتی ہے اور وہ بیرونی اثرات سے اپنے آپ کو بچانے قوت کھو دیتا ہے۔

حج کیا ہے؟

حج دراصل حضرت ابراہیمؑ کی سنت ہے، جو اللہ تعالیٰ کے ہاں اپنے مضبوط ایمان اور حیرت انگیز قربانی کی بدولت ایک منفرد مقام رکھتے ہیں۔ اللہ تعالیٰ کو ابراہیمؑ کی

قربانی اس قدر پسند آئی کہ اللہ نے اس عمل کو اسلام کا اہم کارکن بنادیا۔

دنیا بھر کے مسلمان جو بالغ ہوں اور اس سفر کی مالی استطاعت رکھتے ہوں، ان سب پر حج فرض کیا گیا ہے۔ یوں انہیں زندگی میں کم از کم ایک بار یہ موقع ملتا ہے کہ وہ اپنے ایمان کی تجدید کریں اور اللہ سے تعلق کو مضبوط کریں۔ یہ سب حضرت ابراہیمؑ کی سنت پر عمل کر کے حاصل ہوتا ہے۔ جب مسلمان حج کرتے ہیں اور جانور کی قربانی کرتے ہیں تو وہ محض ایک رسم ادا نہیں کر رہے ہوتے بلکہ اپنے ایمان کی تجدید کر رہے ہوتے ہیں۔

حضرت ابراہیمؑ، ان کی اہلیہ ہاجرہؑ اور ان کے بیٹے اسمٰعیلؑ نے اللہ کی محبت کی خاطر جو قربانی دی اس کو یاد کر کے ایک حاجی یہ سمجھ سکتا ہے کہ سچا ایمان کسے کہتے ہیں۔ اور یہ کہ اگر اسے اللہ کے پسندیدہ لوگوں کے ہمراہ جنت میں مقام چاہیے تو اسے ایسا ہی ایمان اپنانا ہوگا۔

اللہ ان لوگوں سے بے حد محبت کرتا ہے جو اپنی محبوب ترین چیزیں بھی اس کی راہ میں قربان کرنے سے نہیں جھجھکتے۔ حج کی تیاری کے دوران جب مسلمان اللہ کی خاطر اپنے مال اور آرام کی قربانی دیتے ہیں تو شیطان انہیں بہکانے کی پوری کوشش کرتا ہے۔ صرف وہی لوگ اس کا مقابلہ کر سکتے ہیں، اس کو پہچان سکتے ہیں اور ابراہیمؑ کی طرح اسے شکست دے سکتے ہیں جو مضبوط ایمان کے حامل ہوں۔

حج کے ذریعے مسلمانوں کو ایک روحانی سبق سیکھنے کو ملتا ہے۔ البتہ اس سے وہی لوگ فائدہ اٹھا سکتے ہیں اور اللہ سے تعلق بہتر بنا سکتے ہیں جو اس کو صحیح سمجھ اور شعور سے ادا کریں۔ اور رسمی اعمال کی گہرائی میں اتر کر اس کی روح کو سمجھ سکیں۔

ارکان کی اہمیت:

مندرجہ بالا پانچ ارکان اسلام کے اساسی، اخلاقی اور طبعی مطالبات کو ظاہر کرتے ہیں۔ یہ وہ کم سے کم اعمال ہیں جو اسلام پر عمل پیرا ہونے کے لیے شرط ہیں۔ عمارت کا باقی ڈھانچہ اس کے علاوہ ہے جو انہی ستونوں کی مدد سے تعمیر کیا جائے گا۔ ستونوں کی بناوٹ،

معیار اور پائیداری مل کر اس پر بننے والی عمارت کی اونچائی، مضبوطی اور طوالت کا تعین کرتے ہیں۔ اگر یہ ستون مضبوط اور مستحکم ہونگے تو اسلام کی عمارت بھی شاندار ہوگی۔ لیکن اگر بنیادیں ہی کھوکھلی اور کمزور ہونگی، تو ان پر بنی ہوئی عمارت جلد یا بدیر زمین بوس ہو جائے گی۔ نیز اگر ستونوں کو اس طرح تراشا گیا ہو کہ وہ بیرونی قوتوں کے اثرات سے محفوظ رہ سکیں تو یہ عمارت تا حیات قائم و دائم رہے گی۔

مزید برآں ان پانچ ستونوں کو ہی کل اسلام کہا جاتا ہے۔ اگر ان ارکان خمسہ کو ستون اور بنیاد سمجھا جائے تو پھر یہ بات درست ہوگی۔ البتہ اگر ان ستونوں کو محض مذہبی رسم و رواج کی شکل دے دی جائے اور ان کی اصل روح ہٹا دی جائے تو یہ بات درست نہیں ہوگی۔ قابل افسوس بات تو یہ ہے کہ آجکل بہت کم مسلمان ہیں جو ستونوں پر کھڑی عمارت کے اس بنیادی تصور کو سمجھتے ہیں۔

اگر دیکھنا ہو کہ کوئی شخص دین کے لحاظ سے کہاں کھڑا ہے یا اس کا ایمان کتنا مضبوط ہے تو ان پانچ ستونوں پر اس کے عمل کو دیکھا جا سکتا ہے۔ اگر ستون کمزور اور لڑکھڑاتے ہوئے ہوں یا بظاہر دیکھنے میں ٹھیک اور اندر سے کھوکھلے ہوں تو یہ اس بات کی طرف اشارہ ہے کہ ان بنیادوں کو سمجھنے کی مزید ضرورت ہے اور یہ کہ عمل کرنے والے کو ان کی تعمیر کا سلیقہ سیکھنا چاہیے۔ **یہ صرف اس وقت ممکن ہے جب انسان ہر ستون کی روح کو سمجھنے اور اپنے ایمان کا مثبت انداز سے جائزہ لینے کے لیے تیار ہو۔**

ایمان کا جائزہ:

جس اسلام پر ہم آج عمل پیرا ہیں وہ حضرت محمد ﷺ کے سکھائے ہوئے اسلام کی محض بگڑی ہوئی تصویر ہے۔ امت کی بڑی تعداد حضرت محمد ﷺ کی تعلیمات سے منحرف ہو کر غفلت کی زندگی گزار رہی ہے جبکہ کہیں کہیں یہ انحراف ضد اور ہٹ دھرمی کی وجہ سے ہے۔

جب مسلمانوں کے اپنے ایمان کی بات ہوتی ہے تو ہماری اکثریت مایوس کن حد تک ایک تصوراتی دنیا میں گم ہے۔ آیئے ہم اپنی حقیقت کا جائزہ لیتے ہیں: شہادت اسلام کا پہلا ستون یا بنیاد ہے۔ اب آپ خود سے سوال کیجئے کہ آپ کا شہادت پر یقین کتنا پختہ ہے؟

آپ توحید کے مضمون کو دوبارہ پڑھیے اور خود کا موازنہ کیجئے۔

صلوٰۃ اسلام کا دوسرا استون ہے۔ آپ اپنی نماز کا جائزہ لیجیے اور غور کیجیے کہ آپ کی نماز کتنی مضبوط ہے۔ کیا وہ اسلام کی عمارت کو سہارا دینے کے قابل ہے؟ شاید نہیں۔ اسلام کے باقی ستون صوم، زکوٰۃ اور حج ہیں۔ سب مل کر اس عمارت کو سہارا دے سکتے ہیں۔ مگر کتنی دیر؟ اگر یہ بنیادیں کمزور ہوں گی، تو تاش کے پتوں سے بنے گھر کی طرح مخالف سمت سے چلنے والی ہوا کے پہلے جھونکے سے ہی گر جائے گی۔ یوں ہماری رہی سہی دین داری بھی ختم ہو جائے گی۔

درحقیقت مسلمان کی زندگی مسلسل جدوجہد کا نام ہے۔ وہ مستقل نیکی اور حق کے کاموں میں بہتری کے حصول کی کوشش کرتا رہتا ہے۔ چنانچہ اگر کوئی اسلام کے اوپر اپنی زندگی استوار کرنا چاہے مگر اس کی بنیادوں کے بارے میں لاعلم ہو تو اس کی بنائی ہوئی عمارت ناقص اور کمزور ہوگی۔ ایسی عمارت نہ صرف اس کے اپنے لیے بلکہ اردگرد کے لوگوں کے لیے بھی نقصان کا باعث بنے گی۔

اسلام: کامل اطاعت

اسلام ایک ایسی زندگی کا مطالبہ کرتا ہے جو اللہ تعالیٰ کے احکامات کے تابع رہ کر گزاری جائے۔ وہ احکامات جو قرآن اور حضرت محمد ﷺ کی تعلیمات میں دیئے گئے ہیں۔

مکمل اطاعت صرف رسمی نہیں بلکہ روحانی ہوتی ہے۔ ہر انسان کے اندر اللہ کی عطا کردہ روح ہے اور ساتھ ہی وہ مادی جسم سے بنا ہوا ہے۔ وہ اپنی روح کی پکار پر جواب دینے کی کوشش کرتا ہے اور اس دوران اپنے جسم کی پابندیوں سے بھی لڑتا رہتا ہے۔ یہ مادی جسم ہے جو نافرمانی کا مرتکب ہوتا ہے، جبکہ انسان کی روح اسے نیکی کے راستے پر چلانے کی کوشش کرتی ہے۔

روحانی اطاعت دراصل یہ ہے کہ انسان کا نفس بغیر کسی شک وشبہ کے اس بات کو قبول کر لے کہ اللہ ہی سب کچھ ہے۔ برضا ورغبت اپنی روح کو اللہ کے حوالے کرنے کا

مطلب ہے:

☆ اللہ تعالیٰ کی کامل خدائی، اختیار اور حاکمیت کو تسلیم کرنا۔
☆ اس کو اپنا خالق حقیقی اور پوری کائنات کا پالنے والا ماننا۔
☆ اللہ تعالیٰ کو اس کے کامل خدائی اوصاف سے پہچاننا، حتمی کمال، کامل علم رکھنے والا، قادر مطلق، عدل و انصاف کرنے والا اور بے انتہا مہربان اور رحم کرنے والا۔
☆ اسی کو زندگی اور قوت کا حقیقی منبع اور جنت اور دوزخ کا خالق تسلیم کرنا۔
☆ اس بات پر کامل یقین رکھنا کہ وہ انسان کی شہ رگ سے بھی زیادہ اس کے قریب ہے۔

عبادت کیا ہے؟

خدا کے لیے ہونے والی تعظیم، عقیدت اور احترام کو عبادت کہتے ہیں۔ عبادت کا لفظ بے پناہ عقیدت و محبت اور بے حد احترام اور پرستش کے مترادف ہے۔ اس کے زمرہ میں وہ تمام اعمال شامل ہیں جو ایسی عقیدت و احترام کا اظہار کرتے ہیں۔ ایک ہستی کو خدا کا درجہ دینا اور نماز اور دوسری عبادت کے طریقوں سے اس کی تعظیم کرنا بھی عبادت کہلاتا ہے۔ اگرچہ لوگ اس بات کو مانتے ہیں کہ عبادت کا مطلب کسی کو بہت زیادہ احترام دینا ہے مگر اس بات کو اکثر لوگ سمجھتے نہیں ہیں۔ آجکل کے دور میں عبادت کا لفظ مذہبی اجتماع، اجتماعی دعا، روزہ، حج اور ایسے ہی دیگر کاموں کے لیے استعمال کیا جاتا ہے جن سے ظاہر ہو کہ انسان کسی حاکم اعلیٰ کو تسلیم کرتا ہے اور معمول سے ہٹ کر عمل کرتا ہے۔ مثال کے طور پر اگر کوئی اپنے دوستوں یا کسی محفل کو چھوڑ کر نماز کے لیے جاتا ہے تو یہ عبادت ہے۔ اگر کوئی شاپنگ کے دوران وقت نکال کر نماز ادا کرنے جاتا ہے تو یہ عبادت ہے۔ اگر کوئی کعبہ کا طواف کرتا ہے تو یہ عبادت ہے۔ غرض عبادت ہر وہ چیز ہے جو مومن کو فاعل کی حیثیت سے سامنے لاتی ہے۔

آج کے دور میں عبادت گزار لوگوں کو عجیب الخلقت سمجھا جاتا ہے۔ جو معاشرے مہذب و شائستہ ہوں وہاں انہیں مذہبی رجحان رکھنے والا جبکہ جو اتنے مہذب و شائستہ نہ

ہوں وہاں انہیں ’مذہبی بنیاد پرست‘ کہا جاتا ہے۔

سچ تو یہ ہے کہ اللہ تعالیٰ کی خوشنودی کے لیے مذہبی ارکان و رسومات پر عمل کرنا عبادت کا ایک چھوٹا سا حصہ ہے۔ مومن کی تو پوری زندگی عبادت بن سکتی ہے، بشرطیکہ ہر عمل شعور اور گہرے یقین کے ساتھ کیا گیا ہو اور محض کوئی رسم سمجھ کر ادا نہ کیا گیا ہو۔

بنیادی طور پر دنیا میں دو قسم کے عقائد پائے جاتے ہیں:

۱۔ وحدانیت یا ایک خدا پر یقین کرنا اور اس کے سوا کسی کو خدا نہ ماننا۔

۲۔ ہر وہ چیز جو اللہ کی وحدانیت کے برخلاف ہو۔

وحدانیت صرف اس یقین تک محدود نہیں کہ اللہ ایک ہے۔ اللہ کی خدائی صفات کو تسلیم کرنا، اس کے رسولوں پر ایمان لانا، اس کے احکامات کی پیروی کرنا، اللہ تعالیٰ کو ہر چیز کا خالق، رازق اور روزِ قیامت سزا و جزا کا مالک ماننا سب اسی میں شامل ہے۔ البتہ یہ عقیدہ، جس کا کلمہ شہادت میں بھی اقرار کیا جاتا ہے، اس وقت بے معنی ہو جاتا ہے جب مسلمان اللہ کی نافرمانی کا مرتکب ہوتا ہے، اپنے اعمال کی ذمہ داری سے سبکدوش ہو جاتا ہے، اپنے فرائض کو نظر انداز کرتا ہے اور اللہ سے بے خوف ہو کر گناہوں میں لگا رہتا ہے۔

اسی طرح، اسلام کے پانچ ستونوں پر عمل کرنا، جیسے کہ نماز پڑھنا، زکوٰۃ دینا، روزہ رکھنا مگر ان کے ساتھ ساتھ اپنے نفس کی غلامی کرنا اور خواہشات کی پیروی کرنا مسلمان کو پہلی قسم کے ایمان سے خارج کر دیتا ہے۔ کلمہ شہادت محض زبانی اقرار کا نام نہیں۔ اس سے مراد اللہ کے آگے مکمل خود سپردگی اور سرِ تسلیم خم کر لینا ہے۔

اگر کلمہ شہادت کا مطلب اللہ تعالیٰ کو اپنا رب اور مالک ماننا ہے تو شیطان خود بخود دشمن کا درجہ لے لیتا ہے۔ ایک طرف اللہ پر ایمان کا دعویٰ کرنا اور دوسری طرف اس کے برعکس اعمال کرنا، شیطان کو دوست ماننے کے مترادف ہے، جس نے اللہ تعالیٰ کا کفر کیا تھا۔ بے دریغ گناہ کرنا، بدی سے بچنے کی کوشش نہ کرنا اور شیطان سے نفرت نہ کرنا مومن کی صفات میں شامل نہیں ہو سکتا۔

انسان صرف اسلام کے ان ستونوں پر عمل کرنے سے مومن نہیں بنتا۔ عبادت کا

مطلب صرف نیکی کرنا نہیں بلکہ برائیوں سے اجتناب کرنا بھی ہے۔شرک سے کنارہ کشی اور نفرت، تکبر، حرص، لالچ، مادہ پرستی، خود پسندی، ہٹ دھرمی اور تعصب جیسی ہر اس بدی کے خلاف جہاد کرنا بھی عبادت ہے جسے اللہ نے حرام اور ناپسندیدہ قرار دیا ہو۔عبادت صرف اچھے کام کرنا نہیں ہوتا بلکہ ہر غیر اسلامی عمل سے پرہیز کرنے کا نام ہے۔

ارکان اسلام اور اخلاقیات کی تربیت:

ہم دن میں پانچ مرتبہ نماز پڑھتے ہیں مگر ان میں سے کوئی بھی نماز اخلاق و کردار سے جڑی ہوئی نہیں ہوتی۔شاذ و نادر ہی کبھی کردار سازی کو نماز سے جوڑا جاتا ہے جبکہ پوری نماز ہمیں اور ہمارے اخلاق کو تربیت دیتی ہے کہ ہم شعور اور محبت کے ساتھ اللہ کی مرضی کے آگے جھک جائیں۔

جب ہم نماز میں اللہ کے حضور عاجزی سے کھڑے ہوتے ہیں تو اپنے مقام اور اللہ کی آگے اپنی حیثیت کو یاد کرتے ہیں۔نماز برائیوں سے بچنے کے لیے ایک مستقل یاددہانی کا کام دیتی ہے۔نماز سے پہلے وضو کرنا صفائی اور پاکیزگی کو بڑھاتا ہے۔نماز کا مقصد مومن کا پانچ وقت جائزہ لینا ہے۔یہ خدا کے دربار میں روزانہ کی پیشی ہے جہاں ایک مومن ڈیوٹی کے لیے حاضری لگواتا ہے، اپنا عہد دہراتا ہے اور اپنی گزارشات خدا کے آگے پیش کرتا ہے۔وہ اپنی کمزوریوں کا اعتراف کرتا ہے اور خدا سے اپنے لیے معافی اور مواقع مانگتا ہے۔جب بھی ایک سچا مومن اپنے خالق کے حضور کھڑا ہوتا ہے، اسے اپنی غلطیاں اور کوتاہیاں یاد آجاتی ہیں۔وہ آئندہ ان غلطیوں سے بچنے کا عہد کرتا ہے۔چنانچہ یہ پانچ نمازیں اسے گناہ اور برے کاموں سے باز رکھتی ہیں اور اللہ کی یاد اس کے دل و ذہن میں تازہ رکھتی ہیں۔

جب مومن اللہ کے آگے جھکتا ہے تو نماز عبادت بن جاتی ہے اور جب اس سے مانگتا ہے تو دعا۔ہمارا حال یہ ہے کہ ہم روز، دن میں پانچ مرتبہ حاکم اعلیٰ سے بات کرتے ہیں۔لیکن اگر کوئی غیر مسلم ہم سے پوچھ لے کہ ہم اللہ سے کیا بات کرتے ہیں، تو ہم شرمندگی

سے پانی پانی ہو جائیں۔ ہم جو الفاظ کہتے ہیں ان کے مطلب سے ناواقف ہیں۔ ہم جنت اور دوزخ کی بات ایک ایسے چہرے اور دل کے ساتھ کرتے ہیں جو احساس وجذبات سے عاری ہوتا ہے۔ ہم الفاظ دہراتے چلے جاتے ہیں لیکن سمجھ ہمیں کچھ نہیں آتی۔ کیا ہم اتنے ناقص العقل ہیں کہ یہ سمجھتے ہیں کہ اللہ ہماری بے دلی سے ادا کی گئی نمازوں کو قبول کرلے گا؟ یا یہ کہ جب ہم یوں اپنا تماشہ بنا رہے ہوتے ہیں تو وہ ہم سے خوش ہو رہا ہوتا ہے؟

قرآن میں فرمایا گیا ہے:

"یقیناً نماز بے حیائی اور برائی سے روکتی ہے، بے شک اللہ کا ذکر بہت بڑی چیز ہے، تم جو کچھ کر رہے ہو اس سے اللہ خبردار ہے"

(القرآن، ۲۹:۴۵)

ایک اور مقام پر، ایک نامور عالمِ دین البزار کی روایت ہے کہ اللہ تعالیٰ ان لوگوں کی نمازیں قبول کرتا ہے جو:

☆ اللہ کی شان کے آگے عاجزی اختیار کرتے ہیں۔
☆ اس کی کسی مخلوق پر ظلم نہیں کرتے۔
☆ راتوں کو جاگ کر اپنے گناہوں پر توبہ کرتے ہیں اور اللہ کی مغفرت مانگتے ہیں۔
☆ دن اس کی یاد میں بسر کرتے ہیں۔
☆ مظلوموں، مسکینوں اور بیواؤں کی مدد کرتے ہیں۔
☆ مصیبت زدہ اور مریضوں کی دلجوئی اور عیادت کرتے ہیں۔

یہی نماز میں پنہاں ضابطہ اخلاق اور کردار سازی ہے۔

اسلام کا دوسرا استون زکوٰۃ ہے، جس میں مسلمان اپنی بچی ہوئی آمدنی کا مختصر حصہ ضرورت مند لوگوں کو دیتا ہے۔ زکوٰۃ ٹیکس سے مختلف ہے۔ یہ ایک مذہبی اور اخلاقی تقاضہ ہے جبکہ ٹیکس حکومت نافذ کرتی ہے اور وہ اسی کے کاموں میں استعمال ہوتا ہے۔

زکوٰۃ کا مقصد مسلم معاشرے میں موجود ضرورتمند افراد کے لیے محبت، دردمندی

اور رحم دلی کا فروغ ہے۔ یہ محض کچھ فیصد مال نکال کر غریبوں میں بانٹنے کا نام نہیں۔ بلکہ جب انسان اپنے پاس سے مال دیتا ہے اس کے اندر فراخدلی اور انکساری پیدا ہوتی ہے۔ زکوٰۃ حرص کو جڑ سے کاٹ دیتی ہے، دینے والے کے دل کو خود غرضی سے پاک کرتی ہے اور لینے والے کے دل کو حسد اور نفرت سے۔ چنانچہ، نماز کی طرح زکوٰۃ بھی اپنے اندر بہت گہرا روحانی و معاشرتی اثر رکھتی ہے جو ظاہری معاشی فوائد کے علاوہ ہے۔

تیسرا رکنِ اسلام روزہ ہے جو بظاہر صبح صادق سے مغرب تک کھانے پینے سے پرہیز کا عمل لگتا ہے۔ لیکن روزہ اس سے بڑھ کر ہے۔ روزے کا مقصد بھوکا پیاسا رہنا نہیں۔ روزے کا مطلب اپنے آپ کو روکے رکھنا ہے، ہر اس چیز سے جو اللہ کو ناپسند ہو۔ یہ مومن کے اندر ضبطِ نفس کی صلاحیت پیدا کرتا ہے۔ اسے اپنی ذات میں غور و فکر کرنے اور اپنے ظاہری عمل کو بہتر بنانے کی طرف ابھارتا ہے۔ روزہ رکھ کر سارا دن سو کر گزار دینا، نماز چھوڑ دینا اور افطار تک ٹی وی دیکھ کر یا گانے سن کر وقت برباد کرنا روزے کا مذاق بنانے کے مترادف ہے۔ قرآن میں فرمایا گیا ہے:

> ”اے ایمان والو اس لئے تم پر روزے رکھنا فرض کیا گیا ہے جس طرح تم سے پہلے لوگوں پر فرض کیا گیا تھا تاکہ تم تقویٰ اختیار کرو“
>
> (القرآن، ۲:۱۸۳)

مسلمان اگر روزہ رکھ کر اپنے غصے، جذبات اور خواہشات پر قابو نہیں رکھتا تو اس کے روزے کا مقصد زائل ہو جاتا ہے۔ اگر ہم چاہتے ہیں کہ ہماری عمارت کا یہ ستون مضبوط ہو تو ہمیں نفس اور جسم دونوں پر قابو رکھنا سیکھنا ہوگا۔ اگر کوئی دوسرا شخص ہماری بدزبانی یا تشدد اور ظلم کا شکار ہے تو ہمارا روزہ رکھ کر اپنے جسم کو محض بھوکا پیاسا رکھنا اللہ کے آگے کوئی معنی نہیں رکھتا۔

آخر میں حج کے حوالے سے بات کرتے ہیں۔ یہ اسلام کا پانچواں اور سب سے زیادہ محنت طلب رکن ہے۔ یہ ستون انسان کے ایمان کو آزماتا ہے اور دیگر ستونوں کی مضبوطی کو جانچنے کا پیمانہ بھی ہے۔ ہم ان ستونوں کا ذکر کر چکے ہیں۔ کلمہ شہادت کہ جس میں

اللہ اوراس کے رسول پر ایمان کا اقرار ہوتا ہے۔اس کے بعد نماز کی باری آتی ہے۔ہم نے سیکھا کہ نماز اللہ کے حضور خود سپردگی ہے اور اپنی زندگی اس کے احکامات کے مطابق گزارنے کی تربیت۔نماز کے بعد ہم نے زکوۃ اور روزے کا ذکر کیا۔یہ دونوں بھی مومنین کی صفات کو نکھارتے ہیں اور انہیں گناہوں سے پاک کرتے ہیں۔اس کے بعد آخری رکن حج ہے۔دیگر ارکان کی طرح اس کا معنی بھی محدود ہو کر محض اس سفر میں استعمال ہونے والے لباس اور مناسک حج تک رہ گیا ہے۔یہاں تربیت کیسے ہو رہی ہے؟ حج میں انسان اپنا آرام اور مال اللہ کی خاطر قربان کرتا ہے۔اس کے علاوہ یہ پورا سفر ہی ایمان والوں کے لیے آزمائش ہوتا ہے۔کروڑوں لوگوں کے ہمراہ ایک جگہ تک سفر کرنا، گرمی برداشت کرنا، چھوٹی چھوٹی جگہوں پر اجنبیوں کے ساتھ رہنا، لمبے سفر کی تھکان اور مشکل سہنا لیکن اس سب کو خوشی خوشی اور صبر و تحمل سے برداشت کرنا۔یہی حج میں ملنے والی تربیت ہے۔اس موقع پر ہمیں صبر، ہمدردی اور ان تمام اسباق کو بروئے کار لانا ہوتا ہے جو ہم نے کلمہ توحید، صلوٰۃ، صوم اور زکوٰۃ سے سیکھے ہوتے ہیں۔یہی حج میں ہونے والا اصل امتحان ہے۔

اخلاقیات اور عبادت:

اسلام کے پانچ ستونوں اور عبادات کا بغور مطالعہ اس بات کو ثابت کر دیتا ہے کہ اخلاقیات اور عبادت کے مابین گہرا تعلق ہے۔اسلام ہم سے تقاضہ کرتا ہے کہ ہماری عبادت اور انفرادی اعمال ایک دوسرے سے مطابقت رکھتے ہوں۔قرآن عبادت اور اعمال کے درمیان فرق نہیں کرتا بلکہ اس کے نزدیک دونوں ایک دوسرے کو سہارا فراہم کرتے ہیں۔اگر کوئی مسلمان اپنی روزمرہ زندگی میں اسلام کے سکھائے ہوئے اخلاق پر عمل نہیں کرتا تو یہ اس کے کمزور ایمان کی نشانی ہے، چاہے وہ اس کے برخلاف کتنے ہی دعوے کرے۔ایک حقیقی مومن کا عمل ہی اس کے ایمان کا آئینہ ہوتا ہے۔وہ جانتا ہے کہ پہاڑ کے برابر عبادت بھی اس کے کام نہ آئے گی اگر اس کا اخلاق برا ہوگا۔مسلم کی حدیث کے مطابق حضرت ابو ہریرہ رضی اللہ عنہ سے روایت ہے کہ رسول اللہ ﷺ نے اپنے صحابہ رضی اللہ تعالیٰ

عنہم سے پوچھا:

''کیا تم جانتے ہو کہ مفلس کون ہے؟'' انہوں نے عرض کیا ہم میں مفلس وہ آدمی ہے کہ جس کے پاس مال اسباب نہ ہو۔ آپ ﷺ نے فرمایا، ''قیامت کے دن میری امت کا مفلس وہ آدمی ہوگا جو نماز، روزے، زکوٰۃ وغیرہ سب کچھ لے کر آئے گا لیکن اس آدمی نے دنیا میں کسی کو گالی دی ہوگی اور کسی پر تہمت لگائی ہوگی اور کسی کا مال کھایا ہوگا اور کسی کا خون بہایا ہوگا اور کسی کو مارا ہوگا تو ان سب لوگوں کو اس آدمی کی نیکیاں دے دی جائیں گی اور اگر اس کی نیکیاں ان کے حقوق کی ادائیگی سے پہلے ختم ہوگئیں تو ان لوگوں کے گناہ اس آدمی پر ڈال دیے جائیں گے پھر اس آدمی کو جہنم میں ڈال دیا جائے گا۔''

(صحیح مسلم: ۲۴۷۴)

بحیثیت مسلمان ہمیں اسلام کی حکمت کو سمجھنا چاہیے اور اس دھوکے میں نہیں رہنا چاہیے کہ ہمارے نیک اعمال ہمیں جنت میں لے جانے کے لیے کافی ہوں گے۔ محض دوسروں تک قرآن وحدیث کا کوئی پیغام پہنچا دینا ہماری نیکیوں میں اضافہ کر دے گا چاہے ہم خود اس پر عمل کرتے ہوں یا نہیں۔ یا صدقہ وخیرات کرنا ہمیں فائدہ دے گا اس سے قطع نظر کہ ہم اپنے سے کم حیثیت والوں اور مسکینوں کے ساتھ کیسا سلوک کرتے ہیں۔ یا یہ کہ مسجد بنوا دینے سے چھوٹی ہوئی نمازوں کا ازالہ ہو جائے گا۔

حسن اخلاق اور حسن عمل ایمان کی جگہ نہیں لے سکتے، مگر یہ ضرور ہے کہ اگر انسان کا ایمان اس کے اخلاق اور عمل کو نہ سنوار سکے تو اس کی کوئی حیثیت نہیں رہتی۔

عبادت صرف چند رسوم تک محدود نہیں۔ نماز، روزہ، حج اور زکوۃ کے علاوہ بھی اللہ کی عبادت کے بہت سے طریقے ہیں۔ بلکہ ہر عمل اور ہر سرگرمی عبادت بن سکتی ہے اگر اس میں مندرجہ ذیل شرائط موجود ہوں:

۱۔ وہ عمل خلوص نیت سے کیا گیا ہو، اور

۲۔ اللہ کے بتائے ہوئے طریقے کے مطابق اور اس کی مقرر کردہ حدود میں رہتے ہوئے کیا گیا ہو۔

ان دو شرائط کے ساتھ ایک مومن کا ہر عمل عبادت بن سکتا ہے چاہے یہ اس کا سونا، جاگنا، کام کرنا، شادی کرنا، خاندان بنانا، رشتے نبھانا، خرید و فروخت کرنا اور تفریح کرنا ہی کیوں نہ ہو۔ قرآن میں اللہ تعالیٰ فرماتا ہے:

''میں نے جنات اور انسانوں کو محض اس لیے پیدا کیا ہے کہ وہ صرف میری عبادت کریں۔'' (القرآن، ۵۱:۵۶)

اس آیت کا ہرگز یہ مطلب نہیں کہ انسان اور جن صرف نماز اور تسبیح کے لیے پیدا کیے گئے ہیں بلکہ اس کا مطلب یہ ہے کہ ان کو اسلام کے مطابق اور اللہ کی اطاعت میں اپنی زندگی گزارنی چاہیے، جو عبادت ہی کے زمرہ میں آتا ہے۔

مذہبِ اسلام کی ایک اور نمایاں خوبی اس کا علم سے تعلق ہے۔ اسلام سوچنے کے عمل پر اعتراض نہیں کرتا اور نہ ہی علم کے حصول کی مخالفت کرتا ہے۔ بلکہ علم حاصل کرنا بھی عبادت کا حصہ ہے، اگر اس میں ان شرائط کا خیال رکھا جائے:

☆ نیت کی پاکیزگی اور
☆ اللہ کی بتائی گئی حدود کے اندر رہ کر علم حاصل کرنا

اسلام میں علم کی اہمیت کا اندازہ اس بات سے لگایا جا سکتا ہے کہ سب سے پہلی وحی اور حکم جو حضرت محمد ﷺ کو ملا وہ 'اقراء' تھا جس کا مطلب ہے 'پڑھ'۔ قرآن میں قلم کا ذکر بھی کیا گیا ہے اور اس کو علم حاصل کرنے کے لیے ایک آلہ قرار دیا گیا ہے۔ اگر ہم قرآن اور حضرت محمد ﷺ کی تعلیمات کا مطالعہ کریں تو سیکھنے اور علم حاصل کرنے کی اہمیت اور واضح ہو جاتی ہے۔ اللہ تعالیٰ کا فرمان ہے:

''اللہ سے اس کے وہی بندے ڈرتے ہیں جو علم رکھتے ہیں۔''

(القرآن، ۳۵:۲۸)

اس آیت کا مطلب ہے کہ جو لوگ صحیح علم رکھتے ہیں، اچھے طریقے سے علم حاصل

کرتے ہیں، جن کی نیت میں خلوص ہوتا ہے، جو علم سے اثر لیتے ہیں اور جو لوگ غیر متعصب ہو کر حق کو قبول کرتے ہیں وہ اللہ کو اور اس کی قوت کاملہ کو بہتر طریقے سے سمجھ سکتے ہیں۔ انہی لوگوں کو حقیقی علم عطا ہوتا ہے اور علم نہ رکھنے والوں پر انہیں فوقیت دی جاتی ہے۔ ایک اور جگہ قرآن میں فرمایا گیا ہے:

''اور جب تم سے کہا جائے اٹھ کھڑے ہو جاؤ تو تم اٹھ کھڑے ہو جاؤ، اللہ تعالیٰ تم میں سے ان لوگوں کے جو ایمان لائے ہیں اور جو علم دیئے گئے ہیں درجے بلند کر دے گا'' (القرآن، ۵۸:۱۱)

ہر وہ علم جو انسان کو اپنے رب کو معرفت عطا کرے اور بحیثیت خلیفہ اس کے احکامات کی بجا آوری میں مددگار ہو وہ اسلام کی راہ میں آگے بڑھنے اور متقین کی صف میں شامل ہونے کا ذریعہ ہے۔ مزید براں حضرت محمد ﷺ کی بہت سی احادیث صحیح علم کے حصول کی اہمیت پر زور دیتی ہیں۔ حضرت محمد ﷺ نے فرمایا:

''علم حاصل کرنا ہر مسلمان پر فرض ہے'' (الترمذی، ۷۴)

اسلام میں علم و تعلم محض وقت گزاری یا مذہبی فرائض سے فرار کا راستہ نہیں ہے، بلکہ یہ از خود ایک مذہبی فریضہ ہے۔ کہتے ہیں کہ فرشتے بھی علم حاصل کرنے والوں کے لیے اپنے پر بچھا دیتے ہیں۔ اسلام اخلاق، علم کی پیاس اور عبادت کو ایک ہی دائرے میں لے آتا ہے۔ اگر یہ باتیں آج کا مسلمان سمجھ لے تو اسلامی معاشرے دنیا کے سب سے زیادہ ترقی یافتہ اور مہذب معاشرے بن جائیں۔

صحیح علم:

صحیح علم کون سا ہوتا ہے؟ مسلمانوں کے لیے کلیدی اصول اللہ کی رضا کا حصول ہے اور یہی وہ اہم ترین چیز ہے جس کے لیے وہ جیتے ہیں۔ ان کا مقصد اس دنیا کے امتحان اور مشکلات سے کامیابی اور سرخ روئی کے ساتھ نکلنا ہے۔ وہ تمام کام اچھے ہیں جن کا مقصد اللہ تعالیٰ کی خوشنودی حاصل کرنا ہے جب کہ وہ تمام کام جو اللہ تعالیٰ کے غضب کو

دعوت دیں بر رہے ہیں۔ ہر وہ علم جو انسان کی سوچ کو اچھائی اور نیکی کی نہج پر چلائے صحیح علم ہے۔

قرآن اور اللہ کی طرف سے آئی وحی صحیح علم حاصل کرنے کے بنیادی مصادر ہیں۔ اس کا یہ مطلب نہیں کہ صحیح علم وحی کے علاوہ کہیں سے حاصل نہیں کیا جا سکتا۔ دیگر ذرائع بھی موجود ہیں مگر وحی الٰہی حتمی و اصلی ذریعہ ہے۔ اس میں بھی سب سے اول درجہ اور حیثیت قرآن پاک کی ہے۔ قرآن کو تمام علوم پر سبقت حاصل ہے۔

اللہ تعالیٰ نے انسان کو اپنا خلیفہ بنایا اور اس طرح زمین کو انسان کے تابع کر دیا۔ دنیا کی نعمتوں سے بھرپور فائدہ اٹھانے کے لیے انسان کو علم حاصل کرنے کی لگن عطا کی گئی۔ اس علم کو انسان کے لیے مثبت اور فائدہ مند بنایا گیا۔ سب سے پہلے بشر، حضرت آدمؑ کو ہر چیز کے نام سکھائے گئے۔ آپؑ کو چیزوں کو پہچاننے اور یاد رکھنے کی طاقت عطا کی گئی اور پھر نسل در نسل یہ سلسلہ جاری رہا۔

اسلام کے ستونوں کا علم:

اسلام کے مقاصد حاصل کرنے کے لیے اس کے بنیادی ستونوں کا علم ہونا بہت ضروری ہے۔ ان ستونوں کا مقصد ایسے افراد پیدا کرنا ہے جو اسلامی کردار و شخصیت کے حامل ہوں، منزل کا شعور رکھتے ہوں اور ان کے اہداف واضح ہوں۔ ان ستونوں پر عمل سے مسلمان کے اندر فرض شناسی اور ذمہ داری کا احساس پیدا ہوتا ہے۔ یہ مسلمانوں کو گناہوں سے روکتے اور نیکی اور بھلائی کی طرف راغب کرتے ہیں۔ ایسے مسلمان خود غرض ہونے کے بجائے فیاض اور درد مند ہوتے ہیں۔ اسلام کے یہی ستون جب حضرت محمد ﷺ کی تعلیمات کے مطابق قائم ہوتے ہیں تو ایک کامیاب اسلامی معاشرے کی بنیاد بنتے ہیں۔

جو مسلمان صدق دل سے کلمہ شہادت پر ایمان رکھتے ہیں، شعور کے ساتھ نماز پڑھتے ہیں اور اللہ تعالیٰ کی فرمانبرداری میں جھکتے ہیں، وہی صحیح معنوں میں ان ستونوں کی اہمیت سمجھتے ہیں۔ یہ لوگ اپنے نفس سے لڑ سکتے ہیں کیونکہ یہ اللہ کی ناراضگی سے ڈرتے ہیں

اور سب سے بڑھ کر اپنے مقصد کو پانے کا شوق اور لگن ان کو برائی سے باز رکھتا ہے اور ان کے لیے جنت کا ضامن بنتا ہے۔

ایمان اور اخلاقیات

حضرت محمد ﷺ نے فرمایا:

''مجھے بہترین اخلاق کی تکمیل کے لیے بھیجا گیا'' (مسند احمد، ۸۵۹۵)

آجکل کے معاشرے میں ایمان اور اخلاقیات کو الگ الگ کر دیا گیا ہے۔ دین کو روزمرہ کے کاموں اور واقعات سے دور رکھا جاتا ہے۔ دین کے لیے الگ اور زندگی کے معمولات کے لیے الگ الگ وقت مقرر کر دیے گئے ہیں۔ ایسے میں اسلام کو پس پشت ڈال دیا جاتا ہے اور زندگی محض خواہشات کا مسکن بن کر رہ جاتی ہے جس میں انسان سارا دن بیٹھا رہتا ہے۔ یہ اسلام نہیں ہے۔ اسلام زندگی کا طریقہ ہے۔ آپ یا تو اس کو اختیار کرتے ہیں یا نہیں کرتے۔ اس میں کوئی بیچ کا راستہ ہے اور نہ ہی کوئی عذر۔

اللہ تعالیٰ جو علم حقیقی کا اصل ذریعہ ہے قرآن میں ذکر کرتا ہے:

''کسی قوم کی حالت اللہ تعالیٰ نہیں بدلتا جب تک وہ خود اسے نہ بدلیں'' (القرآن، ۱۳:۱۱)

اداروں کا قیام، زکوٰۃ وصدقات کا اہتمام اور اصلاحات کرنا معاشرے میں تبدیلی لانے کے جدید طریقے ہیں۔ البتہ جب تک معاشرے کے تمام افراد اپنے طور اطوار نہیں بدلیں گے اور اپنے دلوں کی پاکیزگی کا سامان نہیں کریں گے تب تک کوئی بھی کوشش کارگر ثابت نہ ہوگی۔ قرآن میں ایسی اقوام کا کثرت سے ذکر ہے جو اپنی دولت اور ترقی کے باوجود برباد ہو گئیں کیونکہ ان کے لوگ اللہ تعالیٰ کی نعمتوں کی ناشکری کرتے تھے اور اخلاقی پستی میں ڈوبے ہوئے تھے۔

رسول اللہ ﷺ نے فرمایا:

''ایمان میں سب سے کامل مومن وہ ہے جو سب سے بہتر اخلاق والا ہو'' (الترمذی: ۱۱۶۲)

اسلام وقار والا دین ہے اور اپنے ماننے والوں کے کردار وعمل میں بھی اس وقار کا تقاضا کرتا ہے۔ تمام مسلمانوں کے لیے حضرت محمد ﷺ کی سیرت اور اخلاق بہترین مثال اور عملی نمونہ ہے۔ ایک مسلمان کی پہچان اس کی فراخدلی، متحمل مزاجی اور بلند اخلاق و کردار ہونا چاہیے۔ جو مسلمان پست کردار، جھوٹے اور دھوکے باز ہوتے ہیں اور دین سے بے نیاز ہوکر گناہوں میں ڈوبے رہتے ہیں، وہ گویا جہنم کی آگ سے کھیل رہے ہوتے ہیں۔ لوگوں ں کو زبردستی اسلام قبول کرنے پر مجبور نہیں کیا جاتا۔ اسلام تو تخلیقِ انسانی کے مقصد کو سمجھنے کی ایک دعوت ہے۔ تاہم جو لوگ اس کو قبول کرنے کے بعد اسے پس پشت ڈال دیں، ان کے مقدر میں تباہی کے سوا کچھ نہیں۔ آجکل اسی اخلاقی پستی نے مسلمانوں کو پوری دنیا میں بے عزت کر دیا ہے۔

حضرت محمد ﷺ نے یہ بھی فرمایا کہ قیامت کے دن آپ ﷺ کے سب سے زیادہ قریب وہ شخص ہوگا جو آپ ﷺ کی امت میں سب سے بہترین اخلاق والا ہوگا۔ اسلام میں ایمان اور اعمال ایک ہی سکے کے دو رُخ ہیں۔ جب بھی اللہ تعالیٰ نے قرآن میں ایمان کا ذکر کیا ہے اس کے ساتھ ساتھ نیک اعمال کا بھی ذکر کیا ہے۔

اگر مسلمان اپنے ایمان میں سچا ہوتا اور اپنے روزمرہ کے معمولات میں اسلامی تعلیمات اور اقدار کا خیال رکھتا تو دنیا بھر کی رسوائی اس کا مقدر نہ بنتی۔ آجکل صرف مسلمان اور کافر میں اختلاف نہیں بلکہ مسلمانوں کے آپس میں بھی بہت سے اختلافات ہیں۔ یہ اختلافات قومیت، برادری، زبان، سیاست، سماجی اور کاروباری معاملات کے علاوہ خود اسلام کی بنیاد پر کیے جاتے ہیں۔ افسوس کی بات تو یہ ہے کہ بہت سے مسلمان زبانی جمع خرچ تو کرتے ہیں مگر جب عمل کی باری آتی ہے تو پیچھے ہٹ جاتے ہیں۔

ایمان کے مطابق زندگی گزارنا ایک مشکل کام ہے۔ نیز صرف اچھا ایمان ہی اچھے اخلاق کو جنم دیتا ہے، اور اس احسن ایمان پر قائم رہنا ایک دائمی جدوجہد ہے۔ حضرت محمد ﷺ نے فرمایا کہ ایمان وہ نہیں جو خواہش کرنے سے آتا ہے بلکہ وہ ہے جو دل میں بستا ہے اور عمل سے ظاہر ہوتا ہے۔

پوری دنیا کے مسلمان بظاہر اللہ کی کتاب کو تھامے ہوئے ہیں، لیکن جب تک وہ اس کتاب کو کماحقہٗ سمجھ کر اس پر عمل نہیں کریں گے، ان کی مثال اس گدھے کی مانند ہے جو اپنی کمر پر بوجھ لادے چلتا رہتا ہے۔

میں نے سیکھا:
ایک مسلم اور غیر مسلم کا فرق اس کے کردار اور اخلاق میں پنہاں ہے۔

دعوت فکر:

- اسلام کے ارکان کیا ہیں؟
- انہیں ارکان یا ستون کیوں کہا جاتا ہے؟
- کیا کمزور ستونوں پر استوار کیا گیا ایمان مضبوط ہو سکتا ہے؟
- اگر ہمارے دل اللہ سے جڑے ہوئے نہ ہوں اور ہمارے کردار سے ایمان نہ جھلکتا ہو تو کیا ہم مومن کہلانے کے لائق ہیں؟
- اگر ہم نفس کا کہا مانیں اور شیطانی خواہشات میں مگن ہو جائیں تو کیا ہماری نماز قابل قبول ہو گی؟
- کیا زکوۃ مجرد ایک فرض ہے یا اللہ کی رضا حاصل کرنے کا ذریعہ؟ ہم زکوۃ کے ذریعے اللہ کی خوشنودی کیسے حاصل کر سکتے ہیں؟
- روزہ اور ذکر الٰہی ہماری روح کو کیسے زندہ رکھتے ہیں؟
- ہم حج کی ادائیگی سے کیا سیکھتے ہیں؟
- کیا ہم یہ مانتے ہیں کہ یہ پانچ ارا کین اسلام کے بنیادی اخلاقی، روحانی اور اخلاقی پہلوؤں کا احاطہ کرتے ہیں؟

؏ مکمل اطاعت، روحانی اطاعت اور روحانی سپردگی کسے کہتے ہیں؟

؏ وحدانیت کیا ہے اور ہمیں اپنی رسمی عبادت کو حقیقی عبادت میں بدلنے کے لیے کیا کرنا ہوگا؟

؏ ہمیں موجودہ مسلمان قوموں کو دنیا کی مہذب ترین قوموں میں بدلنے کے لیے کیا کرنا ہوگا؟

؏ حقیقی علم کیا ہے؟ اچھے اور برے کاموں کی کیا پہچان ہے؟

؏ ارکین اسلام کا اصل مقصد کیا ہے؟

؏ جو تہذیبیں اللہ کی ناشکری اور اخلاقی خرابیوں میں جکڑی ہوئی تھیں ان کا انجام کیا ہوا؟

؏ روز قیامت محمدﷺ کے قریب کون سے لوگ ہوں گے؟

۱۳

سب کچھ بکھر گیا

(نووی، یونائیٹڈ اسٹیٹس، ۱۹۷۹ء۔۱۹۸۷ء)

''بے شک مشکل کے ساتھ آسانی ہے'' (القرآن، ۹۴:۶)

''زندگی میں دو دن آتے ہیں، ایک دن تمہارے حق میں ہے اور دوسرا تمہارے خلاف۔ پس جب دن تمہارے حق میں ہو تو تکبر نہ کرو اور غافل نہ ہو جاؤ اور جب دن تمہارے خلاف ہو تو صبر کرو، کیونکہ یہ دونوں تمہاری آزمائش ہیں'' (حضرت علی کرم اللہ وجہہ)

پہلے دن سے لے کر ساری زندگی میاں بیوی کے درمیان بہت سے اختلافات ہوتے ہیں۔ یہ تنازعات کھانے سے لے کر بچوں پر اور سسرال سے لے کر اخراجات اور پیسوں پر مبنی ہوتے ہیں۔ لیکن اختلاف کتنے ہی بڑے کیوں نہ ہوں، اگر میاں بیوی دونوں یہ رشتہ نبھانا چاہیں تو شادی کامیاب ہو جاتی ہے۔ میری شادی کامیاب نہ ہو سکی۔ میری ذاتی زندگی تیزی سے دوسروں کی جاگیر بنتی جا رہی تھی۔ میں اپنے گھر میں اپنے آپ کو اجنبی محسوس کرنے لگا تھا۔ ہر روز جب میں کام سے لوٹتا تو اپنے گھر کو بن بلائے مہمانوں سے بھرا ہوا پاتا۔ میرے اندر داخل ہوتے ہی جاری گفتگو تھم جاتی اور اچانک مزاجوں میں تبدیلی آ جاتی۔ ایسے واقعات میرے اندر غصہ اور چڑچڑاپن پیدا کر دیتے جو ہم میاں بیوی کے درمیان مزید جھگڑوں کا سبب بنتا۔ بھوک اور تھکن سے بے حال، میں اپنے بیوی بچوں کے ساتھ اکیلے سکون سے وقت گزارنا چاہتا تھا مگر ہمیں کبھی ایک دوسرے کے ساتھ بیٹھنے کا وقت میسر نہ آتا۔ کوثر ایک بہت اچھی میزبان تھی اور اکثر دوسروں کو خوش کرنے کے چکر میں مجھے نظر انداز کر دیتی۔ مجھے یاد ہے کہ ایسے ہی لمحات میں اس کے خیر خواہ ہمارے بیچ میں آ گئے اور ہم دونوں ایک دوسرے سے دور ہونے لگے۔

دن گزرنے کے ساتھ ساتھ میرا ان سب مہمانوں کے ساتھ رہنا مشکل ہوتا جا رہا تھا۔ وہ سب ہمارے گھر ضرورت سے زیادہ ٹھہر گئے تھے اور اب میں ان کی روانگی

چاہتا تھا۔ مجھے میرا گھر اور اس کا سکون واپس چاہیے تھا۔ البتہ میں اپنی بیوی سے آرام سے اس تنہائی کی خواہش کا اظہار کرنے کے بجائے اس سے جھگڑنے لگتا۔

جوں جوں ہمارے بیچ غلط فہمیاں بڑھتی گئیں فاصلہ بڑھتا گیا۔ کوثر میری زندگی کی سب سے اہم فرد تھی۔ کاش میں اسے یہ بتا سکتا مگر جب بھی میں اس سے بات کرنے کی کوشش کرتا، مجھے اس کی آنکھوں میں الزام دکھائی دیتے۔ میں سوچتا کہ کیا اسے بھی میری آنکھوں میں تکلیف نظر آتی ہے؟

میرے لیے یہ بات ناقابل یقین تھی کہ جس تعلق کو ہم نے اتنی محنت سے استوار کیا تھا، گھر میں مہمان بنے چند لوگ اس کی دھجیاں بکھیر رہے تھے۔ بن بلائے مہمان، خفا بیوی اور اس کا مجھ کو نہ سمجھ پانا میرے غصے کی شدت کو خطرناک حد تک بڑھا چکا تھا۔ میں اپنے آپ کو قابو کرنے کی کوشش کرتا مگر بے سود۔ بعض اوقات میں اپنی بیوی پر غصے میں برس پڑتا اور وہ بھی طیش میں آجاتی۔ اور بعض دفعہ خاموشی سے اس سے التجائیں کرتا رہتا کہ وہ مجھے دکھائے، بتائے اور سمجھائے کہ اس کو بھی فکر ہے۔

ایک دن میں نے اس کو کہہ دیا کہ میں اپنے گھر میں لوگوں کی افراتفری مزید برداشت نہیں کر سکتا۔ اس نے فوراً طلاق کا مطالبہ کر دیا۔ میں ہکا بکا رہ گیا۔ میری چھوٹی سی ہندوستانی بیوی مجھ سے طلاق مانگ رہی تھی۔ ایسی چیز جو ہندوستانی معاشرے میں ذلت اور رسوائی کا داغ سمجھی جاتی ہے۔ میں طلاق کے خلاف نہ تھا۔ اگر دو لوگوں کا ایک دوسرے کے ساتھ رہنا محال ہو جائے تو طلاق کا راستہ اختیار کرنے میں کوئی حرج نہیں۔ مگر میری بیوی ہمارے تیسرے بچے کے ساتھ حاملہ تھی اور مجھے اس کے کیے کی کچھ سمجھ نہیں آرہی تھی۔ کیا وہ اتنی آسانی سے ہار مان جائے گی اور اپنے بچوں کی خاطر حالات سنوارنے کی ایک کوشش بھی نہ کرے گی؟ آج مجھے لگتا ہے کہ شاید وہ بھی کوشش کرتی ہوگی۔ شاید مجھ سے زیادہ کرتی ہوگی۔ لیکن اس وقت مجھے یہ چیز نظر نہیں آئی۔

میں نے پیچھے مڑ کر دیکھنے اور سمجھنے کی کوشش کی کہ میں نے کہاں غلطی کی ہے مگر میری سمجھ میں کچھ نہ آیا۔ میری ضروریات کے معاملے میں کوثر کی بے اعتنائی ایسی نہ تھی کہ

اسے معاف نہ کیا جا سکے۔ وہ بہت سی ذمہ داریاں نبھا رہی تھی۔ مجھے اس مشکل وقت میں اس کے لئے تھوڑی سی لچک اور ہمدردی محسوس کرنی چاہیے تھی مگر میں خود اس وقت اپنے شیطانوں سے لڑ رہا تھا۔ جب ہمارے جھگڑوں نے الزام تراشی کی صورت اختیار کر لی اور میرا غصہ روز حدیں عبور کرنے لگا، تو میری بیوی نے مجبور ہو کر باہر والوں سے مدد لی۔ اس نے اپنے گھر والوں، میرے دوستوں، کمیونیٹی کے دیگر ممبران، سماجی کارکنان اور مسلم کمیونیٹی کے راہنماؤں سے مدد طلب کی۔ غرض جس کے بارے میں بھی وہ سمجھتی کہ وہ میری مدد کر سکتا ہے یا مجھے سمجھا سکتا ہے وہ اس سے بات کر لیتی۔ مگر اس کی اس کوشش سے ہمارے مسائل سدھرنے کے بجائے اور زیادہ بگڑ گئے۔

میں آپس کی مصالحت کے لیے اتنا ہی بیتاب تھا جتنی کوثر تھی۔ مگر میں جھوٹی انا اور اور ذہنی خلفشار کا شکار تھا۔ یہ میری غلطی تھی کہ کوثر مجھے ایسا ظالم دیو سمجھنے لگی تھی جو اس کو اس کے گھر والوں سے کاٹنا چاہتا تھا اور یہ میری ہی غلطی تھی کہ میں اسے بے وفا اور ناشکری بیوی سمجھنے لگا تھا۔ اصل حقیقت یہ تھی کہ خود مجھے مدد کی ضرورت تھی۔ اگر میں اپنے شیطانوں کو زیر کرنے میں کامیاب ہو جاتا تو ہمارے بچوں کو یہ سب نہ جھیلنا پڑتا اور حالات پھر سے بہتر ہو جاتے۔ مگر بعض چیزیں مقدر میں لکھی ہوتی ہیں جن کا ٹلنا ناممکن ہوتا ہے۔

ہرا یرا غیرا شخص مجھے میری ذاتی زندگی کے بارے میں سمجھانے کی کوشش کرنے لگا اور بعض لوگ مجھے ایسے دیکھنے لگے گویا میں غصے میں بے قابو ہونے کے مرض میں مبتلا ہوں۔ یہ سب دیکھ کر میں اپنی ذات تک محدود ہو گیا۔ اس دوران کسی نے بھی مسئلے کی جڑ تک پہنچنے کی کوشش نہیں کی، نہ کسی نے مجھ سے پوچھا کہ میں کیا چاہتا ہوں اور کیوں اضطراب کا شکار ہوں۔

پھر میرے دوست اور جان پہچان والے مجھے میری ازدواجی زندگی کے بارے میں مشورے دینے لگے اور مجھے بتانے لگے کہ کس طرح مجھے اپنی بیوی بچوں کا خیال رکھنا چاہیے۔ ان سب کی باتیں سن کر میرے اندر کا لاوا ابل جاتا اور میں آتش فشاں کی مانند پھٹ پڑتا۔ یوں میں اپنے بارے میں گردش کرنے والی کہانیوں کو مزید تقویت دے دیتا۔

ان دنوں میں میں نے بہت سے دوست کھو دیئے۔ میری اصل کہانی من گھڑت

قصوں کے نیچے کہیں دفن ہو چکی تھی ۔ میں اپنی من پسند زندگی کو برقرار رکھنے کے لیے دن رات محنت کر رہا تھا۔ جب میں گھر لوٹتا تو مجھے وہ سب کچھ چاہیے تھا جو میرا حق بنتا تھا۔ایک پرسکون زندگی، اپنی پسند کا ماحول، توجہ دینے اور خیال رکھنے والی بیوی اور میرے بچوں کی محبت، چاہے اس کی آدھی سہی جتنی میں ان سے کرتا تھا۔

اس کے برعکس میرا گھر میرے اندر ایک طوفان برپا کر دیتا تھا۔ بیوی سے رابطے اور تعلق کا فقدان مجھے مشتعل کر رہا تھا اور ہر بے تکے شخص کی دخل اندازی میرے اعصاب کو تباہ کر رہی تھی۔ان تمام منفی رویوں نے مجھے بھی ایک منفی کردار بنا دیا تھا۔ میں ایک قابل نفرت شخص بن گیا تھا جس تک کسی کی رسائی ممکن نہ تھی۔ میں چھوٹی سی بات پر ہتھے سے اکھڑ جاتا تھا اور طیش میں برجستہ ان ہی لوگوں پر برس پڑتا جو میرے سب سے زیادہ قریب تھے۔ دوسروں کو معاف کر دینا میرے لیے ناممکن ہو گیا تھا۔لوگوں کی گفتگوئیں میرے ذہن میں گردش کرتی رہتیں اور میں گھنٹوں ان پر کڑھتا رہتا۔ میں ان سب لوگوں سے چڑنے لگا جو میری مدد کی کوشش کرتے۔ میں ایک بے بس تماشائی کی طرح اپنے اندر یہ ساری تبدیلیاں دیکھ رہا تھا مگر کچھ نہ کر سکا۔ مجھے اپنے آپ سے نفرت ہونے لگی۔ ایک ایسی تکلیف نے مجھے گھیر لیا جو کبھی ساتھ نہیں چھوڑتی تھی۔سب سے بڑھ کر جو چیز مجھے کھل رہی تھی وہ یہ تھی کہ میں اپنے بچوں کو اس تباہی سے بچانے سے قاصر تھا۔

کوثر حاملہ تھی۔ کاش میں اس کا بہتر طریقے سے خیال رکھ سکتا جیسا کہ میں نے وعدہ کیا تھا۔مگر زندگی اپنے کچھ سبق بڑے سخت طریقے سے سکھاتی ہے۔ مجھ سے میری پریشانیوں نے دانشمندی سے سوچنے اور سمجھنے کی صلاحیت چھین لی تھی۔اس دوران کمیونیٹی کے ایک سماجی کارکن نے مجھ سے بات کرنا چاہی۔ جب اس نے میری آنکھوں سے درد بہتا دیکھا تو طلاق کا مشورہ دیا۔اس نے میری مدد کے لیے کمیونیٹی کے تمام ممبران کو بلا کر کوثر اور میرے درمیان ہمارے مالی اثاثوں کی تقسیم کی ایک عملی ترتیب بنانے کی پیشکش کی۔البتہ کوثر کچھ سننے کو تیار نہ تھی۔

میرے سب سے تاریک لمحوں میں ایک روشنی کی کرن پیدا ہوئی اور ہماری بیٹی، مریم،۲۴ جون ۱۹۸۶ کو ہماری زندگی میں شامل ہوگئی۔اس کی آمد نے مجھے ایک نیا حوصلہ دیا

جبکہ اس وقت مجھے کچھ معلوم نہ تھا کہ میں اپنی ننھی سی بیٹی کو کیسی زندگی دے سکوں گا۔ مجھے ہمیشہ سے بچوں سے پیار تھا اور اب میرے پاس تین بچے تھے جو مجھے اپنی جان سے زیادہ عزیز تھے۔

جب شوہر اور بیوی، ماں اور باپ بنتے ہیں تو ان کی زندگی کا مرکز تبدیل ہو جاتا ہے۔ان کو محبت کی روشنی اور حرارت سے اس نئی زندگی کی افزائش کرنی ہوتی ہے جسے وہ اس دنیا میں لانے کا سبب بنتے ہیں۔ جہاں انا، خودغرضی اور ذاتی انفرادیت کی کوئی جگہ نہیں ہوتی۔ اکثر اوقات جب وہ اپنی نئی پہچان کو قبول کرنے سے انکار کر دیتے ہیں تو انہیں بھاری نقصان اٹھانا پڑتا ہے۔ میں بھی خودغرض ہو گیا تھا اور اس خودغرضی نے مجھے زندگی بھر کا روگ دے ڈالا۔ میں نے دوسروں کے فیصلوں کو اپنی سوچ پر حاوی ہونے دیا اور اپنے بچوں کی تقدیر کا فیصلہ ان کے حوالے کر دیا۔اس طرح میں اپنے بچوں کے ساتھ ناانصافی کا مرتکب ہوا۔

مریم کے آنے کے بعد مجھے محسوس ہوا کہ مجھے محبت کا اظہار کرنا نہیں آتا۔ میں کوثر کو چاہتا تھا مگر اس کا دل نہ جیت سکا۔ میں اپنے بیٹوں، بن یامین اور یوسف سے محبت کرتا تھا مگر ان سے مضبوط تعلق استوار نہ کر سکا۔ کاش کہ وہ جان سکتے کہ ان کی خوشی کی خاطر میں نے جو کام کیے وہ میری ان سے محبت ہی تھی۔ میرا ان کو پکنک پر لے جانا، سینما میں ان کی پسندیدہ فلم دیکھنا اور ان سے کھیلنا یا فٹبال کی مشق کے لیے ان کے ساتھ اسکول جانا، ان کے اسکول کے کاموں میں ان کی مدد کرنا اور ان کے شوق کی حوصلہ افزائی کرنا اور ہر وقت ان کے لیے حاضر رہنا۔ یہی وہ محبت کے انداز تھے جو مجھے آتے تھے۔

مریم کی پیدائش کے چند ماہ بعد ایک دن میں شام کو لوٹا تو گھر کو خالی پایا۔ میری بیوی مجھے چھوڑ کر جا چکی تھی۔ میرے بچے بھی جا چکے تھے۔ سامنے ٹیبل پر ایک عدالت کا کاغذ الٹا پڑا تھا۔ کوثر مجھے طلاق کا نوٹس بھیج کر کینیڈا چلی گئی تھی۔ ایک ہفتے بعد وہ بچوں سمیت واپس آ گئی۔ اس نے اپنی اس حرکت اور عدالت کے نوٹس کا کوئی تذکرہ نہ کیا۔ اس وقت میں نے اپنے لیے وکیل کا بندوبست کرنے کا فیصلہ کیا۔

دن کے دوران میں اور میری بیوی عدالت میں لڑتے اور رات کو ہم ایک ہی گھر

میں ایک ہی چھت کے نیچے واپس آجاتے۔ان راتوں میں میری نیند نے بھی مجھے اوروں کی طرح اکیلا چھوڑ دیا تھا اور میرا دماغ کسی ریس کے گھوڑے کی مانند دوڑتا رہتا۔ میں ساری رات ہر زاویے کو سوچتا،ممکن اور ناممکن امکانات پر غور کرتا اور اپنے اندیشوں اور خوف میں ڈوبتا ابھرتا۔ان راتوں میں مجھے مستقبل کے خواب دیکھنے سے ڈر لگتا تھا اور میں اپنا سب کچھ کھو دینے کے خوف میں گھر ا رہتا۔

میری زندگی میرے کام اور گھر کے حصار میں گھومتی تھی۔ جب سے ہم نووی آئے تھے میرے پاس دوسروں سے میل جول اور سماجی کاموں کا نہ وقت تھا اور نہ ہی رغبت۔میرے پاس نہ کوئی حمایتی گروہ تھا اور نہ ہی رشتے دار جو اس کڑے وقت میں مجھے سہارا دیتے۔میرے بچے چھوٹے تھے اور ان کو مستقل نگرانی کی ضرورت تھی۔میں سوچتا تھا کہ اگر عدالت کو معلوم ہو جائے کہ میں اکیلا رہتا ہوں اور سارے دن کے لیے کام پر چلا جاتا ہوں تو وہ بچوں کی حوالگی روک دے گی اور اگر اس کے باوجود مجھے معجزانہ طور پر حوالگی مل گئی تو میں کیا کروں گا؟ میں ایک ساتھ ان کا خیال اور اپنے کام کو کیسے سنبھال پاؤں گا؟ کیا میں ان کو وہ خیال اور پیار دے سکوں گا جو ان کا حق ہے؟ یہ سوالات مجھے صبح کی روشنی پھیلنے تک جگائے رکھتے اور اس کے بعد مجھے بستر سے اٹھ کر دوبارہ دنیا کا سامنا کرنا پڑتا۔

میری راتیں بہت ظالم تھیں اور دن سیسے کی مانند بھاری۔ نتیجتاً میں حقیقت پر اپنی گرفت کھونے لگا۔ میں سوچنے لگا کہ کوثر اور اس کے گھر والے میرے بچوں کو میرے خلاف استعمال کریں گے اور چین سے اس وقت تک نہیں بیٹھیں گے جب تلک مجھ سے ایک ایک پائی نہ لے لیں۔ مجھے لگتا تھا کہ وہ مجھے تباہ کرنے پر تلے ہیں۔ میں اپنے بچوں اور ان کے مستقبل کے بارے میں فکرمند تھا۔ یہ سارے وسوسے مجھے بے سکون کر رہے تھے۔ میں اکثر روتا تھا۔بعض اوقات آنسو بے ساختہ میرے چہرے پر بہنے لگتے اور میں ایک دم چونک جاتا۔

کچھ قریبی دوستوں نے میری بدحالی دیکھ کر مجھے گھر سے باہر نکل کر کسی سماجی اور ثقافتی ادارے میں اپنا نام لکھوانے کا مشورہ دیا۔اگر وہ برقت میری مدد کو نہ آتے تو میں اپنا ذہنی توازن کھو دیتا۔اگلے چند مہینوں کے لیے میں نے اپنی زندگی کے علاوہ دوسری چیزوں پہ توجہ

مرکوز کر دی۔ میں کمیٹیاں بناتا اور اپنا وقت سماجی اور ثقافتی انجمنیں چلانے، انہیں منظّم کرنے، ملاقاتوں اور تقاریر میں صرف کر دیتا۔ ہر روز میں جانتے بوجھتے اپنے دماغ اور جسم کو کاموں سے اتنا تھکا دیتا کہ رات کو بستر پر گرتے ہی سو جاتا۔ میں دنیا کے لیے مر جاتا اور دنیا میرے لیے مر جاتی۔

میں نے سیکھا:

❊ زندگی ایک سبق ہے، بشرطیکہ آپ اسے پڑھ سکیں۔

❊ زندگی کا اہم ترین سبق: اگر آپ خود اپنی از دواجی زندگی کے مسائل حل نہیں کر سکتے تو کوئی بھی انہیں حل نہیں کر سکتا۔

❊ قرآن میں اللہ کی دی گئی نصیحت ہمیشہ یاد رکھو: شیطان تمہارا دشمن ہے۔ اگر اس پر نظر نہیں رکھو گے وہ تمہیں تباہ کر دے گا۔

۱۴

دل کی پاکیزگی

''جس دن کہ مال اور اولاد کچھ کام نہ آئے گی۔ لیکن فائدہ والا وہی ہوگا جو اللہ تعالیٰ کے سامنے بے عیب دل لے کر جائے گا''۔

(القرآن، ۲۶:۸۸۔۸۹)

رفتہ رفتہ میرے دل کے اندھیر خانوں میں روشنی داخل ہونے لگی۔ وہ باتیں جو کچھ عرصے پہلے تک سمجھ نہیں آتی تھیں، اتنی واضح ہو کر سمجھ آنے لگیں کہ انہیں نظر انداز کرنا ناممکن ہو گیا۔ مجھے جوابات ملنے لگے اور تعلق کا احساس ہونے لگا۔ بالآخر میں کسی راستے پر چل نکلا تھا اور میرے سامنے طویل مسافت تھی۔ مجھے موڑ بھی نظر آنے لگے اور زندگی میں پہلی بار مجھے معلوم تھا کہ یہ راستہ مجھے کدھر لے جائے گا۔

غلطی کرنا انسانی فطرت ہے اور اس کو بخش دینا خدا کی صفت ہے۔ جب تک انسان کوشش کرتا رہتا ہے اس سے غلطیاں بھی سرزد ہوتی رہتی ہیں، اور یہ جدوجہد ساری زندگی جاری رہتی ہے جب تک انسان کا دل اس کے سینے میں دھڑکتا رہتا ہے۔

ہر انسان جدوجہد کرتا ہے، کوئی طاقت اور اقتدار کے لیے، کوئی امن وسکون کے لیے، کوئی بڑی اور اہم تبدیلیوں کے لیے اور کوئی چھوٹی اور بے معنی تبدیلیوں کے لیے۔ بڑی بڑی کامیابوں کا سہرا انسانی ذہن ہی کو جاتا ہے مگر وہ دل ہوتا ہے جو اسے گھمبیر اندھیروں سے نکال کر لاتا ہے اور اسے چلتے رہنے کی ہمت اور حوصلہ دیتا ہے۔ انسانی زندگی میں دل ایک بادشاہ کا کردار ادا کرتا ہے۔ وہ بادشاہ جو نہ صرف ہمت، رہنمائی اور ترغیب دیتا ہے بلکہ اس کے پاس سب کچھ برباد کرنے کی صلاحیت بھی موجود ہوتی ہے۔ ایک برا بادشاہ اپنے محکوموں کو گمراہ و برباد کر سکتا ہے۔ جبکہ ایک اچھا بادشاہ انہیں نجات کی طرف لے جاتا ہے۔

پاکیزہ دل کیوں سیاہ ہو گیا؟

آدمؑ اس دنیا میں ایک پاکیزہ دل کے ساتھ بھیجے گئے تھے۔ ان کا دل رجوع

کرنے والا تھا۔ ہر بچہ دنیا میں پاکیزہ دل کے ساتھ پیدا ہوتا ہے۔ کوئی بھی انسان اس دنیا میں گناہگار بن کر نہیں آیا۔ ہر ایک اپنے سے پہلے آنے والے کی طرح پاکیزہ اور سونے کی مانند خالص دل کے ساتھ پیدا ہوا۔ البتہ وقت کے ساتھ ساتھ، شیطانی اثرات نے اس کے دل کو داغدار کر دیا اور اس طرح دنیا میں پہلا قتل وقوع پذیر ہوا۔ حضرت آدمؑ کے بیٹے قابیل نے اپنے بھائی ہابیل کو جلن اور حسد کی بنا پر قتل کر دیا۔ وقت گزرنے کے ساتھ ساتھ انسان کا دل مزید سرکش اور شریر ہوتا چلا گیا۔ اس کی بنیادی وجہ یہ تھی کہ جس دنیا میں وہ پیدا ہوا، وہ لالچ اور عداوت کی جگہ بن گئی تھی۔ اس میں اب غصہ اور سرکش خواہشات پنپتی تھیں اور یہ دنیا انسان سے زیادہ شیطان کا گھر بن چکی تھی۔

آج ہم دنیا کو ترقی یافتہ تو کہہ سکتے ہیں مگر مہذب نہیں۔ جب مکہ میں اسلام آیا تو دنیا کا ایسا ہی حال تھا جو آج ہے۔ قتل و غارت عام بات تھی۔ طاقتور اور امیر لوگ کمزوروں اور غریبوں کو اپنے ظلم کا نشانہ بناتے تھے۔ جنگل کا قانون بھی اس کے مقابلے میں بہتر معلوم ہوتا تھا۔ کیونکہ جانور تو صرف بھوک مٹانے کے لیے قتل کرتا ہے، نا کہ لالچ اور اقتدار کے حصول کے لیے۔

ایک مہذب دنیا کی تعمیر کے لیے انسان کو اپنی خواہشات کو قابو میں کرنا سیکھنا ہوگا اور اپنے دل کو مطیع کرنا ہوگا۔ دلوں پر جمی برسوں کی میل کچیل کو کھرچ کر صاف کرنا ہوگا تا کہ وہ پھر سے پاکیزہ ہو جائیں۔ یہ ایک دن کا کام نہیں بلکہ ساری زندگی جاری رہنے والا عمل ہے۔

انسانی فطرت:

تاریخ کا مطالعہ ہمیں انسان کی فطرت سے آگاہ کرتا ہے۔ انسان فرشتہ نہیں ہے کیونکہ وہ غلطی کر بیٹھتا ہے۔ وہ ایک سوچنے سمجھنے والی مخلوق ہے جو غور و فکر کر کے نتائج اخذ کرتا ہے۔ بعض انسان بیوقوف ہوتے ہیں اور بعض خود غرض۔ بعض دیکھ کر یقین کرنے کو ترجیح دیتے ہیں اور بعض بغیر سوچے سمجھے ہر کسی پر بھروسا کر لیتے ہیں۔

دراصل انسان ایک پیچیدہ مخلوق ہے۔ وہ تین مختلف سطحوں پر کام کرتا ہے: دل،

دماغ اور روح۔ یہ تینوں نہ ایک طرح سے کام کرتے ہیں نہ ہی ان کا کسی ایک نکتے پر متفق ہونا آسان بات ہے۔ اب سوال یہ ہے کہ مخلوقِ خدا کی بہتری کے لیے انسان کو مطیع ہونے اور اپنے اندر تبدیلیاں پیدا کرنے پر کس طرح راضی کیا جائے؟ یہ جاننے کے لیے ہم ایک مرتبہ پھر تاریخ کا رخ کریں تو ہمیں پتہ چلتا ہے کہ انعام اور سزا انسان کے لیے بہت اہم محرکات ہوتے ہیں۔ بعض لوگ سزا کے خوف سے کام کرتے ہیں اور بعض انعام کے شوق میں۔

دنیا کی تخلیق کے بعد اللہ تعالیٰ نے فرشتوں کو پیدا کیا اور ان کو سمجھ عطا کی، مگر خواہشات سے عاری رکھا۔ انسان کو عقل اور خواہش دونوں عطا کی گئیں۔ جب انسان کی عقل اس کی خواہشات سے زیادہ قوی ہوتی ہے تو وہ گناہ چھوڑ کر پاکیزگی اختیار کرتا ہے اور فرشتہ صفت بن جاتا ہے۔ مگر جب اس کی خواہشات اس کی عقل پر حاوی ہو جاتی ہیں تو وہ اپنی ذات کی تسکین میں لگا رہتا ہے اور جانوروں کی مانند ہو جاتا ہے۔ اس دنیا میں مکمل کامیابی حاصل کرنے کے لیے ضروری ہے کہ انسان خواہشات اور عقل کے درمیان توازن قائم رکھے۔

انسان ایک لحاظ سے دوسری مخلوقات سے ملتا جلتا ہے، مگر دیگر بہت سی چیزوں میں منفرد ہے۔ ہم سب کا خالق ایک ہے۔ تمام مخلوقات بغیر کسی تامل کے اللہ تعالیٰ کی اطاعت پر مامور ہیں جبکہ انسان سوال کرتا ہے۔ انسان توبہ کرتا ہے، پھر غلطی کر بیٹھتا ہے اور پھر توبہ کرتا ہے۔ یہی انسان کی وہ صفت ہے جو اسے دوسری تمام مخلوقات سے منفرد بناتی ہے۔ یاد کیجیے شیطان نے بھی غلطی کی تھی مگر اس کی خطا اس کی ڈھٹائی کی وجہ سے ناقابل معافی بنی۔ جبکہ آدمؑ کو اللہ تعالیٰ نے معاف کر دیا تھا کیونکہ آپؑ نے سچے دل سے توبہ کی تھی۔

بے لگام خواہشات - بدی کی بنیاد:

اللہ تعالیٰ نے انسان کو بنایا اور اس کو اس چیز میں آزمایا کہ آیا وہ اپنی عقل اور علم کی بدولت اپنے خالق و مالک کو پہچان کر استقامت کے ساتھ اس کی اطاعت کر سکتا ہے یا

نہیں۔فرشتوں نے سوچا کہ انسان اپنی خواہشات کے آگے ناکام ہو جائے گا اور دنیا میں خون بہائے گا اور تباہی مچائے گا۔فرشتوں کا یہ اعتراض اپنی جگہ بجا تھا۔انسان بے شک خواہشات کا پتلا ہے اور یہ خواہشات اتنی طاقتور ہوتی ہیں کہ اچھے بھلے انسان کو لے ڈوبتی ہیں۔ایک دفعہ جوان کا غلام بن جائے، پھر وہ ان خواہشات کو پورا کرنے کے لیے جھوٹ، فریب اور ہر برے فعل کا استعمال کرنے سے بھی نہیں کتراتا۔اس انسان کا مقصد صرف اپنے نفس کی تسکین بن جاتا ہے۔خواہشات کی تکمیل اس کے دل میں لالچ، گھمنڈ اور خودغرضی کا بیج بو دیتی ہے اور اس کا پھل نفرت، حسد اور بغض کی صورت میں نکلتا ہے جو اس کے دل کو ناقابل تلافی نقصان پہنچاتا ہے۔

ایک پاکیزہ دل اللہ کی محبت اور جنت کا طالب ہوتا ہے۔اس کے برعکس ایک خراب دل صرف دنیا کا متلاشی ہوتا ہے۔جب انسان اپنے زنگ آلود دل کی بے تکی خواہشات کو سننے میں لگ جاتا ہے، تو دل مزید خواہشات کی قطار لگا دیتا ہے۔یہاں تک کہ انسان ان خواہشات کو پورا کرنے میں اس قدر مگن ہو جاتا ہے کہ اسے کچھ اور سجھائی نہیں دیتا۔وہ ساری زندگی سکون کے پیچھے بھاگتا رہتا ہے مگر سکون اس کے ہاتھ نہیں آتا۔وہ ایک دنیوی ہدف کے بعد دوسرے کے پیچھے لپک پڑتا ہے، خواہشات کے اور بیج بکھیرتا ہے اور انہی پھلوں کو کاشت کرتا رہتا ہے۔نتیجہ زیادہ لالچ، زیادہ حسد، زیادہ نفرت، زیادہ تکبر، زیادہ غصے اور دنیا کی زیادہ حرص کی صورت میں نکلتا ہے۔یہ چکر اسی طرح چلتا رہتا ہے یہاں تک کہ راہ میں آنے والی ہر شے کو برباد کر ڈالتا ہے۔

خواہشات کا فریب:

وہ خواہشات جن کا تعلق انسان اور اس دنیا سے ہو، وہ محض ایک فریب ہیں۔بظاہر انسان لاکھ نیک کام کرلے مگر جب تک اس کے دل میں انا، غرور اور گھمنڈ کا بیج رہے گا اور وہ اپنی نیکیوں کے گھمنڈ میں اپنے آپ کو دوسروں سے برتر سمجھے گا اس کی مثل ابلیس سے مختلف نہ ہوگی جو شیطان مردود قرار دے دیا گیا تھا۔وہ بھی فرشتوں کے درمیان رہتا تھا مگر پھر اس کے تکبر نے اسے پہلے ابلیس یعنی مایوس بنایا اور پھر شیطان یعنی دھوکے باز بنا دیا۔

ایک بار مومن اللہ کے لیے جینے کا ارادہ کر لے تو اس کی انا پس پشت چلی جاتی ہے، البتہ اس کی جدوجہد ختم نہیں ہوتی۔ شیطان اپنے سب سے بھاری وار مومن پر ہی کرتا ہے اور وہ اپنے سر پر سینگ سجائے سامنے نہیں آتا۔ بلکہ وہ دل کی انتہائی پوشیدہ اور حساس خواہشات کا لبادہ اوڑھے آتا ہے۔ اسی لیے ایک مومن کو چاہیے کہ وہ ہر دم چوکنا رہے۔

تمام فطرتی خواہشات بری نہیں ہوتیں:

خواہشات بظاہر بدی کی جڑ معلوم ہوتی ہیں۔ مگر اللہ تعالیٰ کی طرف سے جو بھی چیز عطا کی جاتی ہے وہ خیر سے خالی نہیں ہوتی۔ جب ایک بچہ پیدا ہوتا ہے، اس کی خواہش کھانا پینا ہوتی ہے۔ جیسے جیسے وہ بڑا ہوتا ہے اس کی خواہشات میں بھی اضافہ ہوتا چلا جاتا ہے اور اس وقت ماں باپ اپنے بچے کی بے جا خواہشات کو لگام دینا شروع کرتے ہیں ہیں۔ اگر اس بچے کو اس کی خواہشات کے حوالے کر دیا جائے، تو جلد ہی وہ بچہ ایک ایسے شخص میں تبدیل ہو جائے گا جس کا مقصد صرف اور صرف دنیا کا حصول ہوگا۔ ایسا انسان اپنی راہ میں آنے والی ہر رکاوٹ کو بلا جھجک تباہ کرتا چلا جائے گا۔ دنیا پر وہ صرف اپنا حق سمجھے گا اور اس حق کو حاصل کرنے کے لیے وہ اپنی تمام تر کوشش اور توانائی صرف کر دے گا۔ اس قسم کی بے لگام خواہشات کا نتیجہ صرف اور صرف تباہی و بربادی ہے۔

اللہ تعالیٰ اپنے ان نیک بندوں کو اجر دیتا ہے جو اس کے لیے اپنے نفس اور خواہشات پر قابو کرتے ہیں۔ خواہشات کی اندھی پیروی دنیا میں صرف فساد پیدا کرتی ہے اور سب سے بڑھ کر یہ کہ انسان کا دل تاریکی میں ڈوب جاتا ہے۔ جب انسان کو اللہ کی بہترین مخلوق ہونے کا شرف حاصل ہے تو کیا وہ اس اعزاز کی اہلیت کو ثابت نہ کرے؟ یہ سچ ہے کہ خواہشات انسان کو بھٹکا سکتی ہیں مگر یہ انسان کے لیے سزا بن کر وارد نہیں ہوئیں۔ خواہشات اور ان کو لگام دینے کی جدوجہد ساتھ ساتھ چلتے ہیں۔ یہ دو ایسے حصے ہیں جو مل کر زندگی کو سہارا دیتے ہیں۔ بظاہر خواہشات تمام برائیوں کی جڑ معلوم ہوتی ہیں مگر ان کا مقصد اس سے بڑھ کر ہے۔

خواہشات کا مقصد:

اللہ تعالیٰ غفور اور رحیم ہے۔ اس نے انسان کو اپنا خلیفہ بنایا، اسے سب سے اونچا مرتبہ عطا کیا اور اسے پوری دنیا کو فتح کرنے کی صلاحیت دی۔ اس کی بہترین مثال مسلمان خلفاء ہیں، جو پسماندہ علاقوں میں پرورش پانے اور کم تعلیم کے باوجود آدھی سے زیادہ دنیا کے حاکم بن گئے۔ انہوں نے نہ صرف دنیا کی عظیم الشان سلطنت پر حکومت کی بلکہ اس کے ساتھ ساتھ دنیا کے سب سے زیادہ ترقی یافتہ علاقوں پر قابض رہے۔ یہ ان کی آگے بڑھنے کی خواہش سے ممکن ہوا۔

نیابت کی ذمہ داری کو صحیح طریقے سے نبھانے کے لیے ضروری ہے کہ انسان کے اندر اللہ کی اطاعت کی خواہش ہو۔ کیونکہ اس خواہش کے بغیر، کچھ بھی ممکن نہیں۔ مزید یہ کہ خواہش انسان کو نہ صرف اس کی منزل تک پہنچنے میں مدد دیتی ہے بلکہ منزل پر پہنچ کر اس پر قائم رہنے میں بھی مدد دیتی ہے۔

اللہ تعالیٰ یہ جانتا ہے کہ اس کے بندوں میں سے کون اپنی جسمانی اور ذہنی صلاحیتوں کا بھرپور استعمال کر کے آگے بڑھ سکتا ہے۔ وہ اسی کے بقدر ان کو رزق اور طاقت عطا کرتا ہے، کسی کو کم اور کسی کو زیادہ۔ خلافت کا تقاضا ہے کہ انسان اپنی خواہشات کو لگام دے اور اس دنیا کی چمک اور کشش سے بے پروا ہو کر یہ ذمہ داری نبھائے۔ اس کو یہ سمجھنا چاہیے کہ اللہ تعالیٰ کی عطا کردہ نعمتوں میں مسکین اور نادار لوگوں کا بھی حصہ ہے اور یہ کہ اسلام اپنی خدمت کروانے سے زیادہ دوسروں کی خدمت کرنے پر زور دیتا ہے۔ ایک پُر امن اور عدل والی دنیا کے حصول کے لیے خواہشات پر نظر رکھنا ضروری ہے۔ جب مسلمانوں نے اللہ تعالیٰ کے ان احکامات کو اپنایا وہ حاکم بن گئے لیکن جب وہ خواہشات کے اسیر ہوگئے تو انہوں نے اپنا مقام و مرتبہ کھو دیا اور غلام اور مغلوب بن کر رہ گئے۔

اچھائی اور بدی دونوں کے لیے خواہش لازم ہے:

خواہشات کو تخلیق کرنا ضروری تھا۔ یہی انسان کے لیے ترقی کرنے اور آگے

بڑھنے کا محرک بنتی ہیں اور انہی پر انسان کی بقا کا انحصار ہے۔ تاہم ’کیا ضروری تھا کہ خواہشات بدی کا محرک بنیں؟‘ یہ سوال ایک متجسس دماغ میں پیدا ہوتا ہے۔ خدا نے بدی کو کیونکر بنایا؟ خدا نے شیطان کو کیوں تخلیق کیا؟ کیا اسے معلوم نہ تھا کہ شیطان کیا کرنے والا ہے؟

ان سوالوں کا سادہ سا جواب ہے: اللہ بہت اچھا ہے اور جو کچھ بھی اس کی طرف سے آتا ہے، خیر اور انصاف پر مبنی ہوتا ہے۔ اللہ تعالیٰ مستقبل کا علم بھی رکھتا ہے۔ شیطان بدی کے لیے تخلیق نہیں ہوا تھا بلکہ اس کی وجہ وہ توبہ تھی جو حضرت آدمؑ اور حضرت حواؑ نے کی تھی۔ آدمؑ اور حواؑ نے اپنی غلطی کو پہچانا اور تسلیم کیا۔ انہوں نے توبہ کی اور آئندہ اس عمل سے بچنے کا عزم کیا۔ لہٰذا جو عمل بظاہر ان کی غلطی تھی وہ دراصل نہ صرف ان کے لیے بلکہ پوری انسانیت کے لیے ایک سبق آموز واقعہ اور ابلیس کے متعلق اک تنبیہ ہے۔

آدمؑ وار حواؑ کی بھول کو ان کی توبہ کی وجہ سے معاف کر دیا گیا، البتہ ابلیس تا قیامت در بدر ہو گیا۔ اس میں اولادِ آدم کے لیے ایک یاد دہانی ہے کہ وہ یہ جان لیں کہ اللہ تعالیٰ کی نافرمانی کا نتیجہ کیا ہوتا ہے۔

خواہشات بذات خود بری نہیں ہوتیں، بے لگام خواہشات بری ہوتی ہیں اور برائی کو جنم دیتی ہیں۔ یہ میلے دلوں کی پیداوار ہوتی ہیں اور مزید کی لالچ انہیں تقویت دیتی رہتی ہے۔ اپنی زندگی کو من پسند چیزوں سے مکمل طور پر بھر دینے کی خواہش ہمارے دلوں کو ملعون بنا دیتی ہے۔ یوں دنیا دائمی مشقت کی جگہ بن کر رہ جاتی ہے جہاں سکون دسترس میں ہونے کے باوجود ہمیں کبھی میسر نہیں آتا۔

اللہ کی دی ہوئی صلاحیتوں کا غلط استعمال کر کے ہم چند روزہ آرام، عارضی خوشیاں اور دنیوی کامیابیاں حاصل کر سکتے ہیں، لیکن بالآخر ایسے اعمال اللہ کے غضب کو دعوت دیتے ہیں۔ جلد یا بدیر عمل کے پیچھے موجود شر ہمیں آلیتا ہے اور سراب ختم ہو جاتا ہے۔

خواہش بھی آزمائش کا حصہ ہے:

اس حقیقت سے کوئی انکار نہیں کر سکتا کہ ایک تندرست و توانا انسان، زندہ ذہن اور

بھرے پیٹ کے باوجود خالی دل کے باعث تباہ و برباد ہو جاتا ہے۔ اس کی پوری دنیا دیکھتے ہی دیکھتے ختم ہو جاتی ہے جس کا ذمہ دار اس کا تاریک دل ہوتا ہے۔

یہ دنیا اللہ تعالیٰ نے انسان کے لیے سبق اور امتحان کی جگہ بنائی ہے۔ قرآن اور رسول انسان کو اس امتحان کی تیاری میں مدد دینے کے لیے بھیجے گئے اور اس کی آرزوئیں اس کو آزمانے کے لیے۔ اس لیے یہ کوئی اچھنبے کی بات نہیں کہ اللہ تعالیٰ کے رسولوں نے انسان کو یہ سکھانے کی کوشش کی کہ وہ خواہشات پر قابو رکھیں، لالچ، نفرت اور برائیوں سے چھٹکارا حاصل کریں، اپنی نعمتیں مسکین اور ضرورت مندوں کے ساتھ بانٹیں، سماجی اور معاشی اعتدال کو فروغ دیں اور امن، محبت اور عدل و انصاف کے ساتھ دنیا میں زندگی گزاریں۔ مگر افسوس ان اسباق کو سیکھنے اور اپنی زندگی میں شامل کرنے کے بجائے انسان نے رسولوں کا مذاق اڑایا، ان کی تذلیل کی اور حتیٰ کہ انہیں جان سے مار دیا۔

دل اور ذہن: کون خدا کی فرمانبرداری پر اکساتا ہے اور کون نافرمانی پر؟

انسان کا جسم اور اس کے اعضاء اللہ تعالیٰ کی تخلیق کا معجزہ ہیں۔ یہ گھڑی کی طرح بغیر رکے دن رات کام کرتے ہیں اور دماغ بھی ایسا ہی ایک باکمال عضو ہے۔ اس کا اصل کام معلومات کا جائزہ لینا، اس کو جانچنا، اس کے بارے میں فیصلہ کرنا اور پھر جسم کے دوسرے اعضاء کو احکامات جاری کرنا ہے۔ دلچسپ بات تو یہ ہے کہ ان تمام کاموں کو انجام دینے میں اس کو بہت کم وقت لگتا ہے کیونکہ دماغ فوراً ہی فیصلہ کر لیتا ہے۔ البتہ بعض اوقات ہم کچھ کاموں کی تکمیل میں کافی گھنٹے، مہینے یا بعض اوقات کئی سال بھی لگا دیتے ہیں۔ یہ اس لیے ہوتا ہے کہ ہمارا ذہن ان کاموں کو اہم یا ضروری نہیں سمجھتا اور دوسرے اعضاء کو وہ کام کرنے کا حکم نہیں دیتا۔

جب ذہن کو اندرونی خواہش یا بیرونی فرمائش کی صورت میں کسی کام کی ہدایت ملتی ہے تو وہ انسان کے اقدار اور کردار کی بنیاد پر فیصلہ کرتا ہے، خواہ وہ کام اخلاقی ہو یا غیر اخلاقی، دینی ہو یا غیر دینی۔ ذہن صرف اس کے ممکنہ فوائد اور نقصانات کو جانچتا ہے اور اسی بنا پر فیصلہ کرتا ہے۔ اگر وہ کام فائدہ مند لگتا ہے تو دماغ اس کو مکمل کرنے کے لیے بے تاب

ہوتا ہے اور اگر وہ کام نقصان دہ نظر آتا ہے تو دماغ اس کام کو پورا کرنے سے کتراتا ہے اور اس کو رد کر دیتا ہے۔ جب دماغ کسی کام کے بارے میں پوری طرح قائل نہیں ہوتا لیکن پھر بھی اس کو کرنے کا فیصلہ کر لیتا ہے تو وہ کام بے دلی سے پورا کرتا ہے اور یہ بھی اسی صورت کرتا ہے جب اس کام میں جسم کو کوئی مشقت نہ اٹھانا پڑے۔

انسانی ذہن دنیاوی اور مذہبی امور کو مختلف انداز میں جانچتا ہے۔ اگر انسان کا دل پاک ہو تو دماغ مذہبی امر کو بلاتاخیر سرانجام دیتا ہے۔ البتہ اگر دل ناپاک ہو تو دماغ اس امر کے فائدے اور نقصان کو جانچنے کی کوشش کرتا ہے۔ اس لیے اکثر انسان کا دماغ تمام دنیاوی فائدے والے کام پہلے اور بلاتاخیر سرانجام دیتا ہے۔

لہٰذا، جب بھی ہم قرآن یا حدیث میں اللہ کا کوئی حکم سنتے ہیں، تو ہمارا دماغ فوراً یہ سوچنے لگتا ہے کہ آیا اس امر کو پورا کیا جائے یا نہیں۔ اس کا فیصلہ اس انسان کی انفرادی سوچ اور وصف پر منحصر ہوتا ہے۔ اور اس امر کو مندرجہ ذیل چیزیں متاثر کرتی ہیں:

☆ ایمان کی مضبوطی، کس حد تک انسان اپنے ایمان پر عمل کرتا ہے

☆ اس کا کمفرٹ زون

☆ دنیاوی خواہشات اس کو کس حد تک متاثر کرتی ہیں

حقیقی علم کے لیے دل کا پاک ہونا ضروری ہے:

"اے ہمارے رب! ان میں انہیں میں سے رسول بھیج جو ان کے پاس تیری آیتیں پڑھے، انہیں کتاب و حکمت سکھائے اور انہیں پاک کرے، یقیناً تو غلبے والا اور حکمت والا ہے" (القرآن، ۲:۱۲۹)

"جس طرح ہم نے تم میں تمہیں میں سے رسول بھیجا جو ہماری آیتیں تمہارے سامنے تلاوت کرتا ہے اور تمہیں پاک کرتا ہے اور تمہیں کتاب و حکمت اور وہ چیزیں سکھاتا ہے جن سے تم بے علم تھے"

(القرآن، ۲:۱۵۱)

مندرجہ بالا آیات قرآن کے مرکزی پیغام کو سمجھنے کے لیے نہایت اہم ہیں۔ یہ

حضرت محمد ﷺ کی تعلیمات کا نچوڑ ہیں اور شیطانی اور دنیاوی فتنوں سے بچنے کے لیے مضبوط ہتھیار بھی ہیں۔

یہ آیات بتاتی ہیں کہ اللہ تعالیٰ کے بھیجے گئے پیغامات کا مقصد انسانوں کو گناہوں سے پاک کرنا، ان کو علم وحکمت سکھانا اور تکبر سے پاک کرنا ہے۔ اللہ تعالیٰ چاہتا ہے کہ اپنے بندوں کو دنیا ہی میں گناہوں سے پاک کردے، شاید اس لیے کہ گناہوں میں ڈوبا ہوا دل کبھی بھی صحیح اور حقیقی علم کو تسلیم نہیں کرتا اور نہ ہی اسے یاد رکھتا ہے۔

انسان اس دنیا میں پاک اور معصوم پیدا ہوتا ہے۔ اسی وجہ سے وہ جتنے نیک کام کرتا ہے، سب کے سب اس کی فطرت کا حصہ ہوتے ہیں۔ انسان کی آزمائش اسی میں ہے کہ وہ اپنی نیک فطرت پر قائم رہے اور اسے شیطان اور دنیاوی فتنوں سے محفوظ رکھے۔ اس کی یہی کوشش قیامت کے دن اس پر اللہ تعالیٰ کی رحمت کا سبب بنے گی۔

ہمارے پیارے نبی حضرت محمد ﷺ کا دل سب سے زیادہ پاک تھا۔ آپ ﷺ اس فطرت پر قائم تھے اسی لیے آپ ﷺ کا دل ربانی علم وحکمت کے لیے کھلا ہوا تھا۔ آپ ﷺ کا مقصد اپنی امت کے دلوں کو پاک کرنا تھا اور نزول وحی سے قبل بھی آپ ﷺ اسی پر گامزن تھے۔

مذکورہ بالا پہلی آیت میں ابراہیمؑ کی دعا کا ذکر ہے۔ اپنے بیٹے اسمٰعیلؑ کے ہمراہ خانہ کعبہ کی تعمیر کے دوران حضرت ابراہیمؑ نے اپنے رب سے مندرجہ ذیل چیزوں کا سوال کیا اور اسی ترتیب سے کیا:

☆ ایک رسول جو آپؑ کی اولاد میں سے ہو
☆ جو اللہ کی آیات لوگوں کو سنائے
☆ جو اپنے لوگوں کو کتاب سے حکمت کی تعلیم دے
☆ جو ان کو پاک کرے

اللہ تعالیٰ نے حضرت ابراہیمؑ کی دعا قبول کی۔ البتہ جب آپ دوسری آیت کا مطالعہ کرتے ہیں تو آپ دیکھیں گے کہ اللہ تعالیٰ نے ان عطا کردہ نعمتوں کی ترتیب بدل دی۔ قرآن میں اس کے بعد والی آیت ۲:۱۵۰ میں اللہ تعالیٰ اپنے بندوں سے کہتا ہے کہ وہ

اس کے سوا کسی سے نہ ڈریں تا کہ اللہ تعالیٰ ان پر اپنی نعمتیں تمام کرے اور ان کو سچی اور حقیقی ہدایت عطا کرے۔ پھر اللہ تعالیٰ ہمیں یاد دلاتا ہے کہ کس طرح اس نے یہ نعمتیں نازل کیں:

☆ ایک رسول جو اولادِ ابراہیمؑ میں سے تھا

☆ جو اللہ کا کلام پڑھ کر سناتا تھا

☆ جو پاک کرتا تھا

☆ جو کتاب وحکمت کی تعلیم دیتا تھا اور وہ سب کچھ سکھاتا تھا جس سے لوگ لاعلم تھے

اللہ تعالیٰ علم وحکمت سے پہلے حضرت محمد ﷺ کی امت کی پاکی کا ذکر کرتا ہے۔

حضرت ابراہیمؑ نے اللہ تعالیٰ سے وہ سب کچھ مانگا جو ان کی نظر میں ان کی اولاد کے لیے فائدہ مند تھا۔ اللہ تعالیٰ نے نہ صرف آپؑ کی دعا قبول کی بلکہ ہدایت حاصل کرنے کا طریقہ بھی بتا دیا۔ ان آیات سے صاف ظاہر ہے کہ پہلے دل کو پاکیزہ ہونا ہوگا، اس کے بعد ہی اس میں علم وحکمت کا نور داخل ہو سکے گا۔

علم کے متلاشیوں کے لیے قرآن کا ہر ہر حرف حکمت اور اسباق سے پُر ہے۔ تاہم اس کے حروف اور آیات میں موجود بے مثال ربط اور اس کے پیچھے کارفرما حکمت کو بہت کم لوگ سمجھ پاتے ہیں۔ صرف ایک سچا مومن جو اللہ کے کلام کو سمجھنے کا شوق رکھتا ہو اس کلام میں پنہاں کچھ حکمتیں سمجھ سکتا ہے۔ جو شخص قرآن کے شفاف سمندر میں ایک پاکیزہ دل کے ساتھ غوطہ لگاتا ہے اس کے لیے ان جوابات کو پانے کا امکان زیادہ ہوتا ہے جو صدیوں سے انسانیت کو حیران کیے ہوئے ہیں۔ بمقابلہ اس شخص کے جو محض ہدایت کی دعائیں کرتا رہتا ہے مگر اپنے دل کے تزکیہ کی کوشش نہیں کرتا۔

اللہ تعالیٰ نے ابراہیمؑ کی دعا قبول کی مگر اس کی ترتیب بدل دی۔ اس سے نہ صرف اللہ کے العلیم (سب کچھ جاننے والا) ہونے کا پتہ چلتا ہے بلکہ اس کی صفت اللطیف (باریک بین اور شفیق) بھی سامنے آتی ہے۔ اللہ تعالیٰ نے علم سے پہلے تزکیہ کا ذکر کیا ہے، کیونکہ وہ جانتا ہے کہ ناپاک دل میں علم کا نور داخل نہیں ہو سکتا۔ جو دل گناہ اور شیطانی وسوسوں کا مسکن ہو اور نفسانی خواہشات کا غلام ہو، ایسا دل کبھی مطیع نہیں ہو سکتا۔ ایسے میلے دل رکھنے والوں کو قرآن اور حکمت کی تعلیم دینے کا کوئی فائدہ نہیں کیونکہ سیاہ

دل میں کچھ بھی داخل نہیں ہوسکتا۔حکمت سیکھنے کے لیے، حق کی جستجو ہونا ضروری ہے اور یہ تبھی ہوسکتا ہے جب دل اللہ کی محبت سے زندہ ہو۔

محبت کے ذریعے آشنائی ہوتی ہے اور آشنائی کے ذریعے حقیقت کا ادراک۔اسی شعور اور فہم سے محبت کے آداب وجود میں آتے ہیں۔محبت انسان کو اللہ کے آگے سر جھکانے پر آمادہ کرتی ہے اور فہم اسے مطیع بناتا ہے۔یوں محبت اور فہم مل کر ایمان کو تقویت دیتے ہیں۔

جو دل اللہ کے کلام کا اثر نہ لے اس کا تزکیہ کرنے کی ضرورت ہے۔خواہشات کے بوجھ تلے دبا میلا کچیلا دل کبھی بھی اللہ کا فرمانبردار نہیں بن سکتا۔آجکل قرآن ہر گھر میں پڑھا جاتا ہے، لیکن کم ہی لوگ اس کو سمجھتے ہیں۔جو تھوڑا بہت سمجھتے ہیں وہ متاثر نہیں ہوتے، کیونکہ ان کے دلوں کو زنگ لگ چکا ہے اور ان کے سخت دلوں پر دنیاوی خواہشات کے پردے پڑ چکے ہیں۔جب انسان اللہ تعالیٰ کی بات کو ماننے سے انکاری رہتا ہے تو اللہ ایسے لوگوں کے دلوں پر مہر لگا دیتا ہے۔وعظ و نصیحت کے باوجود ایمان کی روشنی ان کے دلوں میں داخل نہیں ہوتی۔

دنیا سچائی کو تسلیم کرتی ہے اور برائی بھی اچھائی کو تسلیم کرتی ہے۔اگر ایسا نہ ہو تو اچھائی اپنا وصف کھودے۔حضرت محمد ﷺ کا بہترین اخلاق و کردار نبوت سے پہلے بھی انہیں سب میں ممتاز کرتا تھا۔مکہ کے لوگ آپ ﷺ کو الصادق اور الامین، سچا اور ایماندار کے ناموں سے پکارتے تھے۔آج دنیا کے ہر کونے میں مسلمان بستے ہیں، لیکن کوئی بھی ان اوصاف سے نہیں پہچانا جاتا۔

ہم جانتے ہیں کہ اسلام زندگی گزارنے کا طریقہ ہے مگر ہم اس کو اپناتے نہیں۔ یہی وجہ ہے کہ مذہبی رہنماؤں اور علماء کی صدیوں کی کوششوں کے باوجود ہماری حالت بد سے بدتر ہوتی جارہی ہے۔ہم اسلام کے بارے میں پہلی نسلوں سے زیادہ جانتے ہیں۔ ہم اسلام کے حوالے سے غلط فہمیوں کو رد کرنے میں پیش پیش ہیں، حضرت محمد ﷺ کی زندگی اور تعلیمات پر تحقیقی کتابیں اور مقالات شائع کررہے ہیں۔لیکن افسوس کہ ہمارے اندر وہ اوصاف پیدا نہ ہوسکے جو اسلام کا خاصہ ہیں۔ہم اسلام کے قصوروار ہیں اور رسول اللہ ﷺ

کے بھی۔

مسلمانوں کا گرا ہوا وقار قابل شرم ہے۔ امت کی تباہ کن حالت جہاں ایک بھائی دوسرے کا حق مارنے کے لیے تیار بیٹھا ہے، جہاں دشمن باہر والا نہیں بلکہ اسلام کے جھنڈے تلے ہمارے ساتھ رہتا ہے، یہ بات مسلمانوں کی بدنامی کا سبب ہے۔ مزید براں یہ کہ محبت، دردمندی، برداشت، اعتماد، لحاظ، عزت، ادب، بہادری، خوف خدا اور جوابدہی کے احساس کا فقدان ہمارے لیے بجتی خطرے کی گھنٹی ہے۔ ہم بحیثیت مسلمان اپنی پہچان کھو رہے ہیں کیونکہ ہم نے اپنے دلوں کو ناپاک کر لیا ہے۔

آج کا مسلمان تیونس، لبنان، مصر، بوسنیا، چیچنیا، برما، شام، ایران، عراق، فلسطین، افغانستان، پاکستان، ہندوستان، کشمیر، بنگلہ دیش، چین، کینیا، مالی، سوڈان، صومالیہ، نائیجیر غرض ہر جگہ ظلم و بربریت کا شکار ہے۔ بعض لوگ احتجاج کے لیے آواز بلند کرتے ہیں اور بعض جھنڈے بھی لہراتے ہیں، بعض مدد کو پکارتے ہیں اور بعض اللہ سے سوال کرتے ہیں کہ مسلمان کیوں ہر جگہ اس قدر ظلم کا شکار ہیں؟ کیا مسلمانوں سے دنیا و آخرت میں عزت و تکریم کا وعدہ نہیں کیا گیا تھا؟ آپ اپنے آپ سے پوچھئے کہ آجکل کے عالم دین اور خطیب ہمارے سوالوں کے جواب کیوں نہیں دے پاتے؟ کیا وہ اس کی وجوہات تلاش کرنے سے ڈرتے ہیں؟ یا وہ مسلمانوں کے حالات سے بے پرواہ ہیں؟

مسلمانوں کے زوال کی وجہ:

بیان کیا جاتا ہے کہ ایک دفعہ ابراہیم ابن ادھم، جو نویں صدی میں خراسان سے تعلق رکھنے والے صوفی تھے، بصرہ کے ایک بازار سے گزر رہے تھے۔ لوگوں نے ان کو دیکھا تو ان کے گرد جمع ہو گئے اور پوچھا:

"اے ابو اسحاق (ابراہیم ابن ادھم)، اللہ نے اپنی کتاب میں فرمایا ہے کہ "مجھے پکارو، میں تمہاری دعا قبول کروں گا"، ہم اس کو بہت عرصے سے پکار رہے ہیں مگر کیا وجہ ہے کہ وہ ہماری دعا نہیں سنتا۔" ابراہیم ابن ادھم نے کہا، "اے بصرہ کے لوگو! تمہارے دل ان دس چیزوں کے اعتبار سے مر چکے ہیں:

۱۔ تم اللہ کو جانتے ہو، مگر اس کا حق ادا نہیں کرتے

۲۔ تم قرآن پڑھتے ہو، مگر اس پر عمل نہیں کرتے
۳۔ تم اللہ کے رسول ﷺ سے عقیدت کا دعویٰ کرتے ہو، مگر آپ ﷺ کی سنت کو چھوڑتے ہو
۴۔ تم شیطان کو اپنا دشمن کہتے ہو، مگر اس کی پیروی کرتے ہو
۵۔ تم کہتے ہو کہ جنت چاہیے، مگر اس کے لیے محنت نہیں کرتے
۶۔ تم کہتے ہو کہ آگ سے ڈرتے ہو مگر گناہ کر کے اس کے قریب جاتے ہو
۷۔ تم موت کی حقیقت کو تسلیم کرتے ہو، مگر اس کے لیے تیاری نہیں کرتے
۸۔ تم دوسروں میں عیب تلاش کرتے ہو، مگر اپنے عیبوں کو نظر انداز کر دیتے ہو
۹۔ تم اللہ تعالیٰ کی نعمتیں استعمال کرتے ہو، مگر اس کا شکر ادا نہیں کرتے، اور
۱۰۔ تم اپنوں کی میت دفن کرتے ہو، مگر اس سے سبق حاصل نہیں کرتے۔

عربوں کی شان و شوکت اسلام کے دم سی تھی اور اسلام سے ان کی دوری ہی ان کے زوال کا سبب بنی۔ آج کا مسلمان بھی ان سے کچھ مختلف نہیں۔ وہ اسلام کا بنیادی پیغام بھلا کر فرسودہ رسم و رواج کی اندھی پیروی میں لگا ہوا ہے۔ شعور اور خلوص سے خالی یہ رسمی عبادات دلوں کا تزکیہ نہیں کر سکتیں۔

ہمیں یہ بات سمجھنی چاہیے کہ ان عبادات کا مقصد ہمارے ایمان کو تقویت دینا اور دین پر ثابت قدم رکھنا تھا۔ نماز، روزہ، حج اور زکوۃ جیسی عبادات ہمارے دل کا تزکیہ کرتی ہیں اور اسے خالص رکھتی ہیں۔ تاہم اگر ہم ان عبادات کے دوران اللہ سے تعلق نہ جوڑ سکیں تو تزکیہ ممکن نہیں رہتا۔ ایک سچا اور پاک دل نہ نفرت کرتا ہے نہ کسی کو نقصان پہنچا سکتا ہے۔ اس کو نہ خوف ہوتا ہے اور نہ دنیا کی فکر۔ قرآن پاک میں اللہ تعالیٰ فرماتا ہے:

"یاد رکھو کہ اللہ کے دوستوں پر نہ کوئی اندیشہ ہے اور نہ وہ غمگین ہوتے ہیں۔" (القرآن، ۱۰:۲۶)

ایک سچا مسلمان وہ ہوتا ہے جو اسلام پر عمل پیرا ہو۔ وہ نہ صرف نماز پڑھتا ہے بلکہ ہمہ دم اللہ کو یاد رکھتا ہے۔ ہو سکتا ہے جن لوگوں کا اللہ سے تعلق قائم نہ ہوا ہو انہیں یہ بات عجیب لگے مگر ایسا ہی ہے۔ جن لوگوں نے کبھی محبت کا تجربہ کیا ہو وہ اس بات کو بخوبی سمجھ سکتے

ہیں کہ کسی کے ساتھ ہمہ وقت تعلق میں رہنے کا کیا مطلب ہے، چاہے وہ ہم سے دور ہی کیوں نہ ہو۔ سچے تعلقات ہمیشہ قائم رہتے ہیں۔ وقت، حالات اور مسافتیں کچھ بھی ان کے درمیان حائل نہیں ہوتا۔ انہیں نظر انداز کیا جاسکتا ہے، دفن کیا جاسکتا ہے، ان سے دور جایا جاسکتا ہے مگر یہ کبھی بھی مکمل طور پر کاٹے نہیں جاسکتے۔ اسی طرح، جب ایک پاکیزہ دل اللہ سے تعلق استوار کرلے تو وہ تاحیات ہفتے کے ساتوں دن اور دن کے چوبیس گھنٹے اس سے جڑا رہتا ہے۔

اللہ تعالیٰ پاک دل کو پسند کرتا ہے:

اللہ تعالیٰ ان مومن بندوں کو خوشخبری دیتا ہے جو اپنے آپ کو گناہوں سے بچاتے ہیں اور اپنے نفس کی خواہشات پر قابو رکھتے ہیں۔ قرآن میں فرمایا:

> **"یہ وہ لوگ ہیں جو ایمان لائے اور (برائیوں سے) پرہیز رکھتے ہیں، ان کے لیے دنیاوی زندگی میں بھی اور آخرت میں بھی خوشخبری ہے۔ اللہ تعالیٰ کی باتوں میں کچھ فرق ہوا نہیں کرتا۔ یہ بڑی کامیابی ہے۔" (القرآن، ۱۰:۶۳-۶۴)**

اسلام قبول کرنے کا مطلب صرف کلمہ شہادت پڑھ لینا نہیں، یہ تو صرف اسلام میں داخلے کا دروازہ ہے۔ ایک دفعہ جب کوئی اسلام میں داخل ہو جائے اس کو اپنی ساری زندگی اللہ تعالیٰ کی اطاعت میں گزارنے کا فیصلہ کرنا ہوتا ہے۔ اسلام کا مطلب ہے کہ سچے اور خالص دل کے ساتھ بہتری کے لیے کوشش کی جائے۔ اور آخر میں ہماری کوشش ہی دیکھی جائے گی، ہماری طے کی گئی مسافت نہیں۔ اگرچہ ہم انسان ایک دوسرے سے مختلف ہیں، ہم مختلف ماحولوں میں رہتے ہیں اور مختلف تجربات رکھتے ہیں مگر ہمارا دل ایک جیسا ہوتا ہے اور اس میں موجود جذبات اور قابلیتیں بھی ایک سی ہوتی ہیں۔ یہ ہماری ذمہ داری ہے کہ اس پاکی کو برقرار رکھیں اور کامیابی کی کوشش کرتے رہیں۔

جب مکہ کے قریش نے حضرت محمد ﷺ کو ایک عام آدمی کی خواہشات کے مطابق نوازنا چاہا اور طاقت، حکومت، عورت، دولت اور بادشاہت کا لالچ دیا کہ آپ ﷺ اللہ تعالیٰ کی وحدانیت کی تبلیغ چھوڑ دیں اور اسلام کی دعوت سے باز آجائیں، تو آپ ﷺ نے یہ جواب دیا:

"اللہ قادر مطلق نے مجھے اپنا رسول بنا کر تمہاری طرف بھیجا ہے۔ مجھے اس کا پیغام آگے پہنچانا ہے۔ اگر تم نے میری تبلیغ قبول کی تو تم دونوں جہانوں میں کامیابی سے نوازے جاؤ گے اور اگر تم نے انکار کیا، تو میں اللہ حق تعالیٰ کے فیصلے کا انتظار کروں گا۔" (صفحہ112، اسلام کی تاریخ، جلد اول، بقدرا کبر شاہ نجیب آبادی، نظر ثانی از صفی الرحمٰن مبارک پوری)

اللہ تعالیٰ نے مسلمانوں سے دنیا و آخرت کی کامیابی کا وعدہ کیا ہے مگر اس کے باوجود مسلمان دنیا بھر میں ایک منفی پروپیگنڈا کا شکار ہیں۔ ہر جگہ ان کے ساتھ بے عزتی، ظلم اور ذلت آمیز سلوک روا ہے۔ ہر جگہ مسلمان نفرت اور جنگی ظلم و ستم کا نشانہ بنے ہوئے ہیں۔ کیا آپ نے کبھی اس کی وجہ پر غور کیا؟

اس کی وجہ باہر تلاش کرنے کے بجائے ہمیں اپنے دل میں ٹٹولنی چاہیے۔ کیا ہم واقعی با ایمان مسلمان ہیں؟ یہ کوئی آسان سوال نہیں۔ آپ اپنی زندگی، نوکری اور تعلقات پر نظر دوڑائیں، اپنے افسران کے ساتھ اپنے رویوں پہ غور کریں۔ آپ ان رشتوں کے لیے کتنی محنت کرتے ہیں۔ کیا آپ اللہ تعالیٰ کے ساتھ اپنے تعلق کے لیے بھی ایسی محنت کرتے ہیں؟ کیا وہ آپ کا حقیقی باس نہیں؟ کیا آپ وقت نکال کر اس کے بھیجے گئے میمو کو پڑھتے ہیں؟ کیا آپ اس سے کیے ہوئے وعدے کے مطابق اور وقت پر اس کے احکامات کو پورا کرتے ہیں؟ یا آپ مزے سے اسے بھلا بیٹھے ہیں؟

گویا آپ کام پر جاتے تو ہیں مگر کام نہیں کرتے۔ مقررہ فرائض پورے کرتے ہیں مگر اس سے حاصل کچھ نہیں کرتے۔ ہم میں سے اکثر لوگ اسلام اور اللہ کے معاملے میں ایسے ہی ہیں۔ البتہ جب دنیا کی بات ہوتی ہے تو ہم اچھی طرح جانتے ہیں کہ اگر ہم ملازمت میں ایسا غیر ذمہ دارانہ رویہ رکھیں گے اور ایسی ناقص کارکردگی دکھائیں گے تو تین دن سے زیادہ نہیں ٹک سکیں گے۔

دل کی پاکی ایمان کو دعوت دیتی ہے:

اللہ تعالیٰ کا قول اور اس کے رسول ﷺ کا وعدہ برحق ہے، ان سب کے لیے جو اپنی پاکیزگی اور ایمان کی حفاظت کرتے ہیں۔

قرآن پاک میں ۲:۱۵۱ آیت میں اللہ تعالیٰ اپنے رسول کے بارے میں فرماتا ہے: ''ہماری آیتیں تمہارے سامنے تلاوت کرتا ہے'' اور اس کے بعد ''پاک کرتا ہے'' کا لفظ استعمال کرتا ہے۔ اللہ تعالیٰ فرماتا ہے کہ دل کی پاکی قرآن پڑھنے کے لیے شرط نہیں ہے، یہ تو ایک عملی عبادت ہے۔ البتہ جو لوگ قرآن پڑھتے ہیں ان کو اپنے دل پاک کرنے کی ضرورت ہے تاکہ وہ حکمت حاصل کرسکیں اور قرآن پاک سے فائدہ اٹھاسکیں۔ اسی آیت میں حضرت محمد ﷺ کے نبی ہونے کا ذکر ہے۔ آپ ﷺ کو دنیا میں اس لیے بھیجا گیا کہ آپ ﷺ اللہ تعالیٰ کی آیات لوگوں کو پڑھ کر سنائیں اور لوگوں کو حکمت اور ان چیزوں کی تعلیم دیں جن کو وہ نہیں جانتے۔ حضرت محمد ﷺ کو نرم دل اور بہترین اخلاق کا مالک بنایا گیا۔ آپ ﷺ مومنوں کے دل پاک کرتے، ان کو اپنے نفس پر قابو کرنا سکھاتے اور ایک اچھے کردار و عمل کا مالک بناتے جیسا کہ آپ ﷺ کے اپنے اخلاق تھے۔

ایک گلاس جو اوپر تک پانی سے بھرا ہو اس میں مزید پانی نہیں ڈالا جاسکتا جب تک کہ اسے خالی نہ کیا جائے۔ اسی طرح ایک بدی سے بھرے دل میں اچھائی نہیں ڈالی جاسکتی جب تک اسے بدی سے خالی نہ کیا جائے۔ ایک چیز کو ہٹا کر ہی دوسری چیز اس کی جگہ لے سکتی ہے۔ یہ طریقہ جس میں نفس کو بدی سے ایک ایک کرکے پاک کیا جاتا ہے نہ صرف پاکی کے لیے جگہ بناتا ہے بلکہ اس کی وجہ سے تقویٰ اور ایمان بھی دل میں بس جاتا ہے۔ تمام نیک اوصاف دل میں گھر کرلیتے ہیں۔ جو انسان اپنے ایمان سے جنگ کی حالت میں ہو، اللہ کو خوش بھی کرنا چاہتا ہو مگر اپنی بری عادات، غفلت، آرام طلبی اور دنیا کی محبت کو نہ چھوڑے تو اس کا ایمان اسے چھوڑ دیتا ہے۔ حضرت ابو ہریرہؓ سے مروی ہے کہ حضرت محمد ﷺ نے فرمایا:

> ''تم لوگ نیک اعمال کی طرف جلدی کرو، ان فتنوں کے خوف سے جو سخت تاریک رات کی طرح ہیں جس میں آدمی صبح کے وقت مومن اور

شام کے وقت کافر ہوگا، شام کے وقت مومن اور صبح کے وقت کافر ہوگا، دنیاوی سازوسامان کے بدلے آدمی اپنا دین بیچ دے گا۔"

(جامع ترمذی:۲۱۹۵)

محبت اس دل میں ہوتی ہے جس میں نفرت نہیں ہوتی:

انسان کا دل اس وقت تک پاک نہیں ہوتا جب تک اس میں محبت، ہمدردی اور درگزر کرنے کی استطاعت نہیں آتی۔ محبت اسی دل میں داخل ہوتی ہے جس سے نفرت کو نکال دیا جاتا ہے۔ اگر انسان اپنے اندر محبت، شفقت، رحمدلی، فیاضی اور عاجزی جیسے اوصاف پیدا کرنا چاہتا ہے تو اس کو سب سے پہلے اپنے دل سے نفرت، ناشکری، عداوت، بغض، کینہ، انا اور غصے کو نکالنا ہوگا۔ انسان کو اپنے دل سے یہ تمام منفی اوصاف نکالنے ہونگے اور درگزر کرنا ہوگا تاکہ اس کا دل ہلکا ہوجائے اور وہ مادی دنیا سے بے نیاز ہوکر اپنے رب کی رحمت کو محسوس کر سکے۔ جس لمحہ انسان اپنے خالق کی محبت کو محسوس کر لیتا ہے اس کے اندر نیکی کی لگن اور بدی سے کراہیت پیدا ہو جاتی ہے۔ وہ نیکی کرنے میں جلدی کرتا ہے اور برائی کرنے سے پہلے کئی بار سوچتا ہے۔

محبت ایک طاقتور آلہ ہے۔ جس دل میں محبت ہو اس کے اندر مندرجہ ذیل اوصاف پیدا ہو جاتے ہیں:

☆ **قربانی**، حضرت ابراہیمؑ کی قربانی اور حضرت مریمؑ کے معجزہ کو یاد کیجیے۔
☆ **صبر**، طائف کے موقع پر حضرت محمد ﷺ کے صبر اور تحمل کو یاد کیجیے
☆ **انصاف**، حضرت نوحؑ کے انصاف کو یاد کیجیے جب آپؑ نے اپنی بیوی اور بیٹے کو پیچھے چھوڑ دیا
☆ **عدل**، حضرت عمرؓ ابن خطاب کے عدل وانصاف کو یاد کیجیے

یہ وہ بشر ہیں جو اللہ کی محبت میں پیش پیش تھے اور یہ محبت ان کے عمل سے واضح تھی۔ رسولوں کے یہ سچے واقعات ہمیں تعلیم دیتے ہیں کہ کوئی انسان بیک وقت منصف اور غیر منصف، رحمدل اور ظالم، صابر اور بے صبرا، بے غرض اور خود غرض نہیں ہوسکتا۔ اسی طرح جو دل اللہ کے قریب ہو وہ دنیا کی چمک دمک سے متاثر نہیں ہوتا۔

دل کو لاحق خطرات کی پہچان:

جب گناہوں کو برا نہیں سمجھا جاتا اور ان سے اجتناب نہیں کیا جاتا تو وہ با آسانی ہمارے کردار اور شخصیت کا حصہ بن جاتے ہیں۔ ایک مرتبہ جب یہ رذائل ہم سے چمٹ جائیں تو پھر یہ چھوٹی بیماری سے تبدیل ہو کر بڑی اور خطرناک بیماری کی شکل اختیار کر لیتے ہیں جس کا علاج ناممکن ہو جاتا ہے۔ ایسی لاعلاج بیماری کو دور کرنے کے لیے بہت مشقت اور اللہ تعالیٰ کی خاص رحمت درکار ہوتی ہے۔ کچھ لوگ اس بات پر یقین رکھتے ہیں کہ نماز، روزہ اور حج گناہوں کو دھو ڈالتے ہیں۔ یہ بات سچ ہے لیکن اگر انسان وقت نکال کر نمازیں اس لیے پڑھتا ہے کہ بعد میں وہ پھر گناہ کر سکے یا روزہ اس نیت سے رکھتا ہے کہ اس کے پچھلے گناہ دھل جائیں اور وہ اپنی عادات کو بدلے بغیر مزید گناہ کر سکے اور حج بھی ایسی ہی نیت سے کرے تو پھر وہ اپنے مصائب کا وقتی علاج کر رہا ہے۔ وہ اپنی عادات واطوار بدلنے کے بجائے اس خوش فہمی کا شکار ہے کہ سب کچھ صحیح ہے اور وہ ایک بہت اچھا مسلمان ہے۔

اگر دل شیطان، نفس اور دنیا کی سنتا ہے تو وہ بربادی کے سوا کچھ حاصل نہیں کرتا۔ ایک مومن کو چاہیے کہ اپنے نفس اور شیطان کے خلاف اعلان جہاد کرے تا کہ اس کے دل کا تزکیہ ہو سکے۔ اس کے لیے ضروری ہے کہ اللہ کے پاس لوٹنے سے قبل وہ تمام رذائل سے چھٹکارا پا چکا ہو۔

شیطان ہمارے پاس اپنے نام کی تختی لگا کر نہیں آتا۔ وہ ہماری خواہش نفس کی شکل میں ظاہر ہوتا ہے۔ وہ دولت، شہرت اور دنیا کی محبت بن کر آتا ہے۔ کبھی وہ انسان کی منطق اور دلائل کی شکل میں نمودار ہوتا ہے اور کبھی اس کی مجبوری بن کر۔ وہ انتہائی شاطر ہے اور انسان کو انسان سے زیادہ جانتا ہے۔ اس لیے وہ اپنے تمام تر ہتھیار اور ایسے طریقے اپناتا ہے جس سے وہ ایک مومن کو اس کی منزل سے بھٹکا سکے۔ وہ دل میں اس طرح اترتا ہے جیسے کسی گھر میں کھڑکی اور دروازے بند ہونے کے باوجود دھواں داخل ہو جاتا ہے۔ دھواں نظروں سے اوجھل ہوتا ہے مگر آپ اس کو سونگھ سکتے ہیں۔ البتہ شیطان نہ تو نظر آتا ہے اور نہ ہی آپ اس کو سونگھ سکتے ہیں۔

آہستہ آہستہ شیطان ہمارے اعصاب پر حاوی ہو جاتا ہے۔ وہ ہمیں بہلاتا

پھسلاتا ہے اور پھر انتظار کرتا ہے۔ وہ کبھی ہار نہیں مانتا اور پھر کسی کمزور لمحے میں انسان شیطان سے مغلوب ہو جاتا ہے اور شیطان اپنے مقصد میں کامیاب ہو جاتا ہے۔ دوسرا موقع اس کے لیے ذرا دشوار ہوتا ہے۔ البتہ اگر انسان اپنی کوتاہی پہچان کر اپنے گناہ سے توبہ نہیں کرتا تو شیطان دوبارہ جیت جاتا ہے۔ تیسرا وار شیطان کے لیے دشوار ترین اور انسان کے لیے قدرے آسان ہوتا ہے۔ شیطان انسان کو توبہ سے باز رکھنے کی کوشش کرتا ہے۔ جبکہ انسان کو صرف اللہ تعالیٰ کے حضور سجدہ کرنے اور توبہ کرنے کی دیر ہوتی ہے۔ اگر انسان اس موقع پر جیت جائے تو وہ اللہ کی رحمت کا اہل بن جاتا ہے۔ اور اگر وہ ہار جائے تو شیطان اس کے دل میں گھر کر لیتا ہے۔ پھر وہ انسان کو بدلنے کی کوشش کرتا ہے۔ وہ اپنے اوصاف انسان کے اندر منتقل کرنے لگتا ہے یہاں تک کہ ایک دن انسان اپنی عزت اور اللہ کی رحمت، سب کچھ گنوا دیتا ہے۔

شیطان انسان کا کھلا دشمن ہے اور اس کی نفرت اس بات سے واضح ہے کہ وہ مستقل انسان کے خلاف تدبیریں کرتا رہتا ہے۔ جب انسان اپنے اعمال سے یہ ثابت کرتا ہے کہ وہ اللہ تعالیٰ کے دیئے ہوئے مرتبے کا اہل نہیں تو شیطان خوشی سے ناچنے لگتا ہے۔ یہی تو وہ ثابت کرنا چاہتا تھا کہ انسان اللہ تعالیٰ کی دی ہوئی عزت اور وقار کے قابل نہیں اور یہ کامیابی اس کے تکبر میں اضافہ کر دیتی ہے۔ جب ہم اللہ تعالیٰ کی نافرمانی کرتے ہیں اور اس کے احکامات سے انکار کرتے ہیں تو ہم حقیقتاً اللہ تعالیٰ جل جلالہ سے بغاوت کرتے ہیں۔ اس ہمت کی وجہ دراصل انسان کی جھوٹی انا ہوتی ہے اور یہ تکبر اور جسارت شیطان کی ترغیب سے پیدا ہوتی ہے۔

بے خوفی دلوں کو سخت کر دیتی ہے:

کیا کوئی انسان جان بوجھ کر اور اپنے ہوش و حواس میں شیروں کے جھتے کے سامنے جا سکتا ہے؟ کیا کوئی امریکی امریکہ میں رہتے ہوئے اس ملک کے قانون کو توڑنے کی جسارت کرے گا؟ کیا کوئی انسان آنکھیں بند کر کے گرینڈ کینین میں جا سکتا ہے؟ یہ کوئی اچنبھے والی باتیں نہیں۔ ہم روز ایسے کرتب سرانجام دیتے ہیں!

اللہ تعالیٰ ان سب سے بہت بڑا ہے، نہایت طاقتور ہے اور اس کی پکڑ اور سزا بہت شدید ہے جس سے ہمیں سب سے زیادہ ڈرنا چاہیئے۔اس کے خوف سے ہمارے دل کی دھڑکن تیز ہونی چاہیے اور اس کی وجہ سزا کا ڈر ہونا چاہیے۔ ہمارے اندر خشوع ہونا چاہیے جو اللہ تعالیٰ کے آگے عاجزی اور انکساری سے آتا ہے۔مگر افسوس انسان اندھا ہو گیا ہے اور اس کا دل پتھر سے زیادہ سخت ہو چکا ہے۔ایسے سخت دل ہی اللہ کی نافرمانی کے مرتکب ہوتے ہیں۔اللہ تعالیٰ کی قدرت اور سزا کا سوچ کر جس انسان کے دل پر لرزا طاری نہیں ہوتا اور اللہ کی طاقت دیکھ کر اس کی ہیبت طاری نہیں ہوتی وہ انسان اللہ سے بہت دور چلا جاتا ہے۔ایک مومن سے ایمان کا کم تر تقاضا اللہ تعالیٰ کا خوف ہے اور یہ اس کے دل کو دنیا کی لذتوں سے پاک رکھنے اور گناہوں سے باز رکھنے کے لیے کافی ہے۔

ناپاک دل اور خالی نمازیں:

جو انسان شیطان کی تابعداری کرتا ہے وہ اپنی معصومیت اور پاکیزگی کھو دیتا ہے۔اس کی زبان سے شیطان کلام کرتا ہے اور وہ مستقل اپنے اعمال کی صفائی میں تاویلیں پیش کرتا رہتا ہے۔اس کو نہ غلط نظر آتا ہے اور نہ ہی وہ سچ سننا پسند کرتا ہے۔اللہ تعالیٰ ایسے دل پر مہر لگا دیتا ہے اور وہ انسان اسلام کے معاملے میں بہرا، گونگا اور اندھا بن جاتا ہے۔

اللہ تعالیٰ خوب جانتا ہے کہ شیطان کے جال میں پھنس کر ہمارا ایمان کتنا کمزور ہو جاتا ہے۔اس کا اثر ہمارے اعمال پر بھی ہوتا ہے یہاں تک کہ ہمارے اعمال، ایمان سے عاری محض ظاہری فعل بن کر رہ جاتے ہیں۔جب ایسا ہوتا ہے تو انسان کے نیک اعمال اپنی اہمیت کھو بیٹھتے ہیں کیونکہ وہ اللہ تعالیٰ کی خوشنودی کے بجائے اپنی خود نمائی کے لیے ادا ہونے لگتے ہیں۔تقویٰ اور ایمان کا دکھاوا مدینہ کے منافقین کی یاد دلاتا ہے جو مسلمانوں میں ہوتے تو اپنے ایمان کی نمائش کرتے اور اپنے مومن ہونے کے بڑے بڑے دعوے کرتے اور جب مشرکین سے ملتے تو ان کے ساتھ ہو جاتے۔ وقت بے شک بدل چکا ہے لیکن انسان کی خصلت اب بھی ویسی ہے۔آج کا مسلمان مشرکین کے ساتھ بیٹھ کر اسلام کے خلاف سازش نہیں کر رہا لیکن اس کا حال مدینہ کے منافقین سے کچھ مختلف نہیں۔ اکثر مسلمان دو

کشتیوں میں اپنے پیر ڈالے کھڑے ہیں جو مختلف سمت چلنے والی ہیں۔

انتشار اس وقت پیدا ہوتا ہے جب انسان کا دل یہ نہیں جانتا کہ وہ کیا چاہتا ہے۔ جب انسان کے اندر معاملات متصادم ہو جائیں، مثلاً وہ دن میں پانچ وقت نماز پڑھے لیکن ایمان اس کے ساتھ نہ ہو، تو اس کا دل غبار سے ڈھک جاتا ہے۔

دل کو شیطان کے حوالے کرنا:

جو عمل بے دلی سے سرانجام ہو، اللہ تعالیٰ کو اس سے کوئی واسطہ نہیں۔ جب انسان اپنا دل شیطان کو دے بیٹھتا ہے تو اس کی نیکیاں ضائع ہو جاتی ہیں۔ ایک دفعہ جب شیطان انسان کے دل پر قابض ہو جائے تو انسان نہ صرف گناہ کرتا ہے بلکہ گناہ کو گناہ بھی نہیں سمجھتا۔ دوسرے لفظوں میں اس کو برا عمل برا نہیں لگتا۔ وہ اپنے عمل کے لیے جواز ڈھونڈتا ہے اور صفائیاں پیش کرتا ہے۔ اور بالفرض اگر اس کو اپنے گناہ کا ادراک ہو جائے تو وہ سمجھتا ہے کہ وہ معاف کر دیا جائے گا کیونکہ اللہ تعالیٰ معاف کرنے والا غفور الرحیم ہے۔

البتہ یہ تمام باتیں دل کے بہلاوے ہیں۔ اس میں کوئی شک نہیں کہ اللہ تعالیٰ غفور الرحیم ہے لیکن وہ انصاف کرنے والا بھی ہے۔ وہ ہرگز انسان کو اپنے کلام کا مذاق بنانے اور اپنی آیتوں کو ہلکا لینے نہیں دے گا۔

ہر روز مسلمان نماز میں اللہ کے آگے کھڑے ہو کر یہ الفاظ دہراتے ہیں:

"اللہ کے نام سے جو بہت مہربان اور نہایت رحم کرنے والا ہے۔

سب تعریف اللہ تعالیٰ کے لیے ہے جو تمام جہانوں کا پالنے والا ہے۔

بڑا مہربان نہایت رحم کرنے والا ہے۔

بدلے کے دن (یعنی قیامت) کا مالک ہے۔

ہم صرف تیری ہی عبادت کرتے ہیں اور صرف تجھ ہی سے مدد چاہتے ہیں۔" (القرآن، ۱:۱-۶)

وہ اللہ کے آگے جھکتے ہیں، اس کو بتاتے ہیں کہ وہ قیامت کے دن پر، اس کی بڑائی اور اکرام پر ایمان رکھتے ہیں۔ وہ اللہ کو اپنا بچانے والا اور مددگار مانتے ہیں مگر جب وہ

نماز مکمل کر لیتے ہیں تو ان کے پاس اتنی جرات ہوتی ہے کہ وہ ہر معاملے میں اپنی من مانی کرتے پھرتے ہیں۔ وہ اپنے آپ کو اپنے خالق پر فوقیت دیتے ہیں۔ یہ کیسے بندے ہیں؟

وہ اللہ سے ہدایت کی التجائیں کرتے ہیں اور بربادی سے پناہ مانگتے ہیں۔ وہ اللہ تعالیٰ سے کہتے ہیں کہ ان کو ایسے لوگوں میں نہ شامل کرے جن پر اس کا غضب نازل ہوتا ہے اور پھر اپنی جائے نماز لپیٹتے ہی انہی کاموں میں لگ جاتے ہیں جو اللہ کے غضب کو دعوت دیتے ہیں۔ پھر کچھ ہی گھنٹوں بعد وہ واپس اپنے مالک کے پاس لوٹتے ہیں اور وہی ایمان کے دعوے کرتے اور دعائیں مانگتے ہیں اور پھر اس کے پانچ منٹ بعد دوبارہ دین کا مذاق بناتے ہیں۔

کیا وہ جانتے ہیں کہ وہ کیا کر رہے ہیں؟ وہ اللہ تعالیٰ کے غضب کو دعوت دے رہے ہیں اور اپنا مذاق بنا رہے ہیں۔ یہ کوئی عجیب بات نہیں کہ اللہ بار بار قرآن میں ان سے پوچھتا ہے کہ:

''کیا یہ لوگ غور نہیں کرتے؟'' (القرآن، ۸:۳۰)

اور

''کیا یہ قرآن میں غور وفکر نہیں کرتے؟ یا ان کے دلوں پر تالے پڑ گئے ہیں؟'' (القرآن، ۴۷:۲۴)

کون سا دل اپنے رب کے ساتھ ایسا کرتا ہوگا جیسا ہم کرتے ہیں؟ صرف ایک ظالم اور تاریک دل جو دیکھ نہیں سکتا۔ اللہ تعالیٰ ایسے لوگوں کو سخت ناپسند کرتا ہے:

''بے شک بدترین خلائق اللہ تعالیٰ کے نزدیک وہ لوگ ہیں جو بہرے ہیں گونگے ہیں جو کہ (ذرا) نہیں سمجھتے۔'' (القرآن، ۸:۲۲)

جہالت اور اندھی امید:

ہم میں سے اکثر لوگ یہ یقین رکھتے اور امید کرتے ہیں کہ اللہ تعالیٰ ہماری کوتاہیوں کو معاف کر دے گا اور ہماری منافقت پر ہمیں انعام واکرام سے نوازے گا۔ ہم اس کی مخلوق سے نسل، مذہب، معاش، تعلیم، رنگ، ایمان اور ہر اختلافی چیز کی بنیاد پر نفرت کرتے ہیں اور پھر یہ توقع کرتے ہیں کہ وہ ہم پر اپنی رحمتیں برسائے گا۔ ہم یہ سمجھتے ہیں کہ

اللہ تعالیٰ ہمیں قبول کر لے گا جبکہ ہم نے اس کی رحمت کا حقدار بننے کے لیے کچھ نہیں کیا۔ یوں ہم بیوقوفوں کی طرح اس کام میں لگے ہوئے ہیں جس کی کامیابی کا امکان صفر ہے۔ اللہ تعالیٰ قادرِ مطلق ہے۔ وہ ہر چیز پر قادر ہے اور ہر چیز اس کے بس میں ہے۔ اس کی رحمت کا شمار نہیں کیا جا سکتا اور اس کا انصاف اور غضب بھی بہت عظیم ہے۔ ہم اللہ تعالیٰ کی یہ صفات کیوں نظر انداز کر دیتے ہیں؟ شاید اس لیے کہ ہم اپنی جہالت پر اڑے ہوئے ہیں اور ایک اندھی امید سے آس لگائے بیٹھے ہیں۔ اور اگر ہم بدلنے کی جسارت کریں تو ہماری یہ احتیاط سے تعمیر کردہ دنیا ہمارے سروں پر آ گرے گی۔

قول اور فعل میں تضاد:

ہمارا دینی فہم اور ہمارا عمل ایک دوسرے سے مطابقت نہیں رکھتے۔ حالانکہ حضرت محمدﷺ کے بعد مذہبی علماء اور محقق ہر دور میں موجود رہے ہیں لیکن اس کے باوجود اسلام کی روح آہستہ آہستہ کمزور ہوتی چلی گئی۔ اور آج جو باقی ہے اس میں اتنی طاقت نہیں کہ وہ امت کو متفق کر کے کھڑا کر سکے۔ اور نہ ہی اس میں دشمن کو پیچھے دھکیلنے کی طاقت ہے جو روز بروز اسلام اور مسلمانوں کے خلاف سازشیں اور جرائم کا ارتکاب کر رہے ہیں۔

اسلام کی ابتداء نہایت سادہ تھی۔ شروع میں صرف مٹھی بھر مسلمان تھے لیکن ان کے جذبۂ ایمان نے مختصر سے وقت میں ان کی تعداد ہزاروں میں بدل دی تھی۔ آج ہماری تعداد کروڑوں میں ہے، مگر ہمارا ایمان اور اللہ پر ہمارا توکل، حضرت محمدﷺ کے صحابۂ کرام کے مقابلے میں صفر ہے۔ ان کے ایمان نے ان کو دنیا کا حاکم بنایا تھا۔ ہمارا ایمان اس قابل بھی نہیں کہ ہمیں اپنے نفس کے پنجوں سے چھڑا سکے، دنیا فتح کرنا تو دور کی بات ہے۔

کچھ نام نہاد علماء اور مفسرین نے دین کی بہت سی کتابیں لکھی ہیں، جس میں ان کا کہنا ہے کہ اللہ تعالیٰ انسان کے گناہ معاف کر دے گا اگر وہ یہ دو باتیں اپنا لے:

☆   ہر دین کے بانی کو شفاعت کرنے والا مان لے۔

☆   دینی تقاریب میں چاہے وہ گرجا میں ہوں یا مسجد میں، شامل ہو جائیں، وغیرہ وغیرہ۔

☆ دینی رسومات پوری کریں۔

یہ سب جھوٹ باتیں ہیں جو ایمان والوں پر واضح ہو جاتی ہیں۔ ایسے علماء اور مفکرین کو یہ سوچنا چاہیے کہ اس طرح لوگوں کو گمراہ کرنے پر وہ اللہ کو جواب دہ ہوں گے۔

ایک اور آیت میں اللہ تعالیٰ ایسے لوگوں کو مخاطب کرتا ہے جو آدھا سچ اور آدھا جھوٹ بولتے ہیں اور وہی بات کرتے ہیں جو ان کے لیے مفید ہوتی ہے۔ اللہ تعالیٰ نے ایسے لوگوں کو، جو دنیا کے چھوٹے سے فائدے کے لیے سچ بات چھپاتے ہیں، سخت عذاب دینے کا وعدہ فرمایا ہے:

> **''بے شک جو لوگ اللہ تعالیٰ کی اتاری ہوئی کتاب چھپاتے ہیں اور اسے تھوڑی سی قیمت پر بیچتے ہیں، یقین مانو کہ اپنے پیٹ میں آگ بھر رہے ہیں، قیامت کے دن اللہ تعالیٰ ان سے بات بھی نہ کرے گا بلکہ ان کے لیے دردناک عذاب ہے۔'' (القرآن، ۲:۱۷۴)**

دنیا اور آخرت کی پاکیزگی:

قرآن میں اللہ تعالیٰ آیت ۲:۱۲۵ میں حضرت ابراہیمؑ اور آپ کے بیٹے حضرت اسماعیلؑ کو کعبہ، اللہ کے گھر کو پاک کرنے کا حکم دیتا ہے، ان کے لیے جو اس کا طواف کرتے ہیں اور ان کے لیے جو اس کو سجدہ کرتے ہیں اور وہاں عبادت کرتے ہیں۔ اللہ تعالیٰ پاکی کا لفظ استعمال کرتا ہے تاکہ کعبہ کو ہر شر سے پاک کیا جائے۔

دل بھی اللہ کا گھر ہے، کیونکہ یہ دل ہی ہے جس میں اللہ کی محبت ہوتی ہے۔ یہ بات یاد رکھنی چاہیئے کہ اللہ کی محبت اسی دل میں گھر کرتی ہے جو پاکیزہ ہو اور تمام برائیوں سے پاک ہو۔ دل کی پاکیزگی کا مطلب ہے کہ اس کو تمام بری خواہشات سے پاک کیا جائے اور برے کاموں سے اجتناب کیا جائے۔

قرآن کی آیت ۲:۱۷۴ میں اللہ تعالیٰ فرماتا ہے کہ وہ ایسے گناہگاروں کو پاک نہیں کرے گا جو اللہ کی آیات کو چھپاتے ہیں یا اپنے ذاتی مفاد کی خاطر ان کو بدل دیتے ہیں اس آیت سے یہ واضح ہے کہ اللہ تعالیٰ قیامت کے دن لوگوں کو پاک فرمائے گا۔ اللہ تعالیٰ ان لوگوں کو پاک کرے گا جن سے وہ راضی ہوگا۔ انسان کو جنت میں داخل کرنے سے قبل

پاک کیا جائے گا۔

اسی لیے اللہ تعالیٰ انسان کو اس دنیا میں دل کی پاکی کا حکم دیتا ہے۔ البتہ وہ جانتا ہے کہ انسان مکمل طور پر گناہوں سے پاک نہیں ہو سکتا جب تک کہ اللہ تعالیٰ خود اس کو پاک نہ کرے۔ اس لیے قیامت کے دن اللہ تعالیٰ لوگوں کے گناہ دھو کر ان کو پاک کرے گا۔ لیکن ہمیں یہ بات یاد رکھنی چاہیے کہ ایسی رحمت صرف ان لوگوں پر ہوگی جو دنیا میں اپنے دلوں کی حفاظت کرتے ہیں اور اس کو اللہ تعالیٰ کی محبت کے لیے پاک رکھتے ہیں۔

گناہ، گناہ ہی رہتا ہے چاہے اس کے لیے کتنے ہی جواز پیش کیے جائیں۔ بعض لوگ جان بوجھ کر گناہ کرتے ہیں اور بعض بھول کر انجانے میں، غفلت یا غلطی سے گناہ کر بیٹھتے ہیں۔ اگر ایک شخص اپنے گھر والوں کی بھوک مٹانے کے لیے چوری کرتا ہے تو وہ اپنے عمل کا جواز پیش کر سکتا ہے، لیکن اللہ تعالیٰ ہی اس کو اس عمل پر جانچنے والا ہے کیونکہ وہ ہر چیز سے باخبر ہے۔ اسی طرح ایک شخص اپنی بیوقوفی میں یہ سوچتے ہوئے گناہ کرے کہ اللہ تعالیٰ معاف کرنے والا ہے اور اس کو معاف کر دے گا یا یہ کہ وہ چونکہ حضرت محمد ﷺ کا امتی ہے اس لیے اسے گناہوں کی کھلی چھوٹ ہے تو وہ محض اللہ کے غضب کو دعوت دے رہا ہے۔

انسان خطا کا پتلا ہے۔ وہ اشرف المخلوقات ہے مگر کامل نہیں۔ اس کو آسان اور پر آسائش زندگی پسند ہے کیونکہ یہ چیز اللہ تعالیٰ نے اس کی فطرت میں ڈالی ہے۔ جب انسان اس دنیا کے سفر میں ہوتا ہے تو وہ دنیا میں اپنی رغبت کے مطابق گناہ اور نیکیاں سمیٹتا ہے۔ جب مسلمان اپنے ایمان کی حفاظت کرتا رہتا ہے اور تقویٰ اختیار کرتا ہے تو اس کے گناہوں کا بوجھ ہلکا ہو جاتا ہے۔ لیکن جیسے ہی وہ اپنی خواہشات اور دنیا کی رغبت میں بڑھ جاتا ہے، وہ گناہوں میں گھر جاتا ہے۔ دنیا کی زندگی آسان نہیں۔ اللہ تعالیٰ نے انسان کو دنیا میں آزمانے کا وعدہ کیا ہے۔ ان آزمائشوں کے دوران کبھی ہم اپنا صبر کھو بیٹھتے ہیں اور کبھی امید کا دامن چھوڑ دیتے ہیں۔ صبر و تحمل اور اللہ پر توکل دو ایسے طریقے ہیں جن کو اپنا کر ان آزمائشوں سے با آسانی گزرا جا سکتا ہے۔ یہ یاد رہے کہ انسان بار بار گناہ کرتا ہے، جان بوجھ کر اور انجانے میں۔ لیکن درحقیقت ہم اپنی نیت اور اپنے دل کو پاک رکھنے کی کوشش پر جانچے جائیں گے۔

ایک پاک باز دل اور اچھی نیت کا مالک انسان غلطی کر سکتا ہے لیکن وہ فوراً اللہ الرحمٰن کی طرف رجوع اور توبہ کرتا ہے اور یہ چیز اللہ کو بہت پسند ہے؛ سچے دل کی سچی کوشش اور سچی توبہ۔ مقصد دل کی پاکیزگی ہے۔ قرآن میں اللہ تعالیٰ فرماتا ہے کہ محمد ﷺ اس دنیا میں لوگوں کو پاک کرنے کے لیے بھیجے گئے اور یہ کہ جنت میں پاک لوگ ہی داخل ہوں گے۔ پاکیزگی پر زور اور قرآن میں اس کا کئی بار ذکر اس بات کی دلیل ہے کہ ہمیں پاکیزگی کے مفہوم کو اچھی طرح سمجھنا چاہیے۔ یہ شعور اس وقت حاصل ہوگا جب ہم اللہ کی کتاب اور حضرت محمد ﷺ کی تعلیمات کا بغور مطالعہ کریں گے اور یہ جان لیں گے کہ ہماری دنیا و آخرت کی زندگی، خوشیوں اور کامیابی کا دارومدار ان تعلیمات کو سمجھنے اور اپنی زندگی میں ان کو اپنانے پر منحصر ہے۔

حضرت محمد ﷺ نے فرمایا کہ صرف وہی باایمان لوگ کامیاب ہونگے جو اللہ کی طرف رجوع کرتے اور اپنے دلوں کو پاک رکھتے ہیں۔ آپ ﷺ نے ان الفاظ میں ایک پاک دل کی صفات بیان کیں:

"وہ کامیاب ہوگیا:

- ☆ جس کے دل کو اللہ نے سچی ہدایت کے لیے کھول دیا
- ☆ جس کے دل کو اللہ نے شرک سے پاک کر دیا۔
- ☆ جس کی زبان کو سچائی عطا کی گئی
- ☆ جس کے نفس کو مطمئن کر دیا گیا
- ☆ جس کی فطرت کو صحیح کر دیا گیا
- ☆ جس کے کانوں کو کھول دیا گیا اور
- ☆ جس کی آنکھوں کو بینائی عطا کی گئی"
- ☆ کان وہ قیف ہے اور آنکھ وہ جگہ ہے جہاں سے دل کی تعلیم داخل ہوتی ہے۔"

(ترمذی)

پاکیزگی ایمان کے لیے ضروری ہے:

ایمان کے حصول کے لیے دل کے تزکیہ کو سمجھنا ضروری ہے۔ پاکیزگی وہ ستون ہے

جس پر ہمارا ایمان کھڑا ہوتا ہے۔ ایک پاک دل کے بغیر ایمان حاصل نہیں کیا جا سکتا اور نہ ہی مکمل ہوتا ہے۔

قرآن پاک میں اللہ تعالیٰ عرب کے دیہاتیوں کی اصلاح کرتا ہے۔ جب وہ کہتے ہیں کہ "ہم ایمان لائے،" اللہ تعالیٰ فرماتا ہے:

"درحقیقت تم ایمان نہیں لائے لیکن تم یوں کہو کہ ہم اسلام لائے مخالفت چھوڑ کر مطیع ہو گئے حالانکہ ابھی تک تمہارے دلوں مدیں ایمان داخل ہی نہیں ہوا۔" (القرآن، ۴۹:۱۴)

ایمان وہ یقین ہے جو عمل سے ظاہر ہوتا ہے اور اس کا مطلب صرف مطیع ہونا نہیں۔ اطاعت پر اجر ضرور ہے لیکن اللہ تعالیٰ اپنے مطیع بندوں سے ایمان کی تکمیل چاہتا ہے۔ مندرجہ ذیل آیت میں اللہ تعالیٰ ایک سچے مومن کی صفات بیان کرتا ہے:

"مومن تو وہ ہیں جو اللہ پر اور اس کے رسول پر پکا ایمان لائیں، پھر شک وشبہ نہ کریں اور اپنے مالوں سے اور اپنی جانوں سے اللہ کی راہ میں جہاد کرتے رہیں (اپنے دعوائے ایمان میں) یہی سچے اور راست گو ہیں۔" (القرآن، ۴۹:۱۵)

سچا مومن اللہ سے محبت کرتا ہے اور اللہ کی محبت اسی دل میں داخل ہوتی ہے جو گناہوں سے پاک ہوتا ہے۔ یہ اللہ کی محبت ہے جو ایمان کو ترقی دیتی ہے اور علم میں اضافہ کرتی ہے۔ ایک مومن جتنا زیادہ علم حاصل کرتا ہے اور سمجھتا ہے، اتنا ہی وہ اللہ سے ڈرتا ہے اور اس کا قرب حاصل کرنے کی کوشش کرتا ہے۔

ایک مومن کے لیے اپنے نفس کو قابو رکھنا اور گناہوں سے بچتے رہنا بھی اسی عبادت کا حصہ ہے۔ اس کو معلوم ہے کہ اس کی نیکیاں اس کو کچھ فائدہ نہ دیں گی جب تک کہ وہ گناہوں سے اجتناب نہ کرے۔ وہ ہر دن اور ہر لمحہ اپنی ذات کو پاک رکھنے کی کوشش کرتا ہے، اپنے ایمان کی حفاظت کرتا ہے اور اللہ کی خوشنودی کی خاطر نیکیاں کر کے اس ایمان کو بڑھاتا ہے۔

انسان کا کرداراس کے دل کا آئینہ ہے:

دین پر عمل اور ہمارا کردار دونوں مل کر ہمارے ایمان کو جانچنے کا پیمانہ ہیں۔ قیامت کے دن ہمارا ایمان اور اللہ تعالیٰ کی رحمت ہی ہمارا سہارا ہوں گے۔ اللہ تعالیٰ کی رحمت ہم پر اس وقت ہوگی جب ہم دنیا میں اس کی طرف رجوع کرنے والوں میں سے ہوں گے۔ اوراس کے لیے محض دینی فرائض کوانجام دینا کافی نہیں بلکہ دل، کرداراور روزمرہ زندگی میں رجوع الی اللہ کی جدوجہد بھی ضروری ہے۔

اگر ہم سچے ایمان کے حامل ہوں اور ہمارے کردار دین سے مطابقت رکھتے ہوں تو اللہ اوراس کے رسول ﷺ کی محبت اور احترام خود بخود ہمارے کردار سے جھلکے گا۔ تاہم، اگر ہم عمل تو مومن بندوں والے کریں، زکوۃ، حج اور صوم وصلوۃ پر کاربند رہیں لیکن ہمارے کردار سے اللہ کا خوف اور محبت نہ جھلکے تو اس کا مطلب یہ ہوگا کہ ہمارا ایمان ہمارے دل کی حالت بدلنے میں ناکام رہا ہے۔ ہم سچے مومن نہیں بلکہ محض دکھاوے کے مسلمان ہیں۔

جس کا کردار شیطانی صفات کی عکاسی کرے، وہ واقعتاً شیطان کا چیلا معلوم ہوتا ہے۔ اگر انسان کے دل میں نفرت ہوگی تو وہ نفاق، اختلاف، عداوت، جھوٹی انا، غرور، ہٹ دھرمی اور ظلم کو جگہ دے گا۔ اپنے گھر میں بھی، دوستوں اور معاشرے میں بھی اور یہاں تک کہ امت میں بھی۔ ایسا دل جو رذائل کو پروان چڑھاتا ہے کبھی بھی اللہ کی رضا حاصل نہیں کرسکتا۔ اللہ تعالیٰ نے انسان کو اختیار عطا کیا ہے مگر اس کے ساتھ ہی دل، دماغ، ہدایت، علم اور کتاب بھی عطا کی ہے۔ اس قدر مدد کے باوجود انسان اگر حق کو نظر انداز کر کے دنیاوی لذتوں میں پڑا رہے اور اپنی آخرت گنوا دے تو اس کا وہ خود ہی ذمہ دار ہے۔ ایسے میں اللہ سے کیا شکوہ کرنا۔

ہم یہ دعوی کرسکتے ہیں کہ ہم اللہ سے محبت کرتے ہیں، ہم ایمان کے دعویدار بھی ہوسکتے ہیں۔ لیکن اگر ہم گناہ اور منافقت میں پڑ کر مخلوق خدا میں فتنہ کا باعث بنیں، حق اور باطل کو گڈمڈ کر دیں، لوگوں کے درمیان اختلاف کو ہوا دیں اور تفرقہ پیدا کریں، دوسروں کو تنگ کریں، لوگوں کو حق کے راستے سے روکیں، اوراس بارے میں نہ سوچیں سمجھیں اور نہ ہی اپنے آپ کو بدلنے کی کوشش کریں تو ہم اللہ کی رحمت کے کیونکر مستحق ہوسکتے ہیں؟

نفرت کا مطلب شدید ناپسندیدگی ہے۔ مگر یہ اسی تک محدود نہیں رہتی۔ یہ غصہ، دشمنی اور حسد کو جنم دیتی ہے۔ یہ احساسات انسان کو یکسر بدل دیتے ہیں اور اسے بے سکون، غمگین اور بے چین کر دیتے ہیں۔ نیز یہ احساسات ہمارے کردار سے بھی جھلکتے ہیں۔ ہمارا المیہ یہ ہے کہ اس بظاہر چھوٹے سے جذبے کے اثرات کو نہیں سمجھتے جو نہ صرف ہماری خوشی چھین لیتا ہے بلکہ اس کی وجہ سے ہمارا ایمان بھی داؤ پر لگ جاتا ہے۔ جب کبھی آپ کسی سے بدتمیزی کر بیٹھیں یا آپ کو کسی پر غصہ آ رہا ہو تو اپنے آپ کو یاد کرائیں کہ آپ کون ہیں۔ آپ محمدﷺ کے امتی ہیں۔ اس شخص کے امتی جنہوں نے اپنے کردار، الفاظ اور احساس سے اپنے بدترین دشمنوں کو اپنا گرویدہ بنا لیا تھا۔ آپﷺ ہمیشہ لوگوں سے محبت اور شفقت سے پیش آئے اور اپنی امت کے لیے بہترین مثال قائم کی۔ آپﷺ کی سنت کی پیروی میں ہی ہماری بقا اور سر بلندی ہے۔

فتنوں بھری دنیا میں پاکیزگی:

انسان اکثر کمزور پڑ جاتا ہے۔ یہ ممکن نہیں کہ وہ ہمیشہ اپنے آپ کو شیطان کے وار سے بچا لے۔ نیز یہ دنیا فتنوں سے بھری پڑی ہے۔ اس کی رونق، لذت اور کشش انسان کو ہر وقت لبھاتی ہے۔ ایسے میں ایک مومن اپنے آپ کو پاکیزہ اور گناہوں سے پاک کیسے رکھ سکتا ہے؟

مگر کسی نے کہا بھی نہ تھا کہ یہ آسان کام ہے۔ اس کے باوجود اگر موازنہ کیا جائے تو ہمارے لیے یہ کام اتنا مشکل نہیں جتنا رسول اکرمﷺ کے صحابہ کرامؓ کے لیے تھا۔ اللہ تعالیٰ راہ میں آنے والی مشکلات کو خوب جانتا ہے اور اس نے مشکلات کے باوجود ثابت قدم رہنے والوں کے لیے جنت جیسے انعام کا وعدہ بھی کیا ہے۔

جو دل گناہ کے لیے کھل جائے وہ شیطان کے لیے کھل جاتا ہے۔ اگر انسان ہر برائی دل سے نکال دے مگر کسی ایک کو بھی رہنے دے مثلاً بغض، جھوٹی انا یا لالچ تو یہ ایک برائی ہی اس کے دل کی پاکیزگی میں رکاوٹ بن جاتی ہے۔ مزید یہ کہ وہ انسان دھوکے میں پڑ جاتا ہے، اپنے گناہوں کو چھوٹا سمجھنے لگتا ہے اور چھوٹی چھوٹی نیکیوں کو بھاری سمجھ بیٹھتا ہے۔

اپنے دل کو فقط ایک برائی کے لیے کھلا چھوڑنا ایسا ہی ہے جیسے شیطان کے لئے دروازے بند کر کے کھڑکی کھول دینا، جس کے ذریعے وہ اندر داخل ہو سکے۔ اگر آپ یہ سمجھتے ہیں کہ شیطان کو یہ کھڑکی نظر نہیں آئے گی تو یہ آپ کی غلط فہمی ہے۔ وہ ایسے چھوٹے شگافوں کی ٹوہ میں رہتا ہے اور موقع ملتے ہی دل میں داخل ہو جاتا ہے۔ پھر آہستہ آہستہ انسان کی سوچ، قوت ارادی اور عقل پر غالب آجاتا ہے اور اس طرح تھوڑا تھوڑا کرتے انسان پر مکمل طور پر حاوی ہو جاتا ہے اور انسان شیطان کا چیلا بن کر رہ جاتا ہے۔ شیطان انسان کے دل کو سخت کر دیتا ہے اور اللہ کی محبت اس کے دل سے نکال کر دنیا کی رغبت ڈال دیتا ہے۔ وہ وسوسے ڈالتا ہے، جھوٹ اور بدگمانی پیدا کرتا ہے یہاں تک کہ انسان حق اور باطل کا فرق بھی بھول جاتا ہے۔ وہ انسان کو بتاتا ہے کہ اللہ رحیم ہے، جو کہ سچ ہے۔ وہ کہتا ہے کہ اللہ اپنے بندوں کو ستر ماؤں سے بڑھ کر چاہتا ہے جس میں کوئی شک نہیں۔ پھر وہ انسان کو یقین دلاتا ہے کہ وہ کمزور ہے، جو ایک اور حقیقت ہے۔ وہ یہ بھی کہتا ہے کہ حضرت محمد ﷺ تمام مسلمانوں کو بخشوا دیں گے، یہ البتہ ایک ادھوری سچائی ہے۔ جب انسان اس منطق کو قبول کر لیتا ہے تو ان کاموں میں پڑ جاتا ہے جو اللہ اور اس کے رسول ﷺ کے ناپسندیدہ ہیں۔ وہ غلطیاں کرتا ہے اور شیطان کے آگے ہار جاتا ہے۔

شیطان انسان کو یہ فریب دیتا ہے کہ چاہے وہ کتنے ہی گناہ کر لے، بالآخر اس کی مغفرت ہو جائے گی اور اسے جنت میں داخل کر دیا جائے گا۔ وہ یہ بات انسان کو نہیں سمجھاتا کہ جو لوگ اپنی اصلاح نہیں کرتے، وہ جہنم کا مزہ بھی چکھیں گے۔ ہمارے المیہ یہ ہے کہ ہم ایک جلی ہوئی ماچس کی تیلی ہتھیلی پر رکھ نہیں سکتے لیکن جہنم کی آگ برداشت کرنے کے لیے تیار ہوتے ہیں جو چاروں اطراف سے انسان کو جلائے گی۔ اللہ تعالیٰ ہم سب پر اپنا رحم کرے اور جہنم کی آگ سے ہم سب کو محفوظ فرمائے، آمین۔

جن حقائق کے بارے میں ہمیں ہوشیار ہونا چاہیے، انہی کے بارے میں ہم نے نہایت بے باک انداز فکر اپنایا ہوا ہے، مثلاً دوزخ اور اس کی کربناک سزائیں، اللہ تعالیٰ کا غضب، قبر کی آزمائش اور حرام اور شرک سے بچاؤ۔ اس کے برعکس ہم دنیا کی فانی اور عارضی

چیزوں کو اپنے اوپر حاوی کر لیتے ہیں۔ ہم اپنی زندگی میں سب سے زیادہ اہمیت اپنے گھر، خاندان، دولت، عزت، شہرت، نت نئی ٹیکنالوجی اور دکھاوے کو دیتے ہیں جو سب کی سب ختم ہونے والی چیزیں ہیں۔

حضرت محمد ﷺ نے ایسی بے پرواہ سوچ کی بنیاد دل کو قرار دیا ہے:

"یقیناً انسان کے جسم میں ایک گوشت کا ٹکڑا ہے، جب وہ صحیح ہوتا ہے تو پوار جسم صحیح ہوتا ہے اور جب وہ بیمار ہوتا ہے، تو پورا جسم بیمار ہو جاتا ہے، جان لو! یہ دل ہے۔" (بخاری، مسلم)

دل ایک ایسا عضو ہے جس کا کام فقط پورے جسم میں خون پہنچانا نہیں بلکہ اس کے اندر خدا کو پہچاننے کی طاقت بھی موجود ہے۔ یہ محبت اور نفرت کا گھر ہے۔ اللہ تعالیٰ جس کو ہدایت دینا چاہتا ہے وہ اس کا دل محبت، ایمان اور علم کے لیے کھول دیتا ہے۔

صراط مستقیم تنگ اور دشوار راستہ ہے۔ اس پر چلنے والے کے لیے اس پر جمے رہنا مشکل اور اس سے باہر نکل جانا آسان ہے۔ آج کے دور میں صرف مسلمان ہی نہیں بلکہ پوری انسانیت سیدھی راہ سے بھٹک چکی ہے۔ ہم اپنی اقدار اور پاکیزگی شیطان کے ہاتھوں کھو چکے ہیں۔ جو سبق ہمیں سکھایا گیا تھا وہ ہم بھول چکے ہیں۔ اور جو باقی ہے وہ ایک بوسیدہ ڈھانچہ ہے جو بوجھل اور بے معنی رسومات کی شکل میں ہم نے اپنایا ہوا ہے۔ جس کا ہمارے دلوں کی پاکیزگی اور ایمان سے کوئی تعلق نہیں۔

مذہبی فرائض اور رسومات کا مقصد عقیدت، اخلاص، تقویٰ، خوف خدا اور انسانیت کے لیے محبت پیدا کرنا ہے۔ یہ اصل حاصل نہیں ہیں۔ اصل حاصل اللہ تعالیٰ کی وہ اطاعت ہے جو نیک کردار و اخلاق والے، پاکیزہ اور معزز مسلمان ان عبادات کے ذریعے کرتے ہیں۔

افسوس کی بات تو یہ ہے کہ جو ادارے انسان کی اصلاح کے لیے بنائے گئے تھے، وہی اس کی گمراہی کا سبب بنے ہوئے ہیں۔ بہت سے اسلامی ادارے مسلمانوں کے لیے فتنہ بن گئے ہیں اور انہوں نے امت کو اسلام کے نام پر کئی حصوں میں تقسیم کر دیا ہے۔ چھوٹے موٹے اختلافات کو بڑھاوا دے کر پہاڑ بنا دیا گیا اور نام نہاد عالموں، خطیب اور

مولویوں نے امت کو اس طرح منتشر کر دیا جیسے موتی ایک لڑی سے ٹوٹ کر بکھر جاتے ہیں۔ جن لوگوں نے ہمارے لیے نمونہ بننا تھا وہی ایک دوسرے کو برا بھلا کہنے اور اپنے جیسے دوسرے لوگوں کو بے عزت کرنے لگ گئے۔ یوں ان کے حامیوں نے بھی سمجھ لیا کہ اپنے مسلمان بھائیوں کے خلاف ایسے منفی جذبات رکھنے کی اجازت ہے اور اس میں کوئی حرج نہیں۔ حضرت محمد ﷺ کی سنت اور محبت کے بجائے اسلام کے نام نہاد داعیان نے خود اپنے ایجنڈوں کا پرچار کرنا شروع کر دیا اور اپنی ساری قوتیں اسی 'من پسند اسلام' کی بڑھوتری میں صرف کر دیں۔

جب کوئی شخص اسلام قبول کرتا ہے تو وہ مکمل طور پر اس میں داخل ہو جاتا ہے۔ اب اسے ہر چیز قبول کرنی ہوتی ہے کیونکہ اس کو اس کے علاوہ کوئی اختیار نہیں دیا جاتا۔ یا تو وہ مسلمان ہوتا ہے یا نہیں، درمیان کی کوئی راہ نہیں ہوتی۔ جو اسلام اس معیار سے کم ہو وہ دراصل اسلام ہے ہی نہیں۔ آج ہم نے جس اسلام کو اپنایا ہوا ہے، وہ محض ہماری اپنی خواہشات نفس کا ملغوبہ ہے۔ اور ہم نے اس کو ''اسلام'' کا نام دے رکھا ہے۔

روحانیت رسومات، مادہ پرستی اور ذاتی تسکین میں تبدیل ہوگئی ہے۔ اس تبدیلی نے ہمارے دلوں کو سخت، بے پرواہ اور خود غرض بنا دیا ہے۔ اس نے دین کو ایک ایسی چیز بنا دیا ہے جو صرف ضرورت کے وقت استعمال کیا جاتا ہے۔

اپنے دل کو اس دنیا کے فتنہ سے بچانے کا مجرب نسخہ اللہ کا ہمہ وقت ذکر ہے۔ اللہ تعالیٰ کی یاد تاریک دلوں میں ایک چھوٹی سی شمع روشن کر دیتی ہے جس کا نور دل کے تمام اندھیروں کو مٹا دیتا ہے۔ جو دل اس شمع کو روشن رکھنے کا ارادہ کر لیتا ہے وہ پاکیزگی کی طرف چل پڑتا ہے۔ البتہ اس دل کو اپنے نفس اور شیطانی قوتوں کے خلاف مستقل جہاد کرنا پڑتا ہے۔ یہ جدوجہد اس کو اللہ تعالیٰ کے قریب کر دیتی ہے اور قیامت کے دن وہ اللہ کی رحمت اور مغفرت کا امیدوار ہوتا ہے۔

جب مغربی قوتوں نے مسلمان ممالک میں اپنی کالونیاں بنائیں تو انہوں نے وہاں کی مسلمان آبادی پر اپنی حکومت، اقدار، قوانین اور طریقہ زندگی نافذ کیے اور رفتہ رفتہ اسلام کی حیثیت ثانوی بن گئی۔ نتیجتاً مسلمان اپنی اصل حقیقت سے دور نکل گئے۔

حضرت محمد ﷺ کا مقصد اور مشن یہ تھا:

☆ اللہ کی حکومت زمین پر قائم کرنا۔

☆ ایک خدا جو اس کائنات اور روز جزا کا حاکم ہے، اس کا پیغام انسانیت تک پہنچایا۔

☆ انسان کو دل کی پاکی کا سبق دینا اور شیطان سے خبر دار کرنا اور زندگی کے ہر پہلو کی اصلاح کرنا۔

☆ انسانوں کے کردار و اخلاق کو بلند کرنا۔

☆ معاشرے میں ہر سطح پر محبت، امن، عدل کا بول بالا کرنا۔

☆ اللہ کی اطاعت کرنا اور اس کی سچی بندگی کرنا۔

آج اگر ہم مسلمانوں سے ان کا مقصد حیات پوچھیں تو کسی کی زندگی کا نصب العین ہمارے پیارے نبی ﷺ کے مقصد سے مشابہ نہ ہوگا۔

نئی طرز زندگی اختیار کرنا:

اپنے دل کو برائیوں اور منفی عادات سے پاک کرنا ایک بڑا کٹھن کام ہے۔ اپنے آپ کو کلی دور پر دل کی بیماریوں سے پاک کرنا تقریباً ناممکن ہے۔ یہ ایک دن کا کام نہیں، بلکہ ایک مستقل جاری رہنے والا عمل ہے جو زندگی بھر جاری رہتا ہے۔ اور آپ کو ہر آن ایک نئی، مختلف اور صحت مند طرز زندگی کا انتخاب کرنا ہوتا ہے۔ آپ اپنا دل ایک دفعہ صاف کر کے یہ نہیں سمجھ سکتے کہ وہ ہمیشہ صاف رہے گا۔

دل کے پاس سوچنے، غور کرنے اور پرکھنے کی طاقت ہوتی ہے۔ مگر ایک تندرست اور پاکیزہ دل ہی فہم وشعور کی منازل بخوبی طے کر سکتا ہے۔ ایک سچے دل کے یہ اوصاف ہیں:

☆ وہ انسان کو اللہ کی طرف راغب کرتا اور توبہ کرتا ہے۔

☆ وہ اللہ کی عبادت اور تسبیح سے نہیں تھکتا۔

☆ وہ گناہ کر کے اذیت محسوس کرتا ہے۔

☆ اس کو عبادت میں سکون میسر ہوتا ہے۔

☆ وہ وقت برباد نہیں کرتا۔

☆ اس کو اپنے عمل سے زیادہ اس عمل کی قبولیت اور صحیح طریقے سے ادائیگی کی فکر ہوتی ہے۔

☆ وہ نماز پڑھتا ہے اور اس کو دنیا کی فکر لاحق نہیں ہوتی۔

اور سب سے بڑھ کر ایک پاکیزہ دل ہمیشہ ہدایت کی دعا مانگتا ہے:

"اے ہمارے رب! ہمیں ہدایت دینے کے بعد ہمارے دل ٹیڑھے نہ کر دے اور ہمیں اپنے پاس سے رحمت عطا فرما، یقیناً تو ہی بہت بڑی عطا دینے والا ہے۔" (القرآن، ۳:۸)

دعوت فکر:

❁ وہ تین سطحیں جن پر انسان کام کرتا ہے کون سی ہیں؟

❁ انسان کو عقل اور خواہش دونوں کیوں عطا کیے گئے؟

❁ جب انسان کی خواہشات اس کی عقل اور قوت استدال پر حاوی ہو جائیں تو انسان کس طرح کا برتاؤ کرتا ہے؟

❁ فرشتوں کو یہ اندیشہ کیوں ہوا کہ انسان پُرتشدد ہوگا؟

❁ خواہشات کی پرستش کرنے سے انسان کے کردار میں کون سی تبدیلیاں رونما ہوتی ہیں؟

❁ کیا خواہشات کی اطاعت انسان کے دل کی کیفیت کو بدلتی ہے؟

❁ جب دل دنیا سے جڑا ہوا ہو تو اس میں کون سی تبدیلیاں رونما ہوتی ہیں؟ ان تبدیلیوں کا انسان کے کردار پر کیا اثر پڑتا ہے؟

❁ اللہ سے محبت کرنے کے لیے کس قسم کا دل درکار ہے؟

❁ کیا اللہ ان لوگوں کو اجر دے گا جو اس کی خاطر اپنی خواہشات کو قابو میں رکھتے ہیں یا ان کو جو

اپنی خواہشاتِ نفس کو بے لگام چھوڑ دیتے ہیں؟

- وہ کیا چیز تھی جس نے خلفاء راشدین کو کمال تک پہنچایا؟ حالانکہ وہ غیر ترقی یافتہ علاقوں میں پلے بڑھے تھے اور تعلیم یافتہ بھی نہیں تھے، یا بہت کم تعلیم یافتہ تھے۔
- مسلمانوں کو کس چیز نے باکمال بنایا کہ انہوں نے ہر میدان میں کامیابی حاصل کی؟ اور پھر کیا چیز ان کے زوال کا سبب بنی؟
- محمد ﷺ نے ہمیں کس بات کی تعلیم دی تھی؟
- اللہ تعالیٰ نے انسانیت کو اس بات کے ثبوت کے طور پر کہ وہ اس کی بہترین مخلوق ہیں کیا کرنے کا حکم دیا؟
- ہمارا ذہن ہر عمل کو پہلے پرکھتا ہے اور پھر۔۔۔۔۔۔۔۔۔کی بنیاد پر عمل کا فیصلہ کرتا ہے۔
- قرآن وسنت کے مطابق عمل کرنے کا فیصلہ کس چیز سے ٹکراتا ہے؟
- اللہ تعالیٰ ہمیں قرآن مجید کی آیات (۲۔۱۲۹) اور (۲۔۱۵۱) میں کیا بتا رہے ہیں؟
- اگر انسان کی ساری نیکیاں اس کی فطرت کا حصہ ہیں تو پھر امتحان کس چیز کا ہے؟
- کیا ایسا شخص اللہ کا فرمانبردار ہوسکتا ہے جس کا دل پاک نہ ہو؟
- ایمان کا نور کب دل میں داخل نہیں ہو پاتا؟
- کیا محض رسمی و بے روح عبادت سے انسان کا دل پاکیزہ ہوسکتا ہے؟
- اللہ تعالیٰ نے قرآن کی آیت (۱۰۔۶۳،۶۴) میں کون سی زبردست خبر دی ہے؟
- ہمارے روحانی سفر میں کون سی چیز زیادہ اہمیت کی حامل ہے، ہماری کوشش یا طے ہونے والا فاصلہ؟
- کیا ہم حقیقی مومن ہیں؟ حقیقی مومن کیسے بنا جاتا ہے؟
- ہمیں ہمدردی، ترحم، سخاوت اور عاجزی جیسی خوبیاں پروان چڑھانے کے لیے کیا کرنا

ہوگا؟

- کیا اندھا اور سخت دل اللہ کی اطاعت کر سکتا ہے؟ ہمارے دل سخت اور اندھے کیونکر ہو جاتے ہیں؟
- اللہ کب انسان کے دل پر مہر لگا دیتا ہے کہ پھر وہ اندھا، بہرہ اور گونگا بن جاتا ہے؟
- جب شیطان دل پر حاوی ہو جائے تو انسان کو کیا ہوتا ہے؟
- ہم ہر نماز میں سورہ فاتحہ کی تلاوت کرتے ہیں، لیکن پھر بھی ہمارے اندر اتنی جرات ہے کہ ہم اپنی مرضی کے مطابق زندگی گزارتے ہیں۔ کیا یہ منافقت نہیں؟ کیا ہم اللہ کے غضب کو دعوت نہیں دے رہے؟
- وہ کون سی چیز ہے جو ہمیں متکبر، جاہل اور اندھا بنا دیتی ہے؟
- کیا ہمارا دینی فہم ہمارے عمل سے مطابقت رکھتا ہے؟
- مٹھی بھر مسلمانوں نے دنیا کو فتح کیا اور شان سے اس پر حکومت کی۔ مگر آج باوجود اس کے کہ ہم ایک بلین سے زیادہ ہیں، ہمارا ایمان اور اللہ پر یقین ہمیں باعزت زندگی تک نہیں دیتا، چہ جائیکہ ہم دنیا پر حکمرانی کریں۔ ایسا کیوں ہے؟
- قرآن وسنت کی حقیقی تعلیمات اور ہمارے موجودہ دور کے علماء اور دینی پیشواؤں کی تعلیمات میں کیا فرق ہے؟
- اللہ تعالیٰ ہمیں قرآن مجید کی آیت (۲۔۱۷۴) میں کس چیز سے خبردار کر رہے ہیں؟
- دل کے تزکیہ کا کیا مطلب ہے؟ ہمیں روز قیامت اللہ کی رحمت کا حقدار بننے کے لیے کیا کرنا ہوگا؟
- ایک پاکیزہ دل کی کیا صفات ہوتی ہیں؟
- کیا کسی ناپاک دل میں ایمان داخل ہو سکتا ہے؟

- اللہ تعالیٰ قرآن مجید کی آیت (۴۹۔۱۴،۱۵) میں ایمان کے بارے میں کیا فرمارہے ہیں؟
- اگر ہمارے کردار سے اللہ کی خشیت و محبت نہیں جھلک رہی تو ہم مسلمان ہیں یا محض دکھاوا کر رہے ہیں؟
- اگر ہمارے دل برائیوں کے لیے کھلی آماجگاہ بن جائیں تو کیا ہم اپنے آپ کو شیطان سے روک سکتے ہیں؟
- شیطان ہمیں کس طرح دھوکہ دیتا ہے اور ہمارے دل سخت بنا دیتا ہے؟
- ایک سچے دل کی کیا خصوصیات ہوتی ہیں؟
- ہمارے نبی محمد ﷺ کا مشن کیا تھا؟

۱۵

اشکبار

(نووی، یونائیٹڈ اسٹیٹس، ۱۹۸۸ء۔۱۹۹۶ء)

جہاں پانی گرتا ہے، زندگی نشو نما پاتی ہے
جہاں آنسو گرتے ہیں، خدا کی رحمت برستی ہے

(مثنوی، کتاب اول، ۸۱۷۔۸۶۰)

''جب خدا اپنی رحمت کے دروازے کھولتا ہے، وہ ہم کو غم دیتا ہے،
البتہ اس کے لیے بہنے والے آنسو ہماری راحت کا سبب بنتے ہیں''

مجھے نہیں یاد کہ یہ الفاظ میں نے کہاں سنے تھے۔ مگر ایسا لگتا تھا کہ جیسے کسی نے نرمی سے میرے دل کو ان لفظوں کے غلاف میں لپیٹ دیا ہو۔ درد برداشت کے قابل ہو گیا اور میری زندگی کا محور درست ہو گیا۔

شروع میں یہ تبدیلی دوسروں کے لیے اتنی واضح نہیں تھی البتہ مجھے اپنا آپ آہستگی اور باقاعدگی سے ایک نئی ہستی میں ڈھلتا ہوا محسوس ہوا۔ میرے اندر پچھلے چند سالوں میں تیزی سے بہت سی تبدیلیاں رونما ہوئی تھیں۔ میں نے بہت کچھ سیکھا اور سمجھا تھا جس کی ایک اہم وجہ میرے گھریلو مسائل اور میرا ذہنی دباؤ کا شکار ہونا تھا۔ یہ ساری تبدیلیاں ایک دم سے رک سی گئیں اور ان تبدیلیوں کا پہیہ الٹا گھومنے لگا تھا۔ جب میرا نظریہ بدلا، مجھے یہ احساس ہوا کہ میرے پاس دو چیزوں کا اختیار ہے۔ میں خود کو اس تکلیف کے حوالے کر دوں اور تباہ ہو جاؤں یا پھر اس کو اجازت دوں کہ وہ میرے سطحی خول کو ہٹا دے تاکہ میں اپنا اصل وجود باہر آنے دوں جس کو میں خود بھی اب تک نہیں جانتا تھا۔ پس اس تکلیف سے لڑنے کے بجائے میں نے اسے اجازت دے دی کہ وہ خاموشی سے مجھے اپنی لپیٹ میں لے لے۔

خدا کے بندوں سے مایوس ہو کر میں خود خدا کی تلاش میں نکل پڑا۔ میں نے قرآن

پڑھنا شروع کر دیا۔ ابتداء میں میں اپنے اوپر گزری ہر مشکل کا جواب ڈھونڈ رہا تھا۔ میں اپنے مجرم کی تلاش میں تھا جس کو میں قصور وار ٹھہرا سکوں تا کہ خود سکون پا سکوں۔ میں نے سیکھا کہ انسان اللہ کی مرضی کا پتلا ہے۔ مسئلہ میرے اور دوسرے انسانوں کے درمیان نہ تھا بلکہ میرے اور اللہ کے درمیان تھا۔ حدیث کے مطابق انسان کو تین وجوہات کی بنا پر غم اور تکلیف پہنچتی ہے:

۱۔ وہ اللہ کی نافرمانی کا ارتکاب کرتا ہے اور سزا پاتا ہے۔

۲۔ وہ گناہ کرتا ہے اور اللہ اسے توبہ کرنے کا موقع دیتا ہے تا کہ وہ اس کی مغفرت کر دے۔

۳۔ اور بعض لوگوں کے لیے اللہ نے آخرت میں بلند اور اعلیٰ مقام رکھا ہوتا ہے۔ اللہ کے ہاں جب اس بندے کا مقام اس کے اعمال کی وجہ سے بدل جاتا ہے تو اللہ تعالیٰ اس بندے پر اس کے گھر والوں، دولت اور صحت کے ذریعے آزمائش اور امتحان بھیجتا ہے۔ یہ آزمائشیں اسے اپنے مقرر کردہ مقام تک پہنچنے میں مدد کرتی ہیں۔ (مسند احمد، ۲۲۳۳۷۔ ۲۲۳۳۸)

اس تیسری وجہ نے مجھے ہفتوں تعجب میں رکھا۔ میں دن میں کئی بار اس حدیث کا مطالعہ کرتا اور اپنے وجود کے بارے میں سوچتا رہتا۔

ایک طرف میں اپنے غم میں ڈوبا ہوا تھا اور دوسری طرف اللہ میری مشکل آسان کر رہا تھا۔ اچانک میرے غم اور میری تکلیف با معنی ہو گئی تھی۔ البتہ میں ایک سوال مستقل دہرا رہا تھا: "میں ہی کیوں؟" پہلے مجھے یہ سمجھ نہیں آ رہا تھا کہ اللہ نے ایسی تکلیف میرے ہی مقدر میں کیوں لکھی۔ اب میں یہ سمجھنے سے قاصر تھا کہ اللہ کو مجھ سے اتنی محبت کیوں۔

میں اپنے گھر والوں سے ہار چکا تھا۔ مجھے اپنی خود اعتمادی بحال رکھنے کے لیے بھی جدوجہد کرنی پڑ رہی تھی۔ جب میں ایک بڑی بین الاقوامی کمپنی کے چیف انجینئر کی حیثیت سے ڈیٹرائٹ آیا تھا تو مجھے اپنے آپ پر بھروسہ تھا۔ مگر اب میں متزلزل اور متذبذب تھا۔ جب ایک مالی بحران کے باعث نجی کمپنیوں میں نوکریاں غیر محفوظ ہو گئیں تو میں نے

وفاقی حکومت کی نوکری کرنے کا فیصلہ کیا۔

منیجمنٹ میں ماسٹرز کی ڈگری کی وجہ سے مجھے ٹینک آٹو میٹو کمانڈ (Tank Automotive Command, (TACOM)میں نوکری مل گئی۔ یہ یونائٹڈ اسٹیٹس کا فوجی ادارہ تھا۔کافی سالوں کی انتھک محنت کے بعد مجھے ترقی دے کر سعودی عرب منیجمنٹ آفس (سیمو) کا اعلی پروجیکٹ انجینئر(Senior Project Engineer in Saudi Arabia Management Office (SAMO) in Foreign Military Sales FMS بنا دیا گیا۔ جو غیر ملکی عسکری فروخت کا محکمہ تھا۔ بحیثیت پروجیکٹ انجینئر مینیجر میرا کام دنیا کے بہترین اور اعلیٰ کارکردگی والے دو بے مثال ٹینکوں کی تکمیل تعمیری اور ترسیلی مراحل کی (KSA M 1A2 and KSA M 1A2S) دیکھ بھال تھی۔ یہ میرے لیے ایک بڑا کارنامہ تھا۔ میرے اندر ایک بار پھر آگے بڑھنے کا شوق بیدار ہوا۔ جب میں امریکن دفتر چلا رہا تھا، محمد دولیش جو ایک عربی انجینئر تھا، (Saudi Sword Project Management Office (SPMO) سعودی تلوار پروجیکٹ کی دیکھ بھال کرتا تھا۔ یہ پروجیکٹ شہزادہ خالد بن بندر بن بادشاہ عبدالعزیز کی سربراہی میں تھا۔ چونکہ میں ان کے ٹینکوں کے تعمیری مراحل کو دیکھتا تھا۔اس لیے اکثر میری ملاقات شہزادہ کے ساتھ ہوتی رہتی تھی اور میں ان کے ملکی دوروں پر ان کے ہمراہ ہوتا تھا۔ ملازمت میں ترقی کے مراحل میں بدستور طے کر رہا تھا۔ مگر گھر میں مجھ سے اپنا وجود نہیں سنبھالا جا رہا تھا۔اس دوران میں نے عمرہ کرنے کا ارادہ کیا۔

دسمبر ۱۹۸۸ میں، میں نے پہلی دفعہ خانۂ کعبہ کو دیکھا۔ گو کہ میرے اردگرد لاکھوں حاجی تھے۔ مگر خانۂ کعبہ کے سامنے میں تنہا کھڑا تھا۔ اس وقت صرف میں تھا اور میرا خدا۔ میں پھر سے ایک بچہ بن گیا تھا۔ وہاں میں وہ مجبور شخص نہیں تھا جو بغیر شکایت کیے اپنا بوجھ اٹھائے پھرتا ہے۔ میں نے غلاف کعبہ پکڑ لیا جیسے کوئی بچہ اپنی ماں کے آنچل سے چمٹ جاتا ہو اور زار و قطار رو دیا۔ اس ذات کو اپنی زندگی کے بارے میں بتانے کی ضرورت نہیں تھی۔ وہ ہر چیز سے باخبر تھا۔ میں نے اپنی روح کا سارا بوجھ اتار دیا اور جب واپس لوٹنے لگا تو

اس نے مجھے ایمان کی حلاوت بخشی۔

میرا دوسرا پڑاؤ ہندوستان تھا۔ آخری دفعہ جب میں وہاں آیا تھا تو میں نہ صرف لوگوں کے لیے ایک پردیسی تھا بلکہ اپنے ایمان کے لیے بھی۔ اس دفعہ میں نے اپنی اصلاح کی نیت کی۔ میں مسجد جانے لگا اور اللہ کے ساتھ اپنے تعلق کو مضبوط کرنے میں لگ گیا۔ جب میں گھر لوٹا تو ایک نئی تازگی محسوس کرنے لگا۔ میں پرسکون اور مطمئن تھا۔ اور ہر اس چیز کے لیے تیار تھا جو زندگی مستقبل میں مجھے میری طرف اچھالنے والی تھی۔ مجھے یہ نہیں معلوم تھا کہ ایک اور معجزہ میرا منتظر ہے۔ مکہ کا معجزہ ابھی میرے اعصاب پہ چھایا ہوا تھا۔

مجھے علم ہوا کہ کوثر معاملات آگے بڑھانا چاہتی ہے۔ اس نے ایک ملاقات رکھی جس میں ہم دونوں اپنے وکلاء کے ہمراہ موجود تھے اور مقدمہ ختم کرنے کا فیصلہ کیا۔ میرے وکیل نے مجھے کوئی جھوٹی امیدوں کے آسرے نہیں دیئے تھے اور میں معاملہ ختم کرنے کے لیے تمام شرائط اور ضوابط ماننے کو تیار تھا۔ البتہ جب ہم نے مذاکرہ شروع کیا تو کوثر کے وکیل نے مجھے مطلع کیا کہ فیصلہ کرنے والا جج سولہ نکات پر بچوں کی حوالگی کا فیصلہ کرے گا۔ اور اس کے بیشتر نکات میرے حق میں تھے۔ اس کے الفاظ سن کر میں نے اپنا ارادہ بدل دیا۔ میں نے اس سے کہا کہ میں اپنے بچوں کے لیے اپنی آخری سانس تک لڑوں گا چاہے مجھے اس کے لیے اپنی ساری جمع پونجی کیوں نہ لٹانی پڑے یہاں تک کہ میں اپنا گھر بیچنے سے بھی گریز نہیں کروں گا۔ اور اپنے بچوں کو حاصل کیے بغیر سکون سے نہیں بیٹھوں گا۔ وہ میرا غیر متوقع جواب سن کر حیران رہ گیا۔ اس ملاقات کے بعد اس نے کوثر کو مقدمہ واپس لینے پر قائل کر لیا۔ ہمارا گھر ایک بار پھر سے آباد ہو گیا۔ کوثر نے اپنے آپ کو گھر کے کاموں اور پڑھائی میں مصروف کر لیا۔ اس نے ڈپلومہ کے لیے پہلے اوکلینڈ کمیونیٹی کالج (Oakland Community College) اور پھر فزیکل تھیراپی بیچلر کی ڈگری کے لیے ایسٹرن مشیگن یونیورسٹی (Eastern Michigan University) میں داخلہ لیا۔

جون ۱۹۹۴ میں، میں نے دوبارہ مکہ مکرمہ کے سفر کا ارادہ کیا۔ اس دفعہ میری نیت حج کی تھی جو زندگی کا ایک انمول تجربہ ہوتا ہے۔

جس طرح ایک غیر مسلم کبھی ایک حاجی کے جوش وولولے کو نہیں محسوس کر سکتا اسی طرح ایک مسلمان جس نے حج نہ کیا ہو وہ اس کے ذہن اور نفس پر ہونے والے موثر اثرات کی قدر نہیں جان سکتا۔ میرے مکہ کے سفر میرے اندر ایسی تبدیلیاں لا رہے تھے جن کا میں سوچ بھی نہ سکتا تھا۔

اکتوبر ۱۹۹۴ء میں اپنی نوکری کی ایک تعلیمی ضرورت پوری کرنے کے لیے میرا کیلیفورنیا کے شہر لاس انجیلس (Los Angleles, California) جانے کا اتفاق ہوا۔ میں اپنے گھر اور بچوں سے ایک مہینہ دور رہا۔ فاصلے کبھی بھی میرے دوست نہیں رہے تھے۔ جب میں گھر پہنچا تو کوثر نے اعلان کیا کہ وہ کرسمس کی چھٹیاں گزارنے ایٹلانٹا، جورجیا (Atlanta, Georgia) جارہی ہے۔ بعدازاں اس نے اپنا ارادہ بدل دیا۔

وقت گزرتا رہا اور ہم دونوں نے دکھ اور تکلیف سے بچنے کے لیے اپنے گرد مزید اونچی دیواریں کھڑی کرلیں۔ میری ننھی مریم اس وقت آٹھ سال کی تھی اور اتنی ننھی بھی نہ تھی۔ یوسف بارہ سال کا تھا اور بن یامین چودہ سال کا۔ دونوں اپنی عمر سے زیادہ ذہین تھے۔ میری شادی کو البتہ بیس سال ہوگئے تھے اور وہ تقریباً بکھر چکی تھی۔

ہماری علیحدگی کا مقدمہ عدالت میں چل رہا تھا اور پیشی کے بعد میں اپنی بہن شہناز کے پاس اس کے گھر این آربر (Ann Arbor) میں جا کر رہنے لگا جبکہ میرے بچے کوثر کے ساتھ نووی میں رہتے رہے۔

ہم دونوں اپنی الگ زندگی گزار رہے تھے لیکن اس کے باوجود میں اور میری بیوی اب بھی ایک اٹوٹ بندھن میں بندھے ہوئے تھے۔ کچھ باہمی دوستوں نے ہمیں اپنا جھگڑا عدالت کے باہر سلجھانے کا مشورہ دیا۔ اور اس غرض سے ہماری امام منیر کے ساتھ ایک ملاقات رکھی گئی۔ ہم ایک بار پھر ٹرائے مسجد میں ملے۔

مسجد جاتے وقت میں نے اپنے بچوں سے پوچھا کہ وہ اپنے ماں باپ میں سے کس کے ساتھ رہنا پسند کریں گے۔ میرے بچوں خاص طور سے مریم کو دو مخالف سمتوں سے کھینچا اور بلایا جارہا تھا۔ ان کے لیے ماں یا باپ کوئی انتخاب نہ تھا۔ وہ جو بھی انتخاب کرتے

اس کا نتیجہ ان کے لیے ایک بڑے نقصان کی شکل میں سامنے آتا۔ میری تسلی اس وقت اسی میں تھی کہ میں ان کو اس انتخاب کے لیے کھلی آزادی دے رہا تھا، کہ وہ جہاں اور جس کسی کے ساتھ بھی چاہیں رہ سکتے ہیں۔ جب ہم امام منیر سے ملے تو میں نے ان کو بتایا کہ میں بچوں کو اپنے ساتھ رکھنے کا خواہشمند ہوں البتہ اگر وہ اپنی ماں کے ساتھ رہنا چاہیں تو میں ان کے اس فیصلے کا احترام کروں گا۔

منیر نے علیحدہ علیحدہ ہم سب سے بات کی پھر اعلان کیا کہ بچے اپنی ماں کے ساتھ رہیں گے۔ یہ سن کر مجھے زور سے دھچکا لگا۔ فرط حیرت سے میں کچھ کہہ نہ سکا بس گردن ہلا کر ان کی بات تسلیم کر لی۔ اس ڈر سے کہ میرے بچے میری آنکھوں میں چھلکتا درد نہ دیکھ لیں، میں ان سے نظریں ملائے بغیر باہر اپنی گاڑی کی طرف چل دیا۔ جب طبیعت کچھ سنبھلی تو واپس مسجد کی طرف بچوں کو لینے کے لیے پلٹا۔

بچے بہت حساس ہوتے ہیں اور بہت سی باتیں خود بخود سمجھ جاتے ہیں۔ وہ اپنے ماں باپ کو بھی محفوظ رکھنا چاہتے ہیں، حالانکہ یہ ان کا کام نہیں۔ اگر میرے بچوں کے پاس حقیقت میں انتخاب کرنے کا اختیار ہوتا تو مجھے معلوم ہے وہ اپنے ماں باپ کے ایک ساتھ اکھٹے رہنے کو ترجیح دیتے۔ یہ بات امام ہم سب سے زیادہ بہتر سمجھتے تھے۔ انہوں نے خاندان کو بکھرنے سے بچانے کے لیے جو فیصلہ کیا وہ مجھے بالکل پسند نہ آیا۔

ایک دن یوسف مجھ سے ملنے این آر بر آیا اور اس نے یہ انکشاف کیا کہ اس کی ماں ان سب کو لے کر ایٹلانٹا جانا چاہتی ہے۔ اس کے کچھ ہفتوں بعد میری یوسف سے دوبارہ گفتگو ہوئی اور اس نے مجھے قائل کیا کہ وہ واقعی میرے ساتھ این آر بر میں رہنا چاہتا ہے۔ میں نے نووی میں ایک دو کمرے کا گھر کرائے پر حاصل کر لیا۔ پھر ایک صبح ایک ٹرک عاریتاً لے کر میں نے پولیس کو بلایا اور ان سے اپنے ساتھ یوسف کو لانے کے لیے کوثر کے گھر جانے کی درخواست کی۔ جو پولیس افسران میرے گھر آئے تھے انہوں نے میری مدد کرنے سے صاف انکار کر دیا کیونکہ میرے پاس بچوں کی حوالگی کے کاغذات موجود نہ تھے۔ ان کو اپنا مسئلہ سمجھانے کے بعد اور اپنے بیٹے کی خواہش بتانے کے بعد بڑی مشکل

سے میں نے اپنے ساتھ جانے پر راضی کیا۔ کوثر کے دروازے پر ہمیں یوسف اپنے سامان کے ساتھ تیار کھڑا نظر آیا۔ اس کے باوجود پولیس افسران نے کوثر سے کہا کہ وہ مجھے انکار کرنے اور یوسف کو میرے ساتھ جانے سے روکنے کا پورا حق رکھتی ہے۔ میں نے اپنے آپ کو ایک اور تماشے کے لیے تیار کر لیا مگر کوثر نے اپنے جواب سے مجھے حیران کر دیا۔ اس نے پولیس افسران سے کہا کہ وہ یوسف کو اس کے باپ کے ساتھ جانے سے نہیں روکے گی اور نہ وہ روک سکتی ہے اگر وہ حقیقتاً جانا چاہتا ہے۔

یوسف اور میں اپنے نئے گھر آ گئے۔ میں نے اس کے لیے کھانا پکانا سیکھا۔ ابتداء میں جب میں اس کے لیے کھانا بناتا تو اس کے محتاط ردعمل کو بھانپنے کی کوشش کرتا مگر ایک دفعہ بھی یوسف نے شکایت نہیں کی۔ کچھ ہفتے اور گزرے کہ بن یامین بھی ہمارے پاس آ کر رہنے لگا۔ مریم ہفتے کی چھٹی پر ملنے آنے لگی تھی۔ ان دنوں جب وہ سب میرے پاس ہوتے تو مجھے ایسا محسوس ہوتا جیسے میں نے پوری دنیا اپنے چھوٹے سے گھر میں سمو لی ہے۔ میں کبھی کبھی سوچتا تھا کہ کیا میرے اندر اب بھی کوئی چھوٹی سی امید باقی ہے کہ کسی معجزے سے ہمارا گھر پہلے جیسا ہو جائے گا اور ہم پھر سے ایک ساتھ خوشیاں سمیٹیں گے۔ البتہ جب میں نے بچوں سے دوبارہ اٹلانٹا کا ذکر سنا تو مجھے حقیقت کا ادراک ہو گیا۔ مجھے اس بات کو تسلیم کرنا پڑا کہ کوثر اور میرے درمیان اب کچھ باقی نہیں رہا تھا۔

مجھے یہ بھی تسلیم کرنا پڑا کہ وہ پچھلی زندگی بھلا کر ایک نئی شروع کرنا چاہتی ہے۔ مجھے یہ ماننا پڑا کہ ہم ساری زندگی ایک گول دائرے میں نہیں گھوم سکتے۔ ہمیں رک کر دانشمندی سے اپنے اور اپنے بچوں کی خاطر صحیح فیصلے کرنا ہوں گے۔ ۲۴/اگست ۱۹۹۶ کو ہماری طلاق حتمی ہو گئی اور ہم دونوں کو اپنے بچوں کی مشترکہ تحویل دے دی گئی۔ اس دن میں اپنی شادی، سالوں کی محبت، دل کی تکلیف، بے شمار غلط فہمیاں یاد کر کے اور سب سے بڑھ اپنی زندگی کی اس دکھ بھری داستان کے اختتام پر خوب رویا۔

اگر شادی زندگی ہے تو طلاق موت۔ بائیس سال پہلے جب میری کوثر سے شادی ہوئی تھی، میں اپنے آپ کو دنیا کا خوش قسمت ترین انسان محسوس کرتا تھا۔ اور بائیس سال بعد

وہ انسان مر گیا۔ طلاق ایک نئی شروعات بھی ہے۔ یہ بات چاہے کتنی ہی ناقابل یقین معلوم ہو مگر ۲۴ ر اگست ۱۹۹۶ کی صبح میں یہ جانتا تھا کہ ایک دن میں مڑ کر کوثر سے اپنی شادی کو دیکھوں گا اور مجھے کچھ محسوس نہ ہوگا۔

میری زندگی نے مجھے بہت کچھ سکھایا ہے۔ میں نے جانا کہ انسان محض اللہ کی مرضی کا پتلا ہے۔ نیز، تکالیف، مصیبتیں اور پریشانیاں اللہ کی سزا نہیں ہوتیں۔ یہ تو یاددہانیاں اور تنبیہات ہوتی ہیں جو ہمارے اعمال درست کرنے میں ہماری مدد کرتی ہیں۔

۱۶

اسلام کے متعلق غلط فہمیاں

اسلام سہل ہے، لوگ دشوار ہیں

جس چیز کو میں بڑے آرام سے اسلام سمجھے ہوئے تھا اس پر میں حیران رہ گیا۔ جو کوئی مجھے اسلام کے بارے میں کچھ بھی بتاتا میں اسے قبول کر لیتا تھا بشرطیکہ بتانے والا مسلمان ہو۔ میرا واحد بہانہ جہالت اور کسی حد تک بے حسی تھی۔ تاہم، قرآن کا مطالعہ کرنے سے بہت سی غلط فہمیاں اور غلط عقائد دور ہو گئے۔

باطل خیالات اور غلط عقائد:

انسان ہمیشہ نامعلوم سے ڈرتا رہا ہے۔ آج مسلمانوں سے نفرت کی بڑی وجہ بھی یہی خوف ہے۔ اسلام کے بارے میں غیر مسلموں کی غلط فہمی تو سمجھ میں آتی ہے البتہ اگر کسی مسلمان کے دل میں اپنے دین سے متعلق غلط فہمیاں ہوں تو یہ حد درجہ احمقانہ اور ناقابل معافی بات ہے۔

متعدد مسلمان اس بات پر یقین رکھتے ہیں کہ وہ اسلام کو سمجھتے ہیں، اس کے احکامات پر عمل کرتے اور اس کے ستونوں کو مضبوطی سے قائم کیے ہوئے ہیں۔ مگر وہ لفظ 'اسلام' کے حقیقی معنی سے بھی ناآشنا ہیں۔ وہ اپنی دنیاوی زندگی میں اتنے مگن ہیں کہ انکو اپنی حقیقت اور اس دنیا میں آنے کے مقصد پر غور کرنے کا وقت ہی نہیں ملتا۔ سمجھے بغیر قرآن کی تلاوت اور بار بار کلمہ پڑھنا ان کو ان کی اپنی نظر میں بہت اچھا مسلمان بنا دیتا ہے۔ یہ افعال ان کی زندگی میں تو کوئی تبدیلی نہیں لاتے مگر سننے والے کے دل پر اثر کرتے ہیں جو ان لوگوں کے اقوال اور افعال کی بنیاد پر ایک رائے قائم کر لیتے ہیں۔ اگر ان کے اقوال ان کے اعمال سے مطابقت رکھتے ہوں تو سننے والا مثبت رائے قائم کرتا ہے لیکن اگر قول و فعل میں تضاد ہو تو سننے والا نہ صرف کہنے والے کو برا بھلا کہتا ہے بلکہ خود اسلام اور تمام مسلمانوں کو

ملامت کرنے لگ جاتا ہے۔ایسی جذباتی رائے کی وجہ بے علمی اور منفی تشہیر ہے جو اسلام اور مسلمانوں کے بارے میں باقاعدگی سے کی جارہی ہے۔

بہت سے مسلمان انجانے میں روزانہ اللہ کی حکم عدولیاں کرتے ہیں، اور ایسے اعمال کرتے ہیں جو مسلمانوں اور اسلام کی رسوائی کا سبب بنتے ہیں۔اپنے عمل اور کردار سے اسلام کے احکامات کی نفی کر کے یہ غافل مسلمان اس دین کو بے تحاشہ نقصان پہنچاتے ہیں جس کا انہیں اندازہ بھی نہیں ہے۔

مسلمان یہ بھول گئے ہیں کہ ان پر اللہ کا خاص کرم ہے۔ان کو اللہ تعالیٰ نے نہ صرف ہدایت دی بلکہ ان کے لیے ایسے نبی بھیجے جو ان کے خالق کا پیغام ان تک پہنچاتے تھے۔آج اگر وہ جان بوجھ کر اس اعزاز کو نظر انداز کر دیں، اپنی شناخت کو بھلا دیں اور اپنے دین کو سمجھنے کی زحمت بھی نہ کریں تو اس میں قصور ان کا اپنا ہے کسی اور کا نہیں۔اسلام کے متعلق اس دنیا کی رائے صحیح کرنے کے لیے ضروری ہے کہ مسلمانوں کی اصلاح کی جائے اور مسلمانوں کی اصلاح کرنے کے لیے اپنی اصلاح کرنی ضروری ہے۔

حقیقتِ اسلام کو سمجھنا:

اسلام تمام مسلمانوں کا دین ہے۔اکثر لوگوں کے لیے اس کا مطلب مندرجہ ذیل باتوں پر ایمان ہے:

- ☆ اللہ، جو واحد اور حقیقی خدا ہے۔
- ☆ آخری نبی حضرت محمد ﷺ اور اللہ تعالیٰ کے بھیجے گئے تمام انبیاء اور رسولوں پر ایمان۔
- ☆ قرآن، نازل کردہ صحیفے اور آسمانی کتابیں۔
- ☆ اللہ تعالیٰ کے فرشتے۔
- ☆ قیامت کے دن پر ایمان، اور
- ☆ مرنے کے بعد دوسری زندگی پر ایمان۔

کچھ باشعور مسلمان جو دین کو بہتر سمجھتے ہیں وہ قرآن کے احکامات پر عمل کو بھی

اسلام کے مفہوم میں شامل کرتے ہیں۔

اگر آپ اسلام کا مطلب کسی انگریزی لغت میں تلاش کریں تو اس میں آپ کو اسلام کی یہ تعریف ملے گی:

''ایک خدا کو ماننے والا دین جس کی ابتداء ساتویں صدی میں حضرت محمد ﷺ کے اوپر خدا کی وحی کے نزول کے ذریعے ہوئی۔''

اسی لغت، انکارٹا ڈکشنری میں اسلام کے بارے میں مزید لکھا ہے کہ:

''مسلمان لوگ اور ان کی تہذیب۔''

تعجب کی بات یہ ہے کہ اگر کسی مسلمان سے اسلام کے معنی پوچھے جائیں تو وہ بھی یہی معنی بتائے گا۔

اسلام کیا ہے؟

اگر اسلام یہ نہیں تو پھر اسلام کیا ہے؟ اسلام کو سمجھنے کے لیے اس لفظ کے اصل مطلب پر غور کرنا ہوگا۔ اسلام عربی کا لفظ ہے اور عربی کوئی معمولی زبان نہیں۔ یہ وہ زبان ہے جس کو خدا کی وحی کے لیے چنا گیا۔ جتنا زیادہ اس کو پڑھا جاتا ہے یہ اتنا زیادہ آسان ہو جاتی ہے۔ ''اسلام'' کا لفظ قرآن کے زمین پر نازل ہونے سے بہت پہلے موجود تھا۔ اس وقت یہ لفظ ایسے عمل، خصوصیت یا کیفیت کے لیے استعمال ہوتا تھا جس سے خود سپردگی، تسلیم کرنے اور صلح کرنے کا اظہار ہو۔ اس زمانے میں اسلام کا لفظ ایک تجریدی اسم یا فعل کے زمرہ میں آتا تھا اور اس کا مذہبی تعبیر سے کوئی تعلق نہ تھا۔ جب قرآن میں اسلام کو مسلمانوں کے لیے پسند کیا گیا تو اس میں واضح کیا گیا کہ کائنات کا ہر ذرہ چاہتے ہوئے اور نہ چاہتے ہوئے بھی اللہ کی کبریائی کے آگے سر تسلیم خم کر چکا ہے۔ غرض وہ پہلے سے اسلام میں داخل ہے۔

اسلام کا مطلب ہے رب کی مرضی کے آگے جھک جانا:

جب کوئی خود کو اسلام کا پیرو کار اور مسلمان کہتا ہے تو اس کو اس لفظ کا مطلب یاد رکھنا چاہیے: اپنی مرضی کو اللہ کے آگے جھکا دینا۔ مسلمان ہونے کا مطلب اپنے آپ کو برضا ورغبت اللہ کے حوالے کر دینا ہے۔ جس لمحے آپ اپنی مرضی کو خدا کے حکم کے اوپر رکھتے ہیں، آپ اسلام کے دائرے سے باہر آ جاتے ہیں۔ یہ بہت سادہ سی بات ہے، آپ یا تو مسلمان اور اسلام میں ہیں یا پھر آپ منافق ہیں۔

''جو لوگ ایمان لائے اللہ انہیں بھی ظاہر کر کے رہے گا اور منافقوں کو بھی ظاہر کر کے رہے گا'' (القرآن، ۲۹:۱۱)

ایک مسلمان کے لیے اسلام کی حالت میں رہنا ایک مستقل جدوجہد کا نام ہے۔ اللہ کے حکم کو اپنی مرضی پر مقدم رکھنا آسان کام نہیں، لیکن اسلام میں رہنے کے لیے یہ بہت اہم ہے۔ ایسے میں انسان کرے تو کیا کرے؟ کیا ہولناک انجام کو بھول کر اسلام سے باہر نکل جائے یا پھر ایسا راستہ تلاش کرے جس سے اس خودسپردگی میں آسانی ہو جائے۔ جو چیز اطاعت کو آسان کرتی ہے وہ ہے اللہ کو پہچاننا۔ اس حقیقی مالک کو تلاش کیجیے اور پہچانیے، پھر آپ کا مادی جسم اور روح دونوں خود بخود اس کے آگے جھک جائیں گے۔ چونکہ کائنات کا ہر ذرہ قدرتی طور پر اسلام میں داخل ہے، ہم انسان بھی اسی فطرت کا حصہ ہیں۔ البتہ یہ انسان کی آزاد خواہشات ہیں جو اس کے لیے مشکلات پیدا کرتی ہیں۔ ایک دفعہ جب انسان اپنی خواہشات کو قابو کر کے اللہ کے آگے جھک جاتا ہے، تو وہ اسلام میں پورا داخل ہو جاتا ہے۔ غور کیجیے جب اللہ تعالیٰ فرماتا ہے:

''کیا وہ اللہ کے دین کے سوا اور دین کی تلاش میں ہیں؟ حالانکہ تمام تمام آسمانوں والے اور سب زمین والے اللہ تعالیٰ ہی کے فرمانبردار ہیں، خوشی سے ہوں یا ناخوشی سے، سب اسی کی طرف لوٹائے جائیں گے۔'' (القرآن، ۳:۸۳)

اسلام کسی قبیلے کا نام نہیں۔ جو لوگ اسلام میں داخل ہوتے ہیں، ان کے لیے

قرآن کا یہ فرمان ہے:

> ''مسلمان ہوں، یہودی ہوں، نصاری ہوں یا صابی ہوں جو کوئی بھی اللہ تعالیٰ پر اور قیامت کے دن پر ایمان لائے اور نیک عمل کرے ان کے اجران کے رب کے پاس ہیں اور ان پر نہ تو کوئی خوف ہے اور نہ غم۔'' (القرآن،۲:۶۲)

اقوام عالم کی بدحالی کے حقیقی اسباب:

اللہ سے ڈرنے والوں کے لیے قرآن خیر اور برکت کا منبع ہے۔ بعض لوگ اس آیت کو لے کر برما، شام، کشمیر اور دوسری بہت سی جگہوں پر مسلمانوں کی ابتر حالت اور مظلومیت پر سوال اٹھاتے ہیں۔ جبکہ ہم میں سے بعض اس بات پر یقین رکھتے ہیں کہ مصائب و مشکلات بھی مسلمان کے ایمان کی آزمائش کا حصہ ہیں۔ اصل سچائی یہ ہے کہ تکلیف اور غم ہمیشہ اللہ کی آزمائش نہیں ہوتے، بعض اوقات یہ بطور سزا بھی مسلط ہوتے ہیں۔ اللہ تعالیٰ نے اس دنیا اور اس کے رہنے والوں کے لیے کچھ اخلاقی اور مادی اصول معین کیے ہیں۔ جب ان اصولوں کو بار بار توڑا جاتا ہے تو انسان کو اس کا انجام بھگتنا پڑتا ہے۔

اللہ تعالیٰ قرآن میں فرماتا ہے:

> ''اگر یہ لوگ آپ کو جھٹلائیں (تو کوئی تعجب کی بات نہیں) تو ان سے پہلے نوح کی قوم اور عاد اور ثمود اور قوم ابراہیم اور قوم لوط اور مدین والے بھی اپنے اپنے نبیوں کو جھٹلا چکے ہیں۔ موسیٰؑ بھی جھٹلائے جا چکے ہیں پس میں نے کافروں کو ایسی ہی مہلت دی پھر دھر لیا پھر میرا عذاب کیسا ہوا؟ بہت سی بستیاں ہیں جنہیں ہم نے تہ و بالا کر دیا اس لیے کہ وہ ظالم تھے پس وہ اپنی چھتوں کے بل اوندھی ہوئی پڑی ہیں اور بہت سے آباد کنوئیں بیکار پڑے ہیں اور بہت سے پکے اور بلند

محل ویران پڑے ہیں۔" (القرآن،۲۲:۴۲-۴۵)

اللہ تعالیٰ یہ بھی فرماتا ہے:

"پھر تو ہر ایک کو ہم نے اس کے گناہ کے وبال میں گرفتار کر لیا، ان میں سے بعض پر ہم نے پتھروں کا مینہ برسایا اور ان میں سے بعض کو زوردار سخت آواز نے دبوچ لیا اور اس میں سے بعض کو ہم نے زمین میں دھنسا دیا اور ان میں سے بعض کو ہم نے ڈبو دیا۔ اللہ تعالیٰ ایسا نہیں کہ ان پر ظلم کرے بلکہ یہی لوگ اپنی جانوں پر ظلم کرتے تھے۔" (القرآن،۲۹:۴۰)

اس آیت سے ثابت ہے کہ پوری پوری قوموں پر مصائب اللہ کے غضب کی نشانی ہیں۔ جب انسان مستقل اللہ کی نافرمانی کرتا ہے، اس کے احکامات کا انکار کرتا ہے اور اس کی حدوں کو توڑتا ہے تو پوری پوری قومیں قدرتی آفات سے یا ظالم حکمرانوں کے ہاتھوں نیست و نابود ہو جاتی ہیں۔

اللہ کی حدوں کو توڑنا:

آج مسلمان دنیا کے ہر خطے میں ظلم و بربریت کا شکار ہیں، ان کی ذلت اور پستی کی وجہ یہ ہے کہ انہوں نے اسلام کی تعلیم کو رد کر دیا ہے۔ جو اسلام ہمارے رسول ﷺ نے سکھایا تھا، اس کو اپنی مرضی کے مطابق تبدیل کر دیا ہے اور اس طرح انہوں نے اللہ کے غضب کو دعوت دی ہے۔ آج کا قرآن وہی ہے مگر اس کی تفسیر اور پیروی اس طرح سے نہیں کی جاتی جس طرح قرونِ اولیٰ میں ہوا کرتی تھی۔

قرآن اور سنت (جو کہ رسول اکرم ﷺ کا طریقہ ہے) نے مسلمانوں کو اچھائی کرنے، برائی سے بچنے اور صرف اللہ سے ڈرنے کا حکم دیا ہے۔ مگر آج کے مسلمانوں نے اس معیار تک پہنچنے کے لیے جدوجہد ترک کر دی ہے۔ آسان اور پرآسائش زندگی نے ان کے لیے اپنے نفس پر قابو کرنا مشکل کر دیا ہے اور اس کے ساتھ ساتھ اللہ کا خوف بھی ان کے دل سے نکل گیا ہے۔ اسلام کے خطیب اور محقق بھی اللہ کی رحمت اور کرم پر

زیادہ زور دیتے ہیں اور اس کے غضب اور پکڑ کے پہلو کو اکثر نظر انداز کر دیتے ہیں جس کے باعث حالات میں مزید بگاڑ پیدا ہو گیا ہے۔ اکثر و بیشتر علماء قرآن کی ان آیات پر بات کرتے ہیں جن کا موضوع تسکین اور راحت پر مبنی ہو اور ایسی آیات کو پس پشت ڈال دیتے ہیں جن سے دلوں میں خوف اور بے چینی پیدا ہو۔ لوگوں نے کم عقلی میں اس دنیا کی راحت کو آخرت کے دائمی انعام کے بدلے چن لیا ہے اور نتیجتاً یہ دونوں چیزیں ان سے دور کر دی گئی ہیں، جیسا کہ اللہ نے وعدہ فرمایا تھا۔

کیا دنیا میں ٹھکرائے ہوئے انسان کا انجام آخرت میں اس سے بہتر ہوگا یا وہ آخرت میں بھی ٹھکرا دیا جائے گا؟ اس کا علم اللہ کو ہے، البتہ اس کو معلوم ہونا چاہئے کہ اللہ تعالیٰ اپنی بنائی ہوئی حدوں کو توڑنے والوں کو پسند نہیں کرتا، نا ہی وہ برائی کرنے والوں اور گناہگاروں کو پسند کرتا ہے۔

جو اللہ کی آیات کا مذاق اڑاتے ہیں، ان کے بارے میں قرآن فرماتا ہے:

"اس دن ان کے اوپر تلے سے انہیں عذاب ڈھانپ رہا ہوگا اور اللہ تعالیٰ فرمائے گا کہ اب اپنے بداعمال کا مزہ چکھو۔" (القرآن، ۲۹:۵۵)

اوپر دی گئی آیت ایسے لوگوں کے لیے ایک تنبیہ ہے جو کہتے ہیں کہ ہم ایمان والے ہیں لیکن یہ لوگ ہر روز اللہ تعالیٰ کی نافرمانی کرتے ہیں۔

"ہم اس بستی والوں پر آسمانی عذاب نازل کرنے والے ہیں اس وجہ سے کہ یہ حکم عدولی کر رہے ہیں۔ البتہ ہم نے اس بستی کو صریح عبرت کی نشانی بنا دیا ان لوگوں کے لیے جو عقل رکھتے ہیں۔"

(القرآن، ۲۹:۳۴-۳۵)

تکلیف اور غم بھی اللہ کی جانب راغب کرنے کے دو طریقے ہیں۔ کچھ قوموں کے لیے یہ بطور سزا نازل ہوئے ہیں جبکہ دوسروں کے لیے ایک ہلا دینے والی تنبیہ بن کر آتے رہے ہیں۔ غم اور مشکلات ایک انسان کے لیے اس کے ایمان کی آزمائش اور

دوسرے انسان کے لیے ہمدردی اور بھائی چارے کے جذبے کا امتحان ہوتے ہیں۔ جب اللہ تعالیٰ کے غضب کا سامنا ہو تو ہمیں یہ غور کرنا چاہئے کہ کہیں ہم نے اللہ کی بنائی ہوئی حدوں کو تو نہیں توڑا۔ اگر ایسا ہے تو ہمیں فوراً توبہ کرنی چاہیے اور آگے محتاط ہو کر زندگی گزارنی چاہئے۔ چاہے یہ آزمائش ہو یا سزا، صرف اور صرف سچی توبہ ہی انسان کی نجات کا ذریعہ ہے۔

جنتی لوگوں کی حقیقت:

سب سے بڑی غلط فہمی جس میں پڑ کر مسلمان اپنے آپ کو محفوظ و مامون سمجھتے ہیں وہ جنت سے متعلق ان کا نظریہ ہے۔ ان کو یقین ہے کہ جنت میں جانے کے وہی حق دار ہیں کیونکہ وہ مسلمان ہیں اور بت پرست نہیں۔ وہ اپنے آپ کو جنتی سمجھتے ہیں اور اس بات پر یقین رکھتے ہیں کہ ان کو اول یا آخر جنت میں بھیج دیا جائے گا۔ ہوسکتا ہے کہ کچھ دیر کے لیے ان کو جہنم کی سزا بھگتنی پڑے مگر اس کے بعد ان کو جنت حاصل ہو جائے گی۔ ایسے لوگوں کے لیے یہ بات اطمینان بخش ہے کہ وہ بالآخر جنت ہی میں داخل کر دیے جائیں گے۔ اس بات سے قطع نظر کہ وہ دنیا میں کیا کرتے رہے۔ سچ تو یہ ہے کہ چند نیک اعمال اور غیر معتدل زندگی جنت والوں کی خصوصیت نہیں۔ انسان بیشک بتوں کو نہ پوجتا ہو اور نیک عمل بھی کرتا ہو مگر جب تک وہ گناہوں سے نہیں بچے گا اور اپنے دل کو پاک نہیں کرے گا جنت کی امید رکھنا مضحکہ خیز بات ہے۔

'نیک اعمال برے اعمال کو دھو دیتے ہیں' کی حقیقت:

بہت سے لوگ اللہ تعالیٰ کی حکمت اور اس کی تخلیق کے پوشیدہ راز اور کائنات میں ان کے کردار کو نہیں سمجھ پاتے۔ وہ اپنی کم عقلی کی بنا پر جو کچھ بھی سمجھتے ہیں اس سے یہ اخذ کر لیتے ہیں کہ وہ اللہ تعالیٰ کی بہترین اور پسندیدہ مخلوق ہیں۔ یہ بات درست ہے لیکن یہ

حقیقت ان کے سر پر سوار ہو کر ان کی انا کو تقویت دینے لگتی ہے۔ اور جب ان کی انا اپنی تسکین کا مزید تقاضا کرتی ہے تو انسان اپنا موازنہ دوسرے انسانوں سے کرنا شروع کر دیتا ہے اور اپنے آپ کو دوسروں سے بہتر اور اعلیٰ وارفع ماننا شروع کر دیتا ہے۔ اس کے لیے انسان اپنے رنگ ونسل، زبان، اقدار اور یہاں تک کہ دین کی بنیاد پر تفریق شروع کر دیتا ہے۔

آج بہت کم مسلمان اپنی آخری قیام گاہ کے بارے میں فکر مند نظر آتے ہیں۔ اکثر و بیشتر تو پہلے ہی اپنے لیے جنت میں محل بنائے بیٹھے ہیں گویا ان سے اس کا وعدہ کیا گیا ہو، اس سے قطع نظر کہ وہ دنیا میں کیا کرتے رہے۔

بعض مسلمان نیک اعمال کو بہت اہمیت دیتے نظر آتے ہیں البتہ گناہ اور برائی کی اہمیت اور منفی حیثیت کو سرے سے نظر انداز کر دیتے ہیں۔ کچھ مسلمان سمجھتے ہیں کہ ان کے نیک اعمال کی وجہ سے ان کو جنت حاصل ہو جائے گی مگر وہ یہ بھول جاتے ہیں کہ نیکی صرف اچھے عمل کا نام نہیں بلکہ برائی سے بچنا بھی نیکی ہے۔ نیکی نفس پر قابو کرنا اور اس کی بے لگام خواہشات کو لگام دینا ہے۔ نیکی ایسے کردار کو اپنانا ہے جس میں حضرت محمد ﷺ کی سنت کی جھلک ہو۔ نیکی ظاہری وقار نہیں بلکہ دل کی پوشیدہ پاکی کا نام ہے۔

تاہم کیونکہ یہ لوگ صرف ظاہری عمل کو نیکی گردانتے ہیں اس لیے وہ اپنے گناہ کو نظر انداز کر دیتے ہیں۔ اور جب وہ کوئی گناہ کر بیٹھتے ہیں تو اس کی اصلاح کے بجائے کسی دوسری نیکی سے اس کو مٹانے کی کوشش کرتے ہیں۔ اس طرح ان کی نیکیوں میں تو ضرور اضافہ ہوتا ہے مگر اس کے ساتھ ان کے گناہ بھی بڑھتے چلے جاتے ہیں۔ مسلمانوں کو یہ سمجھنا چاہیے کہ کوئی بھی عمل جو جان بوجھ کر اللہ تعالیٰ کی نافرمانی میں کیا جائے وہ اتنی آسانی سے معاف نہیں ہوگا۔ مثال کے طور پر، یہ ایسا ہی ہے کہ ایک مسلمان شخص کام سے فارغ ہو کر کسی شراب خانے میں چلا جائے اور شراب پی لے جبکہ وہ یہ جانتا ہو کہ اس کو اس عمل سے سختی سے منع کیا گیا ہے۔ وہ اپنے آپ کو قصوروار سمجھنے کے باوجود یہ گناہ کرے اور باہر جاتے وقت ایک پچاس ڈالر کا نوٹ کسی غریب کو تھما دے تاکہ اس کا نفس اس کے گناہ پر اس کو ملامت نہ کرے۔ اس طرح وہ اپنے آپ کو تسلی دیتا ہے کہ اس نے اپنے گناہ کا کفارا ادا کر دیا۔

کاش کہ یہ اتنا آسان ہوتا۔ بحیثیت مسلمان ہمیں اللہ تعالیٰ کے ساتھ تعلق کو سنجیدہ لینا چاہیے۔ اس طرح کے کھیل اور بہلاوے ہمارے کچھ کام نہ آئیں گے۔ قرآن اٹھائیے اور احادیث کا مطالعہ کیجئے، آپ کو ایسی کوئی مثال نظر نہیں آئے گی جس سے اس فعل کی حمایت ہو۔ نیکی برائی کو ضرور مٹاتی ہے لیکن یہ اس وقت ہوتا ہے جب ہم اسے یوں کھیل نہ بنالیں۔

انسان اپنے عمل کا خود ذمہ دار ہے چاہے وہ اچھا ہو یا برا۔ دونوں کے بارے میں اس سے حساب لیا جائے گا۔ جو بھی یہ سمجھتا ہے کہ اس کا نیک عمل اس کو جنت دلائے گا، اس کو چاہیے کہ اس امکان پر نظر ثانی کرے۔ جب تک کہ انسان نیک عمل نہ کرے اور برائی سے نہ بچے جیسا کہ اس سے تقاضا کیا گیا ہے، وہ جنت میں جانے کا حقدار ہرگز نہیں ہو سکتا۔

بڑے اجر کے لیے بڑی نیکیاں تلاش کرنا:

بعض مسلمان نیک اعمال کے لالچ میں چالاکی سے کام لیتے ہیں۔ ان کے مطابق، چونکہ ان کو بہت سی نیکیاں ذخیرہ کرنی ہوتی ہیں اس لیے وہ چھوٹی چھوٹی نیکیاں نظر انداز کر کے بڑی نیکیوں کی کھوج میں لگ جاتے ہیں، مثلاً کسی غیر مسلم کو اسلام کی تبلیغ کرنا، مساجد تعمیر کروانا اور قرآن تقسیم کرنا وغیرہ وغیرہ۔ یہ تمام اعمال دوسروں کو بھی نیکی کی ترغیب دیتے ہیں اور ان کے لیے بے شمار اجر اکٹھا کرنے کا سبب بنتے ہیں جو یقیناً بڑھتا چلا جائے گا۔

ان کاموں کو سرانجام دینے میں قطعاً کوئی قباحت نہیں لیکن جب لوگ خود اپنی اصلاح کرنے کے بجائے دوسروں کو بدلنے کا درس دیں، خود نماز نہ پڑھیں اور دوسروں کو اس کی ترغیب دلائیں، خود قرآن نہ پڑھیں لیکن لوگوں میں تقسیم کریں اور یہ سب صرف بڑے اجر کمانے کے لالچ میں کیا جائے تو پھر ان سب کاموں میں کوئی ایسی بات ضرور ہے جو غلط ہے۔ انتہائی افسوسناک بات تو یہ ہے کہ جب اللہ اور روز آخر کا معاملہ آتا ہے تو بہت سے پڑھے لکھے باشعور اور عقلمند مسلمان غیر ذمہ داری کا ثبوت دیتے ہیں اور بیوقوفوں کی روش پر چل پڑتے ہیں۔

رسمی عبادات کی پوشیدہ حقیقت:

رسمی عبادت کی ایک عام مثال نماز ہے اور اس کی دیگر مثالوں میں روزہ، زکوٰۃ اور حج شامل ہیں۔ ایک غلط فہمی جو عبادت کے متعلق عام ہے وہ یہ ہے کہ عبادت ایک ورزش کی مانند جسم کو حرکت دینے کا نام ہے، چاہے وہ سجدے میں سر جھکانا ہو، قیام میں ہاتھ کا باندھنا اور اٹھانا ہو یا زبان کو اللہ کی حمد کے لیے حرکت دینا ہو۔ روزہ اور زکوٰۃ کی صورت میں عبادت ایک دوسری رسم میں تبدیل ہو جاتی ہے جیسے کچھ گھنٹوں کے لیے کھانے پینے سے پرہیز کرنا اور سال میں ایک دفعہ ایک مختص رقم نکال کر کسی غریب کو دے دینا۔

بہت سے مسلمان اسلام کے ان ستونوں کو اسلام کا نچوڑ اور اس کی تکمیل سمجھ بیٹھے ہیں کیونکہ ان کو یہ سکھایا گیا ہے کہ ان ستونوں کی اہمیت ہر حکم سے پہلے ہے۔ دراصل ان عبادات کا مقصد مسلمان کو اللہ تعالیٰ اور اسلام سے قریب کرنا ہے اور مسلمان کے اندر نیک صفات پیدا کرنا ہے۔ ایک شخص گو اچھا مسلمان نہیں لیکن نماز باقاعدگی سے پڑھنے کی کوشش کرے تو ممکن ہے کہ ایک دن اپنی اصلاح کر لے اور اسلام کو مزید سمجھنے کی کوشش کرے۔ یہ رسمی عبادات انسان کو اس کے مذہب سے جوڑنے کا طریقہ ہیں تاکہ وہ بار بار لوٹے اور اپنے رب کی طرف رجوع کرے۔ جو لوگ سمجھتے ہیں کہ صرف نماز قائم کرنا اور زکوٰۃ دینا ہی ان کے رب کا تقاضا ہے تو وہ غلط فہمی کا شکار ہیں۔

نماز، روزہ، زکوٰۃ اور حج انسان کو بدلنے کی طاقت رکھتے ہیں۔ جسم کی اطاعت نفس کو اطاعت پر مجبور کر دیتی ہے۔ یہی عبادت کا اصل مقصد ہے۔ ہزاروں پیغمبر اللہ تعالیٰ کا پیغام لے کر دنیا میں آئے۔ بعض نے عبادت پہ زور دیا اور بعض نے دل کی پاکی پر اصرار کیا اور رشتوں کو جوڑنے، کاروبار میں صادق ہونے، اخلاق کو بلند کرنے اور اللہ کی مخلوق کا خیال رکھنے کا درس دیتے رہے۔ اگر اللہ تعالیٰ انسان سے صرف اپنی عبادت چاہتا اور اگر مذہبی رسومات ہی کامل عبادت ہوتیں تو پھر کسی اور چیز پر زور دینے کی ضرورت نہ رہتی۔

اگر انسان کو اس کی مرضی پر چھوڑ دیا جائے تو وہ تمام رسومات پوری کر کے اپنی خواہشات کی پیروی میں لگ جائے گا اور شیطان اس کے لیے گمراہی کا پورا بندوبست کرے

گا۔ انسان اور اس کے نفس کو قابو میں رکھنے کے لیے اللہ تعالیٰ نے اس کو حکم دیا ہے کہ وہ اپنی شیطانی خواہشات کو لگام دے اور نیکی کی روش اختیار کرے۔ انسان کو ترغیب دینے کے لیے اللہ تعالیٰ نے بے شمار پیغمبر بھیجے اور انسان سے اس کے اعمال کے مطابق جزا اور سزا کے طور پر جنت اور دوزخ کا وعدہ فرمایا گیا۔

جنت ان لوگوں کے لیے نہیں جو صرف عبادت کرتے ہیں اور اپنے دل کو لالچ، انا، گھمنڈ اور نفرت سے پاک نہیں کرتے۔ جو لوگ اللہ تعالیٰ کے آگے دن میں پانچ بار جھکتے ہیں مگر اپنی ذات کے غرور میں مبتلا ہیں، درگزر سے کام نہیں لیتے اور اللہ کی مخلوق پر رحم نہیں کرتے۔ ایسے لوگ اپنی نماز سے کچھ حاصل نہیں کرتے۔ یاد رہے کہ نماز یا کوئی اور رسمی عبادت انسان کی نجات کے لیے کافی نہ ہوگی جب تک کہ اس عبادت کی اچھائی انسان کے دل کو متاثر نہ کرے اور اس کی مدد سے انسان اپنی مثبت اصلاح نہ کر سکے۔ آج بہت سے عالم دین مسلمانوں کو اسلام کے ان پانچ ستونوں کو قائم کرنے کی ترغیب دیتے ہیں اور نیکی کرنے کا درس دیتے ہیں مگر وہ دل کو لالچ سے پاک کرنے پر زور نہیں دیتے۔ اس کی مثال ایسی ہے کہ انسان کو اچھائی پر چلنے کا کہا جائے مگر اس کی طرف جانے والا راستہ نہ دکھایا جائے۔ یہ بات البتہ درست ہے کہ اسلام کی روح اس کی مذہبی عبادات میں ہے، لیکن مسلمان ان سے اس وقت فائدہ حاصل کرتا ہے جب وہ جسم کے ساتھ ساتھ اپنے نفس کو بھی اللہ تعالیٰ کے تابع کرتا ہے۔ جب انسان کا نفس دنیا کی ہوس میں مبتلا ہو، اس کی ہر نیکی اس کی انا اور نفس کی تسکین کا ذریعہ بن جاتی ہے۔ اس کا ہر نیک عمل اللہ تعالیٰ کی تعریف کے بجائے اس کی ذات کی تعریف بن جاتا ہے اور وہ اللہ تعالیٰ کے آگے اپنے وقعت کھو دیتا ہے۔

سزا اور جزا کی حقیقت:

قریش مکہ وہ قبیلہ تھا جس نے اپنے آباؤ اجداد کی خاطر حضرت محمدﷺ کی مخالفت کی تھی۔ مسلمان آج انہیں کی طرح اپنے آباؤ اجداد کی پیروی کر رہے ہیں۔ وہ انہی باتوں

پر یقین کرتے ہیں جن پر ان کے ماں باپ یقین کرتے تھے اور یہ نہیں دیکھتے کہ قرآن و حدیث اس کے متعلق کیا سبق دیتے ہیں۔ اگر کسی کے والدین باشعور مسلمان ہیں تو وہ صحیح راہ پر چل پڑتا ہے۔ البتہ اگر والدین لادین ہیں اور اپنے آباؤ اجداد کی روش پر چلتے ہیں تو وہ بھی اپنے والدین کی طرح گمراہ ہو جاتا ہے۔ ایسی اندھی تقلید کسی کو فائدہ نہیں دیتی۔

اللہ تعالیٰ انسان کو سوچنے سمجھنے کا حکم دیتا ہے۔ انسان جتنا سچ کو جانے گا اتنا اللہ تعالیٰ سے قریب ہوگا۔ البتہ انسان جب پرانی غلطیاں دہراتا رہتا ہے اور ایسی رسومات میں لگ جاتا ہے جن کا اسلام سے کوئی تعلق نہیں اور اس کو جزا کی امید بھی ہوتی ہے تو وہ اس انسان کی مانند ہوتا ہے جو کسی ندی میں چاند کا عکس دیکھ کر اسے نکالنے کی کوشش کرے۔ اس کی ایک مثال حضرت محمد ﷺ کا یوم پیدائش منانا اور اس پر اللہ تعالیٰ سے اجر کی توقع رکھنا ہے۔

ہم اس بات سے بخوبی واقف ہیں کہ حضرت محمد ﷺ نے کبھی کوئی یوم پیدائش نہیں منایا۔ نہ ہی آپ ﷺ کی ازواج مطہرات نے اور نہ کبھی کسی صحابیؓ نے اس کو اہمیت دی۔ ہم حضرت محمد ﷺ کی ذات کی تقلید کر کے جشن منا سکتے ہیں مگر ہم نے اس ذات اقدس ﷺ کی خوشی منانے کے لیے ایک ایسا طریقہ اختیار کیا جو غیر مسلم اقوام کی روش ہے۔ ذرا سوچیے اور غور و فکر کیجیے۔

ایک اور بات جو غور طلب ہے وہ ہماری ہوس ہے۔ ہم جب بھی دعا کے لیے ہاتھ اٹھاتے ہیں، ہم بڑی اور عمدہ چیز مانگتے ہیں، ہم دنیا میں بھی جنت کے طلبگار ہیں اور آخرت میں بھی۔ ہم نماز پڑھتے ہیں تاکہ ہمیں اجر ملے اور ہم جنت سے ایک قدم قریب ہو جائیں اور یہی ہماری سوچ ہے۔ ہم اپنے خدا کا دل کی گہرائی سے شکر ادا کرنے کے بجائے جنت کے خواب دیکھتے ہیں۔ ہم ہر نیکی اجر و ثواب کے لالچ میں کرتے ہیں اور یہ بھول جاتے ہیں کہ نیکی کی استطاعت بھی خود اللہ تعالیٰ کی دی ہوئی ایک نعمت ہے اور یہ اس کی مرضی ہے کہ وہ ہمیں اس پر اجر دے یا نہ دے۔ اللہ تعالیٰ کی بارگاہ میں صرف وہی نیکی قابل قبول اور باعث اجر ہوتی ہے جو خالصتاً اللہ تعالیٰ کی خوشنودی کے لیے کی جائے۔ اللہ تعالیٰ

ہماری نیتوں کو خوب جانتا ہے۔ جب انسان یہ سمجھ بیٹھے کہ اسے ہر عمل پر نوازا جائے گا تو یہ بھی تکبر کی ایک قسم ہے جو نیکی کو ضائع کر دیتی ہے۔

کچھ لوگ جان بوجھ کر گناہ نہیں کرتے لیکن وہ گناہ سے بچنے کی کوشش بھی نہیں کرتے، نہ اپنی خواہشات کو لگام دیتے ہیں اور نہ اپنے نفس کو قابو میں رکھتے ہیں۔ جزا اور سزا بھی دو ایسے پہلو ہیں جو انسان کو اس کے خالق کے بارے میں شعور دیتے ہیں۔ صرف ایک سچا مسلمان ہی یہ سمجھتا ہے کہ اس کو اللہ کی رضا کا سوال کرنا ہے اور اس کے لیے محنت کرنی ہے۔ اگر وہ ایسا کرے گا تو اسے سب کچھ حاصل ہو جائے گا۔

مسلمان مرد اور عورتیں جنت کے خواب تو خوب دیکھتے ہیں مگر کبھی دوزخ یا اس کے عذاب کے بارے میں نہیں سوچتے۔ سچ تو یہ ہے کہ دوزخ بھی اتنی حقیقی ہے جتنی کہ جنت۔ گناہ اور بداعمال کی سزا مل کر رہے گی۔ ہم ہر نیکی پر اجر کی امید کرتے ہیں اور ہر گناہ پر اللہ تعالیٰ کی رحمت پر انحصار کرتے ہیں کہ وہ ہمیں سزا سے بچا لے گا۔

اللہ تعالیٰ انسان کو مستقل یاد دلاتا ہے کہ وہ منصف ہے، اس نے دوزخ کو نافرمانوں کے لیے تخلیق کیا ہے جس میں وہ ضرور سزا پا کر رہیں گے۔ اگر ہم صرف جنت کے بارے میں سوچتے رہیں اور جہنم کو نظر انداز کرتے رہیں تو وہ وقت دور نہیں جب ہمیں حقیقت کا سامنا کرنا پڑے گا اور ہمیں اپنی غلطی کا احساس ہو جائے گا۔

اللہ تعالیٰ کی محبت اور انسان کی توبہ کی حقیقت:

تمام انسان اللہ تعالیٰ کے بندے ہیں۔ یہ تعلق ایسا ہی ہے جیسا کہ کسی بچے کا اس کی ماں کے ساتھ ہوتا ہے۔ جبکہ اللہ تعالیٰ اس سے بہت بڑا ہے۔ اس کی محبت بھی عظیم ہے جس کا مقابلہ اور اندازہ نہیں کیا جا سکتا۔ وہ ستر ماؤں سے زیادہ چاہنے والا ہے۔ ہم اپنی ہر سانس، ہر دھڑکن اور زندگی کے ہر لمحے کے لیے اس ذات باری تعالیٰ کے مقروض ہیں۔

چونکہ اللہ تعالیٰ ہر جگہ موجود ہے اور اس کی محبت ہر وقت بیدار ہے، انسان اس خوش فہمی کا شکار ہے کہ وہ کبھی جہنم میں نہیں جائے گا۔ کیونکہ تمام انسان اللہ تعالیٰ کی مخلوق ہیں

اور اس کے بندے ہیں اور اس کی نظر میں ایک ہیں چاہے ان کا تعلق کسی مذہب سے ہو یا ان کا عمل کچھ بھی ہو۔ البتہ جو ہدایت یافتہ ہیں وہ اس بات پر یقین رکھتے ہیں کہ چونکہ انہوں نے اللہ تعالیٰ کو پہچان لیا اور شہادت دی اور حضرت محمد ﷺ کو اپنا رسول مان لیا اس لیے وہ جنت کے حقدار ہیں، اس بات سے قطع نظر کہ وہ کتنے ہی گناہگار ہوں۔

سچ تو یہ ہے کہ اللہ تعالیٰ اپنی طرف رجوع کرنے کا موقع ہر ایک کو دیتا ہے، چاہے وہ مسلمان ہو یا غیر مسلم۔ اپنے مطلب کی باتوں پر یقین کرنا اور ان باتوں کو پس پشت ڈال دینا جو ہمارے لیے فکر یا تشویش کا باعث ہوں، اپنی ذات کا مذاق بنانے کے مترادف ہے۔ یہی غفلت کی زندگی ہے جو ہم سب گزار رہے ہیں۔

مسلمان جو اللہ کی محبت پر انحصار کیے بیٹھے ہیں کیا اس بات سے ناواقف ہیں کہ اللہ منصف ہے اور اس کا جلال بھی عظیم ہے؟ یہ اللہ کی محبت ہے جو ہمیں اکثر معاف کر دیتی ہے اور ہمیں سدھرنے کے کئی مواقع دیتی ہے۔ یہی محبت ہمیں ہماری نافرمانیوں اور ناشکری کے باوجود تھامے ہوئے ہے۔ مسلمان جو اللہ کی رحمت پر یقین رکھتے ہیں ان کو اللہ کی دوسری صفات بھی یاد کرنی چاہیئے جو الحکم ہے (انصاف کرنے والا)، المنتقم ہے (بدلہ دینے والا اور القہار ہے (غالب آنے والا)۔

عالم دین اور اسلام کے پیشوا اپنے فرائض میں کوتاہی برت رہے ہیں اگر وہ لوگوں کے دلوں میں اللہ کا خوف اجاگر نہیں کر رہے اور ان کو صرف اللہ کی محبت سے آشنا کر رہے ہیں۔ ہاں اللہ تعالیٰ سب سے بڑھ کر معاف کرنے والا ہے مگر اس کی ذات المذل بھی ہے (ذلت دینے والا اور تہس نہس کر دینے والا)۔ وہ ہمیں اس وقت معاف کرے گا جب وہ چاہے گا اور یہ بھی ممکن ہے کہ وہ ہمیں حساب کتاب کے لیے بلا لے، پھر ہم کیا کریں گے؟

التواب (توبہ قبول کرنے والا) اور الشہید (سب کچھ جاننے والا) کے آگے توبہ کرنا:

جب ابلیس نے اللہ تعالیٰ سے انسان کو بہکانے کا وعدہ کیا تھا، تو اللہ تعالیٰ نے بھی یہ وعدہ کیا تھا کہ وہ انسان کو معاف کرتا رہے گا جب تک انسان اس سے توبہ کرے گا۔ اس بات سے انسان اس خوش فہمی کا شکار ہو گیا کہ اگر وہ توبہ کرے تو اس کو معاف کر دیا جائے

گا چاہے اس کا عمل کتنا ہی برا ہو۔ غلط۔ اللہ تعالیٰ ایسے لوگوں کو معاف نہیں کرے گا جو یہ سوچ کر گناہ کرتے ہیں کہ وہ توبہ کرلیں گے اور معاف کر دیے جائیں گے۔ جو مسلمان یہ سوچ کر گناہ کرتے ہیں کہ وہ آخر میں اللہ تعالیٰ سے توبہ کرلیں گے، ان کو یہ معلوم ہونا چاہیے کہ اللہ خوب جانتا ہے۔ وہ جانتا ہے کہ ان کے دل میں کیا ہے۔ وہ ان کے ہر عمل کا شاہد اور دل کے ہر پوشیدہ راز کو جاننے والا ہے۔ کیا انسان واقعی اتنا بیوقوف ہے کہ وہ اللہ کو دھوکا دینے کا سوچتا ہے؟ ہم اس ذات کو کیسے دھوکا دے سکتے ہیں جو سب کچھ جاننے والا ہے؟

سچی توبہ ضرور قبول کی جائے گی اور سچی توبہ کا مطلب ایک بے چین اور بوجھل دل، اپنی اصلاح کی نیت اور گناہ سے کراہیت ہے۔ انسان سے دوبارہ غلطی ممکن ہے مگر دوسری بار یہ توبہ اور بھی مشکل ہو جاتی ہے اور انسان کا دل ندامت اور پشیمانی سے مزید بوجھل ہو جاتا ہے۔ یہ اللہ کی محبت ہی ہے جو ایک ہی گناہ کی دوسری، تیسری اور چوتھی بار توبہ قبول کر لیتا ہے۔ اور یہ اس وقت ہوتا ہے جب خالص نیت اور دل سے سچی توبہ کی جائے۔

''یقیناً اللہ تعالیٰ انہیں بھی جان لے گا جو سچ کہتے ہیں اور انہیں بھی معلوم کر لے گا جو جھوٹے ہیں۔'' (القرآن، ۲۹:۳)

حضرت محمد ﷺ کی شفاعت:

بعض لوگ اپنے غلط اعمال کا جواز پیش کرنے اور انہیں صحیح ثابت کرنے کے لیے کچھ بھی کر سکتے ہیں۔ کیا ہمارے نبی ﷺ اللہ تعالیٰ سے اپنی امت کی شفاعت نہ کریں گے یہاں تک کہ اللہ تعالیٰ ہم سب کو جنت میں بھیج دے گا؟ اس بات نے ان کی مشکل آسان کر دی ہے۔ اب وہ لوگ اس کے آگے اسلام کے متعلق سننا پسند نہیں کرتے۔ جو لوگ اللہ تعالیٰ کی اطاعت میں مخلص نہیں ہوتے وہ اپنے گناہوں کو ہلکا سمجھتے ہیں اور اپنے آپ کو تسلی دیتے ہیں کہ حضرت محمد ﷺ کی شفاعت ان کو بچالے گی اس لیے وہ اپنی من مانی کرتے پھرتے ہیں۔ حضرت محمد ﷺ خوشخبریاں دینے کے ساتھ ساتھ اللہ کے عذاب سے خبردار کرنے کے لیے بھی بھیجے گئے تھے۔ ہم نے وہ تو قبول کر لیا جو ہمارے دل کو پسند آیا اور اس کو نظر انداز کر دیا جس کے بارے میں ہمیں تنبیہ کی گئی۔ انسان جس بات پر چاہے یقین کرلے لیکن اللہ

تعالیٰ انصاف کے ساتھ معاملہ کرنے والا ہے۔ جولوگ ساری زندگی اللہ کی خوشنودی حاصل کرنے کے لیے جدوجہد کرتے ہیں وہ ہرگز ان لوگوں کے برابر نہیں جو صرف اپنی خوشی کے حصول کے لیے جیتے ہیں۔

حضرت محمد ﷺ کی شفاعت بالآخر ہمیں جہنم سے بچا سکتی ہے مگر کیا ہم لوگوں نے جہنم کو اتنا ہلکا اور قابل برداشت سمجھ رکھا ہے؟ کیا ہمیں جہنم میں جانا گوارا ہے چاہے وہ کچھ دیر کے لیے ہی کیوں نہ ہو؟ ہم جہنم کی آگ کو ہلکا سمجھتے ہیں، جبکہ یہ وہی آگ ہے جو ابتداء وقت سے جلائی گئی ہے۔ ہم اس بات کو نظر انداز کر دیتے ہیں کہ یہ جہنم کافروں، خدا کے منکروں، منافقین اور گناہگاروں کے لیے بنائی گئی ہے۔ جہنم کی تخلیق جنت کی تخلیق کی تائید کرتی ہے۔ اگر ہم میں سے بہترین لوگ جنت میں جائیں گے تو ہم میں سے بدترین کا ٹھکانا کیا ہوگا؟ اللہ تعالیٰ ہم سب پر رحم فرمائے اور ہماری لاعلمی کو معاف کرے۔ گو کہ ہم حضرت محمد ﷺ کے وعدے کو تو نہیں بھولتے لیکن آپ ﷺ کی تعلیمات کو بھلا بیٹھے ہیں۔ کیا ایسا کر کے ہم آپ ﷺ کے پیغام کے ساتھ گستاخی نہیں برت رہے؟ جس رسول ﷺ کی شفاعت کے ہم شوقین ہیں، کیا ہم اسی ہستی کے ساتھ گستاخی کے مرتکب نہیں ہو رہے؟

مسلمانوں کو اپنی انا اور مرضی کو لگام دینے کا سبق اور اللہ کے آگے اس کو جھکا دینے کا حکم دیا گیا ہے اور اس اطاعت کے نتیجے میں ان سے جزا کا وعدہ کیا گیا ہے۔ البتہ انسان جتنا جلد باز اور بھلکڑ ہے اس کا اندازہ اس بات سے لگایا جا سکتا ہے کہ اس نے اس پیغام میں سے حضرت محمد ﷺ کی تعلیمات کو پس پشت ڈال دیا اور صرف جزا کو یاد رکھا۔

ہمارے دور حاضر کے دینی عقائد اور حضرت محمد ﷺ کی تعلیمات کا ایک بھرپور جائزہ ہمیں یہ دکھا دے گا کہ ہم کس مقام پر کھڑے ہیں۔ اگر ہم آپ ﷺ کے سچے مرید ہیں تو ہم آپ ﷺ کے وعدے کا سہارا لینے کے حقدار ہیں ورنہ نہیں۔

حضرت محمد ﷺ کا مشن:

حضرت محمد ﷺ نہ صرف اللہ تعالیٰ کا پیغام لے کر تشریف لائے بلکہ اس پر عمل کرنے

اور اسلامی شریعت کو رائج کرنے کے لیے بھی تشریف لائے تھے۔ آپ ﷺ کا مشن یہ تھا:

☆ معاشرے سے ناانصافی اور حق تلفی کا خاتمہ کرنا۔

☆ غرباء اور مظلوموں کو نجات دلانا۔

☆ امن اور انصاف پر مبنی معاشرہ قائم کرنا۔

☆ معاشرتی اور ثقافتی ڈھانچے کو اللہ کی شریعت کے مطابق ڈھالنا۔

حضرت محمد ﷺ کی تعلیمات نے رنگ ونسل اور قبائلی امتیاز کو مکمل طور پر مٹا دیا اور انسان کا رتبہ اس کے تقویٰ اور اللہ تعالیٰ اور اس کی مخلوق کے لیے محبت اور ایثار کے جذبے سے جانچا جانے لگا۔ آپ ﷺ نے یہ پیغام دیا کہ اللہ تعالیٰ صرف ان لوگوں کی قدر کرتا ہے جو دوسروں کو خیال رکھتے ہیں اور اس کی عطا کردہ نعمتوں کو دوسروں کے ساتھ بانٹتے ہیں، غریب اور مسکین کی مدد کرتے ہیں اور اللہ اور اس کے رسول ﷺ سے محبت کرتے ہیں۔ جو لوگ دولت جمع کر کے دنیا کی شہرت حاصل کرنا چاہتے ہیں اور دوسروں کے ساتھ زیادتی کرتے ہیں، وہ حضرت محمد ﷺ کی تعلیمات کو بھلا چکے ہیں۔

اسلامی شریعت کے زیر اثر مسلمانوں سے توقع تھی کہ وہ اپنی مثبت اصلاح کریں گے، اپنی صلاحیتوں کو ابھاریں گے اور اپنے کردار کو ترقی دیں گے کیونکہ ان کے پاس بہترین استاد اور بے مثال رہنما حضرت محمد ﷺ موجود تھے۔ اگر مسلمان حضرت محمد ﷺ کے مشن کو اپنا بنا لیتے تو نہ صرف اس دنیا میں کامیاب ہوتے بلکہ دنیا کی تمام قوموں سے بڑھ کر ترقی یافتہ اور کامیاب قوم ہوتے۔ لیکن افسوس کہ ہم نے اس مشن کو چھوڑ دیا یا پھر بھول گئے کہ حضرت محمد ﷺ کا مشن کیا تھا۔ البتہ آپ ﷺ کے وعدے کو پکڑ کے ضرور بیٹھے ہیں۔ حضرت محمد ﷺ کا وعدہ تو ان کے لیے تھا جو آپ کے مقصد پر یقین کامل رکھتے ہیں اور تمام زندگی اسی مقصد کے لیے لڑنے میں گزار دیتے ہیں۔ کاہلوں کے لیے یہ وعدہ نہیں کیا گیا تھا۔

اللہ تعالیٰ کے فرمان 'قرآن' کی حقیقت:

اللہ تعالیٰ قران کی شکل میں ہم سے مخاطب ہے۔ وہ تمام مرد وزن سے کلام کرتا

ہے نہ کہ مخصوص علماء، امام یا اساتذہ سے۔ ہر چھوٹی الجھن یا پریشانی کے لیے علماء کے پاس جانے کے بجائے انسان کو چاہیے کہ وہ خود قرآن پڑھے اور اللہ کی بات کو سمجھے۔ یہ اسلام کو سمجھنے کے لیے بہت ضروری ہے اور یہ ہر مسلمان پر فرض ہے۔ جو مسلمان عربی سے لاعلم ہیں ان کو یہ غلط فہمی ہے کہ قرآن کی تلاوت اس کے سمجھنے سے زیادہ اہم ہے۔ ایک شخص کسی زبان سے ناواقف ہو مگر اس زبان کے الفاظ کو دہراتا رہے، خاص کر قرآن پاک کے ساتھ ایسا کرے، تو اس کو اس سے کوئی خاص فائدہ نہ ہوگا۔ مثال کے طور پر کسی اجنبی زبان میں کوئی طبی کتاب اٹھا کر اس کو رٹ لیجیے اور اس کو سمجھے بغیر امتحان کے لیے بیٹھ جائیے۔ آپ کی کیا توقعات ہونگی؟ کیا آپ کو یقین ہے کہ ایک سوال بھی سمجھ سکیں گے یا اس کا جواب دے سکیں گے؟ یہ تو ظاہر ہے کہ آپ بری طرح ناکام ہو جائیں گے۔ اب آپ اس طبی کتاب کی جگہ قرآن لے لیجیے اور یہی سوال کیجیے۔ کیا آپ کو یقین ہے کہ آپ پاس ہو جائیں گے؟

اگر ہمیں یہ معلوم ہی نہیں کہ ہم کیا پڑھ رہے ہیں اور ہم اللہ کی بات کو سنجیدگی سے نہیں لیتے تو ہم اللہ تعالیٰ سے یہ توقع کیسے رکھ سکتے ہیں کہ وہ ذات ہمیں اہمیت دے؟ جس وقت شراب حرام نہیں ہوئی تھی، مسلمانوں کو نشے کی حالت میں نماز سے ممانعت تھی۔ اس کی وجہ یہ تھی کہ ان کو اپنا پڑھنا سمجھ نہیں آئے گا۔ آج ہمیں نماز سمجھنے سے کسی قسم کی شراب نے نہیں روکا بلکہ ہماری خود کی کاہلی اور غفلت نے ہمیں روکا ہوا ہے۔

جب اللہ تعالیٰ جو پوری کائنات کا خالق ہے، جنت اور دوزخ کا تخلیق کرنے والا ہے، ہم سے کلام کرتا ہے تو ہمارا فرض ہے کہ ہم اس کی بات کو غور سے سنیں اور سمجھیں۔ آج کل لوگوں میں اور خاص کر نئی نسل میں یہ موقف فروغ پا رہا ہے کہ قرآن صدیوں پہلے نازل ہوا تھا جب وقت اور حالات آج کے دور سے بہت مختلف تھے لہٰذا اس کا پیغام آج کے دور کے لیے موزوں نہیں۔ یہ انتہائی غلط تاثر ہے! اگر وہ قرآن کو لے کر بیٹھیں اور اس کو سمجھ کے ساتھ پڑھیں تو ان کو علم ہوگا کہ قرآن کا ہر لفظ اور ہر آیت آج کی مناسبت سے موزوں ترین ہے بالکل اسی طرح جب وہ حضرت محمد ﷺ کے زمانے میں نازل ہوا تھا۔ جو لوگ قرآن کو پڑھے اور سمجھے بغیر ایسی باتیں کرتے ہیں ان کو یاد رکھنا چاہیے کہ جو لوگ اسلام کا دعویٰ کرنے

کے باوجود اللہ کے احکامات سے گریز کے بہانے ڈھونڈا کرتے تھے انہیں منافق کہا جاتا تھا۔قرآن تمام زمانوں کے لیے موزوں ہے اور یہ اللہ کی کتاب کا ایک اور معجزہ ہے۔

جانتے بوجھتے لاعلمی کا انتخاب کرنا:

ایک اور غلط فہمی جو مسلمانوں میں عام ہے وہ یہ کہ لوگوں سے ان کی لاعلمی یا جہالت کی بابت جواب طلبی نہیں کی جائے گی۔لہٰذا اللہ کے حکم کو نہ ماننے کی سزا سے بچنے کے لیے بعض مسلمان لاعلم رہنا ہی بہتر سمجھتے ہیں۔ بقول ان کے اگر ان کو کسی بارے میں علم ہی نہیں تو اللہ تعالیٰ ان سے اس بارے میں سوال نہیں کرے گا۔ یہ شیطان کا ایک اور حربہ ہے جو مسلمانوں کو دھوکے میں ڈالے ہوئے ہے۔

آپ کے پاس اللہ کی کتاب یعنی قرآن موجود ہے! تمام احکامات واضح الفاظ میں اس کے اندر لکھے ہوئے ہیں۔اس کتاب کو اٹھائیے اور پڑھیے۔کاہلی کوئی قابل قبول بہانہ نہیں۔قرآن میں سچائی ہے اور یہی خوبی اس کو وقت کی قید سے آزاد کر دیتی ہے۔اس میں وہی حق بات ہے جو ابراہیمؑ ،موسیٰؑ ،عیسیٰؑ اور بہت سے دوسرے نبیوں پر صحیفوں اور کتابوں میں نازل ہوئی تھی۔البتہ قرآن اللہ تعالیٰ کی طرف سے آخری اور مکمل شریعت کے ساتھ نازل ہونے والی کتاب ہے جو انسانوں کے لیے قیامت تک موجود رہے گی۔مسلمانوں کے ساتھ ساتھ یہ دوسرے مذاہب کے پیروکاروں کو بھی دعوت دیتی ہے کہ وہ ایک سچے خدا کی طرف لوٹ آئیں اور دین میں دوسرے انسانوں کے کیے گئے اضافوں اور ردوبدل کو رد کر دیں۔

قرآن ایک بامقصد اور قابل عمل کتاب ہے۔یہ ایسا طریقہ ہے جس کے ذریعے سے انسانی ذہن کی تعلیم ہوتی ہے اور زندگی کے متعلق اس کا انداز فکر تبدیل ہو جاتا ہے۔اس کا مقصد غیر ضروری اور عارضی چیزوں کو دور کر کے انسان اور اس دنیا کی حقیقت کو آشکار کرنا ہے، اور خود انسان کے اندر انقلاب پیدا کرنا ہے کیونکہ بالآخر سب کچھ کہنے اور کرنے کے باوجود انسان کی ظاہری اور مادی تہذیب اس کی اندرونی روحانی حالت کی عکاس ہے۔

قرآن صرف اس وعدے کی یاددہانی نہیں جو ہماری روح نے اللہ تعالیٰ سے کیا تھا،

بلکہ یہ ابتداء اور انتہاء، دوست دشمن اور سزا اور جزا کی یاد دہانی بھی کراتا ہے۔ بعض جگہ یہ کلام ہمیں ان عالمگیر حقائق سے آشنا کراتا ہے جو ہمارے وجود میں موجود ہیں اور ہمارے اردگرد پھیلے ہوئے ہیں۔ اس میں کوئی تعجب نہیں کہ اللہ اس کو یاد دہانی کہہ کر پکارتا ہے۔

قرآن کا موضوع انسان ہے اور یہ زندگی گزارنے کے لیے اس کی معاون کتاب ہے۔ یہ انسان کے بارے میں بات کرتا ہے، اس کے دل، روح، مقصد، اس کا ماضی، اس کی نفسیات اور دردمندی غرض ہر پہلو پر روشنی ڈالتا ہے۔ یہ زندگی کو بہتر بنانے کے حوالے سے رہنمائی فراہم کرتا ہے۔ ایک ایسی زندگی جو سچائی، عدل اور ہمدردی کے اصولوں پر مبنی ہو۔ یہ انسان کو اس کی انفرادی اور اجتماعی صلاحیت کو پہچاننے اور اس کو صحیح راستے پر چلنے میں مدد دیتا ہے۔

قرآن کو ایک کھلے ذہن کے ساتھ پڑھنا چاہئے، اس لیے نہیں کہ اس کا انکار کیا جائے یا اس میں غلطیاں تلاش کی جائیں بلکہ اس کی سچائی کو سمجھنے اور غور و فکر کرنے کے لیے پڑھنا چاہیے۔ جو لوگ ایسا کرتے ہیں ان کے لیے اس کی حقیقت اور سچائی روشنی کی مانند واضح ہو جاتی ہے اور وہ اسلام میں لوٹ آتے ہیں۔ اس کے بعد وہ اسے بار بار پڑھتے ہیں۔ جب تک وہ اس کی سچائی تلاش کرنے میں لگے رہتے ہیں، قرآن اپنی حقیقت ان پر ظاہر کرتا رہتا ہے۔

سیکھنا ایک مشقت طلب عمل ہے:

سیکھنے کا مطلب ہے کہ اپنے ذہن کو کھول کر نئے دیار میں قدم رکھنا۔ اس کا مطلب اپنے اندر ایسی طاقت پیدا کرنا ہے جو سچ کو پہچان کر قبول کرے اور اپنی زندگی میں اس کا اطلاق کرے۔ کچھ عمر کے بعد یہ ایک مشقت طلب عمل بن جاتا ہے کیونکہ یہ تبدیلی کا تقاضا کرتا ہے۔ ہم میں سے زیادہ تر لوگ لڑکپن کے بعد تبدیلی کو آسانی سے قبول نہیں کرتے اور نہ ہی کتاب اور امتحانوں کو پسند کرتے ہیں۔ اس کے برعکس ہم وہ چیزیں پسند کرتے ہیں جن سے ہم مطمئن ہوتے ہیں اور جو ہمارے لیے آسان ہوتی ہیں یا جس سے

ہم اپنی خودنمائی کر سکیں۔ مثال کے طور اگر ہم شطرنج کے کھیل میں اچھے ہیں تو ہم اس کھیل میں کسی کوشکست دینا زیادہ پسند کریں گے۔

کیونکہ وقت ہمیشہ ایک سانہیں رہتا اور ابتدائی تعلیم انسان کے کردار و عادات کی افزائش کرتی ہے، اس لیے مسلمانوں کو قرآن فہمی کی تعلیم بچپن سے ہی دینی چاہئے۔ اگر ہمیں شروع سے اللہ کو پہچاننا اور اس کی اطاعت کرنا سکھایا جائے گا، اسلام کے دینی تقاضوں پرعمل پیرا ہونا اور سچے مسلمان کی طرح زندگی گزارنا سکھایا جائے گا تو اس بات کا ۹۰ فیصد امکان ہے کہ ہم قرآن کو ہدایت کے لیے بار بار کھولیں گے اور اپنے فرائض ایک سچے مسلمان کی طرح آسانی اور خلوص سے سرانجام دیں گے۔ اور پھر یہ کام ہمارے لیے بڑی عمر میں بھی اتنا ہی سہل ہوگا۔

قرآن کا حفظ کرنا:

مسلمان اس بات پر یقین رکھتے ہیں کہ قرآن کو حفظ کر کے وہ جہنم کے عذاب سے بچ جائیں گے کیونکہ انہوں نے اللہ کے کلام کو اپنے سینے میں محفوظ کرلیا ہے۔ یہ بات سچ ہے مگر ہمیں اس کے متعلق صحیح حدیث کا مطالعہ بھی کرنا چاہئے جو مندرجہ ذیل ہے:

رسول اکرم ﷺ نے فرمایا:

> **”جس نے قرآن پڑھا اور اسے پوری طرح حفظ کرلیا، جس چیز کو قرآن نے حلال ٹھہرایا اسے حلال جانا اور جس چیز کو قرآن نے حرام ٹھہرایا اسے حرام سمجھا تو اللہ اسے اس قرآن کے ذریعہ جنت میں داخل فرمائے گا۔ اور اس کے خاندان کے دن ایسے لوگوں کے بارے میں اس (قرآن) کی سفارش قبول کرے گا جن پر جہنم واحب ہوچکی ہوگی۔“ (جامع ترمذی: ۲۹۰۵)**

صرف قرآن کا حفظ کرنا ایک حافظ کو جہنم سے نجات نہیں دلائے گا بلکہ اس پر عمل کرنا بھی جہنم سے نجات کے لیے ضروری ہے۔ صرف کمزور ایمان والے لوگ اللہ سے کیے

ہوئے عہد سے بچنے کے لیے آسان راستے تلاش کرتے ہیں۔ ہمیں معلوم ہونا چاہیے کہ اگر اللہ تعالیٰ ہماری اطاعت اور کوشش سے راضی نہیں تو وہ ہمارے دلوں سے قرآن کو مٹا بھی سکتا ہے۔ اس میں کوئی شک نہیں کہ وہ ہر چیز پر قادر ہے۔

حدیث اور سنت کی حقیقت:

(آپ ﷺ کے اقوال اور آپ ﷺ کے بارے میں جو اقوال ہوں انہیں حدیث کہتے ہیں۔ جبکہ پیارے نبی ﷺ کا طریقہ زندگی اور ان کے اعمال سنت کے تحت آتے ہیں۔ تاہم اس عنوان کے تحت ان دونوں الفاظ کو ان کے وسیع معنوں میں استعمال کیا جائے گا، جس میں رسول اللہ ﷺ کے اقوال، انداز اور افعال سب شامل ہیں)

قرآن ایک تدریسی کتاب ہے جو ایمان اور اخلاق کے حوالے سے بات کرتی ہے۔ یہ کتاب انسان کی حقیقت، رسالت، روز قیامت، جنت اور جہنم، طریقہ ہائے عبادت، تعلق باللہ اور دوسری مخلوقات کے ساتھ تعلق کو بیان کرنے کے ساتھ ساتھ شریعت کے اصولوں اور احکامات کو بھی واضح کرتی ہے۔ قرآن تمام انسانوں کے لیے نازل کیا گیا ہے۔ اس کی قبولیت اور فہم کو آسان بنانے کے لیے اللہ تعالیٰ نے آخری نبی ﷺ کو مثال بنا کر اس دنیا میں بھیجا تاکہ لوگوں کو آپ ﷺ کی ذات مبارک سے ہدایت حاصل ہو سکے اور آپ ﷺ ایک استاد بن کر انسانیت کے لیے نمونہ بن جائیں۔

آپ ﷺ کی زندگی قرآن کی شبیہ ہے۔ جب ہم اسلام میں داخل ہوتے ہیں تو دو چیزوں کی گواہی دیتے ہیں: اللہ تعالیٰ کے کلام پر ایمان اور حضرت محمد ﷺ کی رسالت پر یقین۔ اس کے بعد ہم اپنے اس عہد سے بندھ جاتے ہیں جس کا تقاضا اللہ اور اس کے رسول ﷺ کی کامل اطاعت ہے۔ ہم میں سے بہت سے لوگ رسول اللہ ﷺ کے فرمان پر انحصار کرتے ہیں کیونکہ ہمیں یقین ہے کہ آپ ﷺ کا راستہ ہی کامیابی کا راستہ ہے۔ البتہ بعض لوگ قرآن کے مقابلے میں سنت اور حدیث کو یکسر نظر انداز کر دیتے ہیں۔ جہالت اور کم علمی میں وہ حضرت محمد ﷺ کا موازنہ دوسرے انسانوں سے کرتے ہیں اور پھر غلط نتیجہ اخذ کر کے روشنی

کھو کر اندھیروں میں ڈوب جاتے ہیں۔ حقیقت تو یہ ہے کہ رسول اللہﷺ کی اتباع ہی اسلام کی پیروی ہے اور آپﷺ کی سنت و حدیث کو چھوڑنا اسلام کو چھوڑنے کے مترادف ہے۔ محمدﷺ کوئی معمولی انسان نہ تھے۔ آپﷺ صرف اپنے رب کی مرضی سے کلام کرتے تھے جیسا کہ قرآن میں ذکر ہے:

''اور نہ وہ اپنی خواہش سے کوئی بات کہتے ہیں۔'' (القرآن، ۵۳۔۳)

یہ ہمارے ایمان کا تقاضا ہے کہ جب بھی ہم کسی حدیث اور سنت کے بارے میں سنیں تو اس کو تسلیم کریں اور اس پر عمل کریں بشرطیکہ وہ صحیح اور مصدقہ ہو۔

حضرت محمدﷺ کا ہر عمل انتہائی اہمیت کا حامل ہے۔ بعض احادیث کی اہمیت زیادہ اور بعض کی کم ہے، تاہم کوئی حدیث غیر اہم یا نظر انداز کرنے والی نہیں۔ اسلام ایک ایسا نظام زندگی دیتا ہے جو انسان کے مادی اور غیر مادی دونوں پہلوؤں کے ساتھ ہم آہنگ ہے۔ حضرت محمدﷺ کی تعلیمات میں بھی یہ بات نمایاں ہے۔ آپﷺ نے مادی اور روحانی دنیا کے درمیان ایک بہترین توازن قائم کر کے دکھایا ہے۔ بدقسمتی سے آج کے دور میں اکثر مسلمانوں نے مادی اور روحانی پہلوؤں کو الگ الگ کر دیا ہے۔ رسول اللہﷺ کی تعلیمات محض روحانی باتیں بن کر رہ گئی ہیں جن کا مسلمان کی مادی زندگی سے کوئی تعلق نہیں سمجھا جاتا۔ حرام اور حلال کے قوانین، کاروباری اصول، رشتہ داروں کے حقوق، اخلاقیات، شادی بیاہ کے معاملات، الغرض تمام اصول و ضوابط جن کا سبق ہمیں قرآن و حدیث سے ملتا ہے، ان سب کو پس پشت ڈال دیا گیا ہے اور جو باقی رہ گیا ہے وہ محض اسلام کی ایک کھوکھلی اور گمراہ کن تصویر ہے۔

حضرت محمدﷺ کی حیاتِ مبارکہ کا سرسری مطالعہ بھی ایک انسان کو راہ دکھانے کے لیے کافی ہے۔ آپﷺ کی زندگی، تعلیمات اور مقاصد محض نمازیں درست کرنے، داڑھی رکھنے اور عبادت کرنے کے متعلق نہ تھے۔ آپﷺ کی تعلیمات سچے اور پاک دل سے اچھائی حاصل کرنے کا سبق دیتی ہیں۔ باقی تمام دوسری چیزیں ایک مسلمان کے کردار اور ایمان کی تکمیل کے لیے ہیں۔ یہ بات سمجھنا آسان ہے۔ اگر انسان اپنے ایمان کو کامل

کر لے، اپنے دل کو ہر برائی سے پاک کر لے اور اپنے کردار کو قرآن اور سنت کے مطابق تراشے تو باقی تمام چیزیں خود و بخود صحیح ہو جائیں گی۔

قرآن نے حضرت محمد ﷺ کو ایک عظیم انسان نہیں بنایا بلکہ یہ آپ ﷺ پر اللہ تعالیٰ کا انعام تھا جس نے آپ کو یہ عظمت عطا کی۔ آپ ﷺ کو رسالت سے قبل وہ تمام خوبیاں عطا کی گئیں جو ایک بہترین لیڈر میں ہوتی ہیں۔ اس لیے آپ ﷺ اپنے ساتھیوں کی اصلاح فرماتے اور نیکی کی تلقین کرتے اور یہ سلسلہ نبوت سے بہت پہلے سے جاری تھا۔ قرآن کے نازل ہونے کے بعد، آپ ﷺ نے اپنے ساتھیوں کو اپنے دل، روح اور جان کو اللہ کے ساتھ جوڑنے کی دعوت دی، اللہ کی اطاعت کرنے اور اپنے نفس کی خواہشات کو دبانے کی تعلیم دی۔ آج ہماری بدقسمتی ہے کہ ہم حدیث کا اپنی پسند کے مطابق مفہوم نکالتے ہیں جو ہمارے رہن سہن سے موافقت رکھتا ہے۔ ہم نے انجانے میں حضرت محمد ﷺ کی تعلیمات سے روحانیت کو خارج کر دیا ہے جس کے باعث ہم ایک ذہنی، جسمانی اور جذباتی ہیجان کا شکار ہیں۔ روح اور جسم کے درمیان شعوری تعاون اور ربط ہی ایک مسلمان کی زندگی کو تشکیل دیتا ہے۔ سنت کے مطابق زندگی گزارنے کا مطلب ہے کہ ہمارے اخلاق، عمل، سماجی، انفرادی اور اجتماعی کاموں میں حضرت محمد ﷺ کی تعلیمات کی جھلک واضح ہو۔

صحیح حدیث کی پہچان:

قرآن کو صحیح طور پر سمجھنے کے لیے حدیث اور سنت کا مطالعہ ضروری ہے اور اسی طرح حدیث اور سنت کو سمجھنے کے لیے قرآن کو سمجھنا لازمی ہے۔ چنانچہ جو لوگ دونوں کو پڑھتے اور سمجھتے ہیں، ان کے مطالعے میں ایسی تفصیلات، احکامات اور واقعات آتے ہیں جن میں ان دونوں کا تعلق نمایاں نظر آتا ہے۔ قرآن اور حدیث ایک دوسرے کی حمایت کرتے اور تکمیل کرتے ہیں۔

بنی ہاشم اور بنی امیہ کے دور میں جب سیاسی تناؤ عروج پر تھا اس زمانے میں بہت سی جھوٹی حدیثیں گھڑی گئی تھیں۔ کئی احادیث کی اصل کو تبدیل یا مسخ کیا گیا تھا تاکہ مسلمان

حکمرانوں کو بدنام کیا جا سکے۔ آج نا اہل خطیب اور لاعلم مسلمان ایسی غلط اور گھڑی ہوئی احادیث کے فروغ کے ذمہ دار ہیں۔ آج ان میں سے بہت سی احادیث انسانی کمزوریوں مثلاً تذبذب، بھول اور مبالغہ آرائی کی بنا پر تبدیل اور مسخ ہو چکی ہیں۔

ماضی میں علم حاصل کرنا اتنا آسان نہ تھا جبکہ آج کے دور میں انٹرنیٹ نے وقت اور فاصلوں کی قید سے انسان کو آزاد کر دیا ہے۔ اسی وجہ سے آج کا مسلمان زیادہ باخبر ہے لیکن اس کے ساتھ ہی اس کو اس جانب سے غلط معلومات کا خطرہ بھی لاحق ہے۔

جھوٹی احادیث کو آگے بڑھانا جن کی سند کمزور ہو یا موجود نہ ہو، نہ صرف ہمارے ایمان کو نقصان پہنچاتا ہے بلکہ دوسرے مسلمانوں کے ایمان کے لیے بھی خطرہ ہے۔ اکثر اوقات انٹرنیٹ پر ایسی احادیث آگے بڑھائی جاتی ہیں جو چھوٹے اور بے معنی کاموں کے لیے بڑے ثواب اور اجر کا وعدہ کرتی ہیں، مثلاً سب سے پہلے اس پیغام کو آگے بڑھانے والے کو اتنا اجر ملے گا یا فلاں آیت یاد یا پڑھنے سے یہ کام ہو جائے گا۔ کبھی کبھار جو حدیث پھیلائی جاتی ہے وہ قرآن کے پیغام اور حضرت محمد ﷺ کی تعلیمات کی نفی کرتی ہے مگر جو مسلمان اس چیز سے غافل ہیں ان کے لیے صحیح اور جھوٹی حدیث میں فرق کو پہچاننا یقیناً ایک مشکل امر ہے۔ اس لیے اس بات کا خیال رکھنا انتہائی ضروری ہے کہ کسی بھی ایسی حدیث پر عمل کرنے اور آگے بڑھانے سے پہلے یہ معلوم کر لیا جائے کہ آیا وہ مستند ہے یا نہیں۔ اس کام کے لیے ایک سادہ سا اصول ہے: کوئی بھی حدیث قرآن سے متصادم نہیں ہوتی۔ البتہ اس جانچ کے لیے ہمارے پاس قرآن کا مکمل فہم اور سمجھ ہونی چاہیے۔

اکثر مسلمان یہ سمجھتے ہیں کہ اگر کسی حدیث کا حوالہ بخاری ہے تو وہ ایک مستند صحیح حدیث ہے اور اس لیے اس کی مزید تحقیق نہیں کی جاتی۔ کچھ صدیوں پہلی یہ بات شاید درست ہوتی مگر آجکل نہیں۔ نئے طرز کی چھپائی، انٹرنیٹ، ای۔کتابچوں اور مختلف بلاگ کی مدد سے بہت ساری معلومات کا تبادلہ ہوتا ہے۔ ہر ایرہ غیرہ کمپیوٹر کے پیچھے بیٹھ کر اپنے آپ کو ہر چیز کا ماہر استاد سمجھتا ہے چاہے وہ دین ہو یا پھر کوئی بے حد معمولی بات جیسے کوئی ٹوپی خریدنے کا معاملہ ہی کیوں نہ ہو۔ بعض لکھنے والے ایسے ہیں کہ وہ تحریر کرنے سے پہلے ہر

بات کی اچھی طرح تحقیق کرتے ہیں مگر اس کے باوجود کسی بھی لکھنے والے کی بات کو پتھر پر لکیر نہیں سمجھنا چاہئے۔ افسوس کی بات تو یہ ہے کہ قرآن جو ہماری آسانی کے لیے ہمارے موبائل فون تک میں موجود ہے، اس میں بھی کئی مقام پر غلطیاں موجود ہوتی ہیں۔ وہ جان بوجھ کر کی جاتی ہیں یا حادثاتی ہوتی ہیں یہ اللہ بہتر جاننے والا ہے۔

جدید دور کے مسلمان جو قرآن کو شاذ و نادر ہی پڑھتے ہیں، اور حدیث اور سنت سے لاعلم ہوتے ہیں اگر ہر من گھڑت بات کو صحیح سمجھنے لگیں تو اللہ اور اس کے رسولﷺ کی شان میں گستاخی کا ارتکاب کر بیٹھیں گے۔ ہمیں چاہئے کہ اس معاملے میں ہوشیاری سے کام لیں خاص طور سے جب بات حدیث اور سنت کی ہو اور اس کا تعلق اللہ اور اس کے رسولﷺ سے ہو۔ ایسے میں ہمیں ان اصولوں کو مدنظر رکھنا چاہئے جن سے ہم صحیح اور غلط حدیث کی پہچان کر سکتے ہیں چاہے حوالے میں کسی بھی کتاب کا نام لکھا ہو۔

صحیح حدیث کی صحیح توضیح کرنا:

حدیث کی وضاحت بظاہر ایک آسان کام معلوم ہوتا ہے مگر حقیقت یہ ہے کہ ہر کسی کے پاس وہ حکمت اور فہم نہیں ہوتا کہ وہ مکمل اور پورے شعور کے ساتھ حضرت محمدﷺ کے الفاظ کی گہرائی کو سمجھ سکے۔ تاہم ان چار بنیادی اصولوں کی روشنی میں ہم حدیث کو سمجھ سکتے ہیں:

☆ قرآن کی روشنی میں حدیث کی وضاحت بیان کرنا۔

☆ دوسری احادیث کی روشنی میں اس حدیث کی تصدیق کرنا، (ایک صحیح حدیث کسی دوسری صحیح حدیث کی مخالفت یا تردید نہیں کرتی)۔

☆ حدیث کے مخصوص موضوع کی تفصیل سے تحقیق کرنا اور نتائج اخذ کرنے سے پہلے اس کے پس منظر، سیاق و سباق اور محل وقوع کو اچھی طرح جاننا۔

☆ صحیح حدیث کبھی قانون قدرت کی مخالفت اور ان اصولوں کی مخالفت نہیں کرے گی جن کا تعلق انسان اور اس کی فطرت سے ہو۔

حدیث کا مطالعہ کرتے وقت یہ بات ذہن میں رکھنی چاہیے کہ قرآن اور سنت

کوئی معمولی چیزیں نہیں ہیں۔ اس کام کے لیے ادب اور احترام کو ملحوظ خاطر رکھنا چاہئے۔ کسی حدیث کو صحیح اور دوسری کو غلط قرار دینا اور گھڑی ہوئی حدیث کو آگے بڑھانا سنگین نتائج کا حامل ہوسکتا ہے۔ جب بھی کسی حدیث کی سند پر شک ہو تو اس کے حوالے کو دیکھنا چاہیے اور اس پر مندرجہ بالا اصولوں کے تحت تحقیق کر کے اپنے شبہات کو دور کرنا چاہیے۔

قرآن کی طرح حدیث کے اندر بھی بہت سی گہری باتیں پوشیدہ ہوتی ہیں جو بظاہر پڑھنے والے کو سمجھ نہیں آتیں۔ اکثر عربی الفاظ کا کسی دوسری زبان میں ترجمہ کرنے سے بات کا مفہوم بدل جاتا ہے۔ قرآن اور حدیث دونوں کا ترجمہ دنیا کی ہر زبان میں کیا گیا ہے، البتہ صرف عربی اسکالر ہی ان کی گہری اور بامعنی تفاسیر پیش کرنے میں کامیاب ہوئے ہیں جن کو عربی اور قرآن کی زبان پر عبور حاصل ہے اور وہ اپنی زبان کی پیچیدگیوں کو بہتر طور پر جانتے ہیں۔ بعض اوقات انگریزی اور دوسری زبانوں میں کیئے گئے ترجمے میں فرق ہوتا ہے۔ یہ تراجم قرآن یا حدیث کا صحیح مطلب بیان کرنے میں ناکام ہو جاتے ہیں۔ اس لیے یہ بہت ضروری ہے کہ ایسے ترجمے پڑھے جائیں جن کا مصنف عربی اور آپ کی علاقائی زبان پر عبور رکھتا ہو۔ سب سے بہترین بات تو یہ ہے کہ ہم خود عربی سیکھیں تاکہ جب بھی ہم قرآن پڑھیں یا سنیں، یا کسی حدیث کا مطالعہ کریں تو ہمیں معلوم ہو کہ کیا کہا جا رہا ہے۔ بہت سی احادیث کا موضوع انسان کے اخلاق اور روحانی وجود سے متعلق ہوتا ہے۔ اس لیے جب بھی ایسی کوئی حدیث پڑھی جائے تو اس کے الفاظ کی حکمت کے ساتھ ساتھ اس کے اندر پنہاں سبق پر بھی غور و فکر کرنا چاہیے۔

اللہ اور اس کے رسول سے محبت:

ہر مسلمان کا ایمان نامکمل ہے جب تک کہ وہ اللہ اور اس کے رسول ﷺ سے اپنی ذات سے بڑھ کر محبت نہیں کرتا۔ ایک دن حضرت عمر فاروقؓ حضرت محمد ﷺ کے ساتھ کہیں جا رہے تھے۔ آپ ﷺ نے حضرت عمرؓ سے پوچھا کہ کیا وہ اللہ کے رسول ﷺ سے اپنی ذات سے زیادہ محبت کرتے ہیں؟ جواب میں حضرت عمرؓ نے فرمایا کہ نہیں۔ حضرت محمد ﷺ نے

آپؓ سے فرمایا کہ آپؓ کا ایمان اس وقت تک مکمل نہ ہوگا جب تک کہ آپؓ کو اللہ اور اس کے رسول ﷺ سے اپنی ذات سے زیادہ محبت نہ ہو۔

اس واقعہ سے یہ بات ثابت ہے کہ جو بھی اسلام کی برکات کو سمجھتا ہے وہ محمد ﷺ کی اہمیت اور حیثیت کو نظر انداز نہیں کر سکتا۔ اگر انسان کو اس دنیا میں اپنی غلطیاں سدھارنے کا موقع حاصل ہے تو وہ صرف محمد ﷺ کی تعلیمات کی وجہ سے ہے۔ آپ ﷺ کی ہدایت کی روشنی کے بغیر مسلمان جان ہی نہیں سکتا کہ اللہ کو کیسے راضی کرنا ہے۔

محمد ﷺ سے محبت کرنے کا مطلب آپ ﷺ کی عنایات کا اعتراف کرنا اور آپ ﷺ کا مشکور ہونا ہی نہیں بلکہ اپنے نفس کو مطیع کرنا بھی ہے۔ بہت سے مسلمان اس بات پر یقین رکھتے ہیں کہ محبت دل میں بستی ہے اور اپنی اس محبت کا اظہار وہ بار بار کرتے ہیں لیکن ان کو یہ بات سمجھنی چاہئے کہ قرآن اور سنت کی پیروی کے بغیر یہ محبت بے معنی ہے۔

بہت سوچ بچار کے بعد حضرت عمرؓ دوبارہ محمد ﷺ کے پاس تشریف لائے تاکہ آپ ﷺ کے سوال کا نیا جواب دے سکیں۔ آپؓ نے اپنے آپ کو مطمئن کرلیا تھا کہ آپؓ کے دل میں حضرت محمد ﷺ کے لیے اپنی ذات سے زیادہ محبت ہے اور آپؓ یہ بات حضرت محمد ﷺ کو بتانے کے لیے بیقرار تھے۔ محمد ﷺ آپؓ کا جواب سن کر مسکرانے لگے اور فرمایا کہ اب آپؓ کا ایمان مکمل ہو گیا۔

یقیناً حضرت محمد ﷺ نے حضرت عمرؓ کے ایمان کا بہت قریب سے مشاہدہ کیا ہوگا: آپ ﷺ نے حضرت عمرؓ کی قربانیاں بھی دیکھی ہونگی، آپؓ کا طرز عمل اور اللہ کے حکم کے آگے آپؓ کی اطاعت بھی دیکھی ہوگی جس کے بعد آپ ﷺ نے حضرت عمرؓ کے ایمان کو مکمل قرار دیا ہوگا۔ جو مسلمان سمجھتے ہیں کہ حضرت محمد ﷺ سے محبت کا زبانی اظہار کرنا ان کے ایمان کو مکمل کرنے کے لیے کافی ہے، غلطی پر ہیں۔ لوگ اپنی محبت کو عمل سے ثابت کرنے کی کوشش بھی نہیں کرتے اور اس طرح ان کا ایمان متاثر ہوتا ہے۔ زبان سے حضرت محمد ﷺ سے محبت کا اظہار بہت آسان ہے، البتہ اس محبت کو نیک روش اور عمل سے ثابت کرنا بہت مشکل ہے۔

اپنی ذات سے محبت کرنا خود پرستی کی نشانی ہے جو اسلام میں ایک قابل اعتراض برائی ہے۔ اس لیے اللہ اور اس کے رسول ﷺ سے محبت کا حکم انسان کی انا پر ایک کلہاڑی کے وار کی مانند ہے۔ اگر انسان اللہ اور اس کے رسول ﷺ کی محبت کے لیے اپنی انا کو نہ چھوڑے تو وہ ایمان کے کامل درجے پر پہنچنے سے محروم ہو جائے گا۔ اللہ اور اس کے رسول ﷺ سے سچی محبت کا مطلب شیطان سے دشمنی ہے۔ اگر انسان مستقل شیطان کی پیروی کر کے اس کو خوش کرتا رہے، دنیا کی ہوس اور لالچ کو اپنے اندر پالتا رہے، نفرت اور غرور کو دل میں رکھے تو وہ اللہ اور اس کے رسول سے محبت نہیں کرتا چاہے اس کے دعوے کتنے ہی اونچے ہوں۔

سچے مسلمان کی نشانی یہ ہے کہ وہ اپنے اندر قرآن کے پیغام اور حضرت محمد ﷺ کی احادیث کو سمجھنے کی پیاس زندہ رکھتا ہے۔ اس کے ساتھ ساتھ اپنے روحانی تجربات اور عملی زندگی میں اسلام کے طرز فکر اور تعلیمات کو شامل رکھتا ہے۔ اس میں کوئی شک نہیں کہ مادی لحاظ سے وقت بہت تبدیل ہو چکا ہے مگر روحانی، اخلاقی اور جسمانی اعتبار سے انسان ویسا ہی ہے جیسا پہلے تھا۔ آج بھی اس کے لیے کھانا، پینا، شادی کرنا، خاندان بنانا اور روزی کمانا ضروری ہے۔ اس لیے قرآن وسنت کے احکامات آج بھی قابل عمل ہیں۔ جو لوگ یہ بحث کرتے ہیں کہ قرآن اور سنت پرانے وقتوں اور دوسری قوم کے لیے تھے، فقط مغربی ذہنیت سے متاثر ہیں۔

امیر آدمی پر فضل اور غریب آدمی پر آزمائش کی حقیقت:

> ''ہر جاندار موت کا مزہ چکھنے والا ہے۔ ہم بطریق امتحان تم میں سے ہر ایک کو برائی بھلائی میں مبتلا کرتے ہیں اور تم سب ہماری ہی طرف لوٹائے جاؤ گے۔'' (القرآن، ۲۱۔۳۵)

بہت سے لوگ ایک اور غلط فہمی کا شکار ہیں جس کا تعلق مسلمانوں کے اوپر فضل اور آزمائش سے ہے۔ وہ یہ سمجھتے ہیں کہ ایمان کی آزمائشیں صرف غریب اور محتاجوں پر آتی ہیں جبکہ حقیقت یہ ہے کہ ایک پر آسائش اور آسان زندگی بھی ایک بہت بڑی آزمائش ہے۔ اللہ

انسان کو دے کر بھی آزماتا ہے اور وہ سب کچھ لے کر بھی جو شروع سے اس کا ہی تھا۔

جب انسان اللہ کے قریب ہوتا ہے تو اس کا ایمان زیادہ ہوتا ہے اور اس کے لیے اپنی اس آزمائش کو پہچاننا ممکن ہو جاتا ہے۔ جب انسان کا ایمان زیادہ ہوتا ہے تو اس کی نیکیاں اس کی اپنی نظر میں چھوٹی ہو جاتی ہیں اور اس کو اپنے گناہ بڑے معلوم ہوتے ہیں۔ ایسا آدمی چاہے امیر ہو یا غریب، اپنے اوپر کڑی نظر رکھتا ہے اور اپنے دل کو پاک رکھنے کی کوشش کرتا رہتا ہے۔ البتہ جب کوئی شخص شیطان کے قریب ہوتا ہے تو اس کا ایمان کمزور ہو جاتا ہے۔ اس طرح اس کو اپنی کی ہوئی ہر نیکی پر گھمنڈ ہو جاتا ہے۔ اس کو اپنے گناہ چھوٹے اور اپنی نیکیاں بڑی معلوم ہوتی ہیں۔ اگر وہ شخص صاحب حیثیت اور امیر ہوتا ہے تو وہ یہ سمجھتا ہے کہ اللہ اس سے بہت خوش ہے جس کی بنا پر اس کو اتنا نوازا گیا ہے۔ اور اگر وہ غریب ہوتا ہے تو وہ یہ سمجھتا ہے کہ اللہ اس کے ساتھ انصاف نہیں کر رہا اور اس کو اس کی نیکیوں کے باوجود عطا نہیں کرتا۔

آسائشوں اور مشکلات پر انسان کا ردعمل اس کے حالات کا تعین کرتا ہے۔ اگر ایک انسان ناشکرا اور متکبر ہو تو امتحان اور آزمائش سزا میں تبدیل ہو جاتی ہے۔ سچے مومن وہ ہیں جو مشکل وقت میں صبر کرتے ہیں اور آسانی کے وقت ہمیشہ شکر گزار رہتے ہیں۔ وہ اپنا وقت عبادت میں گزارتے ہیں، توبہ کرتے ہیں اور نیک عمل کرتے ہیں جبکہ کمزور ایمان والے شکوک و شبہات میں مبتلا رہتے ہیں۔ وہ اللہ کو اپنی پریشانیوں کا موجب ٹھہراتے ہیں اور اس کی حکمت پر سوال اٹھاتے ہیں۔

کیا امارت کامیابی کی نشانی ہے؟

ہماری آج کی دنیا میں کامیابی کا معیار دولت ہے۔ انسان کے پاس جتنی زیادہ دولت ہوتی ہے، وہ اتنا زیادہ کامیاب سمجھا جاتا ہے۔ جبکہ اللہ کی نظر میں سب سے کامیاب وہ ہے جو سب سے زیادہ تقویٰ اختیار کرنے والا ہے۔ اس لیے یہ سوچنا کہ کوئی شخص اگر امیر ہے تو اس پر اللہ کا فضل ہے اور اگر غریب یا ناکام ہے تو اللہ تعالیٰ اس سے ناراض ہے یا اس کو

آزمارہا ہے، ایک ایسا نظریہ ہے جس سے اسلام کا کوئی تعلق نہیں۔ یہ ممکن ہے کہ وہی امیر آدمی اللہ کی نظر میں ناکام اور گمراہ ہو اور اس کے برعکس ایک غریب آدمی کامیاب اور اپنے رب کے زیادہ قریب ہو۔

بدقسمتی سے لوگ سمجھتے ہیں کہ اگر کوئی دنیا میں کامیاب ہے اور اس کو دولت، طاقت اور مرتبہ سب حاصل ہے تو اللہ اس سے خوش ہے۔ ہمیں یہ معلوم ہونا چاہئے کہ دنیا کے مادی فوائد کا اللہ کی نظر میں کامیابی سے کوئی تعلق نہیں اور نہ ہی یہ مال و دولت اس کی خوشنودی کی علامت ہے۔ اللہ تعالیٰ نے اس دنیا میں ہماری کفالت کی ذمہ داری لے رکھی ہے جس کا ہمارے مذہب، طرزِ عمل اور اطاعت سے کوئی تعلق نہیں۔ اعمال کے نتائج اور سزا و جزا اصلاً قیامت کے روز دیئے جائیں گے۔

ایک اور بحث یہ ہے کہ کوئی بھی بے مقصد پیدا نہیں کیا گیا۔ اللہ تعالیٰ کسی کو بھی اس دنیا میں بغیر آزمائے نہیں چھوڑے گا۔ ہر بشر آزمایا جائے گا جیسا کہ اس نے خود فرمایا:

> **"جس نے موت اور حیات کو اس لیے پیدا کیا کہ تمہیں آزمائے کہ تم میں اچھے کام کون کرتا ہے، اور وہ غالب (اور) بخشنے والا ہے۔"**
> **(القرآن، ۶۷-۲)**

جب انسان کو یہ لگے کہ بعض لوگوں کو بہت آسانیوں سے نوازا گیا ہے، اس کو اللہ کا وعدہ یاد کر لینا چاہئے۔ کسی کے لیے آسانی نہیں۔ ہر شخص اپنی زندگی میں امتحان سے گزرتا ہے اور اس قدر بوجھ اٹھاتا ہے جو صرف وہی برداشت کر سکتا ہے:

> **"اور ہم کسی نہ کسی طرح تمہاری آزمائش ضرور کریں گے، دشمن کے ڈر سے، بھوک پیاس سے، مال و جان اور پھلوں کی کمی سے اور ان صبر کرنے والوں کو خوشخبری دے دیجئے۔" (القرآن، ۲-۱۵۵)**

اللہ کی خوشنودی کی علامت:

بیماری، تکلیف اور مشکلات بھی اللہ کی طرف سے ہماری پاکی کا ذریعہ ہوتی ہیں۔

ہم ہر وقت یہ نہیں بتا سکتے کہ اللہ ہم سے کب خوش ہے اور کب ناخوش، البتہ ہم اپنا جائزہ لے کر اس بات کا اندازہ ضرور لگا سکتے ہیں۔ اگر کوئی استقامت کے ساتھ نیکی کی طرف مائل رہے اور اس کا دل شکر گزار ہو تو سمجھ لیں کہ یہ ایک اچھی علامت ہے اور اللہ تعالیٰ اسے سیدھی راہ کی طرف ہدایت دے رہا ہے۔ البتہ اگر کوئی نیکی اور بدی کے درمیان پس و پیش کرتا رہے تو وہ شیطان کے اثر میں ہے۔ یاد رکھیے کہ ایسا شخص جس کا دل ناپاک ہو اور ایمان کمزور ہو، با آسانی شیطان کا نشانہ بن جاتا ہے۔ غیر مستقل مزاجی ایک بری علامت بھی ہے اور اچھی بھی۔ بری اس لیے کہ یہ ممکن ہے کہ اللہ تعالیٰ ناراض ہو اور اچھی اس لیے کہ انسان اچھائی کی طرف لوٹنے کی بہر حال کوشش کرتا ہے۔

کیا اسلام صرف امراء اور طاقتور لوگوں کے لیے ہے؟

اسلام کے اسکالر اور پیشوا، علماء کرام اور امام، سب اسی بات کی تعلیم دیتے ہیں کہ ایمان اسلام کا بنیادی وصف ہے۔ اگر چہ یہ بات درست ہے لیکن ان کا یہ ماننا کہ ایمان علم سے حاصل ہوتا ہے اور جیسے جیسے اسلام کی معلومات میں اضافہ ہوتا ہے، ایمان میں بھی اضافہ ہوتا ہے ایک غلط تصور ہے۔ یہ سوچ کہ علم میں اضافے سے ایمان میں ترقی ہوتی ہے مغالطہ پر مبنی ہے کیونکہ ہر انسان کے لیے علم کا حصول آسان نہیں ہوتا۔ ہم سب یہ جانتے ہیں کہ ہمارا فیصلہ ہمارے ایمان کی بنیاد پر کیا جائے گا۔ یہ کہنا کہ اس شخص کا ایمان ترقی نہیں کر سکتا کیونکہ اس کے پاس صحیح علم نہیں ہے اس بات کے مشابہ ہے کہ ایمان صرف امیر اور صاحب حیثیت لوگوں کے لیے ہے کیونکہ غریب کو وہ ذرائع حاصل نہیں جو ایک امیر شخص کو میسر ہیں اس لیے غریب کے پاس اپنا ایمان بڑھانے کا کوئی وسیلہ نہیں۔

علم کا حصول کوئی آسان کام نہیں۔ اس کے لیے پیسہ اور وقت درکار ہوتا ہے۔ یہ دو ایسی نعمتیں ہیں جو معاشرے میں امیر لوگوں کو ہی میسر ہیں۔ کیونکہ غریب کے پاس نہ تو پیسہ ہے اور نہ فارغ وقت جس کے باعث وہ علم سے اکثر محروم رہتا ہے اور اس طرح اسے اپنے ایمان کی افزائش کے مواقع نہیں ملتے۔ یہ قیاس سنی سنائی باتوں پر مبنی ہے اور اس کی

اسلام میں کوئی دلیل موجود نہیں۔ سچ یہ ہے کہ ایمان ہی حقیقی علم کا منبع ہے اور یہ محبت، دل کی پاکیزگی، رحمدلی اور اللہ تعالیٰ کو راضی کرنے کی خواہش سے حاصل ہوتا ہے۔ انسان شکر گزاری کے ذریعے اللہ تعالیٰ کی محبت کو پا سکتا ہے۔

''ایمان دل میں ہوتا ہے اور بس یہی اصل چیز ہے'' کی حقیقت:

یہ جملہ آپ نے بارہا سنا ہوگا۔ کئی بار آپ نے خود بھی دہرایا ہوگا۔ ایمان ہمارے دل میں ضرور ہوتا ہے اور یہ کافی بھی ہے لیکن یہ جملہ اس وقت درست ہوگا جب ہم سچے ایمان سے واقف ہونگے اور ہمیں اس جملے کا مطلب پتا ہوگا: ''ایمان دل میں ہوتا ہے اور بس یہی اصل چیز ہے۔''

اکثر و بیشتر یہ جملہ اس وقت استعمال کیا جاتا ہے جب کوئی خیر خواہ ہمیں ہمارے دین کے متعلق کوئی مخلص مشورہ دینے کی کوشش کرتا ہے۔ جس لمحے بھی کوئی ہمارے کسی فعل پر سوال کرتا ہے جس کا تعلق ہمارے دین سے ہو ہم فوراً یہ جتا دیتے ہیں کہ اس معاملہ سے اس کا کوئی تعلق نہیں اور اصل چیز تو دل میں ہوتی ہے۔ کیا اس وقت ہمیں یہ شعور ہوتا ہے کہ اللہ ہمارے دلوں کے بھید جانتا ہے؟ یہ جملہ شاید ہمارے والدین، دوستوں، رشتہ داروں اور اساتذہ کو وہیں روک دیتا ہے اور ان کے دل میں بھی شبہ ڈال دیتا ہے مگر کیا ہم اس جملے کو عذر بنا کر اللہ کی نظر سے بچ سکتے ہیں؟ یہ بات تسلیم کر لینی چاہیے کہ یہ جملہ صرف ایک بات واضح کرنے کے لیے کہا جاتا ہے اور وہ یہ ہے کہ ''میں اپنی پوری کوشش کر رہا ہوں۔'' یہ بات کلائی پر ہلکی سی چپت کے مترادف ہے، اس کا مقصد صرف لوگوں کو روکنا ہوتا ہے کہ وہ ہماری زندگی میں دخل اندازی سے گریز کریں۔

جو عورت حجاب نہیں پہنتی اور جو مرد با جماعت نماز نہیں پڑھتا، دونوں ہی اللہ کے آگے اپنی کھلی نافرمانی کو چھپانے کے لیے یہ عذر پیش کرتے ہیں۔ سچا ایمان تو انسان کے پورے وجود سے جھلکتا ہے اور اس کی چمک اس کے عمل اور سوچ میں عیاں ہوتی ہے۔ مسلمان کا ایمان اس کے لیے شرمندگی کا باعث نہیں ہوتا۔ ہر مسلمان کو چاہیے کہ اللہ سے

کیے ہوئے عہد کو ایک اعزاز اور امتیازی علامت کے طور پر فخر سے اٹھا کر جیے۔

آج مسلمان یہ سمجھتے ہیں کہ غیر مسلموں کی تقلید میں کوئی برائی نہیں چاہے ایسا کرنے میں ان کی اپنی پہچان معدوم ہو جائے۔ یہ وہ لوگ ہیں جو ''اصل چیز تو دل میں ہوتی ہے'' کا غدر تراشتے ہیں تا کہ نماز، روزے، زکوۃ اور حج سے بچ سکیں۔ اور یہی لوگ حرام کے مرتکب ہوتے ہیں۔ وہ سمجھتے ہیں کہ وہ صحیح ہیں کیونکہ ان کے مطابق ان کے دل پاکیزہ ہیں۔ ایسے لوگوں کے لیے اپنے آپ کو مضبوط مسلمان ظاہر کرنا مشکل کام ہوتا ہے کیونکہ ان کے دل و دماغ ان کے غیر مسلم دوستوں کے تابع ہوتے ہیں۔ ایسے لوگ صرف اپنی ذات کو دھوکا دیتے ہیں، کسی اور کو نہیں۔

''ہر ایک کے لیے اس کا عمل ہے'' وہ قاعدہ ہے جو قیامت کے دن کام کرے گا۔ اس کا اطلاق اس دنیا میں اسلام اور اس کے پیروکاروں پر نہیں ہوتا۔ اسی طرح ''میرا ایمان میرے دل میں ہے'' کافی نہیں جب تک کہ یہ ایمان مسلمان کی زبان اور اس کے عمل سے ظاہر نہ ہو۔

اصل مشکل تو ہماری سہل پسندی اور کمفرٹ زون نے پیدا کی ہے۔ ہم میں سے بیشتر لوگ اپنے علم اور ایمان سے اس قدر مطمئن ہیں کہ ہم کوئی نئی بات سننا پسند ہی نہیں کرتے خاص کر جب وہ بات ہمارے خود ساختہ نظریات کو چیلنج کرتی ہو۔ لوگ تبدیلی سے ڈرتے ہیں اور اپنی ذات کو بدلنا ان کے لیے بہت مشکل کام ہوتا ہے۔ ان کے اندر کوئی چیز انہیں تبدیل ہونے اور اپنے اعتقادات بدلنے سے روکے رکھتی ہے چاہے وہ گمراہ کن کیوں نہ ہوں۔

بعض لوگوں کے لیے اپنی غلطی تسلیم کرنا اور اپنا قصور ماننا بہت بڑی بات ہوتی ہے۔ اور یہ ماننا کہ وہ ایک یا دو دن نہیں بلکہ ساری زندگی غلطی کرتے رہے ہیں ایک ناقابل قبول بات ہے۔ اس لیے وہ کتراتے ہیں اور پیچھے ہٹ جاتے ہیں یا بدلنے سے صاف انکار کر دیتے ہیں اور اپنی اصلاح کی کوشش نہیں کرتے۔ ایسے مسلمانوں کے دل میں ایمان نہیں ہوتا بلکہ ان کے دل خوف اور خدشات سے بھرے ہوتے ہیں اور وہی ان کے لیے پریشانی

کا باعث بنتے ہیں۔ یہ افسوس کا مقام ہے، کیونکہ اپنی سہل پسندی اور کمفرٹ زون سے نکلنا ہی ایمان کی طرف پہلا قدم ہے۔

''اندھا یقین اور غیر متزلزل ایمان'' کی حقیقت:

مسلمان اور غیر مسلم جن کے پاس اسلام کے متعلق زیادہ علم نہیں ہوتا وہ اسلام کو اندھی تقلید اور اندھے ایمان والا دین کہتے ہیں۔ وہ یہ باتیں قرآن کی ان آیتوں سے جوڑتے ہیں جو ان کے مطابق مسلمانوں کو اپنی سوچ اور عقل استعمال کرنے سے باز رکھتی ہیں۔ یہ کیسی بے ہودہ بات ہے!

اسلام وہ واحد مذہب ہے جو انسان کو اپنی صلاحیتیں استعمال کرنے کی ترغیب دیتا ہے۔ یہ ماضی سے بے شمار مثالیں پیش کرتا ہے، جن میں سے بعض سے انسان واقف ہے اور بعض سے لاعلم، تا کہ انسان اپنے بارے میں جان سکے، اپنے رب کو پہچان سکے اور اس دنیا اور کائنات کے بارے میں تعلیم حاصل کر سکے۔ جو بھی قرآن کی صداقت کے بارے میں سوال کرتا ہے اسے چاہیے کہ اس کتاب میں موجودہ حقائق پڑھے۔ یہ حقائق اس وقت نازل ہوئے جب انسان اونٹوں پر سفر کرتا تھا اور سائنس اور اس کے معجزات سے لاعلم تھا۔ یہ حقائق براہ راست اس کائنات کے خالق کی طرف سے نازل ہوئے اور ان کی صداقت اور صحت کا اعتراف ہماری سائنس آج تک کر رہی ہے۔

ہمارے ارد گرد نا قابل تردید دلائل کی بھرمار ہے۔ کیا اس کے باوجود ہمارے ایمان لانے کے لیے اللہ کا ظاہر ہونا ضروری ہے؟ اس میں امتحان کہاں ہوگا؟ اللہ تعالیٰ نے انسان کو کتابیں، رسول اور معجزات عطا کیے جو ایک کھلے دل اور دماغ کو اللہ کی موجودگی کا یقین دلانے کے لیے کافی ہیں۔ قرآن کو سمجھ کر پڑھنا، حضرت محمدﷺ کی سیرت کا مطالعہ اور کائنات کے رازوں پر غور و فکر انسان کو ایک جلیل القدر مالک پر یقین کرنے پر مجبور کر دیتا ہے اور اسے اندھی تقلید نہیں کہا جا سکتا۔

ایمان کے بارے میں یہ کہنا بھی درست نہیں کہ اس میں سوال کی کوئی گنجائش

نہیں۔اللہ تعالیٰ نے اپنی خدائی کا کئی بار ثبوت دیا ہے۔حضرت موسیٰؑ بھی اللہ پر یقین رکھتے تھے مگران کا دل اعتماد چاہتا تھا۔آپؑ نے اللہ تعالیٰ کے دیدار کی خواہش ظاہر کی اور اللہ تعالیٰ نے آپؑ کی خواہش پوری کی مگر آپؑ اللہ کے نور کی تاب نہ لا سکے اور بے ہوش ہو گئے۔

> ''اور جب موسیٰؑ ہمارے میقات پر آئے اور ان کے رب نے ان سے باتیں کی تو عرض کیا کہ اے میرے پروردگار! اپنا دیدار مجھ کو کرا دیجئے کہ میں ایک نظر آپ کو دیکھ لوں۔ارشاد ہوا کہ تم مجھ کو ہرگز نہیں دیکھ سکتے لیکن تم اس پہاڑ کی طرف دیکھتے رہو، وہ اگر اپنی جگہ پر برقرار رہا تو تم بھی مجھے دیکھ سکو گے۔پس جب ان کے رب نے پہاڑ پر تجلی فرمائی تو تجلی نے اس کے پرخچے اڑا دیے اور موسیٰؑ بے ہوش ہو کر گر پڑے پھر جب ہوش میں آئے تو عرض کیا آپ کی ذات منزہ ہے میں آپ کی جناب میں توبہ کرتا ہوں اور میں سب سے پہلے آپ پر ایمان لانے والا ہوں۔'' (القرآن،۹:۱۴۳)

کمزور ایمان سوال کی غرض سے سوال کرتا ہے۔انسان کامل نہیں ہے۔اس کی فطرت میں نقص اور کمزوریاں ہیں۔اور انہیں میں سے ایک کمزوری شک کرنا ہے۔جب اس کا دل شک میں مبتلا ہوتا تو اس کا ایمان سوال اٹھاتا ہے۔مگر جب انسان سچائی کو تلاش کرتا ہے تو اللہ تعالیٰ اس کے دل میں اعتماد اور اطمینان پیدا کر دیتا ہے۔ہدایت انہی کو ملتی ہے جو اس کے متلاشی ہوتے ہیں۔ایسے لوگوں کو ہدایت نہیں ملتی جن کے دل اور دماغ بند ہوتے ہیں کیونکہ اللہ تعالیٰ وہی عطا کرتا ہے جو اس سے مانگا جاتا ہے۔

اللہ تعالیٰ اس انسان کے ایمان کی حفاظت اور قدر کرتا ہے جو خود اپنے ایمان کی حفاظت اور قدر کرے۔ایمان کے ارتقاء کے لیے انسان کو دو شرائط پر پورا اترنا ہوتا ہے یعنی خواہش اور وابستگی:

۱۔ **خواہش:** انسان کو نیکی کے ذریعے، برائی کو ترک کر کے اور ایمان کو مکمل کر کے اللہ تعالیٰ کی رضا حاصل کرنے کی خواہش ہو۔

۲۔ وابستگی: انسان اپنے نفس، نیت اور اعمال کا گاہے بگاہے جائزہ لے کر اللہ سے اپنی وابستگی کا اظہار کرے۔

یقینِ کامل اور غیر متزلزل ایمان دین، قرآن اور سنت کے فہم سے پیدا ہوتا ہے اور یہ یکدم نہیں بلکہ آہستہ آہستہ پیدا ہوتا ہے۔

''سوچیں یا نہ سوچیں'' کی حقیقت:

قرآن انسان کو اپنی تخلیق کے متعلق غور وفکر کی دعوت دیتا ہے تاکہ وہ اپنا مقصد جان سکے۔ مگر مسلمان اسکالر جنہیں جوابات دینا مشکل لگتا ہے لوگوں کو سوال کرنے سے منع کرتے ہیں اور اس طرح سوچنے کی حوصلہ شکنی کرتے ہیں۔ جو لوگ حق کی تلاش میں نکلتے ہیں ان کو اللہ تعالیٰ کے فرمان کی بغیر کسی سوال وجواب کے اطاعت کا حکم دیا جاتا ہے اور شکوک وشبہات کو دور کرنے کے بجائے ان کو دبا دیا جاتا ہے۔ یہ ایک غلط روش ہے۔

''سوچو مت، بس کر بیٹھو'' یہی بات مسلمان والدین اپنی اولاد سے کہتے ہیں۔ اور یہ سبق ان کے ساتھ تاحیات رہتا ہے جس کے باعث وہ یہ سمجھتے ہیں کہ اسلام سوچنے اور غور وفکر کرنے سے منع کرتا ہے۔ جبکہ حقیقت اس کے بالکل برعکس ہے۔ ایک اور تلخ حقیقت یہ ہے کہ ہم میں سے بیشتر لوگ قرآن ضرور پڑھتے ہیں مگر اس کو سمجھنے کی کوشش نہیں کرتے۔ ہم اس چیز پر بھلا کیسے غور کر سکتے ہیں جس کو ہم سمجھتے ہی نہیں؟ اگر مسلمان بچوں کو قرآن سمجھایا جاتا تو بہت سی غلط فہمیاں خود بخود دور ہو جاتیں۔

> ''یقیناً ہم نے تمہاری جانب کتاب نازل فرمائی ہے جس میں تمہارے لیے ذکر ہے کیا پھر بھی تم عقل نہیں رکھتے؟'' (القرآن، ۲۱-۱۰)

انسانی ذہن تکلیف دہ خیالات سے پرہیز کرتا ہے:

دل میں ایمان اور خوف الٰہی پیدا کرنے کے لیے ذاتی جدوجہد ضروری ہے۔ جب تک انسان اپنی تخلیق کے مقصد پر غور نہیں کرتا، وہ اپنی زندگی کے متعلق صحیح طرز نہیں اپنا سکتا۔ انسان کا ذہن اور اس کا جسم دونوں ہی تکلیف کو ناپسند کرتے ہیں اور اس سے بچنے کی

پوری کوشش کرتے ہیں۔ جسم تکلیف دہ حالات سے بچتا ہے اور ذہن تکلیف دہ سوچوں سے گریز کرتا ہے۔ یہی وجہ ہے کہ لوگ جہنم کی آگ کے بارے میں کچھ شوق سے سننا پسند نہیں کرتے، نہ ہی وہ اللہ تعالیٰ کے غضب، احوالِ قبر اور قیامت کی ہولنا کیوں کے بارے میں کوئی بیان سننا پسند کرتے ہیں۔

یہ طرز کسی ایک فرد کے رویے سے ظاہر نہیں ہوتا بلکہ اجتماعی طور پر بھی واضح نظر آتا ہے۔ مثال کے طور پر اگر کوئی ملک کسی معاشی یا سیاسی بحران کا شکار ہوتا ہے تو اس کے شہری ناگزیر مسائل سے توجہ ہٹانے کے لیے چھوٹی اور معمولی سی امید کو لے کر بیٹھ جاتے ہیں۔

عموماً لوگ تاریک اور پریشان کن مستقبل کے بارے میں سوچنا یا بات کرنا پسند نہیں کرتے۔ وہ اپنے آپ کو تسلی دیتے ہیں کہ حالات اتنے بھی برے نہیں جتنا کہ معلوم ہوتے ہیں اور معجزات پر یقین کرنے لگتے ہیں۔ ایسا لائحہ عمل دنیا اور اس کی سیاسی یا معاشی صورتحال کے لیے تو اپنایا جا سکتا ہے جس کا بدلنا اکیلے انسان کے بس کی بات نہیں البتہ موت کے بعد کی زندگی ایک الگ حقیقت ہے جہاں صرف انسان کی انفرادی جدوجہد کی اہمیت ہو گی اور وہی کام آئے گی۔

موت کے بعد کی زندگی کو فراموش کرنا اور موت کی تلخ حقیقت کو نظر انداز کرنا پاگل پن ہے۔ اپنے عمل کے بارے میں نہ سوچنا، اس کے نتیجے کو نہیں بدل سکتا اور نہ ہی نافرمانی کی سزا کو تبدیل کر سکتا ہے۔ اس کے برعکس، اپنے عمل کے بارے میں غور کر کے ہم اللہ کے احکامات کو سمجھنے اور اس پر عمل کرنے کی توفیق حاصل کر سکتے ہیں۔

بدلاؤ خود سے شروع ہوتا ہے:

اسلام نور ہے، جس کا مقصد پوری دنیا کو منور کرنا ہے۔ مسلمان کو اسلام کا شمع بردار بننا تھا، اس کی روشنی چہار سو پھیلانی تھی اور جہالت کے اندھیروں کو مٹانا تھا۔ مگر یہ روشنی اب مدھم ہو گئی ہے۔ مسلمانوں کی غلط فہمیاں، باطل عقائد اور غلط تاثرات اس روشنی کو ان کے اپنے دلوں تک پہنچنے سے بھی روکتے ہیں چہ جائیکہ وہ دنیا اور اس کے باشندگان تک پہنچ

سکے۔موجودہ دور کے مسلمانوں کواس بات کا احساس کرنا ہوگا کہ ان کے کردار،اعتقادات، اسلام کے فہم اور طریقہ عبادت میں بہت سے نقائص ہیں۔ان نقائص کی نشاندہی اور تشخیص ہی اصلاح کی طرف پہلا قدم ہے۔جب تک مسلمان اسلام کی حقیقی تعلیمات کونہیں سمجھیں گے وہ اس کے پیغام کو دنیا کے دیگر لوگوں تک نہیں پہنچاسکیں گے۔نہ ہی وہ اپنے آپ کو آخرت کی جوابدہی سے بچاسکیں گے۔

دعوت فکر:

❁ انسانوں کونامعلوم سے کیوں ڈرلگتا ہے؟

❁ کیا آپ انکارٹا ڈکشنری میں موجود اسلام کی تعریف سے اتفاق کرتے ہیں؟

❁ اسلام کیا ہے؟ آپ اسلام کوکن الفاظ سے واضح کریں گے۔

❁ اگراسلام اپنی چاہت کواللہ کی مرضی کے تابع کرنے کا نام ہےتو کیا آپ کے خیال میں ہم اس مقام تک پہنچ چکے ہیں؟ اگرنہیں توکس طرح پہنچ سکتے ہیں؟

❁ خودسپردگی اور سرتسلیم خم کرنے کے عمل کوکیسے آسان بنایا جاسکتا ہے؟

❁ کیا آپ کے خیال میں اللہ تعالیٰ خودسپردگی سے کم کسی چیزکوقبول کریں گے؟ آپ کے خیال میں اللہ تعالیٰ قرآن مجید کی آیت (۳۔۸۳) میں کیا فرمارہے ہیں؟

❁ مسلمان ساری دنیا میں مصائب کا شکار ہیں۔کیا یہ اس لیے ہے کہ اللہ تعالیٰ ہمارا امتحان لے رہے ہیں یااس لیے کہ ہم اخلاقی ،جسمانی ،اوراسلامی قوانین سے روگردانی کرکے اللہ کے غضب کودعوت دے چکے ہیں؟

❁ کیا آپ کے خیال میں اسلام ایسے تجارتی لین دین کا نام ہےجس میں ہم ایک نیکی کے بدلے اللہ کی رحمت پالیتے ہیں اوریوں ایک گناہ مٹ جاتا ہے؟

یا ہم کسی مسجد کی تعمیر میں پیسے خرچ کر کے جنت میں محل خرید سکتے ہیں، چاہے وہ پیسے حرام ہوں یا حلال؟

یا ایسا ہے کہ ہم اپنے پیسے قرآن کے مصاحف خریدنے اور بانٹنے کے لیے خرچ کریں اور اس کے بدلے ہمیں منافع کے طور پر ثواب مل جائے گا؟

یا پھر ہمیں اپنے آپ کو تبدیل کر کے، سہولت کوشی کو چھوڑ کر اور قلب سلیم کے ساتھ اللہ کی طرف پلٹ کر اپنے آپ کو جنت کا حقدار بنانا ہوگا؟

کیا ہم اچھائی اور زندگی کے مقصد کو صرف جاننے سے جنت تک پہنچ جائیں گے، چاہے ہم اس راستے پر نہ بھی چلیں؟

جب ہم یہ سمجھتے ہیں کہ ہمیں ہر چھوٹی بڑی نیکی پر ثواب ملتا ہے اور ساتھ ساتھ ہم گناہ بھی کرتے رہتے ہیں اور اللہ کے احکامات پر توجہ بھی نہیں دیتے تو آپ کے خیال میں ہم کیا ہوئے، عاجز و خاکستار یا متکبر؟

اگر ہم گناہوں سے بچنے کی کوشش صرف اس لیے نہ کریں کہ اللہ تعالیٰ معاف کرنے والے اور رحیم ہیں تو کیا آپ کے خیال میں اللہ تعالیٰ ہمیں اس گمان کی بنیاد پر معاف کر دیں گے؟

کیا آپ صرف اس بات پر ایمان رکھتے ہیں کہ اللہ تعالیٰ معاف کرنے والے اور رحیم ہیں؟ کیا آپ اس پر ایمان نہیں رکھتے کہ وہ عادل، قہار اور ہلاک کرنے والے بھی ہیں؟

ایسی بہت سی احادیث ہیں جو خوشخبریاں سناتی ہیں۔ اور ایسی بھی ہیں جن میں عذاب قبر اور دوزخ کے عذاب کا ذکر ہے۔ کیا آپ کے خیال میں پیارے نبی ﷺ ہمارے لیے شفاعت کریں گے حالانکہ ہم خوشخبریوں والی احادیث پر توجہ دیتے ہیں مگر جہنم اور قبر کے عذاب والی احادیث نظر انداز کر دیتے ہیں؟

- ہم مسلمان ہونے کا دعویٰ کرتے ہیں لیکن اللہ کے احکامات نہیں مانتے۔ایسے میں ہم مسلمان ہوئے یا منافق؟
- کیا ہم صرف قرآن حفظ کرنے سے جنت میں پہنچ جائیں گے چاہے ہم اس کے احکامات پر عمل نہ کریں؟ اللہ تعالیٰ ہماری اطاعت سے مطمئن نہ ہونے کی صورت میں ہمارے دلوں سے قرآن مٹا نہیں سکتے کیا؟
- اسلام ایک ایسا نظام زندگی دیتا ہے جو انسان کے مادی اور اخلاقی پہلوؤں سے مکمل مطابقت رکھتا ہے۔کیا ہم اللہ کے اس نظام سے رخ موڑ کر اس کی رحمت کے حقدار بن سکتے ہیں؟ کیا ایسی احادیث کو صحیح سمجھا جائے گا جو اس نظام سے مطابقت نہ رکھتی ہوں؟
- وہ کون سے بنیادی اصول ہیں جن کو مدنظر رکھ کر حدیث کو سمجھا جا سکتا ہے؟
- نیکوکار ہونے کی اور شیطان کے زیر اثر ہونے کی کیا نشانی ہے؟
- سہولت پسندی یا کمفرٹ زون کسے کہتے ہیں؟ یہ تبدیلی پر اور خصوصا خود ساختہ نظریات پر کیسے اثر انداز ہوتا ہے؟ کیا ہم اس کمفرٹ زون یعنی سہولت پسندی سے نکلے بغیر اپنے ایمان میں اضافہ کر سکتے ہیں؟
- ہمیں اپنے ایمان کو بڑھانے کے لیے کیا کرنا ہوگا؟

۱۷

بکھرنے کے بعد سنبھلنا

(نووی، یونائیٹڈ اسٹیٹس ۱۹۹۷ء-۲۰۰۵)

''تم نے میرا زوال دیکھا، اب میرا کمال دیکھو''۔ (رومی)

ایک انسان کو اپنے ٹوٹے دل کی کرچیاں سمیٹنے میں کتنی دیر لگتی ہے؟ بس اتنی دیر جتنی اس کو ایک دوسرا تعلق جوڑنے میں لگتی ہے۔ مگر ایک ایسا انسان جو ابھی ابھی ایک رشتے سے نکلا ہوا ہو اسے دوسرا رشتہ بنانے کی جلدی کیوں نکر ہو گی؟

بہت سے طلاق یافتہ مرد دوبارہ شادی کر لیتے ہیں مگر کچھ ایسے بھی ہوتے ہیں جو نہیں کرتے۔ جو مرد شادی کرتے ہیں ان کی بنیادی وجہ یہ ہوتی ہے کہ وہ شادی شدہ زندگی کے عادی ہو چکے ہوتے ہیں اور ایک ویران اور سنسان گھر میں لوٹ کر جانا ان کے لیے بہت مشکل کام ہوتا ہے۔ ایک خاموش گھر تنہائی کا احساس دلاتا ہے اور یہ تنہائی ذہن کو کھا جاتی ہے اور روح کو اداس کر دیتی ہے۔

جب میری پہلی شادی ہوئی تھی، میں ایک ایسے بچے کی مانند تھا جو پہلی مرتبہ بلاکس سے مینار بناتا ہے۔ میں اس مینار کو بہت اونچا اور مستحکم تعمیر کرنا چاہتا تھا۔ میں اس کو شاندار بنانا چاہتا تھا۔ میں اس کی بڑھوتری پر ناز کرتا اور اس کی اونچائی، بناوٹ اور اس مینار کو بہتر اور بڑا بنانے کی مستقل کوشش سے خوش ہوتا۔ مجھ سے بہت سی غلطیاں سرزد ہوئیں۔ مگر میں اپنی سادہ لوح طبیعت اور ضد کے باعث ان غلطیوں کو پہچان نہ سکا۔ پھر اسی کوشش کے دوران میرا مینار ہلنے لگا اور یک دم زمین بوس ہو گیا۔ کوشش کے باوجود میں اس کا ایک ستون بھی نہ بچا سکا۔ میری کوشش، میرا وقت اور میری محبت، سب کچھ جو میں نے اس عمارت کو بنانے میں لگایا تھا، غیر متوقع طور پر مٹی کا ڈھیر بن گیا۔ ظاہر ہے کہ مجھے بہت صدمہ پہنچا تھا۔ تاہم جب میرے حواس قابو میں آئے تو میں نے از سرِ نو اس مینار کی تعمیر شروع کی۔

وہ ۱۹۹۶ء کی اکتوبر کا ایک بے رونق اور خشک دن تھا جب میں واپس اپنے گھر لوٹا۔

اس کی ابتر حالت دیکھ کر اپنی زندگی کو معمول پر لانے کے میرے سارے عزائم خاک میں مل گئے۔ وہ گھر اور اس کی بدحالی مجھے اپنی حالت کے جیسی لگ رہی تھی۔ اپنی زندگی میں کچھ باقاعدگی لانے کے لیے میں نے ٹوٹی ہوئی چیزوں کو جوڑنا شروع کر دیا۔ میں نے تمام غیر ضروری اشیاء پھینک دیں اور تھوڑا تھوڑا کر کے گھر اپنی اصل حالت میں واپس آنے لگا جیسے کوئی مریض صحتیاب ہو رہا ہو۔ یوسف میرا ہر دم کا ساتھی بن گیا۔ ہم دونوں نے مل کر باغ کی صفائی کی اور رنگین پھولوں کی کیاریاں لگائیں۔ ہلکے گلابی، تیز گلابی اور جامنی۔

اپنے باغ میں رنگ بکھرے دیکھ کر میں تھکا ہوا محسوس کرنے لگا مگر ہر ہفتے میں زبردستی اپنے چہرے پر مسکراہٹ سجائے ایک پر اعتماد باپ کی طرح اپنے بچوں کا استقبال کرتا۔ اندر سے میں بوڑھا اور کمزور ہو چکا تھا۔ میں بے یقینی کا شکار تھا، اپنے آپ کو نااہل اور قصوروار سمجھتا تھا۔ اور جب میرے بچے چلے جاتے تو یہی جرم کا احساس مجھے کھا جاتا۔

اس وقت اللہ کے ساتھ میرا رابطہ مضبوط نہ تھا۔ میں نمازیں پڑھتا تھا اور شکر کرتا تھا مگر اس کے بعد میرے اندر کے شیطان مجھ پر حاوی ہو جاتے اور مجھے اندھیروں میں دھکیل دیتے۔ میں اس اندھیرے میں سہم کر کھڑا رہتا، نہ آگے جانے کے قابل ہوتا اور نہ پیچھے۔ یہاں تک کہ سورج نکل جاتا اور میں خود بخود روزمرہ کی زندگی میں لوٹ آتا۔ کام، کام تھا۔ میں ایک مشین کی مانند بغیر کچھ محسوس کیئے اور بغیر کسی فکر کے انہیں سرانجام دیتا۔ گھر میرے لیے سب کچھ تھا۔ مگر میں لوگوں سے چھپنے لگا تھا۔ گھر لوٹ کر میں ایک ہی کرسی پر بیٹھ جاتا۔ پھر گھنٹوں گزر جاتے اور مجھے احساس تک نہ ہوتا۔

اس وقت بن یامین نے اسکول کی تعلیم مکمل کر لی تھی اور یو ایس کی بحری فوج میں شامل ہونے کا ارادہ کر رہا تھا۔ یوسف اسکول کی تعلیم مکمل کر کے یونیورسٹی آف مشی گن میں داخلے کا خواہشمند تھا۔ اور ان دونوں سے دوری کا احساس مجھے بدحواس کر رہا تھا۔ میں سمجھتا ہوں کہ عام حالات میں مجھے ان کے فیصلوں سے کوئی فرق نہ پڑتا۔ البتہ زندگی کے اس موڑ پر میں کسی بھی طور تنہا رہنے کے لیے تیار نہ تھا۔

خالی گھر اپنے آپ کو دریافت کرنے میں مدد دیتے ہیں۔ میں نے بھی اپنے

بارے میں بہت سی ایسی چیزیں دریافت کیں جو مجھے اس سے پہلے معلوم نہ تھیں۔ مجھے احساس ہوا کہ میں ایک کنبہ پرور شخص ہوں مگر میرا کنبہ موجود نہیں۔ میں نے یہ دریافت کیا کہ میں شادی شدہ رہنا پسند کرتا ہوں حالانکہ میں حال ہی کا طلاق یافتہ تھا۔ مجھے یہ احساس ہوا کہ اپنے ظاہری میل جول اور باتونی ہونے کے باوجود میں اپنے اندر رہنے والا شخص ہوں۔

میرے دوستوں نے میری آنکھوں کے گرد حلقے اور میری گرتی ہوئی صحت دیکھ کر میری حالت کا اندازہ لگالیا تھا۔ اور باتوں باتوں میں دوسری شادی کی طرف اشارہ کرنے لگے۔ گوکہ اس وقت میری حالت افسوسناک تھی مگر میں اپنی زندگی کی بہتری کے لیے ہر ضروری اقدام کرنے کے لیے تیار تھا۔

میں سنجیدگی سے دوسری شادی کے بارے میں سوچنے لگا کیونکہ کسی اور چیز سے بات نہیں بن رہی تھی۔ میرے پاس دوست اور سماجی ادارے تھے جو مجھے مصروف اور خوش رکھ سکتے تھے۔ میں مصروف ہو جاتا تھا مگر سب کچھ بھولنے کے باوجود میں افسردہ رہتا تھا۔

میں اپنے لیے ایک ساتھی ڈھونڈنے لگا اور پھر میری ملاقات یاسمین سے ہوئی۔ اس میں وہ سب کچھ تھا جو مجھے نہیں چاہیے تھا۔ وہ مجھ سے عمر میں بہت چھوٹی تھی۔ مگر ہماری چند منٹوں کی ملاقات نے ہمارے بیچ بہت سی باتوں میں موافقت ظاہر کر دی۔ یہ بھی ایک اور ہونی شدنی تھی اور ۱۱ر نومبر ۱۹۹۹ کو ہماری پہلی ملاقات کے صرف دو مہینے بعد ہم نے شادی کرلی۔

انسان اپنی نادانی میں نہ صرف آنے والے دنوں بلکہ آنے والے سالوں کے بھی لمبے چوڑے منصوبے بنالیتا ہے۔ وہ اپنے حساب سے ہر خطرے، دکھ اور تباہی سے بچنے کے منصوبے بناتا ہے۔ میں نے اور میری دوسری بیوی نے جلد بازی میں شادی نہیں کی، گو کہ مغربی اعتبار سے ایسا ہی لگتا ہوگا۔ جب ہم ایک دوسرے کے سامنے بیٹھے تھے تو ایسے بالغ افراد کی طرح جو اپنی غلطیوں سے سبق حاصل کر چکے تھے۔ ہم نے اپنے خدشات، خیالات، ترجیحات اور خوف ایک دوسرے کے سامنے رکھے اور ہر اس چیز کے بارے میں گفتگو کی جو ہمارے نزدیک اہمیت کی حامل تھی، مثلاً ہمارے بچے اور ہمارے اعتقادات۔

ہم ’’قبول ہے‘‘ کہنے سے پہلے ملے اور تمام متنازع معاملات کا تصفیہ کرلیا جو بظاہر ہماری زندگی میں اختلافات کا سبب بن سکتے تھے۔

یاسمین سیدھی سادھی اور سلجھی ہوئی خاتون تھی۔ وہ جو سوچتی کہہ دیتی اور ہر بات کو اپنے اندر دبا کر رکھنے کے بجائے بات چیت کے ذریعے مسائل حل کرنے پر یقین رکھتی تھی۔ مجھے اس کی یہ بات پسند آئی اور میں سمجھتا تھا کہ اب ہم ہر معاملہ خوش اسلوبی سے بات چیت کے ذریعے حل کرلیں گے۔ مگر یہ میری غلط فہمی تھی۔ ہم دونوں نے ایک بڑی غلطی کی تھی۔ میں نے پھر اپنی ذات کی تسکین کے لیے شادی کی تھی اور یاسمین بھی اپنی ذات کی تکمیل چاہتی تھی۔ اسی لیے ہماری شادی ہوتے ہی بکھرنے لگی۔

میں اپنی دوسری شادی ناکام ہوتے نہیں دیکھ سکتا تھا۔ میرا خیال ہے کہ یاسمین بھی یہی سوچتی ہوگی کہ ہمیں تقدیر نے پھر سے دھوکہ دیا۔ ہمارا نہ کوئی جوڑ تھا اور نہ کوئی بات بنی۔ کسی چیز نے کام نہ کیا۔ کچھ بھی اچھا نہیں چل رہا تھا۔ کچھ ہی دنوں میں ہمارے اختلافات بھی ہمارے گھر کی طرح بڑے ہوگئے۔ شروع میں میں نے اس بڑھتے ہوئے خلا کو کافی حد تک نظرانداز کیا مگر ایک ایسا وقت آیا جب مزید احتراز ناممکن ہوگیا۔

سب کچھ بگڑنے لگا اور بہت تیزی کے ساتھ۔ میری چھٹی حس نے مجھے خبردار کیا تھا کہ میری دوسری شادی میرے بچوں کے ساتھ تعلقات پر اثرانداز ہوگی اور جب ایسا ہوا تو میں بالکل ٹوٹ گیا۔ یوسف چپ چپ رہنے لگا اور میں اس کی زندگی کے بہت سے اہم لمحات میں شامل نہ ہوسکا۔

اور ازدواجی سکون کا کیا ہوا؟ جب ہمارے مسائل بے انتہا بڑھ گئے تو یاسمین بھی کوثر کے نقش قدم پر چل پڑی۔ اس نے میرے دوستوں اور سماجی کارکنوں سے بات کرنی شروع کردی۔ ہر روز میں باہر جانے سے کترانے لگا کیونکہ میں اپنے خیرخواہوں کی باخبر نظروں کو برداشت نہیں کرسکتا تھا۔ ہر بار میں توقع کرتا تھا کہ وہ یاسمین کی مدد کے لیے آگے بڑھیں گے مگر نجانے کیا وجہ تھی کہ کسی نے بھی مجھ سے اس معاملے پر بات نہ کی۔

ہم مل بیٹھ کر خوش اسلوبی سے بات چیت نہ کرسکے۔ کیا اس کی وجہ ہمارے اندر

موجود کوئی خرابی تھی یا پھر شادی ہے ہی ایسی چیز کہ انسانوں کا بدترین پہلو سامنے لے آتی ہے؟ جو کچھ بھی یاسمین اور میں نے طے کیا تھا، نالی میں بہہ گیا۔ جب میری یادداشت متاثر ہونے لگی تو میں نے اپنے احساسات قلمبند کرنا شروع کر دیے۔ مجھے یہ یقین ہو گیا تھا کہ میں اپنے احساسات دوسروں کو سمجھانے سے قاصر ہوں۔ میں نے غلط فہمیاں دور کرنے کے لیے اور اپنی سوچ بتانے کے لیے اپنی بیوی اور بچوں کو خط لکھنا شرع کر دیے۔

جب میری بیوی نے میرے خطوط نظر انداز کیے تو میرا غصہ اور اداسی دونوں پہلے سے زیادہ بڑھ گئے۔ ایک دن میں بہت توانا محسوس کرتا، دنیا کے ہر طوفان سے لڑنے کے لیے تیار، مگر دوسرے لمحے میں غصے میں بے قابو ہو جاتا اور چند گھنٹوں میں میری توانائی تیزی سے گھٹ جاتی اور میں اداسی اور غم کی کیفیت میں مبتلا ہو جاتا۔ ایسے دنوں میں کوئی چیز بھی مجھے خوشی نہ دیتی۔

ہمارے جھگڑے بڑھتے گئے۔ ایک ایسے ہی برے دن کے بعد میں ایک ہفتے کے لیے گھر چھوڑ کر چلا گیا اور جب میں واپس لوٹا تو یاسمین نے مجھے قائل کیا کہ میں ذہنی مریض ہوں، مجھے بائی پولر ڈس آرڈر ہے اور مجھے طبی مدد کی ضرورت ہے۔ میں ذہنی انتشار کا شکار تھا اور میرے لیے اپنی دوسری شادی کو نبھانا بہت کٹھن ہو رہا تھا۔ میری سمجھ میں کچھ نہیں آ رہا تھا اور میں اپنی نا اہلی پر شرمندہ تھا۔ یاسمین طبی تکنیکی اُمور (medical tecnologist) کی ماہر تھی اور جسمانی اور ذہنی امراض کے بارے میں زیادہ معلومات رکھتی تھی۔ لہٰذا میں اپنا طبی معائنہ کرانے کے لیے راضی ہو گیا۔ اس نے اپنی بھابھی، ڈاکٹر نبیلہ فاروق، جو ماہر نفسیات تھیں ان کو فون کیا اور ان سے کسی اچھے ڈاکٹر کے بارے میں معلومات لی۔ بعد ازاں یونیورسٹی سائیکائیٹرک سینٹر (Univesity Psychiatric Centre (UPC) in Livonia) لیوونیا میں میرا معائنہ ہوا۔ اور ہمیں معلوم ہوا کہ میں ذہنی اور جسمانی اعتبار سے بالکل تندرست ہوں اور مجھے کسی قسم کی طبی امداد کی ضرورت نہیں۔

بعض واقعات مجھے پہلی شادی کی اس قدر یاد دلاتے تھے کہ میں اکثر انتشار کا

شکار ہو جاتا مگر یاسمین ہر لمحہ میرا ساتھ دینے کی کوشش کرتی۔ ہماری مشکل یہ تھی کہ ہم دونوں ایک دوسرے کو اپنے ذہن کے مطابق ایک مقام پر لانا چاہتے تھے۔ اگر ہم دونوں وہاں وقت مقرر پر پہنچنے میں ناکام ہو جاتے تو دل میں دوسرے کے لیے بغض رکھنا شروع کر دیتے اور دوسرے کو مجرم گردانتے۔ مگر اب میں یہ سبق سیکھ چکا ہوں کہ شادی کسی منزل کا نام نہیں بلکہ ایک سفر ہے۔

کبھی کبھار مدد تباہ کن انداز میں آتی ہے۔ اور کبھی کبھار کوئی اچھی بات سب سے بڑی مدد ہوتی ہے۔ ایک بوڑھا آدمی جو اپنے آپ کو کھونے کے قریب ہو صرف اپنی زندگی کی جدوجہد کی توثیق چاہ رہا ہوتا ہے۔ اسے محبت کو دیکھنے، سننے اور محسوس کرنے کی ضرورت ہوتی ہے۔ بجائے اس کے کہ وہ اپنے آپ کو ثابت کرے اس کو اپنے حال پر زندگی گزارنے دینا چاہیے۔ یاسمین کی نیت بے شک اچھی ہو گی مگر مجھے جس قسم کی مدد مل رہی تھی وہ مجھے ناکارہ کر رہی تھی۔ میں نے ۳۱/جولائی، ۲۰۰۵ کو اپنا گھر چھوڑ دیا۔

میں نے اپنی بیوی کو نہیں چھوڑا بلکہ میں نے اپنی مدد خود کرنی چاہی۔ مجھے وقت اور تنہائی کی ضرورت تھی اور سب سے بڑھ کر اللہ کو ڈھونڈنے کی۔ میں نے ساری زندگی لوگوں کی طرف دیکھتے گزار دی، ان کو راضی کرنے میں، ان سے تعریف، مدد اور تعاون چاہنے میں۔ لوگوں سے وابستہ توقعات نے مجھے زخمی کر دیا تھا اور میں اس وقت سب سے زیادہ تنہا محسوس کر رہا تھا۔ کچھ مہینوں کے لیے میں گوشہ نشین ہو گیا اور ہر اس چیز سے دور چلا گیا جو مجھے عزیز تھی۔ پھر اچانک ایک دن مجھے یاسمین نے فون کیا۔ اس نے میرے لیے کسی ڈاکٹر پی کوارٹن سے معائنے کا وقت لے رکھا تھا۔ وہ بھی ایک نفسیاتی طبیب تھے۔ میں نے یاسمین کی بات مان لی اور تقریباً ایک درجن ملاقاتوں کے بعد میں یہ کہنے سے نہیں کتراؤں گا کہ ڈاکٹر کوارٹن اپنی کاوش میں کامیاب ہو گئے۔ البتہ میرے دل کے سکون اور روح کی تسکین کا باعث یہ ڈاکٹر نہیں تھے۔ وہ کچھ اور تھا۔ ان سب سے مختلف۔

۱۸

العصر: زمانے کی قسم

''زمانے کی قسم۔ بیشک (بالیقین) انسان سراسر نقصان میں ہے۔''

(القرآن، ۱۰۳:۱۔۲)

ہمارے پاس ہمیشگی کی زندگی نہیں جس میں ہم اپنے خواب پورے کرسکیں، بلکہ ہمیں اس دنیا میں ایک قلیل وقت دیا گیا ہے۔ یہ دنیا ایک گھڑی کی مانند ہے جس کی سوئیاں مستقل آگے بڑھ رہی ہیں اور انسان اپنے آپ سے یہ دوڑ جیتنے کی کوشش کررہا ہے۔ اس کا ہر اگلا قدم اپنے پیچھے ایک ماضی اور اپنے آگے ایک مستقبل تشکیل دیتا ہے۔ یہ سچ ہے کہ ماضی اور مستقبل سے ہماری یادیں اور امیدیں وابستہ ہوتی ہیں مگر درحقیقت یہ دونوں ہمارے ذہن کا فطور ہیں۔ جو پیچھے گزر گیا اس کے بارے میں سوچتے رہنے کا کوئی فائدہ نہیں اور جو آگے ہے وہ ہماری دسترس سے بہت دور ہے۔

نئے دور کی خواتین وحضرات وقت کی قید میں، اور خصوصا ماضی اور مستقبل کی قید میں رہتے ہیں۔ انسان حال میں رہنے کے بجائے ان دونوں کے بارے میں زیادہ فکرمند ہوتا ہے۔ کیونکہ ماضی اور مستقبل انسان کو ایک ایسی پناہ گاہ فراہم کرتے ہیں جہاں وہ اپنی موجودہ مشکلات سے فرار پاسکتا ہے۔ اس لیے انسان بار بار اپنے ماضی میں جا کر اس کو نئے انداز سے سوچنے کی کوشش کرتا ہے اور مستقبل کے بارے میں حسین خواب دیکھتا ہے۔ ایسا کرنے سے انسان سب سے اہم چیز، یعنی حال کو نظرانداز کردیتا ہے۔

قرآن پاک میں، سورۃ نمبر ۱۰۳ میں اللہ تعالیٰ انسان کی بابت بات کرتے ہیں اور ایک مرتبہ پھر اسے اپنی زندگی کی موجودہ حالت کے بارے میں غور کرنے کی دعوت دیتے ہیں۔ اللہ کی طرف سے یہ پیغام عجلت برتنے کا تقاضا کرتا ہے۔ اللہ تعالیٰ فرماتا ہے کہ انسان سراسر خسارے میں ہے۔ ایک ڈوبتے ہوئے شخص کا تصور کیجئے۔ اس کے پاس پیچھے مڑ کر دیکھنے کا اور اپنے رویے پر افسوس کرنے کا وقت نہیں ہوتا اور نہ ہی اسکے پاس اپنے مستقبل

کے بارے میں سوچنے اوراس کی منصوبہ بندی کرنے کی مہلت ہوتی ہے۔اس کو اپنی جان بچانی ہوتی ہے اور وہ اپنی نجات کے لیے صرف اور صرف اپنے حال کی فکر کرتا ہے۔اس وقت اس کے پاس دو راستے ہوتے ہیں: یا تو وہ تیر کر جان بچالے یا پھر اپنے آپ کو موت کے حوالے کر دے اور ڈوب جائے۔ کیونکہ انسان کو اپنی جان پیاری ہے اس لیے اس کے وجود کا ہر ذرہ جان بچانے کی جدوجہد میں لگ جاتا ہے۔

انسان خسارے میں کیوں ہے؟ اک ڈوبتا ہوا شخص:

یہ دنیا ایک سمندر کی مانند ہے جس کی گہرائی پوری انسانیت کو اپنے اندر سمو سکتی ہے۔لیکن بہت سے لوگ اس کے پوشیدہ خطرات سے لاعلم ہیں۔اس دنیا میں انسان کے لیے سب سے زیادہ نقصان دہ چیز وقت ہے جو مستقل اس سے آگے بھاگا جا رہا ہے۔انسان کی ہر سانس کے ساتھ اس کی زندگی کا ایک لمحہ گزر جاتا ہے چاہے اسے اچھا لگے یا برا اور چاہے وہ اس کے لیے تیار ہو یا نہیں، وقت بہر حال اس کے ہاتھوں سے نکل رہا ہے۔

ہر انسان کا چاہے وہ مسلم ہو یا غیر مسلم کوئی نہ کوئی مقصد ہوتا ہے۔اسی طرح ہر انسان چاہے وہ مسلمان ہو یا کافر خسارے کے سمندر میں ڈوب رہا ہے۔ ہر زندہ شے کو مرنا لازم ہے کیونکہ وقت کبھی نہیں رکتا اور نا ہی پیچھے جا سکتا ہے۔ وقت کو اس کی رفتار سے آگے دوڑایا بھی نہیں جا سکتا۔ زندگی کے جو لمحات انسان کھو دیتا ہے چاہے وہ سیکنڈوں کی شکل میں ہوں یا ایک عرصہ پر محیط ہوں، ان کا واپس لوٹنا یا پلٹنا ناممکن ہے اور یہی انسان کی زندگی کی حقیقت ہے۔ رہنمائی فراہم کی جا چکی ہے، منزل کی نشاندہی کر دی گئی ہے اور سیٹی بج چکی ہے: کسی لمحہ، کسی دن، کوئی بھی یہاں سے جا سکتا ہے۔

جو لوگ سچائی کو نہیں ڈھونڈتے اور خدا سے غافل ہیں بالآخر اندھیرے کنویں میں جا گرتے ہیں۔ جب اللہ تعالیٰ انسان کو گزرتے ہوئے زمانے کی طرف متوجہ کرتا ہے تو وہ بتا دیتا ہے کہ انسان وقت سے جیت نہیں سکتا۔ اس پیغام میں عجلت برتنے کا تقاضا ہے تاکہ انسان فوراً متحرک ہو جائے۔ انسان کو اپنے کئے ہوئے وہ سارے وعدے پورے کرنے ہیں، اس سے پہلے کہ اس کی موت کا پروانہ آ جائے۔ وقت کو ہرگز معمولی نہیں سمجھنا چاہئے۔

ایک ڈوبتا ہوا انسان اگر اپنا سر پانی کی سطح سے اوپر رکھنا نہیں سیکھے گا تو جلد سمندر کی گہرائی میں غرق ہو جائے گا۔ ایک مسلمان کے لیے اس کا مطلب یہ ہے کہ اسے اس کتاب کو تھامنا چاہیے جو اسے ڈوبنے سے بچائے گی اور اس کے اصولوں کو اپنانا چاہیے جو اس کی زندگی کو بچائیں گے۔ یہ کتاب، یہ دستورالعمل قرآن ہے۔

جتنی جلدی انسان اس کو سیکھ لے گا اور اس پر عمل کرے گا اس کے بچنے کے مواقع اتنے زیادہ ہونگے۔ جب کوئی شخص ڈوب رہا ہوتا ہے، تو اس کو ڈوبنے میں تقریباً بیس سیکنڈ لگتے ہیں اور اگلے تیس سے نوے سیکنڈ میں اس کی سانس رک جاتی ہے۔ چار منٹ کے بعد اس کے وجود کو ناقابل تنسیخ نقصان پہنچ چکا ہوتا ہے اور اس کی موت واقع ہو جاتی ہے۔ ایسے شخص کے لیے یہ چند سیکنڈ زندگی اور موت کی جنگ بن جاتے ہیں۔ بالکل اسی طرح، جب انسان اپنا دین چھوڑ دیتا ہے یا اپنی زندگی کے مقصد سے غافل ہو جاتا ہے اور دنیا کی رنگینیوں میں ڈوب جاتا ہے تو اسے غرق ہونے میں زیادہ وقت نہیں لگتا۔ وہ بہت تیزی سے اس قدر گہرائی میں ڈوب جاتا ہے کہ اس کے لیے واپس سطح پر تیر کر آنا انتہائی دشوار بلکہ تقریباً ناممکن ہو جاتا ہے۔ لہذا اپنے آپ کو ڈوبنے سے بچانے کے لیے مسلمان کو چاہئے کہ اپنے ایمان کو زندہ رکھے اور مسلسل ہاتھ پیر مارتا رہے یہاں تک کہ وہ بالآخر اپنے آپ کو بچانے میں کامیاب ہو جائے۔ اپنے ایمان کو زندہ رکھنا ہی اصل جدوجہد ہے۔

موت اٹل ہے اور زندگی ناقابل اعتماد:

بہت سوں کے لیے یہ تصور کہ انسان مستقل خسارے میں ہے ایک ناقابل یقین بات ہے۔ اس کی وجہ یہ ہے کہ انسان اپنی زندگی میں اتنا مگن ہو چکا ہے کہ کوئی بھی چیز یا بات اس کو اپنی اس پر آسائش زندگی سے متنفر نہیں کر سکتی۔ زندگی اتنی ہی غیر یقینی ہے جتنی کہ موت۔ اس لیے جب یہ سوال اٹھتا ہے کہ ''انسان کیوں مستقل خسارے میں ہے؟'' تو اس کا جواب بھی یہی ہے۔ یہ دنیا ایک عارضی رہائش گاہ یا کمرۂ امتحان ہے اور جب انسان یہ بات بھول جاتا ہے اور یہاں آنے کے مقصد سے غافل ہو جاتا ہے تو سراسر نقصان کر بیٹھتا

ہے اور ناکام ہو جاتا ہے۔

ہم جانتے ہیں کہ انسان کو بلا مقصد پیدا نہیں کیا گیا۔ انسان کو اللہ کی عبادت کے لیے تخلیق کیا گیا اور اس کو اللہ کا نائب بنا کر اس دنیا میں بھیجا گیا ہے۔ وہ اس دنیا میں ایک مقررہ مدت العمر اور ایک متعین مقصد کے ساتھ آیا ہے۔ بعض انسان زیادہ عرصہ جیتے ہیں اور بعض بڑھاپے سے قبل ہی مر جاتے ہیں۔ البتہ ان سب میں ایک بات مشترک ہے اور وہ یہ کہ یہ سب لوگ ایک مقصد کے تحت اس دنیا میں بھیجے گئے ہیں اور ان سب کو اپنا سفر حیات ختم ہونے سے پہلے یہ مقصد پورا کرنا ہے۔ کبھی یہ مقاصد اپنی تکمیل کو پہنچ جاتے ہیں اور کبھی کسی کا سفر پہلے ہی ختم ہو جاتا ہے۔ اور بہت سے لوگ اپنے مقصد کو فراموش کر کے باطل دنیا کے فریب میں کھو جاتے ہیں۔ اس کا نتیجہ یہ ہوتا ہے کہ وہ سراسر خسارے کے اس سمندر میں غرق ہو جاتے ہیں۔ سب سے بڑا المیہ یہ ہے کہ یہ لوگ اس بات سے غافل ہوتے ہیں کہ یہ ڈوب رہے ہیں اور نتیجتاً وہ اپنے آپ کو بچا نہیں پاتے۔

کیونکہ اللہ تعالیٰ یہ جانتا ہے کہ کتنے انسان اپنے ہاتھوں اپنی دنیا اور آخرت برباد کر دیں گے اس لیے اس نے قرآن کو ایک تنبیہ اور یاددہانی کے طور پر نازل فرمایا۔ اس کا پیغام کامل اور کافی ہے: 'جو کام تمہیں دیا گیا ہے وہ کر لو اس سے پہلے کہ تمہارے لوٹنے کا وقت آ جائے'۔ مگر انسان ایک بھلکڑ مخلوق ہے اور کم ہی سمجھتا ہے۔ بہت سے لوگ تو اس طرح جیتے ہیں گویا انہوں نے ملک الموت سے کوئی معاہدہ کر رکھا ہے، کہ وہ ان کو اطلاع کر کے آئیں گے۔ جب یہ لوگ اپنے بڑھاپے کو پہنچ چکے ہونگے اور اس دنیا کو خیر باد کہنے کے لیے تیار ہونگے۔ یہ بے تکا آسرا انسان کو اپنا حال تبدیل کرنے سے باز رکھتا ہے۔ وہ عجلت کے تقاضے کو بھلا دیتا ہے اور اپنی ذمہ داری سے غافل ہو جاتا ہے۔ جس کا نتیجہ نہایت ناقابل برداشت ہوتا ہے: قیمتی وقت ہاتھ سے نکل جاتا ہے اور انسان کو اپنی اس غفلت کا خمیازہ بھگتنا پڑتا ہے۔

انسان کی خواہشات کا اندھا کنواں:

جس طرح دن ڈھل کر رات میں تبدیل ہو جاتا ہے اور واپس لوٹ کر نہیں آتا

بالکل اسی طرح انسان بلکہ پوری کی پوری قومیں صفحہ ہستی سے مٹ جاتی ہیں۔تاریخ اٹھا کر دیکھ لیں تو انسان ہمیشہ سے دولت، طاقت، زمین اور خوبصورت چیزوں کو پانے کی ہوس میں مبتلا رہا ہے۔اپنی ان بے لگام خواہشات کا اسیر بن کر اس نے شاندار خزانے جمع کیے اور بیش بہا طاقت حاصل کی کہ دیکھنے والے حیران رہ گئے۔ یہ لوگ بے مثل دنیاوی کامیابی کی علامت بن گئے اور ساری انسانیت کو مغلوب کرنے کی طاقت رکھتے تھے۔مگر ملک الموت سے ان کا کوئی مقابلہ نہ تھا، نہ اس کے آگے ٹھہر سکے۔اس کے نزدیک خزانوں کی کوئی حیثیت نہیں اور بڑی سے بڑی طاقت بھی بے سود ثابت ہوتی ہے۔

قرآن کے متعلق ایک غلط فہمی عام ہے کہ اللہ تعالیٰ قرآن کے ذریعہ صرف ایمان والوں سے مخاطب ہے۔ حالانکہ قرآن پاک کی سورۃ العصر ۱۰۳ میں اللہ تعالیٰ ہر انسان کو تنبیہ کر رہا ہے۔ وقت ہر جاندار کے ہاتھوں سے نکل رہا ہے نا کہ صرف ایمان والوں کے۔ انسان آتے ہیں اور جاتے ہیں اور وقت ان کی ترقی اور پھر مر جانے کی گواہی دیتا ہے۔ قرآن میں العصر کسی گھڑی کی زوردار گھنٹی کی مانند بجتی ہے جو انسان کو جھنجھوڑتی ہے، اسے نیند سے بیدار کرتی ہے اور اس کو صحیح کام کی سمت دکھاتی ہے اس سے پہلے کہ وقت اس کے ہاتھوں سے نکل جائے اور بہت دیر ہو جائے۔

ایسا لگتا ہے کہ اللہ تعالیٰ نے اس دنیا میں ایک مقناطیسی کشش رکھی ہے جس کے باعث انسان مستقل اس کی طرف کھچا چلا جاتا ہے۔ انسان اپنی ذہنی اور جسمانی صلاحیتوں کے باوجود ہر چیز میں سب سے بہتر اور سب سے زیادہ حاصل کرنا چاہتا ہے تاکہ وہ اپنی دنیا کی پیاس کو بجھا سکے۔ انسان کے لیے پیسے، طاقت اور جسمانی ہوس کی کوئی انتہا نہیں، لیکن ان چیزوں پر اس کا اختیار اس کی جسمانی اور ذہنی صلاحیت کا پابند ہے۔ اب یہ انسان کے ہاتھ میں ہے کہ وہ چاہے تو اس کشش کی بدولت پستی میں گر جائے یا پھر اس دنیا کا حکمراں بن جائے۔

یہ مقناطیسی کشش ہر انسان کے اوپر اثر انداز ہوتی ہے۔ جنت اور جہنم بھی مقناطیس کے دو سروں کی مانند ہیں جو نا صرف اپنی طرف کھینچتے ہیں بلکہ اپنے سے دور بھی

کرتے ہیں۔ مقناطیس کا شمالی سرا یا جنت جو سات آسمانوں کے اوپر ہے متقی لوگوں کو اپنی طرف کھینچتا ہے۔ جبکہ اس کا جنوبی سرا یا جہنم جو سات زمینوں کے نیچے ہے ان کو پرے دھکیلتا ہے اور ساتھ ہی گناہگاروں کو اپنی آگ کی طرف کھینچتا ہے۔ (اللہ تعالیٰ ہمارے گناہوں کو معاف کرے اور ہم سب کو جہنم کی آگ سے محفوظ فرمائے، آمین۔)

انا پرستی اور ہر شے پر تسلط کی خواہش:

انسان طاقت اور تسلط کا بے پناہ حریص ہے۔ جتنا زیادہ وہ دوسرے انسانوں اور زمین پر قابض اور با اختیار ہوتا ہے اتنا ہی وہ اپنی اور دوسروں کی نظروں میں بڑا ہو جاتا ہے۔ اس کے ساتھ ہی وہ دوسروں کی نظروں میں اچھا نظر آنے کا حریص بھی ہوتا ہے۔ یہ وہی خواہش ہے جو انسان کو اللہ تعالیٰ کی نظر میں اچھا بننے پر ابھارتی ہے اور دوسرے انسانوں سے تعریف کا متلاشی بناتی ہے۔ اکثر و بیشتر یہ معمولی سی خواہش ایک خطرناک اژدہے کی شکل اختیار کر لیتی ہے جس کو ہم خود پرستی کہتے ہیں۔ یہ اژدہا صرف تعریف اور پرستش کا بھوکا ہوتا ہے۔ انسان کو جتنی زیادہ پذیرائی ملتی ہے اتنی ہی اس کی تعریف کی خواہش بھی بڑھ جاتی ہے اور اس کی تکمیل کے لیے وہ اپنی دولت، طاقت و رسوخ کو اپنے رشتہ داروں، دوستوں، پڑوسیوں اور ملک کے لوگوں کی بھلائی کے لیے استعمال کرتا ہے، لیکن اس کا اصل مقصد اپنی انا کی تسکین ہوتا ہے۔ اس کی خود پرستی اتنی بڑھ جاتی ہے کہ صرف اپنے نفس کی تسکین کے لیے منصب و مرتبہ چاہتا ہے۔ اس کی انا بڑی ہوتی جاتی ہے اور وہ تعریف پر زندہ رہتا ہے۔

اختیار اور تعریف کی خواہش دونوں ہی معصوم ہیں جب تک کہ وہ چھوٹی رہیں اور عیب سے پاک ہوں۔ البتہ جب یہ خواہشات حد سے بڑھ جائیں تو یہ دنیا کی ہوس میں تبدیل ہو جاتی ہیں اور انسان کو غرق کر دیتی ہیں۔ انسان کی جسمانی اور ذہنی صلاحیتیں دکھاوے کے لیے استعمال ہوتی ہیں تا کہ دنیا پر مزید تسلط حاصل کیا جا سکے۔ اپنی خواہشات کو پورا کرنے کے لیے اور اپنی انا کی تسکین کے لیے، انسان ان دو چیزوں کے پیچھے بھاگتا ہے جو

اس کے مقصد کو حاصل کرنے میں اس کی مدد کرسکتی ہیں اور یہ دو چیزیں پیسہ اور طاقت ہیں۔

ہر چیز پر تسلط حاصل کرنے کی خواہش انسان کو سنگین جرائم پر آمادہ کرتی ہے۔ معمولی جرائم سے بات شروع ہوتی ہے مگر پھر یہ معمولی جرائم بڑے جرائم کی شکل اختیار کر لیتے ہیں اور یہ سلسلہ اسی طرح جاری رہتا ہے یہاں تک کہ کوئی بھی جرم پھر بڑا اور سنگین نہیں لگتا چاہے وہ جیسا بھی ہو۔ آج کی دنیا میں انسان اسی طاقت کی جنگ کے بے شمار مشاہدے کرسکتا ہے جو صرف ممالک، مسالک اور مختلف اقوام کے مابین ہی نہیں بلکہ عام انسانوں کے بیچ زندگی کے ہر موڑ پر نظر آتی ہے۔ ان سب کا نتیجہ یکساں ہوتا ہے: لڑائی جھگڑوں میں اضافہ، انتشار کا پھیلنا اور جرائم کی سطح کا خطرناک حد تک بڑھ جانا۔

جرم ایک سزا ہے:

جرم بذات خود ایک سزا ہے۔ اکثر لوگ سمجھتے ہیں کہ سزا جرم کا نتیجہ ہوتی ہے مگر ایک مومن اچھی طرح جانتا ہے کہ جب اللہ تعالیٰ انسان کے دل کو سخت کر دیتا ہے تو وہی اس کی سزا بن جاتی ہے۔ جب اللہ تعالیٰ آنکھوں کو سچائی اور بھلائی دیکھنے سے محروم کر دیتا ہے، کانوں کو حق سننے سے قاصر اور زبان کو سچ بولنے سے محروم کر دیتا ہے، اور جب وہ انسان کے لیے گناہوں کو آسان اور پر کشش بنا دیتا ہے تو یہی انسان کی سزا بن جاتی ہے۔

جرم کے دور رس نتائج کبھی بھی اچھے نہیں ہوتے۔ ایک مجرم کی زندگی اس کے لیے دوہری سزا بن جاتی ہے: جسمانی لحاظ سے اور ذہنی اذیت کی شکل میں۔ چوری چکاری، ایذا رسانی اور قتل وغارت کرنے سے انسان کو جسمانی اذیت بھلے نہ ملے اور ممکن ہے کہ وہ اپنے ملک میں قانون کی گرفت سے بھی بچ جائے، البتہ وہ ایک نہ ختم ہونے والی ذہنی اذیت کا شکار ضرور ہو جاتا ہے اور اپنا سکون کھو بیٹھتا ہے۔ اس کا گنہگار ضمیر اس کے دل پر ایک بھاری بھرکم بوجھ بن جاتا ہے۔

ہر انسان ایک صاف اور پاکیزہ دل کے ساتھ پیدا ہوتا ہے۔ جب انسان کوئی جرم کرتا ہے تو گویا وہ اپنی فطرت کی نفی کرتا ہے اور یہ غلطی اس کو بہت بھاری پڑتی ہے۔ جس کو اس کا

نفس نہ معاف کرتا ہے اور نہ ہی بھولتا ہے۔ جب تک کہ انسان کا دل مردہ نہیں ہو جاتا وہ اس کو سیدھی راہ دکھاتا رہتا ہے مگر جب انسان غلط راہ پر چلتا ہے تو اس کا دل بیمار ہو جاتا ہے۔ اور اس بیماری کا واحد علاج اپنے ان گناہوں کا ازالہ کرنا ہے۔ لیکن اگر کوئی مستقل اپنی اس فطرت کی نفی کرتا رہے اور اپنے نفس کی سرزنش کو نظر انداز کرتا رہے تو اس کی بیماری بڑھتی جاتی ہے اور اس کا دل علیل ہو جاتا ہے۔ ایسا بیمار دل کبھی حقیقی خوشی یا سکون نہیں پا سکتا۔

لاعلمی نفس کا اندھا پن ہے:

انسان کی سب سے بڑی کمزوری اس کی جہالت اور لاعلمی ہے جس کے باعث وہ با آسانی شیطانی قوتوں کا شکار ہو جاتا ہے۔ اپنے وجود کے مقصد سے لاعلم ہونا، اپنے مالک کو نہ پہچاننا، زندگی کو عارضی نہ جاننا اور سب سے بڑھ کر قرآن کو سمجھنے کی کوشش نہ کرنا اور اللہ تعالیٰ کے احکامات کو نظر انداز کرنا، یہ تمام نقائص ایمان کو کمزور کر دیتے ہیں اور شیطان کو انسان کے دل تک با آسانی رسائی فراہم کرتے ہیں۔

لاعلمی روح کا اندھا پن ہے اور ایک اندھا انسان وہی کچھ دیکھتا ہے جو وہ دیکھنا چاہتا ہے۔ انسان چاہے اس بات کو تسلیم کرے یا رد کرے، لیکن اس سے انکار نہیں کر سکتا کہ لاعلمی نقصان دہ ثابت ہوتی ہے۔ اور انسان اس کی دھند میں زیادہ دیر تک نہیں چھپ سکتا۔ آنکھیں بند کر لینے سے حقیقت تبدیل نہیں ہو جاتی۔ علم اور معلومات کے بغیر انسان ایک خطرناک درندے کی مانند بن جاتا ہے۔ نتیجتاً، وہ اپنی راہ میں حائل ہر بندش کو تباہ کرتا چلا جاتا ہے اور بالآخر خود بھی برے انجام سے دوچار ہوتا ہے۔

اللہ تعالیٰ نے انسان کی ہدایت کے لیے کئی اسباب اور ذرائع پیدا کیے ہیں۔ اس نے ہزاروں کی تعداد میں رسول اور انبیاء کرام کو بھیجا۔ بعض کو نئی شریعت عطا کی اور بعض کو پہلے بھیجے گئے رسولوں کی شریعت پر بھیجا۔ آخر میں رسول اکرم ﷺ کو قرآن کے ساتھ اس دنیا میں مبعوث کیا گیا۔ ان سب کے بعد انسان کے لیے نافرمانی کا کوئی جواز باقی نہیں رہتا۔ اب اگر کوئی ان پیغامات کو نظر انداز کرے اور اللہ تعالیٰ کے احکامات کی نافرمانی کرے تو اس

کا بدلہ ایک دردناک سزا ہے۔ اس ہدایت کو نظر انداز کرنا، جو کئی سو سالوں سے محفوظ کی گئی ہے تا کہ ہر دور کا انسان اس کی روشنی سے مستفید ہو سکے، کم عقلی کی نشانی ہے۔ اس کی مثال ایسی ہے جیسے کوئی شخص اپنے گھر جا رہا ہو اور راستے میں اس کو سڑک کے بیچوں بیچ ایک بڑا گڑھا نظر آئے جس کے آگے خطرے کا نشان بھی لگا ہو۔ گھر پہنچنے کے لیے وہی واحد راستہ ہو اور وہ اس تختی کو نظر انداز کر کے آگے بڑھتا جائے۔ کیا آپ بتا سکتے ہیں ایسے شخص کا انجام کیا ہو گا؟ دو صورتیں ہو سکتی ہیں:

۱۔ وہ اس گڑھے کو عبور کرنے کے لیے اس پر سے چھلانگ لگانے کی کوشش کرے گا اور ناکامی کی صورت میں اس میں گر جائے۔

۲۔ وہ پھنس جائے گا۔ نہ آگے جا پائے گا نہ پیچھے۔

چونکہ اس نے خطرے کی تنبیہ کو اہمیت نہیں دی تھی اس لیے وہ اس سے بچنے کی کوئی تدبیر نہ کر سکا۔ دونوں صورتوں میں وہ شخص خسارے میں رہا۔ اس کی لاعلمی اور خطرے کی علامتی تختی کو نا پڑھنا اس کو اس کے انجام سے نہ بچا سکا۔

طاقت کے ساتھ ذمہ داری بھی بڑھتی ہے:

علم کے فروغ نے انسان کو ترقی کی راہ پر گامزن کیا۔ اس نے بہت کچھ پایا اور بہت کچھ کھویا۔ مگر اس نے جو کچھ پایا وہ اس کے ماضی سے بدرجہا بہتر تھا۔ طاقت کے حصول کی جنگ تو ہمیشہ سے رہی ہے مگر چونکہ اس کے خلاف کام کرنے والی قوتیں زیادہ تھیں اس لیے علم دور دور تک پھیلتا رہا۔ جو شخص جتنا باعلم ہوتا اتنا ہی طاقتور ہوتا اور یوں اس پر اس علم کو درست ہاتھوں میں منتقل کرنے کی ذمہ داری بھی اتنی ہی بڑی ہوتی تھی۔ کچھ لوگوں نے اپنے علم کی بنا پر دوسروں پر تسلط حاصل کیا، کچھ اس عمل کے دوران ہی خرابی کا شکار ہو گئے اور کچھ محض باعلم ہونے کا دکھاوا کرتے رہے تا کہ یوں دوسروں پر برتری حاصل کر سکیں۔

کم علمی بھی خطرناک ثابت ہوتی ہے۔ آج ہمارے مشاہدے میں ایسے حکمراں

ہیں جو اپنے علم کے وسیع خزانوں کے بل بوتے پر حکمرانی کرتے ہیں۔ وہ اس کی اتنی حفاظت کرتے ہیں کہ اس کی روشنی کو نہ کسی دوسرے تک پہنچنے دیتے ہیں اور نہ خود اپنے ذہن تک۔ بلکہ اس میں سے صرف اپنے مقصد کو حاصل کرنے کے لیے چند باتیں لے لیتے ہیں تاکہ مزید دولت اور اقتدار حاصل کر سکیں۔ یہ وہی لاعلمی ہے جو انہیں اس خزانے سے بھرپور طور پر مستفید نہیں ہونے دیتی اور نہ سچائی کی اس روشنی کو پھیلانے دیتی ہے۔

جتنی زیادہ طاقت ہوگی اتنی زیادہ ذمہ داری بھی بڑھے گی۔ اسی لیے ظالم حکمرانوں کا کڑا احتساب ہوگا۔ مثلاً وہ عالم دین جو خود اپنی نصیحتوں پر عمل نہیں کرتے اور ایسے حکمراں جو اپنے آپ کو قانون سے بالاتر سمجھتے ہیں اور انصاف سے کام نہیں لیتے۔ یہ لوگ صرف دوسروں پر اپنی برتری برقرار رکھتے ہیں۔ علم کو نہ سمجھتے ہیں نا اس کی ترقی میں کوئی حصہ ڈالتے ہیں۔

بے حسی۔ عارضۂ قلب:

بے حسی کا مطلب جذبات سے عاری ہونا ہے۔ اور قرآن میں اس چیز کی بارہا مذمت کی گئی ہے۔ جب قرآن میں کسی چیز کے بارے میں واضح احکامات موجود ہوں مگر انسان اپنی سستی، کاہلی یا لاپرواہی میں ان پر عمل نہ کرے تو وہ بڑے خسارے میں رہتا ہے اور اپنا نقصان خود اپنے ہاتھوں کر بیٹھتا ہے۔

جب اللہ تعالیٰ انسان کو اپنی عطا کردہ نعمتیں دوسرے ضرورت مند انسانوں کے ساتھ بانٹنے کا حکم دیتا ہے تو انسان اس حکم کو نظرانداز کر دیتا ہے اور دوسروں کی ضروریات سے بے اعتنائی برتتا ہے۔ اس طرح وہ دوسروں کے ساتھ ساتھ اپنے لیے بھی مشکلات پیدا کرتا ہے۔ ایسا انسان دوسروں کے غم کو محسوس نہیں کرتا اور نہ ہی ان کی ضرورت کا احساس کرتا ہے۔ اس کو صرف اپنی ذات کی فکر ہوتی ہے۔ کیونکہ اس کا ایمان کمزور ہوتا ہے اس لیے وہ اپنی زندگی کی بقا کی خاطر صرف اپنی ذات پر بھروسہ کرتا ہے۔ اپنے لیے دولت جمع کرتا ہے تاکہ اپنا مستقبل سنوار سکے اور اپنا تسلط ہر چیز پر جما سکے۔ وہ اپنے آپ کو باایمان تصور

کرتا ہے لیکن وہ اللہ تعالیٰ کی ذات پر بھروسہ کرنے سے ڈرتا ہے۔

ہمیں یہ یاد رکھنا چاہیے کہ ایک مومن نہ تو دولت ذخیرہ کرتا ہے اور نہ ہی اس کی کمی کا خوف اسے لاحق ہوتا ہے کیونکہ اس کو اللہ کی ذات پر کامل یقین ہوتا ہے۔ کچھ لوگوں کے پاس بے شمار دولت ہوتی ہے، دنیا کے خزانے ان کے لیے کھلے ہوتے ہیں مگر ان سب نعمتوں کے باوجود وہ دوسروں کی مدد نہیں کرتے حالانکہ ان کی دولت دوسروں کی جان بچا سکتی ہے۔ چونکہ یہ دولت ان کے مستحکم مستقبل کی ضامن، دل کا بہلاوا اور دوسروں پر ان کے اختیار کا سبب بنتی ہے اس لیے وہ اس کو اپنی زندگی سے زیادہ اہمیت دیتے ہیں اور اس کو کھونے سے ڈرتے ہیں۔ دوسروں کا احساس نہ ہونا اور صحیح کام میں ہچکچاہٹ انسان کے اندر بے حسی پیدا کر دیتا ہے۔ البتہ جو لوگ اللہ اور اس کے رسول ﷺ پر سچے دل سے ایمان لاتے ہیں، وہ لوگ بلا جھجھک اس کے احکامات کی فرمانبرداری کرتے ہیں اور ان کو کسی قسم کا خوف لاحق نہیں ہوتا۔

آغاز میں بے حسی ایک فرد کے لوگوں کے ساتھ تعلقات کو متاثر کرتی ہے مگر پھر جلد ہی وہ اس کی اقدار اور اخلاق کو بھی ختم کر دیتی ہے۔ نتیجتاً انسان اللہ کے احکامات سے لاتعلق اور بے پروا ہو جاتا ہے۔ مثال کے طور پر مسلمان کو حرام کھانا منع ہے۔ مگر انسان اگر یہ سوچنے لگے کہ حرام کھانے میں کوئی حرج نہیں تو وہ بے حسی کا شکار ہو جاتا ہے۔ جو مسلمان حرام کھاتا ہے وہ جان بوجھ کر اپنے دین کے تقاضوں سے بے پرواہ ہوتا ہے۔ سوال یہ ہے کہ اگر وہ اپنے دین کی پرواہ نہیں کرتا اور اللہ تعالیٰ کے احکامات کو پس پشت ڈال دیتا ہے تو کیا وہ اس طرح مسلمان رہ سکتا ہے؟

بے حسی انسان کو لاپرواہ کر دیتی ہے۔ صرف وہی انسان من مانی کرتا ہے جو اپنے آپ کو کسی کے آگے جواب دہ نہیں سمجھتا۔ جب کسی اور سے کوئی غلطی ہو جاتی ہے چاہے وہ کوئی دوست ہو، رشتہ دار یا پڑوسی تو ہم اس غلطی کو بہت جلدی محسوس کر لیتے ہیں، اور اس پر تنقید کرنے اور فیصلے سنانے لگ جاتے ہیں۔ ہم فوراً قرآن کے داعی بن جاتے ہیں اور اس کی تعلیمات کی تبلیغ کرنے لگتے ہیں۔ حالانکہ جب اپنی زندگی سے متعلق کوئی بات ہو تو ہم اپنی

غلطیوں کو نظر انداز کر دیتے ہیں، اپنے گناہوں کو معمولی گردانتے ہیں اور پلک جھپکتے ہی اپنے جرم کو بھلا دیتے ہیں۔ ایسے موقع پر ہمیں اللہ کے خوف کے بجائے لوگوں کی پکڑ میں آنے کی زیادہ فکر ہوتی ہے۔ یہ بھی بے حسی کی ایک صورت ہے کہ انسان اللہ تعالیٰ کی بڑائی اور حاکمیت کو نظر انداز کر کے اپنے جیسے لوگوں کو اللہ پر فوقیت دے۔

اس کے علاوہ بہت سی دیگر صورتیں ہیں کہ جب بے حسی دین کے خلاف ایک جرم بن جاتی ہے۔ شکوک و شبہات اور خوف سے بھرا دل اور مشکلات سے بھری زندگی بے حسی اور لاپرواہی کو جنم دیتی ہے۔ جب انسان کسی صحیح چیز کے متعلق بے یقینی اور تذبذب کا شکار ہو تو اس کو یاد رکھنا چاہئے کہ اللہ تعالیٰ نے اس کو خوف، محبت، تنگدستی اور دوسری چیزوں کے ذریعے آزمانے کا وعدہ کیا ہے۔ ممکن ہے انسان کی موجودہ حالت اس کی آزمائش کا حصہ ہو۔ ایسے میں اس انسان کا عمل اور رد عمل، ہی اس کے مستقبل کا فیصلہ کرتا ہے۔

اکثر ایسا ہوتا ہے کہ لوگ حق سے پیچھے ہٹ جاتے ہیں کیونکہ وہ اس میں شامل ہونا نہیں چاہتے یا پھر اپنے لیے مزید مشکلات پیدا کرنا نہیں چاہتے۔ جو لوگ ایمان کی گواہی دے دینے کے بعد بھی تذبذب کا شکار رہتے ہیں اور صحیح فیصلہ نہیں کر پاتے، ایسے لوگوں کے بارے میں اللہ تعالیٰ فرماتا ہے:

"وہ درمیان میں ہی معلق ڈگمگا رہے ہیں نہ پورے ان کی طرف نہ صحیح طور پر ان کی طرف اور جسے اللہ تعالیٰ گمراہی میں ڈال دے تو اس کے لیے کوئی راہ وہ پائے گا۔" (القرآن، ۴: ۱۴۳)

"یہ اجازت تو تجھ سے وہی طلب کرتے ہیں جنہیں نہ اللہ پر ایمان ہے نہ آخرت کے دن کا یقین ہے، جن کے دل شک میں پڑے ہوئے ہیں اور اپنے شک میں ہی سرگرداں ہیں۔" (القرآن، ۹: ۴۵)

آج کا مسلمان اپنی دنیاوی زندگی میں اس قدر محو ہے کہ اس نے با قاعدہ اپنے اوپر ایک بے حسی کا خول چڑھا رکھا ہے۔ "مجھے کیا" اور "میں کیوں فکر کروں" والے جملے جو دن میں درجنوں بار دہرائے جاتے ہیں، ان سے نہ صرف خاندانی رشتوں میں ٹوٹ پھوٹ

ہوتی ہے بلکہ انسان کا اللہ تعالیٰ سے روحانی تعلق بھی کمزور پڑ جاتا ہے۔ مزید برآں یہ کہ انسان دوسروں کا غم محسوس کرنے سے ڈرتا ہے اور ان کی بربادی اور مفلسی کے تجربے اور مشاہدے سے گھبراتا ہے۔ وہ صرف اپنے آج اور کل کے لیے جیتا ہے اور آخرت کو بھلا دیتا ہے۔ اس لیے جب اللہ تعالیٰ کے احکامات پر عمل کرنے کا وقت آتا ہے یا دوسرے مسلمانوں کی مدد کا تقاضا ہوتا ہے تو وہ اپنے آپ کو اور دوسروں کو عذر پیش کرتا رہتا ہے اور اپنے آپ کو اس بات پر قائل کر لیتا ہے کہ اس کے پاس ایک جائز عذر ہے جس کی وجہ سے وہ معافی کے لائق ہے۔ اپنی بے حسی کی وجہ سے اللہ کے راستے میں جدوجہد نہ کرنا ایک بہت بڑا جرم ہے۔ اس کی اصلاح اس وقت ممکن ہے جب انسان صحیح اور غلط کا فیصلہ کرتے وقت اپنے عذرات اور عمل پر غور کرے۔ راست روی پر قائم رہنے، ایمان کو مضبوط کرنے اور پھر بالآخر نجات پانے کے لیے ضروری ہے کہ انسان راست روی اختیار کرے، حق پر قائم رہے اور اللہ کو راضی کرنے کے لیے مخلصانہ کوشش کرے۔ اس کے علاوہ یہ بھی ضروری ہے کہ وہ برائی کی مذمت کرے اور اچھائی کا پرچار کرے۔

وہی با ایمان مسلمان جو شیطان کے خلاف جہاد کرتے ہیں اور اپنے دل کو پاک رکھنے کی کوشش کرتے ہیں اتنی حکمت اور ہمت والے ہوتے ہیں کہ حق کو اختیار کر سکیں۔ اسلام میں بے حس لوگوں کے لیے کوئی جگہ نہیں۔ چونکہ مسلمان اللہ تعالیٰ کا نائب ہے اس لیے اسے مستعدی کے ساتھ اسلام کی روشنی پھیلانے کا کام کرنا ہے۔ اکثر اوقات جب مسلمان حکمران کافر حکمرانوں سے دوستی اور امن چاہتے ہیں تو دنیاوی فائدے کے لیے اللہ تعالیٰ کے احکامات کا سودا کر لیتے ہیں۔ ایسا کرتے وقت وہ یہ بھول جاتے ہیں کہ حقیقی امن اور فائدہ تو اللہ تعالیٰ کی شریعت کے نفاذ میں ہے۔

بے حسی ایمان کی روح کو مجروح کر دیتی ہے۔ جب انسان اللہ تعالیٰ کی فرمانبرداری میں ہچکچاتا ہے تو اس کا نفس کمزور ہو جاتا ہے۔ مزید یہ کہ اس کا اسلام اور دوسرے مسلمانوں کے حوالے سے لاپرواہ، بے فکر اور بے اعتنائی والا رویہ اسلامی امت کی جڑوں کو بھی نقصان پہنچاتا ہے۔

انعامات، ایمان اور توقعات:

اللہ تعالیٰ نے تمام انسانوں کو اعتدال کے ساتھ خواہشات اور صلاحیتوں سے نوازا ہے مگر ان کی ذہنی اور جسمانی قابلیتوں میں فرق رکھا ہے۔ بہت سے لوگ یہ سمجھنے سے قاصر ہیں کہ اللہ تعالیٰ انسانوں کو ان کی ذہنی و جسمانی صلاحیتوں کی مناسبت سے بھی رزق عطا کرتا ہے۔ اس کا مطلب یہ ہے کہ جو لوگ پیدائشی طور پر زیادہ ذہین، طاقتور اور باصلاحیت ہیں ان کے پاس اس دنیا میں کامیابی اور ترقی کے زیادہ مواقع موجود ہیں اور وہ اس دنیا میں آرام و آسائش والی زندگی گزار سکتے ہیں بہ نسبت ان لوگوں کے جو کمزور، کم عقل اور جسمانی طور پر کمزور ہیں۔ تاہم اللہ تعالیٰ نے بہت سے انسانوں کو ان کی ذہنی و جسمانی کمزوریوں کے باوجود بھی بہت سی نعمتیں عطا کرتا ہے۔

قیامت کے دن، کوئی دو انسان ایک پیمانے سے نہیں جانچے جائیں گے۔ بلکہ تمام انسانوں کو ان کی نعمتوں کی بنیاد پر جانچا جائے گا چاہے وہ پیدائشی ہوں یا اکتسابی۔ اس کا مطلب یہ ہے کہ غالب آنے والے اور مغلوب ہونے والے کو ایک ہی ترازو میں نہیں تولا جائے گا۔ اور نہ ہی کسی صاحب حیثیت اور علم رکھنے والے کو کسی مفلس و کمزور کی طرح جانچا جائے گا۔

جب کسی مسلمان کا ایمان کمزور ہوتا ہے تو وہ اللہ تعالیٰ سے زیادہ توقعات رکھتا ہے اور اپنی طرف سے کم عمل کرتا ہے۔ اللہ تعالیٰ کے عطا کردہ انعامات اور ان نعمتوں کے باوجود جو ہر لمحہ اس کے اردگرد پھیلی ہوئی ہیں، انسان اللہ تعالیٰ کی ناشکری کرتا نظر آتا ہے۔ بہت سے لوگ اپنے آپ کو اپنی اصلیت سے بڑھ کر اہم، قابل اور اعلیٰ و ارفع سمجھتے ہیں اور ان کو اس بات کا یقین ہوتا ہے کہ وہ بہتر اور بہترین کے حقدار ہیں۔ وہ توقع رکھتے ہیں اور چاہتے ہیں کہ ان کے ساتھ خاص سلوک کیا جائے، ان کو زیادہ توجہ اور شہرت حاصل ہو اور ان کی تمام خواہشات پوری ہوں۔ جب یہ سب ممکن نہیں ہوتا تو یہ لوگ تلخ یا بے حس ہو جاتے ہیں۔

جیسے جیسے انسان ترقی کی سیڑھی چڑھتا جاتا ہے اس کی توقعات اور خواہشات کا دائرہ وسیع ہوتا چلا جاتا ہے۔ زیادہ دولت، طاقت اور اختیار اس کے لیے ہر خواہش کو پورا

کرنے کا ذریعہ بن جاتے ہیں۔ اور انسان اپنی خواہشات اور عزائم کا اسیر بن کررہ جاتا ہے۔ جتنا زیادہ انسان اپنی خواہشات کو پورا کرتا ہے، اتنا زیادہ اس کا نفس اس سے مطالبہ کرتا ہے۔ ایک وقت ایسا آتا ہے کہ انسان اپنی دولت اور طاقت کی وجہ سے اپنے آپ کو دوسروں سے بہتر سمجھنے لگتا ہے۔ چونکہ وہ یہ نعمتیں دوسروں کے ساتھ نہیں بانٹتا اس لیے اس کا دل سخت ہوجاتا ہے۔ وہ اپنا اخلاقی معیار خود متعین کرتا ہے جو اس کی خواہش کے مطابق ہوتا ہے۔ اللہ تعالیٰ ایسے انسان کو چھوٹ دے دیتا ہے اور پھر اچانک بغیر کسی تنبیہ کے اس کو پکڑ لیتا ہے اور انصاف صادر فرماتا ہے۔

اگر انسان محتاط نہ رہے تو دولت، طاقت اور اختیار انسان کو اخلاقی طور پر ناقص کر دیتا ہے۔ چونکہ امیر کو ہر چیز با آسانی میسر ہوتی ہے اس لیے اس کے لیے اپنی خواہشات کو پورا کرنا قدرے آسان ہوتا ہے بہ نسبت اس شخص کے جو غریب ہوتا ہے۔ ایک آسان اور پر آسائش زندگی اس کو گناہوں کی طرف مائل کرتی ہے۔ نیز شیطان بھی اس کو بہکانے میں پھرتی دکھاتا ہے۔ اس طرح وہ شخص نہ صرف اپنی ذات کو نقصان پہنچاتا ہے بلکہ اپنے معاشرے کو بھی نقصان پہنچاتا ہے۔ سب سے پہلے وہ اپنی اخلاقی اقدار کھو دیتا ہے پھر ایمان اور آخر میں اللہ تعالیٰ کا خوف بھی اس کے دل سے نکل جاتا ہے۔ اس کی اخلاقی پستی اس کے حلقہء احباب اور ارد گرد کے لوگوں کے لیے ایک غلط مثال قائم کرتی ہے۔

دولت اور طاقت کی ہوس انسان کے دل کو ایک بیماری کی طرح جکڑ لیتی ہے، جبکہ اللہ تعالیٰ کی عطا کردہ نعمتیں مثلاً خوبصورتی، دانشمندی اور قابلیت اس کے دل کو اپنی ذات سے محبت اور تکبر سے بھر دیتی ہیں۔ نتیجتاً انسان توجہ اور دوسروں کے اچھے برتاؤ کی خواہش کرنے لگتا ہے۔ اور کیونکہ وہ اپنے آپ کو اس کا حقدار اور قابل تعریف سمجھتا ہے اس لیے اس کو یہ سب توقعات جائز اور صحیح معلوم ہوتی ہیں۔ یہ جذبات صرف عام لوگوں کا خاصہ نہیں بلکہ اہل کتاب بھی اس میں شامل ہیں اور بہت سے دینی رہنما اور عالم دین بھی اس سے متاثر ہیں۔

آج بہت سے مذہبی رہنما اور امام اپنے آپ کو عام لوگوں سے بہتر سمجھتے ہیں۔ وہ

سمجھتے ہیں ان کے علم کی وجہ سے ان کو یہ اعلیٰ رتبہ حاصل ہے اور وہ عام انسانوں سے زیادہ ذہین اور پاک ہیں۔ وہ توقع کرتے ہیں کہ لوگ نماز کے لیے ان کا انتظار کریں چاہے وہ دیر سے ہی کیوں نہ آرہے ہوں۔ مزید یہ کہ وہ لوگوں کو قرآن فہمی سے روکتے ہیں کیونکہ انہیں یہ خوف لاحق ہوتا ہے کہ لوگوں کو ان کے سوالات کے جواب مل جائیں گے جس کی وجہ سے ان کی اپنی اہمیت کم ہو جائے گی۔ یہ دونوں افعال ان کی جھوٹی انا اور خود پسندی کا منہ بولتا ثبوت ہیں۔

اسی طرح جو لوگ سماجی اور معاشرتی کاموں میں حصہ لیتے ہیں یا وہ لوگ جو حافظ قرآن ہیں یا حج کے لیے مکہ جاتے ہیں یا اسی طرح کے دیگر کام کرتے ہیں، اکثر اوقات اپنے آپ کو دوسرے عام لوگوں سے بہتر تصور کرتے ہیں۔ ان کی انا بڑھ جاتی ہے جس کے باعث وہ اپنے آپ کو کوئی خاص اور برتر چیز سمجھنے لگتے ہیں اور اس کے نتیجے میں وہ چاہتے ہیں کہ ان سے لوگ اس طرح پیش آئیں جیسے کسی بے تاج بادشاہ کے ساتھ پیش آیا جاتا ہے۔

بدقسمتی سے ہم میں سے بہت سے لوگ اپنی ہی انا کی بھینٹ چڑھ جاتے ہیں۔ ہم اپنے آپ کو کسی نہ کسی لحاظ سے دوسروں سے بہتر سمجھتے ہیں، زیادہ رحمدل، ذہین، خوش طبع، بہادر، ہوشیار، خوبرو اور سخی۔

انسان اپنے آپ کو زیادہ اہمیت تب دیتا ہے جب وہ اپنے خالق کی کماحقہٗ قدر نہیں پہچانتا۔ وہ اپنی نعمتوں کو دیکھتا اور پسند کرتا ہے مگر ان نعمتوں کے عطا کرنے والے کو بھول جاتا ہے۔ بعض اوقات وہ یہ سمجھنے لگتا ہے کہ اس کی قابلیت اور اوصاف اس کی اپنی محنت کا نتیجہ ہیں۔ وہ ایک اہم نکتہ نظر انداز کر دیتا ہے کہ اس کو عطا کرنے والے رب نے اور بہت سوں کو بھی عطا کیا ہے۔ یہ ایک سادہ سی حقیقت ہے جو اس کو ایک عام آدمی کی صف میں لا کھڑا کرتی ہے۔ ایک اور بات جو وہ نظر انداز کر دیتا ہے وہ یہ کہ جس نے اس کو یہ نعمتیں عطا کی ہیں وہ ان کو واپس بھی لے سکتا ہے۔ یہ حقیقت اس کو اس کے درست مقام پر لا کھڑا کرتی ہے: آج اس کے پاس جو موجود ہے وہ اس کا ہے لیکن کون کہہ سکتا ہے کہ وہ کل بھی

اسی کا رہے گا؟

یہ محض اللہ تعالیٰ کی رحمت، مہربانی اور انعام ہے کہ انسان کے پاس ایسی نعمتیں ہیں جو بدقسمتی سے اس کے غرور اور خود ساختہ برتری کا باعث بنتی ہیں۔ایک سچا مومن ایسی نعمتیں پا کر اپنے مالک کا شکر کرنے والا بنتا ہے، اس کی ناراضگی سے ڈرتا ہے اور دوسرے لوگوں کے معاملے میں زیادہ خاکساری سے کام لیتا ہے۔ وہ یہ جانتا ہے کہ جتنی بڑی نعمتیں اس کو عطا ہوں گی، اس کی آزمائش بھی اتنی ہی بڑی اور کٹھن ہوگی۔ وہ یہ جانتا ہے کہ شیطان خدا کے نیک بندوں کو بہکانے کی سرتوڑ کوشش کرتا ہے اور گناہگاروں کے پیچھے کم بھاگتا ہے۔ یہ ادراک اسے چوکس اور چوکنا رکھتا ہے اور راست روی پر قائم رہنے میں اس کی مدد کرتا ہے۔اس کا یہ مطلب ہرگز نہیں کہ اس کی زندگی آسان ہو جاتی ہے یا اس کو ذاتی مشکلات درپیش نہ ہونگی۔ اس کو بھی مشکلات درپیش ہوں گی مگر حق اور باطل کی پہچان، اور اپنی ذات کی معرفت اس کے لیے چیزوں کو آسان بنا دے گی۔

غلط ترجیحات اور ناکام ہوتا ایمان:

جب انسان اپنے رہن سہن کی مناسبت سے اپنی ترجیحات تبدیل کرتا ہے، اس کا ایمان کمزور ہوتا چلا جاتا ہے۔ حضرت محمد ﷺ کے دور میں صحابہ کرامؓ خدا کے کلام کو ہر شے پر فوقیت دیتے تھے۔ وقت کے ساتھ ساتھ انسان کی زندگی آسان ہوتی چلی گئی اور انسان بذات خود سست اور آرام پسند ہوتا چلا گیا۔ اس کی ترجیحات تبدیل ہوگئیں۔ اس کو ہفتے کے ساتوں دن اور چوبیس گھنٹے اپنے فرائض کی انجام دہی پہاڑ سر کرنے جیسا مشکل امر لگنے لگا۔ اس لیے وہ کوئی آسان راستہ ڈھونڈنے لگا۔ بہت جلد وہ اپنی ذات کو ہر چیز پر فوقیت دینے لگا اور اس کی نظر میں اللہ تعالیٰ کے احکامات کی اہمیت کم ہوگئی۔ قرآن جس کو ہر شے پر فوقیت دی جاتی تھی اور ہر چیز سے بالاتر رکھا جاتا تھا اب اس اونچے مقام سے ہٹا دیا گیا۔ اس کو قرآن کے مقابلے میں احادیث آسان معلوم ہونے لگیں۔ احادیث اس کو بوجھ معلوم نہ ہوتی تھیں اور نہ ہی وہ اس کے رہن سہن اور معمولات زندگی میں مداخلت کرتی محسوس

ہوتیں۔

ایک لاعلم انسان کے لیے قرآن کلام اللہ کا درجہ رکھتا ہے جبکہ احادیث اس کے لیے خوشخبری ہوتی ہیں۔ قرآن اس کے دل میں خوف پیدا کرتا ہے جبکہ اس کی منتخب کردہ احادیث اسے تسلی دیتی ہیں اور اس کی روح کو اطمینان بخشتی ہیں۔ اصل بات یہ ہے کہ حقیقت کو نظر انداز کرنے سے حقیقت بدل نہیں جاتی، صرف مشکلات بڑھتی ہیں۔ قرآن اور حدیث کو کامل طریقے سے سمجھنا اور ان پر مکمل عمل کرنا چاہئے۔ ان خزانوں سے صرف اپنے مطلب کی آیات کو چننا یا صرف اپنی پسندیدہ احادیث پر عمل کرنا ہمیں بہت بھاری پڑ سکتا ہے۔

جو زندگی ہم اس دنیا میں گزار رہے ہیں، ہمیں اس کا آخرت میں جواب دینا ہوگا۔ قرآن اور سنت کی پیروی کوئی بچوں کا کھیل نہیں۔ کوئی عذر یا سفارش کام نہ آئے گی۔ صرف جدوجہد کو تولا جائے گا۔ جو لوگ اس دنیا کی پر آسائش زندگی کو آخرت کے آرام پر فوقیت دیتے ہیں ان کو اپنی حکمت عملی پر غور کرنا چاہئے اور اپنی زندگی کی ترجیحات کا از سر نو تعین کرنا چاہیے۔

شبہات اور خواہشات

دو بڑی رکاوٹیں جو انسان کو قرآنی آیات کی سچائی قبول کرنے سے روکتی ہیں وہ شبہات اور خواہشات ہیں۔ ایک دفعہ جب وسوسے اور خواہشات انسان کے دل و دماغ میں سرایت کر جائیں تو وہ انسان کا ایمان کمزور کر دیتے ہیں اور اس کو سیدھی راہ سے بھٹکا دیتے ہیں۔ شبہات وہ ذہنی الجھنیں ہوتی ہیں جن کو انسان کا دماغ شیطان کے زیر اثر جنم دیتا ہے اور یہ انسان کو سچائی قبول کرنے سے باز رکھتی ہیں۔ جبکہ خواہشات نفسیاتی ہوتی ہیں جن کو شیطان انسان کے دل میں ڈالتا ہے اور وہ انسان کو لذتوں کی کھوج میں لگا دیتی ہیں۔ ان دونوں صورتوں میں انسان کے ایمان پر حملہ ہوتا ہے اور اس وقت اس میں لڑنے کی صلاحیت کمزور پڑ چکی ہوتی ہے۔ صرف وہ لوگ:

☆ جو ایمان لائے
☆ جنہوں نے نیک عمل کیے
☆ لوگوں کو سیدھی راہ دکھائی
☆ اور ان کو صبر کی تلقین کرتے رہے

اس دنیا میں بھی کامیاب ہوں گے اور آخرت میں بھی بہترین جزا پائیں گے۔ انسان خود پرست ہے۔ جب تک وہ اپنے سے نیچے لوگوں کو نہیں دیکھتا، وہ اپنے حال پر افسردہ رہتا ہے اور یوں ناشکرا بن جاتا ہے۔ اپنی ذات کے غم میں مبتلا رہنا اور اپنے آپ کو بد قسمت تصور کرنا اس کو آخرت سے غافل کر دیتا ہے اور وہ ان بڑی آزمائشوں کو بھول جاتا ہے جن کا سامنا اس کو ہر حال میں کرنا ہے۔ اپنی ذات میں محو انسان اپنی ذات کے خول میں بند ر ہتا ہے اور ان حقائق کو بھلا دیتا ہے:

۱۔ وہ اللہ کو بھول جاتا ہے اور منکر بن جاتا ہے۔
۲۔ وہ اپنے ماضی کو بھول جاتا ہے اور اس کے اسباق بھی بھلا دیتا ہے۔
۳۔ وہ قرآن اور اس کی تعلیم کو بھلا دیتا ہے۔

جب انسان اللہ کو بھول جائے تو سب سے پہلے اس کے دل سے اللہ کا خوف چلا جاتا ہے۔ وہ اللہ تعالیٰ کو اس کی خلق میں نہیں دیکھ پاتا اور اس طرح اس کا ایمان دھندلا ہو جاتا ہے۔ بہت جلد وہ بھول جاتا ہے کہ اس کی زندگی خدا کی دین اور اس کی ملکیت ہے اور وہ خود اللہ کا غلام ہے۔ اس کی اپنی پریشانیاں اس کو ان بڑی آزمائشوں سے غافل کر دیتی ہیں جن پر پورا اترنے سے ہی اس کو نجات حاصل ہو گی۔

جب انسان اپنا ماضی اور اس کے سکھائے ہوئے سبق کو بھلا دیتا ہے، وہ اپنی جان کو جوکھوں میں ڈال دیتا ہے اور بار بار چوٹ کھاتا ہے۔ جو لوگ اپنے بد اعمال یا بے عملی کی وجہ سے تباہ ہوئے، وہ آنے والی نسلوں کے لیے واضح تنبیہ چھوڑ گئے۔ یہ تنبیہ ہمیں بتاتی ہے کہ ہمیں کیا کرنا اور کیا نہیں کرنا چاہیے مگر افسوس ہم میں سے اکثر لوگ ان باتوں کو نظر انداز کر دیتے ہیں اور اپنی من مانی کرتے چلے جاتے ہیں۔ اس کا نتیجہ ایک درد ناک سزا کے سوا

کچھ نہیں ہے۔

جب انسان اللہ تعالیٰ کے پیغام کو نظر انداز کرتا ہے وہ بغیر سوچے سمجھے اپنی زندگی کی ناؤ کو تباہ کر دیتا ہے۔ قرآن میں ہر دور کے انسان کے لیے ہدایت ہے تا کہ وہ سیدھی راہ سے نہ بھٹکے۔ لیکن جو بدقسمت لوگ ہیں وہ نہ تو اس ہدایت پر کان دھرتے ہیں اور نہ ہی اس کی تعلیمات پر عمل کرتے ہیں۔ اس طرح وہ اپنی جان کو خطرے میں ڈال دیتے ہیں۔

امن اور انصاف کے قیام کی جنگ

انسان کی ناکامی کی ایک اور وجہ اس کا خود قاضی بن کر دوسرے لوگوں کے متعلق فیصلے صادر کرنا ہے۔ جب انسان اپنے تفویض کردہ کاموں سے ہٹ کر اپنے آپ کو دوسرے لوگوں پر قاضی سمجھ بیٹھے اور بعض کو جہنمی اور دوسروں کو جنتی قرار دینے لگے تو وہ اللہ تعالیٰ کے احکامات کی خلاف ورزی کا مرتکب ہوتا ہے۔

ایک سچا مسلمان، جو رسول اللہ ﷺ کا پیروکار اور اللہ تعالیٰ کا بندہ ہے اس کو لوگوں کو سیدھی راہ کی طرف بلانے کا حکم دیا گیا ہے کسی منزل تک پہنچانے کا نہیں۔ ہدایت اللہ کے ہاتھ میں ہے۔ ایک مومن کا کام تو بس یہ ہے کہ وہ اس ہدایت کی روشنی کو دوسروں تک پہنچائے۔

اپنی ذات کے تکبر میں انسان اس حد سے آگے بڑھ جاتا ہے جس کا اس سے تقاضا کیا گیا ہے اور ایسا کرنے سے وہ فائدے سے زیادہ نقصان کر بیٹھتا ہے۔ یہ مذہبی لوگ ہی ہوتے ہیں جو خدا کے منکروں کو جنم دیتے ہیں اور بہت سے غافل مسلمان ہی اسلاموفوبیا کو بڑھانے کا سبب بنتے ہیں۔

جب مسلمان قتل کر کے اس کو خدا سے منسوب کرتے ہیں، دوسرے ادیان کو برا بھلا کہتے ہیں اور غیر مسلموں کو زبردستی اسلام قبول کرنے پر مجبور کرتے ہیں تو وہ دراصل خود بھی اپنے مذہب پر عمل نہیں کر رہے ہوتے بلکہ اپنے ناپاک دل کی پیروی کر رہے ہوتے ہیں۔ ایک سچا مسلمان قرآن کا پیغام سمجھتا ہے جو مسلمانوں کو واضح طور پر دوسرے ادیان کے معبودوں کو گالی دینے سے منع کرتا ہے کیونکہ اس طرح وہ بھی ان کے خدا کو گالی دیں گے۔

اسلام ایک پرامن مذہب ہے جو صرف اپنی حفاظت اور دفاع کے لیے جنگ کی اجازت دیتا ہے یا اس وقت جہاد کا حکم دیتا ہے جب کسی مسلمان کی جان اور مال کو خطرہ لاحق ہو۔ ایسے مواقع پر بھی جہاد کے واضح اصول متعین کر دیے گئے ہیں۔ کسی مسلمان کو یہ اجازت نہیں کہ وہ جہاد کے نام پر کسی بوڑھے، کمزور، عورت یا بچے کو مارے۔ مزید یہ کہ اس کو دشمن سے لڑائی کے دوران بھی درختوں اور کھڑی فصلوں کو نقصان پہچانے کی سخت ممانعت ہے۔

آج کے دور میں کوئی ایسا ملک موجود نہیں جس نے جنگ کے لیے اس طرح کے اصول وضع کیے ہوں اور نہ ہی کوئی ایسا ملک ہے جو اپنی سرحدوں کی حفاظت نہ کرے۔ اسلام کسی سرحد کا پابند نہیں۔ مسلمان امت زمین کے ہر خطے میں موجود ہے۔ اور مسلمانوں کا بھی حق ہے کہ وہ ایک پرامن اور بے خوف زندگی گزاریں۔

اسلام ناانصافی اور ظلم کے خاتمے کے لیے جنگ کا حکم دیتا ہے اور یہ کوئی انوکھی بات نہیں۔ یہودیت اور عیسائیت اور یہاں تک کہ بدھ مذہب میں بھی یہی سبق سکھایا جاتا ہے۔ مگر افسوس کی بات ہے کہ ان سب مذاہب کے پیروکار اس پر عمل نہیں کرتے۔ لاعلم اور جاہل لوگ، خاموش مسلمان اسکالرز اور اسلام کے دشمنوں نے مل کر اسلام کی شبیہ کو مسخ کر دیا ہے۔ یہ بہت دلگیر بات ہے کہ غیر مسلموں کے ساتھ ساتھ بعض مسلمان بھی قرآن کی بعض آیات سے کتراتے اور منہ موڑتے ہیں بجائے اس کے کہ ان کو بہتر طور پر سمجھنے کی کوشش کریں۔

کوئی بھی کتاب اٹھا لیجیے اور اس کا کوئی بھی صفحہ پلٹ لیجیے، اب اس کے دوسرے پیراگراف کی تیسری عبارت کو پڑھیے۔ اب آپ کتاب بند کر دیجیۓ اور اس کے متعلق اپنی رائے دیجیے۔ کیا آپ بتا سکتے ہیں کہ یہ کتاب کیسی ہے؟ شدت پسند، پُرسوز، مزاحیہ، بیزار کن، معلوماتی، تاریخی یا انتہائی دلچسپ؟ آجکل دنیا کے لوگ بالکل اسی طرح اسلام کے متعلق رائے قائم کرتے ہیں۔ سرسری مشاہدے سے نہیں تو قرآن کی چند آیات کو پڑھ کر بغیر کسی تحقیق کے اپنی منفی رائے قائم کر لیتے ہیں۔

قرآن کوئی عام کتاب نہیں۔ یہ ایک گہری اور پراسرار کتاب ہے کیونکہ اس کے

اندر ایسے خزانے موجود ہیں جو بظاہر نظر نہیں آتے۔ جتنا زیادہ اس کو پڑھا جاتا ہے اور اس کی کھوج کی جاتی ہے، اتنا زیادہ علم حاصل ہوتا ہے۔ اس کا ہرگز یہ مطلب نہیں کہ اس کو عام انسان نہیں پڑھ سکتا بلکہ اس کا مطلب یہ ہے کہ جو کوئی اس سے جتنی خیر طلب کرتا ہے اسے اتنی ہی خیر اس سے مل جاتی ہے۔ آپ جتنا اس کی گہرائی میں جائیں گے، آپ کو اتنے زیادہ نادر اور قیمتی خزانے حاصل ہونگے جو آپ پر اس وقت تک ظاہر ہوتے رہیں گے جب تک آپ ان کی کھوج میں لگے رہیں گے۔

شریعت الٰہی کو فراموش کرنا:

کسی زمانے میں اسلامی شریعت انسانوں کے بنائے گئے قانون سے بالاتر ہوا کرتی تھی۔ آج کے دور میں انسان نے اس کو منسوخ کر کے اپنے قوانین بنا لیے ہیں۔ اس حوالے سے غیر مسلموں کی لاعلمی اور حماقت تو سمجھ میں آتی ہے مگر مسلمانوں کے لیے اس میں معافی کی کوئی گنجائش نہیں۔ چاہے کوئی لا دین جمہوری حکومت ہو، آمریت ہو، بادشاہت ہو یا فوجی آمریت، دنیا کے تمام مسلمان انسانوں کے بنائے گئے قوانین کے آگے سر جھکائے ہوئے ہیں۔ ان کے لیے ان قوانین کو قبول کرنا اور ان پر عمل کرنا آسان ہے کیونکہ ان کے دلوں میں انسانوں کا خوف بیٹھا ہوا ہے جو کہ اللہ کے خوف اور اس کے آگے جوابدہی کے احساس سے کہیں زیادہ ہے۔ نیز وہ نہ صرف ان قوانین کا بلکہ اپنے اعمال کا باآسانی جواز پیش کرتے نظر آتے ہیں اور ان کا دفاع کرتے ہیں۔

انسان بعض معاملات میں بہت شاطر ہے اور بعض میں بے وقوف۔ اسے جرم اور سزا کا نظریہ بہت آسان فہم معلوم ہوتا ہے۔ اس کو معلوم ہے کہ ہر فعل کا نتیجہ ہوتا ہے اور قوانین اس لیے بنائے جاتے ہیں تاکہ ان پر عمل کیا جائے۔ لیکن جتنی آسانی سے وہ دنیا کے معاملات کو سمجھتا ہے وہ آخرت کے متعلق اتنا ہی الجھ جاتا ہے۔ وہ آنکھوں دیکھی ہر چیز پر یقین کر لیتا ہے مگر اپنے دل کی آنکھ سے دیکھنے کی کوشش نہیں کرتا۔ وہ مختلف چیزوں کے لیے دوسرے انسانوں کی کاوشوں کو تسلیم بھی کرتا ہے اور سراہتا بھی ہے مگر اس مالک و خالق حقیقی

کی تعریف نہیں کرتا جو اس کی سوچ، تصور اور عقل سے بہت بڑا ہے۔

انسان معاشرے میں قوانین کی اہمیت کو سمجھتا ہے۔ اگر یہ قانون نہ ہوتے تو انسان کا معاشرتی نظام درہم برہم ہو جاتا اور انسان صدیوں پرانی زندگی میں لوٹ جاتا۔ انسان نے طاقت کا احترام سیکھ لیا ہے کیونکہ طاقت ہی قوانین متعین کرتی ہے اور ان کو ایک نظام کے تحت چلانے کی ذمہ دار ہے۔ انسان انصاف کے لیے اس طاقت کی طرف دیکھتا ہے۔ مظلوم کو ظلم سے بچانے اور ظالم کو سزا دلوانے کے لیے اسی طاقت کا سہارا لیتا ہے۔ اگر کوئی غیر مسلم ایسا کرے تو سمجھ میں آتی ہے لیکن اگر کوئی مسلمان ایسا کرے، اور ساتھ ہی وہ اللہ سے بے خوف ہو کر گناہ اور بداعمالیوں کا مرتکب ہو تو یہ بات بالکل قابل قبول نہیں۔ جب کوئی مسلمان رشتوں، افراد، خاندان اور معاشرے کو نقصان پہنچاتا ہے تو اس کو یہ معلوم ہونا چاہئے کہ اس کو ایک عظیم طاقت دیکھ رہی ہے جو اس کے ہر فعل کا حساب رکھے ہوئے ہے۔ ایک دن تمام انسانوں کو اس کے آگے حاضر ہونا ہوگا اور اس کے احکامات کی خلاف ورزی کرنے کی سزا بھگتنی ہوگی۔ جو لوگ اس دنیا میں سزائیں دیتے ہیں اور دوسروں کے لیے سزا کی خواہش رکھتے ہیں ان کو اپنی کوتاہیوں کے بارے میں سوچنا چاہیے اور اللہ کی پکڑ سے ڈرنا چاہیے۔

سیکولر اور لادین دنیا میں جب کوئی انسان غلط سمت نکل پڑتا ہے تو اس کو rehabilitation کے عمل سے گزارا جاتا ہے تاکہ اس کی صلاحیتوں کو مثبت انداز میں سدھارا جاسکے۔ اس میں خود انحصاری اور اعتدال پیدا کرنے کی کوشش کی جاتی ہے۔ جسمانی ونفسیاتی بحالی کا یہ طریقہ دور جدید کی دنیا میں بہت مقبول اور عام ہے۔

جیسے جیسے ایک بچے کی عمر میں اضافہ ہوتا ہے اس کی خواہشات اور ضروریات بھی بڑھ جاتی ہیں۔ وہ اپنی معصومیت کو شیطانی اثرات کے باعث کھو دیتا ہے اور اکثر غلط فہمیوں کا شکار ہو کر تباہی کے راستے پر چل پڑتا ہے۔ اس کو وہی نظر آتا ہے جو اس کا نفس اس کو دکھانا چاہتا ہے اور یہ فریب اس کو سیدھی راہ سے بھٹکا دیتا ہے۔ افسوس کی بات تو یہ ہے کہ بہت سے لوگ ایک بیمار دل کو پہچان لیتے ہیں اور جان لیتے ہیں کہ انسان اللہ سے دور ہے لیکن

بھٹکے ہوؤں کو واپس لانے والے لوگ بہت کم ہوتے ہیں۔

ایک بھٹکا ہوا مسلمان اپنے بیمار دل کو اسی صورت شفایاب کر سکتا ہے کہ وہ شیطان اور اپنے نفس کے خلاف جہاد کا اعلان کرے۔ نفس کے خلاف جہاد بھی نفسیاتی بحالی (rehabilitation) سے ملتا جلتا عمل ہے جس میں انسان اپنے آپ کو پاکیزگی اور فطرت کی طرف لوٹنے پر مجبور کرتا ہے۔ اس کا مقصد دل اور نفس کو شیطانی خیالات سے اور جسم کو تمام بد افعال سے پاک کرنا ہوتا ہے یہاں تک کہ مومن کا ایمان نئے سرے سے زندہ ہو جائے۔

صالحین کا راستہ:

سچی کامیابی اس رب کے آگے سر تسلیم خم کرنے سے حاصل ہوتی ہے جو تمام جہانوں کا مالک ہے۔ تاریخ کے مطالعے کے دوران ہمیں ایسے بے شمار متلاشیانِ حق کی مثالیں ملتی ہیں جنہوں نے دنیا کو لات دے ماری کیونکہ انہیں اس دنیا کے خزانوں سے بہتر اور مسرت بخش شے مل گئی تھی۔

دنیا سے دستبرداری کا مطلب یہ نہیں کے آپ دنیا کو خیر باد کہہ دیں بلکہ اس کا مطلب یہ ہے کہ اس کے پیچھے اندھوں کی طرح بھاگنا چھوڑ دیں اور اس کی فضول رسومات کو ترک کر دیں۔ انسان کو اس دنیا میں اس لیے نہیں بھیجا گیا کہ وہ اس دنیا کو اپنائے یا ترک کرے بلکہ اس سے مثبت طریقے سے فوائد اٹھانے کے لیے بھیجا گیا ہے۔ انسان کی ترجیح یہ دنیا نہیں بلکہ وہ منزل ہونی چاہئے جو اس سے پرے ہے۔ یہ دنیا انجام نہیں بلکہ اس تک پہنچنے کا راستہ ہے۔ اس سے دستبردار ہونے کا مطلب اپنی زندگی کی ترجیحات کا درست تعین کرنا ہے کہ پھر اللہ اور اس کی رضا کا حصول انسان کی اولین ترجیح بن جائے۔

جب انسان اللہ تعالیٰ کے آگے سر تسلیم خم کرتا ہے تو اس کو اپنی دنیا کے جانے کا غم نہیں ہوتا کیونکہ اسے معلوم ہوتا ہے کہ اس دنیا سے بڑے اور نمول خزانے آخرت میں اس کے منتظر ہیں۔ اس کے دل کو یقین ہوتا ہے کہ ہر چیز کا مالک اللہ تعالیٰ ہے اس لیے وہ ہمیشہ شکر گزار رہتا

ہے اور کسی چیز کے کم ہونے سے نہیں گھبراتا۔ البتہ جو لوگ اس اصل حقیقت کو نہیں سمجھتے وہ مستقل خسارے کا شکار رہتے ہیں۔ وہ ان چیزوں کے پیچھے بھاگتے رہتے ہیں جو انہیں نجات دلانے کے بجائے ان کے حالات کو مزید بگاڑ دیتی ہیں۔ وہ دنیا کی دولت کے بدلے اپنے اخلاق و اقدار کا سودا کر لیتے ہیں اور قرآن و سنت کی تعلیمات کو عارضی خوشیوں کے عوض بیچ دیتے ہیں۔

اکثر لوگ اسی خسارے کے سمندر میں غوطہ زن ہوتے ہیں مگر بعض ایسے بھی ہیں جن کی نجات ممکن ہے۔ یہ صالحین اور راست رو لوگ ہیں۔ یہ وہ لوگ ہیں جو اس دنیا کے بدلے آخرت کا منافع بخش سودا کرتے ہیں۔ ان کو دنیا کے کھونے کا غم نہیں ہوتا، مگر اپنے رب کی ناراضگی سے بہت ڈرتے ہیں اور آخرت کی ناکامی سے خوف زدہ رہتے ہیں۔ ایسے لوگ مال و متاع کے بدلے اپنے رب کی خوشنودی چاہتے ہیں اور اپنی صلاحیتوں کو دوسروں کی فلاح کے لیے استعمال کرتے ہیں۔ چنانچہ ایک طرف منکرِ حق اپنے غیر یقینی اور سخت انجام کی طرف بڑھ رہا ہوتا ہے تو دوسری طرف صالحین اخروی کامیابی کی منصوبہ بندی اور جدوجہد میں مصروف ہوتے ہیں۔ کامیابی اور بقا کے لیے ضروری ہے کہ انسان صالحین کے راستے کو اپنائے۔ یہ لوگ اصلاح کرتے ہیں، نیک عمل کرتے ہیں اور اپنے بھائیوں کو مخلصانہ اور قیمتی نصیحتیں کرتے ہیں کیونکہ وہ اپنے بھائیوں کے لیے بھی اسی طرح پریشان ہوتے ہیں جس طرح اپنی ذات کی فلاح کے لیے پریشان ہوتے ہیں۔ جب کوئی مسلمان نیکی کرتا ہے اور دوسروں کو بھی اس کی طرف بلاتا ہے تو وہ اس بات کا ثبوت دیتا ہے کہ وہ دوسروں کا بھلا چاہتا ہے۔ اور جب وہ اس روش پر مستقل مزاجی کے ساتھ قائم رہتا ہے تو وہ صالحین کی صف میں شامل ہو جاتا ہے اور جنت کا حقدار بن جاتا ہے۔

اگر تم ہدایت کے راستے کی طرف قدم بڑھانے کے لیے تیار نہیں تو اللہ سے ہدایت کا راستہ نہ مانگو۔

دیرپا تبدیلی تین مراحل سے گزر کر حاصل ہوتی ہے:

(۱) مسئلے کو قبول کرنا

(۲) اپنی غلطیوں کوتسلیم کرنااور

(۳) پائیدار حل تجویز کرنا۔

جب تک انسان کو اپنے ڈوبنے کا احساس نہ ہوتب تک وہ اپنے بچاؤ کی کوشش نہیں کرسکتا۔اس کے پاس اس دنیا میں بقااور آخرت میں نجات کا ایک ہی طریقہ ہے کہ وہ اسلام سے جڑ جائے۔اگراس کو اپنے ایمان، اخلاق اور معاملات میں غلطیاں نظر آئیں تو اس کو ان کا اعتراف کرنا چاہئے اوران کی اصلاح کی کوشش کرنی چاہئے۔ نیزاس کو صبر اور استقامت کے ساتھ حق پر کار بند رہنا چاہیے تا کہ اپنے ایمان کی افزائش کر سکے۔کیونکہ جب تک انسان بھلائی کی خاطر جدوجہد کرتا رہتا ہے، اس کا دل ایک پاکیزہ زندگی کے حصول کی تگ ودو کرتا رہتا ہے۔

دعوت فکر:

- کیا قرآن صرف مسلمانوں کے لیے ہے یا تمام انسانیت کے لیے ہے؟
- اللہ تعالیٰ نے بیان فرمایا ہے کہ انسان مسلسل خسارے کی حالت میں ہے الا یہ کہ وہ۔۔۔۔۔
- وقت کے پیچھے کیا حکمت ہے اور اللہ تعالیٰ نے انسانوں کو وقت کے ساتھ دوڑ میں کیوں لگایا ہے؟
- کیا ہم زندگی کے حقیقی مقصد کو بھلا کر وقت کے ساتھ جاری اس دوڑ میں جیت سکتے ہیں؟
- کیا قرآن ہمیں وہ کام کرنے کی یاددہانی نہیں کراتا جو ہم دنیا میں کرنے آئے تھے،قبل اس کے کہ وقت ختم ہوجائے؟
- کیا ہم وہ کام پورا کرتے ہیں جس کے لیے ہمیں یہاں بھیجا گیا تھا؟اگر نہیں،تو ہمیں کون سی چیز روک رہی ہے؟

- کیا جرائم بالآخر ہمیں نفع دے سکتے ہیں؟ یا وہ بذات خود ایک سزا ہوتے ہیں؟ اگر ہاں تو کیسے؟
- کیا انسان کی دنیا میں آمد کے مقصد سے لاعلمی ایمان کی کمی نہیں پیدا کرتی اور شیطان کے لیے دروازہ نہیں کھولتی جس سے وہ دل میں گھس آئے؟
- بے حسی کیا ہے؟ کیا اچھائی سے غفلت اور ہچکچاہٹ بے حسی پر منتج ہوتی ہے؟
- کیا بے حسی لوگوں کو بے پرواہ بنا دیتی ہے؟
- ایسی دیگر صورتیں کون سی ہیں جن میں بے حسی ایمان کے حوالے سے جرم بن جاتی ہے؟
- اللہ تعالیٰ قرآن مجید کی آیات (۴۔۱۴۳) اور (۹۔۴۵) میں ان لوگوں کے بارے میں کیا فرماتے ہیں جو ایمان کا دعویٰ کرنے کے بعد بھی ڈانواڈول ہوتے رہتے ہیں اور سیدھا راستہ منتخب نہیں کر پاتے؟
- جو مسلمان شیطان کے خلاف جہاد نہ کریں اور نہ ہی اپنے دلوں کا تزکیہ کرنے کی کوشش کریں کیا وہ سیدھے راستے کے انتخاب کے لیے درکار حکمت اور مضبوطی پا سکتے ہیں؟
- کیا اللہ کے قوانین کو نافذ کیے بغیر حقیقی امن حاصل کیا جا سکتا ہے؟
- اللہ سے زیادہ کی امید رکھنا مگر خود عمل بہت کم کرنا۔ کیا یہ کمزور ایمان کی علامت ہے؟
- کیا انسان اپنے آپ کو بہت بڑی چیز سمجھتا ہے؟ شاید اس لیے کہ وہ اپنے رب کی اس طرح قدر نہیں کرتا جس طرح کرنی چاہیئے؟
- کیا اپنی ترجیحات کو لائف اسٹائل کے مطابق بدلنے سے ایمان کمزور ہو جاتا ہے؟
- صالحین کون ہوتے ہیں؟ وہ صالحین کیسے بنتے ہیں؟

۱۹

خدا کی تلاش

(نووی، یونائیٹڈ اسٹیٹس، ۲۰۰۵ء-۲۰۱۵ء)

''ہزاروں خواہشات تھیں میری، مگر تجھ کو پانے کی ایک آرزو، سب بہالے گئی'' (رومی)

سوال: خدا کیسے ملتا ہے؟

جواب: ایک ایسی دنیا کا تصور کریں جس میں آپ کے سوا کوئی نہ ہو۔ آپ کا وجود خود بخود ایک ایسی ذات کی طرف متوجہ ہوگا جو ہمیشہ سے تھی اور ہمیشہ رہنے والی ہے۔ اللہ تعالیٰ، وہ واحد و لاشریک ذات ہے جو ہر چیز کا مالک ہے۔

جب انسان کی زندگی سے غیر ضروری مادوں کو ہٹا دیا جائے تو اس کی توجہ ہمیشہ اس کے اطراف میں موجود بڑی چیزوں کی جانب مبذول ہو جاتی ہے۔ وہ سوچنے اور غور و فکر کرنے پر مجبور ہو جاتا ہے۔ نیز ایسا آدمی جو اپنے آپ کو دنیا میں تنہا پاتا ہے، اس کے لیے بہت سی غیر ضروری چیزیں بے معنی ہو جاتی ہیں۔ مثال کے طور پر اس کی انا، گھمنڈ، مغالطے اور نمود کی اہمیت نہیں رہتی۔ اب اس کا مقصد صرف اپنی ذاتی تسکین تک محدود نہیں رہتا۔ اس کی توجہ اپنی ظاہری حیثیت سے ہٹ کر اپنے اندر کی روح پر مرکوز ہو جاتی ہے۔ وہ اپنے وجود کے مقصد اور دنیا کی حقیقت کی بابت سوال کرنے پر مجبور ہو جاتا ہے۔ جس کا جواب اسے بالآخر اللہ جل جلالہٗ کی جانب لے جاتا ہے۔

میں نے اپنے آپ کو دنیا میں بچ جانے والا واحد آدمی تصور نہیں کیا تھا۔ البتہ ایک لمبے عرصے تک میں اپنے آپ کو دنیا میں تنہا ضرور محسوس کرتا تھا۔ اپنی توقعات کے پورا نہ ہونے پر میں بس ختم ہو گیا تھا۔ میری پوری دنیا میری نظروں کے سامنے ہل کر رہ گئی تھی گویا کوئی میرے سامنے چونیوں سے بھرا تھیلا ہلا رہا ہو اور میں اسے واپس چھیننے کی طاقت بھی نہ رکھتا تھا۔ ایک ایسا وقت بھی آیا جب میں امیر تھا مگر میرا کوئی گھر نہ تھا۔ میرے پاس سب کچھ

ہونے کے باوجود کچھ بھی نہ تھا۔تب میں نے پہلی مرتبہ اللہ ﷻ کو پایا۔

کیا وہ میں تھا جس نے اللہ کو ڈھونڈ لیا تھا یا اللہ تعالیٰ نے مجھ ناچیز کو چن لیا تھا؟ مجھے نہیں معلوم ۔مگر یہ ضرور معلوم ہے کہ اس کی ابتداء پہچان سے ہوئی۔ میں یہ بھی جانتا ہوں کہ اللہ کی پہچان ہمیشہ سے قائم ہے اور تمام انسانوں کی روح پر نقش ہے۔ البتہ وقت کے ساتھ اس نقش پر دھول بیٹھ جاتی ہے اور یہ انسانی نظر سے اوجھل ہو جاتا ہے۔مگر جب انسان اپنی روح پر کندہ اس پوشیدہ نقش کو دوبارہ کھوج لیتا ہے تو یہ اس کو اپنے وجود کی پہچان اور دنیا میں آنے کے مقصد کو سمجھنے میں مدد دیتی ہے۔

سوال: وہ کیا چیز ہے جو انسان کو اللہ جَلّ جَلالہُ تک پہنچاتی ہے؟

جواب: (الف) انسان کی جبلت اس کو اللہ ﷻ تک پہنچاتی ہے۔

انسان اللہ ﷻ کو فطرتاً پہچان لیتا ہے۔ جب وہ مستقل ہارتا ہے یا ناقابل برداشت مصائب جھیلتا ہے، وہ اپنی اوقات سمجھ جاتا ہے۔ اپنی بھرپور جسمانی اور دماغی صلاحیتوں کے باوجود انسان ایک لاچار مخلوق بن جاتا ہے جو اپنی زندگی کو سنبھالنے سے قاصر ہوتا ہے۔سچ تو یہ ہے کہ نہ تو وہ دنیا میں اپنی مرضی سے آتا ہے اور نہ ہی اپنی مرضی سے جاتا ہے۔ ایک دفعہ جب وہ ان حقائق کا ادراک کر لے کہ کوئی اس کو مالک حقیقی کی مرضی کے بغیر نہ نقصان پہنچا سکتا ہے اور نہ نفع، پھر وہ اللہ جَلّ جَلالہُ کو کھوجنا شروع کر دیتا ہے۔ جب سب کچھ بے سود ہو جاتا ہے، پھر انسان ایک بڑی طاقت کو تسلیم کرنے پر مجبور ہو جاتا ہے۔ ایک بار پھر آپ ایک ڈوبتے ہوئے انسان کا تصور کیجیے۔ وہ کس کو اپنی مدد کے لیے پکارے گا؟ کس سے التجا کرے گا؟ دوسرے انسانوں سے، اداروں سے، یا اپنے سربراہ سے جو اس کے خود ساختہ معبود تھے؟ نہیں! وہ صرف اور صرف ایک ہی خدا کو پکارتا ہے۔ موت کا سامنا انسان کو یکدم توحید پرست بنا دیتا ہے۔

اس ڈوبتے ہوئے انسان کے جسم کا ہر خلیہ اس کی جان بچانے کی جدوجہد کرتا ہے، یہاں تک کہ اس کا شعور اور لاشعور بھی۔ اس زندگی اور موت کی زبردست کشمکش میں اس کی روح پر کندہ نقش واضح ہو جاتا ہے۔سب کچھ اگلے چند لمحوں کے لیے شیشے کی مانند صاف ہو جاتا ہے۔

اس کی عقل پر پڑی گرہ کھل جاتی ہے اور وہ مادی چیزوں سے ماورا ایک قوت کو پہچان لیتا ہے۔ اگلے گزرنے والے ان گنتی کے فیصلہ کن لمحوں میں اسے یہ احساس ہوتا ہے کہ اس کی زندگی ایک گھاس پھوس کے بنے گھوسلے کی مانند تھی جسے اس ماورا ہستی نے سہارا اور عافیت دے رکھی تھی۔ ان تیزی سے گزرتے پلوں میں وہ ایک خدائے واحد کو پہچان لیتا ہے۔

(ب) قرآن اور حدیث انسان کو اللہ ﷻ کی جانب مبذول کرتے ہیں۔

یوں تو آزمائشیں اور مصائب تمام انسانوں کو درپیش ہوتے ہیں، البتہ خدا کو پہچاننے کے لیے کسی آفت یا کسی المناک حادثے کا انتظار کرنا کسی حماقت سے کم نہ ہوگا۔ قرآن اور حدیث وہ نقشے ہیں جو سیدھے راستے کی طرف انسان کی رہنمائی کرتے ہیں اور اور بالآخر اسے اللہ ﷻ تک پہنچا دیتے ہیں۔ مزید براں، دینی فرائض جیسے نماز، روزہ، زکوٰۃ اور حج سیڑھیوں کی مانند ہوتے ہیں جو نہ صرف اس سفر کی تیاری میں مدد کرتے ہیں بلکہ انسان کو ربِّ ذالجلال سے ملا دیتے ہیں۔

جو لوگ اللہ کو دل سے تلاش کرتے ہیں وہ اس کی ذات کو قرآن کے صفحات اور احکاماتِ نبوی میں پا لیتے ہیں۔ البتہ شکی مزاج اور کند ذہن لوگ، جو قرآن کو محض مسترد کرنے کی غرض سے اٹھاتے ہیں اور حدیث کو محض نکتہ چینی کے لیے پڑھتے ہیں، وہ ان ذرائع سے کچھ بھی حاصل نہیں کر پاتے۔

قرآن از خود وحی کے اندر ایک وحی ہے: اس کے حقائق کو پانے کے لیے اس کا ایک بار پڑھنا نا کافی ہے۔ نیز یہ انہی لوگوں کو اپنی روشنی سے منور کرتا ہے جو صدق دل اور اخلاص کے ساتھ سچائی کو تلاش کرتے ہیں۔ یہی لوگ اللہ تک پہنچنے میں کامیاب ہوتے ہیں۔

(ج) نماز انسان کو اللہ تک لے جانے کا ذریعہ ہے:

اللہ سے تعلق قائم کرنے کا بہترین ذریعہ نماز کا قیام ہے۔ جب نماز خشوع اور خضوع کے ساتھ سمجھتے ہوئے پڑھی جاتی ہے تو وہ اللہ جَل جَلالہٗ کی یاد کو دل میں اجاگر کر دیتی ہے۔ وہ لوگ جو اپنے دل کی آنکھ سے دیکھنے کی کوشش کرتے ہیں، وہ پانچوں وقت کی

نماز کے منتظر رہتے ہیں اور اللہ کو اس کی کبریائی اور اپنی فانی حیثیت دیکھ کر با آسانی پہچان لیتے ہیں۔

اللہ کے بہترین بندے کسی مشکل اور مصیبت میں بھی اپنے سفر کو سست نہیں ہونے دیتے اور نہ ہی اپنے رب سے یہ رابطہ منقطع ہونے دیتے ہیں۔ البتہ وہ لوگ جو نماز پڑھنے کے باوجود اپنے دل کی آنکھیں بند رکھتے ہیں، اللہ ان کو اس کے نور سے محروم کر دیتا ہے اور وہ اللہ کی نشانیاں پہچاننے سے قاصر ہوتے ہیں۔

اللہ تعالیٰ قرآن میں فرماتا ہے:

''بیشک میں ہی اللہ ہوں، میرے سوا عبادت کے لائق اور کوئی نہیں،
پس تم میری عبادت کرو اور میری یاد کے لیے نماز قائم کرو''

(القرآن،۲۰:۱۴)

اس آیت میں اللہ انسانوں کو نماز کے ذریعے اسے یاد رکھنے کا حکم دیتا ہے۔ اگر انسان واقعی اللہ کو پہنچاننا چاہتا ہے، اس کو چاہیے کہ اپنے دل کو تمام برائیوں سے پاک کر کے اسے بھلائیوں سے بھر لے، اسی طریقے سے وہ اللہ کو پہچاننے میں کامیاب ہوسکتا ہے۔ اگر انسان کی نماز میں خلوص ہو تو اللہ سے اس کا مضبوط رابطہ قائم ہو جاتا ہے۔ البتہ اگر نماز ایمان سے خالی ہو تو پھر وہ محض دھوکا ہے جو دل کو جگانے اور اس کے اوپر کے پردے اٹھانے میں ناکام ہو جاتی ہے۔

(د) روزہ انسان کو اللہ تک پہنچاتا ہے:

روزہ اللہ تعالیٰ تک پہنچنے کا ایک اور ذریعہ ہے۔ روزے کے دوران ایک بار پھر غیر ضروری چیزیں کم ہو جاتی ہیں اور انسان کو اپنے رب کا قرب حاصل کرنے کا نادر موقع نصیب ہوتا ہے۔ اس کے جسم کی ضرورت کا پورا نہ ہونا، اس کی روح کو بیدار کر دیتا ہے اور وہ اپنے حقیقی رب کی جستجو میں لگ جاتا ہے۔ ایسے بھی لوگ ہیں جو رمضان کی آمد پر جوش انداز سے مناتے ہیں اور اس کا جانا انہیں افسردہ کر دیتا ہے۔ ان لوگوں کو معلوم ہوتا ہے کہ رمضان ان کو ان کے رب سے قریب کر دیتا ہے۔ یہ قربت جو اس مہینے سے قبل شاذ و نادر ہی ملتی ہے،

ان لوگوں کے دلوں کو ایک لطیف احساس سے سیر کر دیتی ہے۔

رمضان میں یہ لوگ اپنا زیادہ تر وقت قرآن کی تلاوت کے ذریعے اللہ سے گفتگو میں صرف کرتے ہیں۔ ان کا خلوص دل کو جگا دیتا ہے اور وہ بہ آسانی پیغامِ الٰہی کو سن اور سمجھ سکتے ہیں۔

میرا دل بھی رمضان میں جاگا تھا اور میں نے اللہ کو رات کے آخری پہر میں پایا تھا۔ میں اپنا گرم بستر چھوڑ کر اس شہنشاہ کے دربار میں حاضری دیتا اور اس کے آگے اپنی شرمندگی اور حقارت کا تصور کر کے سکڑ سا جاتا۔ میں نے جانے انجانے میں بہتیرے گناہ کیے تھے۔ میں نے نہ صرف اپنی ذات کو بلکہ دوسروں کو بھی تکالیف دی تھیں۔ اور ان تمام راتوں میں، میں صرف اور صرف اللہ کی محبت اور اس کی بخشش تلاش کرتا تھا۔

میں تہجد کے لیے اٹھنے میں ایک خاص خوشی محسوس کرتا جبکہ پوری دنیا نیند کی آغوش میں ہوتی۔ شاید اس لیے کہ مجھے وہ شے مل گئی تھی جس کی مجھے تلاش تھی؛ قیام میں کھڑے ہونے کا سکون اور اپنی عاجزانہ عبادت کے دوران حقیقی اطمینان۔ ان راتوں میں میں نے اپنے دل سے کئی پردے اٹھتے محسوس کیے۔ اور صبح ہوتے ہی میں اپنے اندر ایک مثبت توانائی محسوس کرتا تھا۔

مجھے اپنا مقصد مل گیا تھا۔ اس خدا کی بندگی میرے وجود کا مقصد تھی اور یہ بندگی میں اس کی مخلوق کی خدمت کے ذریعے کر سکتا تھا۔ میرا خستہ حال دل جو کئی ٹکڑوں میں بکھر چکا تھا ایک بار پھر جڑنے لگا۔ میں یہ بیان کرنے سے قاصر ہوں کہ میرے لئے حالات کتنی تیزی سے تبدیل ہونے لگے۔ بہت جلد میں نے اپنے اندر کی کڑواہٹ کو پرے کر دیا اور اللہ نے میرے لیے دوسروں کو معاف کرنا انتہائی سہل کر دیا۔ البتہ ان سب چیزوں کے باوجود بعض دن ایسے ہوتے جب میں اپنے ماضی کی یادوں سے بوجھل ہو جاتا۔ ایسے لمحات بھی تھے جب مجھے بھولا ہوا غم آ کر دبوچ لیتا اور سالوں پیچھے پھینک دیتا۔ گو یہ دورانیے کم اور عارضی ہوتے تھے مگر میرے ایمان کو ان سے خطرہ لاحق تھا۔ یہ وہی وقت تھا جب میں نے اللہ سے باتیں کرنا شروع کر دیں۔ ہوسکتا ہے یہ بات مضحکہ خیز معلوم ہوتی ہو، لیکن میرے

لیے اس ذات سے بات کرنا اور اس کو اپنے دکھ اور تکلیف سے آگاہ کرنا کسی دوسرے انسان سے بات کرنے سے زیادہ آسان تھا۔ اگر میں تھک جاتا تو اس کو بتا دیتا، اگر میں تکلیف میں ہوتا تو اس سے شکوہ کرتا، اگر مجھے کسی چیز کی ضرورت ہوتی تو اس سے مانگتا۔

ایک شام جب میرا ایمان میری کیاری میں لگے پھولوں کی طرح مرجھانے لگا تو میرے جسم کا ہر خلیہ اس زندگی کے بوجھ کے خلاف احتجاجاً شور مچانے لگا۔ میرا دل مجھ سے مخاطب ہوا اور اللہ کی کبریائی یاد دلانے لگا۔ وہ مستقل کہتا رہا: ''اللہ اکبر (اللہ بہت بڑا ہے): تمہارا رب تمہارے مسائل سے زیادہ بڑا ہے''، اور میرے تمام تفکرات اور غم منتشر ہوتے چلے گئے اور اندھیرے چھٹ گئے۔

اس کے بعد جب بھی میں افسردہ یا غمگین محسوس کرتا، میرا ذہن فوراً اپنی مشکلات کا موازنہ اپنے رب کی بڑائی سے کرنے لگتا۔ اور پھر میں فرط جذبات سے ٹوٹ کر رونے لگتا یا پھر اپنی بیوقوفی پہ ہنس پڑتا۔ میرے پاس فکر و غم کی کوئی وجہ موجود نہ تھی۔ میرا مرکز زندگی ایک دفعہ پھر سے تبدیل ہو گیا تھا۔ تمام فرائض اور نوافل میری فطرت کا حصہ بن گئے تھے۔ کبھی میں اپنی خواہشات کی پیروی کیا کرتا تھا۔ مگر اب میں اس قرض کو اتارنے کی کوشش کرتا۔ میں سوچتا ہوں کہ کیا یہی خدا کو پہچاننا ہے؟ میں سوچتا ہوں کہ کیا وہ ذات ہمیشہ سے میرے دل کی گہرائیوں میں بسی ہوئی تھی؟

خودی کی تلاش میں اللہ کو تلاش کرنا:

انسان بظاہر دوسری مخلوقات کی طرح ایک مخلوق ہے۔ لیکن اگر باریک بینی سے مشاہدہ کیا جائے تو وہ تخلیق کا معجزہ معلوم ہوتا ہے۔ جو کائنات اس کے گرد ہے وہی اس کے اندر بھی موجود ہے۔ اس کا ثبوت اس کی بناوٹ میں موجود ہے مگر صرف ان پر آشکار ہے جو غور و فکر کرتے ہیں اور اپنی تخلیق کے بارے میں سوچتے ہیں۔ جب انسان اپنی تخلیق کو سمجھ جاتا ہے تو پھر اپنے خالق کی بڑائی کو بھی پہچان لیتا ہے۔ غرض کہ خودی کو جان لینا، اللہ کو جان لینے کے مترادف ہے۔

جس طرح ایک گاڑی انسان کے وجود کا چیخ چیخ کر ثبوت دیتی ہے بالکل اسی طرح انسان اپنے خالق کی موجودگی کا جیتا جاگتا ثبوت ہے۔ مخلوق اپنے خالق کا بیان کرتی ہے۔ یہ انتہائی افسوسناک بات ہے کہ کچھ لوگ تکبر میں اپنے آپ کو سب سے بالاتر سمجھنے لگتے ہیں۔ وہ ان سب لوگوں کا مذاق ضرور اڑائیں گے جو ایک گاڑی کی تخلیق میں انسان کی کاوش کو ٹھکرائیں گے۔ مگر یہ لوگ خود اپنی تخلیق میں خدا کے وجود کو تسلیم کرنے سے جھجکتے ہیں۔

ایک گاڑی کے برعکس انسان ایک سادہ سی مشین نہیں۔ وہ پیچیدہ ہے اور بہت سی سطحوں پر کام کرنا جانتا ہے۔ اس کو دو مختلف عناصر چلاتے ہیں، ایک دماغ اور دوسرا دل۔ چاہے اس کی روح میں کوئی تضاد ہو یا جسم کا کوئی مسئلہ ہو، انسان ان دونوں صورتحال سے نمٹنے کی بھرپور صلاحیت رکھتا ہے۔ نیز جس طرح ہر شے اپنے خالق کا نقش لیے ہوتی ہے اسی طرح انسان بھی اپنے خالق کا نقش اپنی ذات پر لیے پھرتا ہے۔ اس کی روح پر گہرا نشان ہوتا ہے جو اس کو اپنے خالق کی تلاش میں مدد دیتا ہے۔ مگر اس کے ادراک سے پہلے انسان کا خود کو پہچاننا ضروری ہے۔ اپنے آپ کو کسی حد تک جاننے کے بعد یا اپنے لاشعور کو بیدار کرنے کے بعد ہی انسان حقیقتاً اللہ کو پہچان سکتا ہے۔

سورۂ ق میں اللہ تعالیٰ خود واضح الفاظ میں کہتا ہے:

''ہم نے انسان کو پیدا کیا اور اس کے دل میں جو خیالات اٹھتے ہیں ان سے ہم واقف ہیں اور ہم اس کی رگ جان سے بھی زیادہ اس سے قریب ہیں'' (القرآن،۱۶:۵۰)

انسان کی کمزوریوں کو اللہ سے بڑھ کر کوئی نہیں جانتا۔ مندرجہ بالا آیت ان لوگوں کے لیے ایک انکشاف ہے جو خدا کو ڈھونڈنے کی تگ و دو کرتے ہیں۔ خدا وہاں موجود ہے اور یہاں بھی، میرے پاس بھی اور تمہارے پاس بھی۔ اگر انسان اس کو پہچاننے سے قاصر ہے تو صرف اس لیے کیونکہ اس کا دل اندھیروں میں ڈوبا ہوا ہے۔

دل کے پردے ہٹا کر اللہ کو تلاش کرنا:

''ان کی مثال اس شخص کی سی ہے جس نے آگ جلائی پس جب آس

پاس کی چیزیں روشن ہوگئیں تو اللہ نے ان کا نور لے لیا اور انہیں اندھیروں میں چھوڑ دیا جو نہیں دیکھتے۔ بہرے، گونگے اور اندھے ہیں۔ پس وہ نہیں لوٹتے (سیدھے راستے پر)'' (القرآن ۲: ۱۷۔۱۸)

جس دل کے اوپر پردہ ہو اس میں روشنی نہیں جایا کرتی۔ وہاں اندھیرا رہتا ہے اور دل دیکھ نہیں پاتا۔ بدقسمت لوگ وہ ہیں جن کے دلوں پر یہ پردہ ہے۔ یہ گناہوں کے پردے ہوتے ہیں اور ہدایت کی روشنی کو اندر آنے نہیں دیتے۔ دلوں سے یہ پردہ ہٹائے بغیر، انسان شعور کی اس معراج کو نہیں پہنچ سکتا جو اللہ کو پہچاننے کے لیے ضروری ہے۔ ایسے لوگ بھٹکتے رہتے ہیں جب تک کہ وہ اللہ کی طرف رجوع نہیں کرتے۔ ان کو چاہئے کہ اپنی غلطیوں کو پہچان کر اپنے دل کو اندھیروں سے نکالیں۔ یہ اندھیرے انہیں بہرہ بنا دیتے ہیں اور وہ قرآن کی سچائی نہیں سن پاتے۔ انہیں گونگا بنا دیتے ہیں کہ وہ قرآن کے بول نہیں بول سکتے۔ انہیں اندھا بنا دیتے ہیں اور پھر وہ اللہ کی نشانیاں نہیں دیکھ پاتے۔

تزکیہ نفس کے ذریعہ اللہ کی تلاش:

انسان جب اپنے نفس کا تزکیہ کرتا ہے تو اللہ کی پاک ذات خود بخود دل میں گھر کر لیتی ہے۔ اللہ تعالیٰ القدوس ہے، انتہائی پاک ذات جو ہر قسم کی بھول چوک اور نقائص سے مبرا ہے۔ اللہ نے قرآن میں خود فرمایا ہے کہ اس نے انسان کے نفس کو اعتدال میں بنایا۔ البتہ جو لوگ اپنے نفس کو بدی سے بھر لیتے ہیں وہ خسارے میں ہیں۔ اللہ تعالیٰ فرماتا ہے:

''جس نے اپنے نفس کو پاک کیا، وہ کامیاب ہوا'' (القرآن، ۹۱:۹)

نفس کی پاکیزگی اختیار کرنا یعنی دل، جسم اور روح کو پاک کرنا انسان کو ہدایت کے راستے پر گامزن کر دیتا ہے۔ اور ہدایت یہی ہے کہ انسان اللہ کو پہچان لے۔ ایک پاکیزہ دل، انسان کی روح اور اللہ کے درمیان رابطے کا کام کرتا ہے۔ وہ انسان کو اللہ کی دوسری مخلوق کے ساتھ مل کر زمین پر رہنے اور امن وامان قائم کرنے میں مدد کرتا ہے۔

جب آدم اور حوا علیہما السلام سے بھول ہوئی تو انہوں نے اللہ تعالیٰ کا قرب کھو دیا۔ یہ قرب واپس حاصل کرنے کے لیے انہوں نے اپنے گناہوں کا اقرار کیا اور توبہ کی۔ بعد ازاں جب وہ دنیا میں اتارے گئے تو انہیں معلوم تھا کہ اللہ تعالیٰ کا ان سے تقاضہ ہے کہ وہ اپنے نفس کو قابو میں رکھیں اور دل کا تزکیہ کرتے رہیں۔ وہ جانتے تھے کہ دل ہی وہ چیز ہے جو انہیں کامیاب کر سکتی ہے۔ اسی لیے انہوں نے اس کی بھرپور حفاظت کی اور اس کی پاکیزگی کا خیال رکھا۔

جو لوگ اللہ کو ڈھونڈنے کی امید رکھتے ہیں انہیں معلوم ہونا چاہیے کہ دل کا تزکیہ اور اسے اندھیروں سے نکالنا بہت ضروری ہے۔ یہ اندھیرے اسی صورت چھٹ سکتے ہیں جب دل کو نیکی کی طرف راغب کیا جائے اور برائیوں سے بچایا جائے۔

روحانیت کے ذریعے اللہ کی تلاش:

روحانیت ایک اور دروازہ ہے جس سے گزر کر انسان سیدھا اللہ تک پہنچ سکتا ہے۔ یہ اندرونی سکون کا باعث ہوتا ہے اور اسے دینی فرائض، عبادات اور نوافل کے ذریعے حاصل کیا جا سکتا ہے۔ جب انسان اپنے دل کو پاک کر لیتا ہے تو وہ روحانیت کو اپنی زندگی میں داخل کر لیتا ہے۔ اگرچہ مختلف لوگ اس کے حصول کے لیے مختلف طریقے اپناتے ہیں مگر سب کا مقصد ایک ہی ہوتا ہے۔

ابتداء سے ہی اسلامی مراسم ایسے انداز سے سانچے گئے ہیں کہ وہ انسان کی روحانیت کو بڑھانے میں مدد دیتے ہیں۔ یہ الٰہی احکامات اور انسان کی صلاحیت کا امتزاج ہیں۔ تمام نبیوں کا ایک ہی مقصد تھا: اللہ کی توحید کا پیغام لوگوں تک پہنچانا اور ایسے اعمال کا اجرا کرانا جس سے مسلمانوں کی روحانیت کو فروغ ملے۔ لہٰذا نماز، روزہ، حج اور زکوٰۃ جیسی عبادات محض انسان کے ایمان کو ناپنے کے پیمانے نہیں بلکہ اس کی روحانیت کو بڑھانے اور تربیت دینے کی مشقیں بھی ہیں۔

مراسم عبودیت بھی اللہ کو تلاش کرنے کے ذرائع ہیں۔ جتنی اچھی انسان کی نماز ہوگی، اتنی مضبوط اس کی روحانیت ہوگی اور اللہ کو پانے کا راستہ سہل ہوگا۔ دیگر تمام

عبادات کا بھی یہی معاملہ ہے۔ جب انسان روحانیت کی اہمیت اور قدر جان لیتا ہے اور پہچان لیتا ہے کہ یہی اللہ کے قرب کا ذریعہ ہے تو اس کی کامیابی کا امکان بڑھ جاتا ہے۔

اپنے چھوٹے سے اپارٹمنٹ میں، میری زندگی میرے رب کی رضا کے گرد گھوم رہی تھی۔ میں اس کی محبت میں جی رہا تھا ہر قسم کے غم اور خوف سے آزاد۔ میں اپنے گھر والوں سے رابطے میں تھا اور یاسمین وقتاً فوقتاً مجھ سے ملنے آجاتی تھی۔ اس کو میری جسمانی صحت اور ذہنی کیفیت کی فکر لگی رہتی تھی۔ جب اس نے مجھ سے ڈاکٹر کوارٹن سے معائنہ کروانے کا کہا تو میں نے محض اس کی تسلی کے لیے ہامی بھر لی۔ حالانکہ حقیقت یہ تھی کہ میں نے اب سے بہتر پہلے کبھی محسوس نہیں کیا تھا۔ میں ایک نئے تعلق کو استوار کرنے پر لگا ہوا تھا اور اس کو میرا یوں بہاؤ کے ساتھ بہنا پریشان کر رہا تھا۔ ڈاکٹر کوارٹن کے ساتھ ایک درجن صبر آزما ملاقاتوں کے بعد ہم نے یہ سلسلہ روک دیا۔ بظاہر ہمیں کچھ حاصل نہ ہوا تھا مگر میرے خیال سے کوئی تجربہ بے سود نہیں ہوتا۔ بعض اوقات کچھ تجربات ایسے ہوتے ہیں کہ ان سے سیکھے گئے اسباق ہمارے ذہن کی گہرائیوں میں محفوظ ہو جاتے ہیں اور اپنے وقت پر سمجھ آتے ہیں۔

پرامید طالب حق:

جو اللہ کو پالینے کا خواہشمند ہو، اسے چاہیے کہ اس راہ پر چلنے سے پہلے خود کو ان خصوصیات سے لیس کرے جو اس سفر کے لیے ضروری ہیں۔ جن میں سب سے اہم قرآن، حدیث، احکامِ شریعت اور نفس کے متعلق شعور اور علم ہے۔ پیچیدہ علوم کی ضرورت نہیں مگر انسان کا اپنے ایمان کو سمجھنا اور جاننا بہت ضروری ہے۔ اس کو اپنے نفس پر کڑی نظر رکھنی چاہیے تاکہ وہ اپنے آپ کو تابع رکھ سکے اور اپنے اندر سچائی، صبر، انصاف اور بصیرت جیسی خوبیاں پیدا کر سکے۔ نیز اسے ہر لمحہ اللہ کی موجودگی کا احساس کرنا چاہیے۔

اللہ کو ڈھونڈ پانا شاید کچھ لوگوں کے لیے آسان ہو اور بعض کے لیے مشکل۔ یہ اللہ کی مرضی، اس کی رحمت اور انسان کی کوشش پر منحصر ہے۔ البتہ اللہ کے ذکر اور اس کی

عبادات میں اس کا قرب ضرور حاصل ہوتا ہے۔ اپنے آپ کو بدلنا ممکن ہے اگر انسان اس تبدیلی کے لیے ذہنی طور پر تیار ہو۔ جتنا زیادہ وہ اپنے وجود کے بارے میں باخبر اور باشعور ہوتا جاتا ہے اتنے ہی فاصلے طے کرتا چلا جاتا ہے۔ جتنا زیادہ خدا کی عبادت میں جھکتا ہے اتنا زیادہ اس کا کردار اور کمال بڑھتا ہے۔ ایک پر امید طالب کو خوشدلی سے اللہ کی بندگی اختیار کرنی چاہئے۔ اور اس کے لیے اسے اپنی جھوٹی انا اور غرور کو دور پھینک دینا چاہئے۔ ایک دفعہ جب انا مغلوب ہو جائے، انسان کا اصل، اس کی حقیقی روح اور حقیقی جوہر ظاہر ہو جاتے ہیں۔ جو اس کو مسلمان سے مومن اور متقی بنا دیتے ہیں۔ جو اسے اللہ کی موجودگی کا ہر دم احساس دلاتے ہیں۔

اس دنیا میں اللہ کو ڈھونڈ لینا قیامت کے روز اللہ کی رحمت کا ضامن ہو جاتا ہے۔ البتہ جو اس دنیا میں اپنے نفس سے ہار جاتے ہیں ان کو روز آخرت اللہ کے غضب سے ڈرنا چاہئے۔ اللہ تعالیٰ اپنی کتاب میں فرماتا ہے:

> **''ایمان لانے والوں کا کارساز اللہ تعالیٰ خود ہے اور انہیں اندھیروں سے روشنی کی طرف نکال لے جاتا ہے اور کافروں کے اولیاء شیاطین ہیں۔ وہ انہیں روشنی سے نکال کر اندھیروں کی طرف لے جاتے ہیں، یہ لوگ جہنمی ہیں جو ہمیشہ اسی میں پڑے رہیں گے'' (القرآن، ۲:۲۵۷)**

اللہ کو تلاش کرنا شاید بہت مشکل کام لگے مگر توحید پر پختہ یقین، کامیابی کا عزم اور ثابت قدمی سے ڈٹے رہنا اس کام کو آسان بنا دیتا ہے۔ اور بیشک اللہ اپنی راہ میں کوشش کرنے والوں کو نظر انداز نہیں کرتا۔

سورۂ عنکبوت میں اللہ تعالیٰ خود ایسے لوگوں کے لیے وعدہ کرتا ہے:

> **''اور جو لوگ ہماری راہ میں مشقتیں برداشت کرتے ہیں ہم انہیں اپنی راہیں ضرور دکھا دیں گے۔ یقیناً اللہ تعالیٰ نیکو کاروں کا ساتھی ہے'' (القرآن: ۲۹۔۶۹)**

جب ہم اس کی طرف لوٹتے ہیں وہ ہماری طرف لوٹتا ہے:

جب انسان اپنے فہم، شعور اور نیک اعمال کے ساتھ اللہ کو اس کی رضا کے لیے کی جانے والی اپنی کوششیں دکھاتا ہے، تو اللہ بھی اس بندے پر اپنی رحمت کے در کھول دیتا ہے۔ وہ اس کے فہم کو سچائی سے، اس کے شعور کو محبت سے اور اس کے اعمال کو پاکیزگی سے نوازتا ہے اور اس کے درجات بلند کرتا ہے۔

ایک کامیاب طالب اپنی کمزوریوں پر اللہ کی مغفرت چاہتا ہے۔ وہ صبر اور ثابت قدمی کا راستہ اختیار کرتا ہے مگر اپنے رب کی تعریف کرنا اور اس کے آگے جھکنا نہیں بھولتا۔ وہ اس میں سے خرچ کرتا ہے جو اللہ نے اسے دیا ہے فقط اپنے رب کی رضا کی خاطر۔ اور اپنے دل، نماز اور پاکدامنی کا خیال رکھتا ہے۔ وہ اللہ سے بے پناہ محبت کرتا ہے، اس کے غضب سے ڈرتا ہے اور اس کی رحمت طلب کرتا رہتا ہے۔ ان میں سے بعض خوبیاں مستقل مزاجی اور محنت سے حاصل ہوتی ہیں اور بعض اللہ تعالیٰ کا انعام ہوتی ہیں۔

میں اکیلا بیٹھا رات کا کھانا کھا رہا تھا، تنہائی خاموشی سے آ کر میرے سرہانے کرسی کھسکا کر بیٹھ گئی اور اس سے پہلے کہ مجھے علم ہوتا میں واپس پٹنہ لوٹ گیا۔ جو چھوٹا بچہ مجھے نظر آیا وہ معصوم اور بے خبر تھا اور حیرت انگیز طور پر اپنی دلکش پڑوسن کی پوجا کے بارے میں اپنے مذہب سے زیادہ واقف تھا۔ اس دور اور حالیہ دور کے بیچ کا نمایاں فرق مجھے حیران کر دیتا ہے۔

میں ایک مسلمان ہوتے ہوئے بھی مسلمان نہ تھا۔ ایک ایسا وجود تھا جو بآسانی کھو جاتا۔ کچھ پرانی یادوں کی باقیات میرے ذہن میں گھوم رہی تھیں۔ میں دادی کی آواز پر متوجہ ہوا جو مجھے ایک لڑکے کی کہانی سنا رہی تھیں۔ یہ لڑکا ایک لمبی سیڑھی بنا کر خدا تک پہنچنا چاہتا تھا۔ اس نے سیڑھی بنائی اور ایک چاقو لے کر اوپر چڑھتا چلا گیا تاکہ نعوذ باللہ خدا کو قتل کر سکے۔ جب آسمان پر پہنچا تو اس نے اپنا چاقو اس میں گھونپ دیا اور بار بار وار کرتا رہا۔ اللہ نے فرشتوں سے کہا کہ اس کے چاقو پر لال رنگ کر دیں۔ اب وہ لڑکا یہ سوچ کر نیچے اترا کہ اس نے نعوذ باللہ خدا کو مار دیا......

میں اپنے ذہن پر زور دے کر کہانی کا اختتام یاد کرنے لگا، کوئی سبق جو اس کہانی میں مخفی ہوگا۔ مگر کچھ یاد نہ آیا۔ مجھے معلوم ہے کہ اس کہانی میں کوئی صداقت نہیں مگر پھر بھی یہ مجھے بے چین کر دیتی ہے۔ محبت کی طرح نفرت بھی ایک بہت طاقتور جذبہ ہے اور محبت کی طرح، وہ بھی لوگوں سے غیر معمولی کارنامے کرواتی ہے جیسے خدا کو تلاش کر لینا۔ نفرت تکلیف، ناشکری اور خود غرضی سے پیدا ہوتی ہے جبکہ محبت اس کے برعکس، رحم، شکر، اور خود کو فراموش کر کے پیدا ہوتی ہے۔

میں نے اللہ کو ڈھونڈ لیا اور اپنا ایمان محفوظ کر لیا اور یہ اس وقت ممکن ہوا جب میں نے اللہ کی عطا کردہ تمام نعمتوں کا شکر ادا کرنا شروع کیا، چاہے وہ مجھے پسند ہوں یا نہ ہوں۔ مگر وہ سیڑھی والا لڑکا جس کو اللہ مل گیا تھا لیکن پھر اس نے اسے کھو دیا، وہ خود اپنی ذات کا سب سے بڑا دشمن بن گیا۔ میرا دل اس کے لیے درد محسوس کرنے لگا، جو اس نے کھویا اور جو جدوجہد اس نے ایمان کے راستے میں کی ہوگی اس پر مجھے افسوس ہونے لگا اور سب سے بڑھ کر اس بات پر کہ وہ اللہ اور اس کی کبریائی کو پہچاننے میں ناکام رہا۔

کئی دہائیوں بعد یہ کہانی پھر میرے ذہن میں ابھر آئی تھی تا کہ مجھے وہ سبق سمجھا سکے جو میں پہلے نہیں سمجھ پایا تھا: محض خدا تک پہنچنے کا راستہ ڈھونڈ لینے والے ہر شخص کے حصے میں ہدایت اور قبولیت نہیں آتی۔ معرفت کی کلید اور اللہ کی رحمت کے بغیر، انسان اس سیڑھی والے لڑکے کی طرح ہدایت اور قبولیت حاصل کرنے میں ناکام بھی ہو سکتا ہے۔

میرا الارم بجنے لگا اور میں چونک کر اپنے خیالوں سے باہر آ گیا۔ کچھ ہی دیر میں اذان کا وقت ہونے والا تھا۔ میں نے اپنا کوٹ اور گاڑی کی چابیاں اٹھائیں اور مغرب کی اذان دینے کی غرض سے نووی مسجد کی طرف روانہ ہو گیا۔ سورج ڈھل رہا تھا اور ایک اور دن اختتام پذیر ہو گیا تھا۔

ایک سچ آہستہ سے آشکار ہوا:

سورج کی طرح میں بھی ڈھل رہا ہوں۔ میرا اس دنیا میں سفر ختم ہونے کے قریب ہے۔ سورج کی طرح میں نے بھی ایک لمبا چوڑا سفر طے کیا ہے، کہیں یہ زندگی کا

دوست رہا ہوں اور کہیں دشمن۔ سورج کی طرح میں بھی اوپر کی طرف چڑھا اور خوب چڑھا اور سورج ہی کی مانند مجھے نیچے اترنا ہے۔ البتہ ایک روز میں دوبارہ زندہ ہوں گا، کسی اور جگہ، کسی اور وقت، آخرت کے حساب کتاب کے لیے۔

مسجد میں داخل ہوتے ہی میرے خیالات کا سلسلہ رک گیا۔ میں وضو کر کے اذان دینے کے لیے تیار ہوگیا۔ میں نے اپنے ہاتھ بلند کیے اور کعبہ کی طرف رخ کیا تو اس دعا کے ساتھ کہ میری اذان دور دور تک سنی جائے گی اور میرا پیغام زیادہ سے زیادہ لوگوں تک پہنچ پائے گا۔

اللہ اکبر اللہ اکبر

اللہ اکبر اللہ اکبر

اشھد انّ لا الہ الا اللہ

اشھد انّ لا الہ الا اللہ

اشھد انّ محمد الرسول للہ

اشھد انّ محمد الرسول اللہ

حیّ علی الصلّاۃ حیّ علی الصلّاۃ

حیّ علی الفلاح حیّ علی الفلاح

اللہ اکبر اللہ اکبر

لا الہ الا اللہ

اللہ سب سے بڑا ہے اللہ سب سے بڑا ہے

میں گواہی دیتا ہوں کہ اللہ کے سوا کوئی معبود نہیں

میں گواہی دیتا ہوں کہ اللہ کے سوا کوئی معبود نہیں

میں گواہی دیتا ہوں کہ بیشک محمد ﷺ اللہ کے رسول ہیں

میں گواہی دیتا ہوں کہ بیشک محمد ﷺ اللہ کے رسول ہیں

آؤ نماز کی طرف آؤ نماز کی طرف

آؤ کامیابی کی طرف آؤ کامیابی کی طرف

اللہ سب سے بڑا ہے اللہ سب بڑا ہے

اللہ کے سوا کوئی معبود نہیں

دعوتِ فکر:

- ہم اللہ کو کیسے پا سکتے ہیں؟
- انسان کو اللہ کی طرف کیا چیز لے کر جاتی ہے؟
- پُر امید اور کامیاب طالبان حق کی کیا خصوصیات ہوتی ہیں؟

مصنف کا مختصر تعارف

محمد قمر الزماں، جن کو دوست قمر کے نام سے جانتے ہیں، ہندوستان میں ۱۹۴۰ء میں پیدا ہوئے۔ آپ ۱۹۶۴ء میں اعلیٰ تعلیم کی غرض سے امریکہ روانہ ہوئے۔ جہاں کی مشہور و معروف ہاورڈ یونیورسٹی سے میکینیکل انجینئرنگ میں بی ایس کی ڈگری حاصل کی اور اس کے بعد ۱۹۷۶ء میں فراسٹ برگ اسٹیٹ کالج سے مینیجمنٹ میں ایم ایس کی ڈگری بھی حاصل کی۔ پھر آپ نے ۳۲ سال کی طویل مدت تک امریکن آرمی کے ڈیفنس پروگرام مینیجمنٹ میں ملازمت کی اور دسمبر ۲۰۱۳ء میں ریٹائر ہو گئے۔ آپ کی ایک بیٹی ہے جو صحافت کے شعبے سے منسلک ہے اور دو بیٹے ہیں جن میں سے ایک ڈاکٹر ہے اور دوسرا انجینئر اور فلوجہ میں کام کرنے والا سابقہ یو ایس مرین۔ قمر الزمان کا خواب تھا کہ اپنے مسلمان بھائیوں کو یہ احساس دلائیں کہ اسلام محض مراسم عبودیت کا نام نہیں بلکہ اپنے رب سے ایک گہرا روحانی رشتہ بھی ہے۔ اور یہ خواب اس کتاب کی صورت میں آج آپ کی خدمت میں پیش کیا جا رہا ہے۔

☆☆☆

نوٹس

۳۲۸